Paralleluniversen des Selbst

von

Frederick E. Dodson

Aus dem Englischen von
Nicole Quast

Der Autor: Frederick E. Dodson, 1974 in den USA geboren, lebt heute in London. Der Autor liebt es, alle Aspekte des Lebens von vielen verschiedenen Blickwinkeln aus zu betrachten. Bereits in seinen Zwanzigern veröffentlichte F. E. Dodson 15 Bücher, gab hunderte Workshops und Seminare zum Thema Reality Creation. Wenn dir dieses Buch gefallen hat und du mehr lernen möchtest, dann findest du hier …

… weitere Bücher von Frederick E. Dodson:

Astralreisen - Das ultimative Trainingshandbuch für alle die schon immer außerkörperliche Erfahrungen machen wollten, *ISBN 978-3-89094-352-7*

Coach dich zum Superstar - Wege zum Superstar - Psychospirituelle und praktische Wege zum Ruhm, *ISBN 978-3-89094-443-2*

Das ultimative Flirttraining - Ein Kurs im Flirten - Ein Trainingshandbuch (nicht nur!) für Männer, *ISBN 978-3-89094-356-5*

High werden ohne Drogen - Ein bewusstseinserweiterndes Handbuch, ***ISBN*** *978-3-89094-363-3*

Illumination des Träumens, *ISBN 978-3-89094-426-5*

Money Magick - Finanzielle Freiheit durch Arbeitsrausch und Geldmagie, *ISBN 978-3-89094-414-2*

Quicklearning - Jede Fremdsprache in 30 Tagen lernen, *ISBN 978-3-89094-641-2*

Reality Creation - Die kontrollierte Erschaffung von Realität, Zauberei auf einem Sklavenplaneten, *ISBN 978-3-89094-394-7*

Reality Creation Coaching - Synchronisiere die Welt nach deinen Wünschen, *ISBN 978-3-89094-506-4*

Reality Creation für Fortgeschrittene, *ISBN 978-3-89094-598-9*

Zeitreisen - Fernwahrnehmung und Luzides Träumen als Tor zur Unendlichkeit, *ISBN 978-3-89094-413-5*

Energie-Level, Eine spektrale Reise durch die Bewusstseinsebenen, *ISBN 978-3-89094-649-8*

Frederick E. Dodson können Sie über die E-Mail-Adresse kontaktieren:
consciousness@realitycreation.org

Die Website von Frederick E. Dodson finden Sie unter:
www.realitycreation.org und www.realitycreation.net

ISBN 978-3-89094-711-2

Inhaltsverzeichnis

Vorwort

Dieses Buch lehrt dich fortgeschrittene Methoden und Techniken für das multidimensionale Wesen des [21.] Jahrhunderts. Ich teile mit dir die Mysterien über das Selbst und über Realität, so wie sie noch nie vorher dargestellt bzw. veröffentlicht wurden. In diesem Sinne hältst du ein Juwel in den Händen. Wenn du dieses Wissen mit Achtung und Wertschätzung behandelst, wird es auch dich auf dieselbe Weise behandeln. Die Weisheit dieses Buches kann tiefer sinken als der Ozean und höher fliegen, als bis zum Himmel. Wenn es das nicht tut, dann sind es nur ein Haufen Wörter auf Papier, mehr nicht. Die zugrundeliegende Philosophie in diesem Buch ist die der Realitätsgestaltung. Ich kürze das ab mit RC (reality creation).

Haftungsausschluss:

Der Autor ist *nicht* verantwortlich für die Wirkungen, die der Leser möglicherweise oder angeblich vom Lesen dieses Buches bekommt, genauso, wie eine Fahrschule nicht dafür verantwortlich ist, wie die Schüler später fahren. Weiterhin sind die Informationen in diesem Buch kein Ersatz für ärztliche Betreuung oder medizinische Behandlung. (Der Verlag schließt sich diesem Haftungsausschluss an.)

1. Geh aufs Ganze!

Glaubst du, dass das Leben voller Magie ist und wirklich Spaß machen kann?

Dann ist dieses Buch für dich geschrieben.

Du bist *kein* kleines, unbedeutendes, feiges und bedürftiges Wesen.

Nein, dieses Buch sieht dich als das multidimensionale, grenzenlose und ewige Wesen, das du tatsächlich bist. Das Wissen in diesem Buch ist dazu geschrieben worden, deinen Sinn für Faszination und Staunen dem Leben gegenüber wieder zu erwecken.

Ein zweites Ziel ist es, deine festgefahrenen Glaubenssysteme und deine gewohnheitsmäßige Sicht auf die Welt zu erschüttern. Warum? Ich möchte nicht die soziale Struktur, in der du es dir gemütlich gemacht hast, außer Kraft setzen.

Dieses Buch soll dich darin unterstützen, deine volle Selbstverantwortung wieder zu gewinnen. Kehre zurück zu der großen nicht-einschränkenden Offenheit eines gereiften spirituellen Wesens. Mit all den Vorurteilen, welche du über das Leben gesammelt hast, wirst du kaum in das Unbekannte eintauchen können, um etwas Neues (eine neue Realität, die du dir wünschst) zu erleben, wirst kaum die lebendige Frische der Unendlichkeit erfahren.

Um es ganz deutlich zu sagen: Es ist typisch menschlich, dass wir manch abgestandene, verstaubte Ansicht mit uns herumtragen. Deine Überzeugungen und Schlussfolgerungen waren einmal hilfreich für dich. Aber wird es nicht irgendwann ziemlich langweilig, immer wieder an dieselben Dinge zu glauben, die Welt immer wieder aus demselben Blickwinkel zu betrachten? Immer und immer wieder?

Um dir ein wenig Sicherheit zu geben, wenn du noch Angst hast, an deinen Glaubenssätzen zu arbeiten: Da nichts zur Unendlichkeit hinzugefügt oder weggenommen werden kann, wird keines der Glaubenssysteme, an denen wir rütteln, jemals verloren gehen. Du kannst sie jederzeit wieder hervorholen und fokussieren, wenn du das Gefühl hast, an diesem oder jenem Konzept noch festhalten zu müssen oder weil du überwältigt bist von dem enormen Ausmaß von Freude und Glückseligkeit. Keiner wird dich zu deinem Glück zwingen.

Ein wachsendes, sich erweiterndes Bewusstsein bedeutet: sehen, fühlen, wahrnehmen, beachten, erfahren und tun von Etwas, das du noch nie vorher gesehen, gefühlt, wahrgenommen, beachtet, erfahren und getan hast. So einfach ist das. Wenn du das in deinem Leben kreieren kannst, dann benutzt du das Wissen aus diesem Buch genau richtig.

Wenn mich jemand fragen würde, ob dieses Buch irgendetwas nützt, dann wäre meine ehrliche Antwort: „Es hängt davon ab, wer fragt." Etwas zu lesen ist keine Einbahnstraße. Es geht nicht nur um Informationen, sondern auch darum, wer liest und wozu er liest. Wie ist die Einstellung des Lesers?

Ein wirklich unvoreingenommener offener Leser wird weder Informationen, die nicht mit seinen Glaubenssätzen übereinstimmen sofort abwerten, noch wird er Informationen, die zu ihm passen, total bejahen. Ich empfehle dir, weder automatisch „ja" noch automatisch „nein“ zu sagen. Lies langsam. Überdenke, was du liest. Gib dir selbst die Zeit, mit diesen Ideen etwas zu spielen.

In unserem sogenannten Informationszeitalter liegt der Fokus darauf, so viel wie möglich Informationen zu sammeln. Das geschieht meistens wahllos, ohne Fokus, in einer „ein-Ohr-rein-ein-Ohr-raus“-Manier. Ist die Information einmal „abgearbeitet“, sagt der Leser: „Gut, ich hab es. Wo ist die nächste Information?“

Diese Herangehensweise wird für dieses Buch nicht funktionieren.

Wenn du etwas lernen möchtest, das dich über deine Erwartungen hinaus befriedigen soll, schalte einen Gang zurück und sei wirklich interessiert an dem, was hier geschrieben steht. Lies, betrachte, denke nach und überdenke. Unterziehe die Information einem Test. Nimm verschiedene Blickwinkel ein.

Im Kontext dieses Buches ist nicht-angewandtes Wissen überhaupt kein Wissen.

Lege deinen Schwerpunkt nicht auf die Information dessen, was dir hier mitgeteilt wird, sondern darauf, dass du Freude erfährst. Wenn du überhaupt keinen Spaß dabei haben würdest, was ist das Wissen dann wert? Wissen anzuwenden bedeutet nicht harte Arbeit.

Lass es mich so ausdrücken: Was ist der Unterschied zwischen „lesen, reden und intellektualisieren über Rotwein“ im Vergleich zu „Rotwein trinken“. Tatsächlich einen Schluck Rotwein zu trinken bedeutet experimentelles Lernen und erlaubt dir, dich anders zu fühlen.

Geh aufs Ganze!

2. Selbstverantwortung

Die primäre Zielgruppe für dieses Buch ist die sich immer weiter ausbreitenden New Age-, menschliches Potential-, Spiritualität-, Magie-, Selbsthilfe-, Pop-Psychologie- und „Du kreierst dein Leben"-Bewegung. Diesen suchenden, wissbegierigen Seelen möchte ich helfen, ihren Sinn für Selbstverantwortung wieder zu finden.

Die Menschen dieser Bewegung sind bereits aus den begrenzten Ansichten der materiellen Wissenschaften und des Atheismus auf der einen Seite sowie aus Religion, Kulten und Gehorsam auf der anderen Seite herausgewachsen (These und Antithese).

Nichtsdestotrotz bringen noch immer einige Menschen Ballast von den alten Wegen und Ideen mit in das neue Paradigma, auf den neuen Planeten, den wir bereits kreieren. Viele Leser sind schon vertraut mit dem Thema Selbstverantwortung.

Aber damit die Magie dieses Buches wirkt, müssen wir noch tiefer in die Selbstverantwortung einsteigen. Während ich die New-Age-Bewegung unterstütze, sehe ich doch, dass viele Menschen noch aus Mangel, kindlichem Wunschdenken und Bedürfnis heraus agieren, anstatt aus der Identifikation mit der Unendlichkeit, der Unbegrenztheit heraus.

Ich lehre mentale und emotionale Techniken und Meditation zu „du kreierst dir deine eigene Realität" bereits seit über zehn Jahren. Dabei sah ich, dass viele Menschen glauben: „Diese Technik wird alles für mich in Ordnung bringen." Aber ohne dich ist keine dieser Techniken einen Cent wert. Die Techniken bekommen ihre Energie von dir. Sie bekommen Aufmerksamkeit, Wichtigkeit, Glauben und Zeit von dir. Menschen nehmen an Programmen, Kursen, Seminaren, Meditationen, Retreats und Workshops teil, um besser zu werden oder sich besser zu fühlen. Sie sagen, sie möchten einen besseren Job, mehr Geld, dauerhafte Partnerschaften, tollen Sex, den Seelenpartner, Gesundheit, einen attraktiven Körper, Erleuchtung, eine außerkörperliche Erfahrung, luzide Träume oder einfach ihre Begrenzungen auflösen. Sie wollen diese Dinge, weil sie sich erhoffen, dass sie sich dadurch besser fühlen. Ein höherer Zustand, mehr Energie und besseres Wohlbefinden ist das Ziel all dieser Wünsche.

Paradoxer- und pikanterweise ist „sich besser fühlen" nicht das Ziel meiner Arbeit: Es ist die Vorbedingung!

Wohlbefinden ist nicht das Ziel – es ist der Ausgangspunkt. Ohne Energie oder Enthusiasmus zu Beginn wird keine dieser Techniken wirken.

Das ist lustig und tragisch zugleich. Die Menschen, die etwas dringend und am meisten wollen, werden es am wenigsten bekommen.

Menschen, die aus Neugier und in einem Zustand von allgemeinem Wohlbefinden zu meinen Workshops kommen, erleben die Resultate – aber sie würden diese auch ohne meine Workshops erreichen.

Die Unendlichkeit (alles was ist) basiert auf Anziehung und Übereinstimmung, was bedeutet: „Gleiches zieht Gleiches an". Mangel wird also mehr Mangel produzieren und Erfolg produziert noch mehr Erfolg.

Solange, wie du etwas außerhalb von dir unbedingt benötigst, damit du glücklich bist, so lange, wie eine Liste von Bedingungen für dich erfüllt werden muss und solange du unbedingt erst andere Umstände brauchst, so lange wirst du ein Sklave der Welt sein. Und als ein Sklave wirst du keine magischen Resultate erzielen. Wenn du sagst: „Wenn ich Geld habe, Urlaub, Meditation, dieses Buch, dieses Schriftstück, dieses Wissen, diesen Job, diesen Partner, diese Rückmeldung von meinem Kollegen, dann werde ich mich besser fühlen", trägst du das Leben sozusagen links herum, zäumst das Pferd von hinten auf. Ein Spiegel (das Leben) wird dich nicht anlächeln, bevor du es nicht tust. Umstände werden sich nicht ändern, bevor du dich nicht änderst. Unglücklicherweise wurden die meisten Menschen auf die erwähnte Sichtweise konditioniert. Vielleicht ist es auch dein Blickwinkel? Wenn das so ist, dann ist jetzt die Zeit für dich gekommen, dass du deine Herangehensweise und deine Methoden, wie du mit dem Leben umgehst, überdenkst. Menschen, die „linksherum" denken, können sehr leicht betrogen, getäuscht und ausgebeutet werden. Man muss nur ihre Wünsche herausfinden (Mangel) und das Gewünschte dann versprechen – und schon kann man mit diesen Leuten machen, was man will. Solange, wie du bedürftig bist und dich aus der Selbstverantwortung ziehst, wirst du kaum Erfüllung finden. Außer natürlich, wenn dein Verlangen gelegentlich für einen kurzen Moment erfüllt wird (Bsp. Verlangen nach Schokolade). Wenn du so lebst, wirst du für immer hinter Dingen hinterherrennen (Weg des Sklaven), anstatt dass die Dinge dir hinterherlaufen (Weg des Magiers). Dinge sind natürlich nicht von sich aus schlecht. Aber die Welt kann dir nichts geben, das von dauerhaftem Wert ist.

Dein Leben reflektiert nur das, was du bereits in dir trägst, was du dir selbst gibst. Der Magier möchte nicht mehr *haben*, er möchte mehr *sein*. Der Magier weiß, dass wenn er aufhört, der Welt hinterherzujagen, dann wird die Welt hinter ihm herjagen.

Hier ist eine Empfehlung: Verbringe regelmäßig eine bestimmte Zeit lang damit, ruhig und entspannt zu werden, bis du Glück in dir im Hier und Jetzt empfindest – unabhängig von den sich immer wieder ändernden äußeren Bedingungen und Umständen. Finde dein Wohlbefinden unabhängig von Objekten, Menschen und Ereignissen. Dieser einzige Ratschlag wird die Qualität deines Lebens auf eine Weise verstärken, die du dir jetzt noch nicht einmal vorstellen kannst.

Spiritualität, New-Age-Philosophie und das damit verbundene Wissen über die Begrenzungen der körperlichen Form mit seinen fünf Sinnen kann eine Inspiration für dich sein – aber es kann dich auch limitieren. Und zwar wird dich dieses Wissen begrenzen, wenn du deine Selbstverantwortung im alltäglichen Leben, deinen gesunden Menschenverstand, deine Intuition und deine eigene innere Autorität durch bloße Lehren und Techniken ersetzt. Das ist ähnlich wie in folgendem Beispiel: Eine Person steht an einem See, in dem gerade ein Kind ertrinkt. Anstatt einfach das Kind zu retten, muss diese Person erst einmal seine Tarot-Karten befragen, was als nächstes zu tun ist. Wahrheit ist nicht ein Weg, dem man folgt, sondern ein Weg, der durch deine Fußabdrücke entsteht. Folge dem Weg eines anderen, und du wirst wie der andere – aber nicht wie du. Die Abhängigkeit von äußeren Quellen und Lehren ist der größte Fehler, den ich in der New-Age-Szene beobachtet habe.

Mit anderen Worten: Es ist nicht der Guru, der Lehrer oder die Technik, welche letztendlich deine Erfahrungen formen. Nein, du bist es, das „Ich bin“, das „Du-niverse“.

Ich möchte dich nicht davon abhalten, andere Blickwinkel zu betrachten und zu berücksichtigen.

Ich möchte dich aber ermutigen, deine eigene innere Quelle, dein eigenes inneres Wissen zu Rate zu ziehen, bevor du jemand anderem um Rat bittest. Die Antworten sind nicht immer da draußen, aber sehr oft bereits in dir.

Wenn du etwas Äußeres wichtiger nimmst als dein inneres Wissen, dann nimmst du an, dass nicht du deine Realität kreierst, sondern dass eine äußere Autorität mehr weiß als du. Damit entwertest du deine grenzenlose Natur, das unendliche Wesen, das du bist und es ist der sicherste Weg dich von deiner Intuition und deinem gesunden Menschenverstand abzuschneiden.

Die wesentliche Quelle von Realität sind nicht Regeln, Konzepte, Verhaltensweisen, Lehrer, Meister oder Gurus – sondern du bist die Quelle. Ja, gehe dahin und stelle deine Fragen, du gewinnst dadurch verschiedene Standpunkte, aber werde nicht abhängig davon.

Du bist ein souveränes, individuelles, einzigartiges, wunderschönes und sehr kraftvolles Wesen, und es ist wirklich dumm, wenn du glaubst, dass andere mehr oder besseren Zugang zur unendlichen Quelle und ihren Ressourcen haben als du.

3. Die Natur der Unendlichkeit

Highways der Seele

Nimm das Konzept von Parallelwelten, so wie es in der Physik und im Science Fiction bekannt ist, bringe dieses Konzept auf die Erde und wende es auf das alltägliche Leben an, um deine persönliche Realität zu verändern. Hier ist eine einfache Analogie, wie du die Vorstellung von Paralleluniversen anwenden kannst:

Stelle dir Hunderte von Highways vor, Seite an Seite breiten sie sich vor dir aus. Während diese Highways zu einem Ziel hinführen oder von einem Bestimmungsort herkommen, sind sie doch gleichzeitig auch das ultimative Ziel. Der Start- oder Endpunkt eines Highways enthält eine ähnliche Erfahrung wie jeder andere Punkt auf dieser Straße. Jeder Highway repräsentiert eine einzigartige Lebenserfahrung, eine andere Version von dir. Jeder Highway enthält Erfahrungen, Accessoires, Menschen, Szenarien, Hintergründe und Emotionen welche individuell unterschiedlich sind (obwohl einige sich auch ähnlich sein können). Jedes Mal, wenn du eine Entscheidung triffst oder diese Entscheidung wieder veränderst, wechselst du deine Richtung. Du kannst dich vorwärts, rückwärts, nach rechts oder nach links bewegen oder einfach den ganzen Highway wechseln. Vom Blickwinkel der Unendlichkeit aus liegen diese Highways nicht wirklich nebeneinander, noch sind sie gestapelt oder hintereinander aufgereiht. Aus dem Blickwinkel der Unendlichkeit nehmen sie alle denselben Raum zur selben Zeit ein. Sie sind nicht einmal linear. Aus praktischen Gründen und für unseren irdischen Kontext lass uns diese Straßen (welche die verschieden Versionen von dir repräsentieren) aber nebeneinander liegend sehen.

Manche von euch fahren auf einem Highway, der Erfahrungen enthält, die toll sind – ein Highway, der zu erwünschten Zielen führt. Einige von euch fahren auf Straßen, die ihr nicht mögt. Die meisten Highways sind ein Mix aus beidem – aus erwünschten und unerwünschten Erfahrungen. Einige von euch bewegen sich sehr schnell, andere fahren langsam und erfreuen sich an der Szenerie. Wieder andere sitzen am Straßenrand um sich eine Pause zu gönnen, um ruhig in sich zu gehen und die gemachten Erfahrungen zu reflektieren oder um zu entscheiden, welcher Highway als nächstes genommen werden soll. Dann gibt es welche, die sitzen am Straßenrand, weil sie nicht wissen, wo sie hingehen sollen. Wieder andere stehen an einer Kreuzung vor der Entscheidung über den weiteren Weg. Zu viele aber gehen oder fahren immer noch einen Highway entlang in dem irrtümlichen Glauben, dass dies der einzige Highway ist bzw. der einzige Highway, den sie nehmen können. Manche sind auf einem Highway mit niedriger Qualität, an dem sie sich *nicht* erfreuen können. Manche sind auf einem Highway mit niedriger Qualität, an dem sie sich trotzdem erfreuen. Manche fahren auf einem qualitativ hochwertigen Highway, auf dem sie keinen Spaß haben. Wieder andere fahren auf einem qualitativ hochwertigen Highway, auf dem sie viel Spaß haben. Für einen Außenstehenden ist die Mannigfaltigkeit der Erfahrungen unendlich und faszinierend.

Das Konzept der Paralleluniversen bezogen auf das Selbst beinhaltet, dass der multidimensionale, unendliche und universelle Aspekt von dir alle Highways simultan erlebt. Dieser Teil von dir hat alles erlebt, ist gerade dabei und wird alle Variationen durchleben. Diese Version der Überseele deines Selbst bereist alle diese Highways nicht nur, sondern kreiert gleichzeitig auch neue Highways auf der sie selbst und auch andere reisen können. Du existierst bereits als viele verschiedene Versionen von dir, auch wenn du (also die begrenzte Version von dir) sich nur einer Realität und einer Version von dir bewusst ist. Der Grund für diese Begrenzung ist einfach: Würdest du alle Realitäten gleichzeitig wahrnehmen, dann würdest du dich nicht auf einen Highway fokussieren und von ihm lernen können – du könntest dich nicht an den Details eines Highways erfreuen. Wenn du dich z. B. für Highway A entscheidest, entscheidet sich eine andere Version von dir für Highway B. Die Version von dir, welche sich für Highway B entscheiden würde, existiert tatsächlich – in einem parallelen Universum.

Hier eine kurze Version dieser Analogie, so wie die Wissenschaft das Konzept der Parallelwelten erklärt: Stell dir vor, du reist in der Zeit zurück, zu einer Zeit, da du noch nicht geboren worden bist. Dort triffst du deine Mutter. Sie ist erschrocken über dein plötzliches Auftauchen und bekommt einen Herzinfarkt an dem sie stirbt. Du hast in die natürliche Zeitlinie eingegriffen und somit deine Mutter getötet, bevor du geboren worden bist. Das würde bedeuten, dass du niemals geboren worden bist, was wiederum bedeutet, dass du niemals eine Zeitmaschine gebaut hast, mit der du zurück in die Vergangenheit hättest reisen können, um deiner Mutter einen Herzinfarkt zu bescheren. Deine Mutter lebt also. Das bedeutet aber auch, dass du doch geboren wurdest und also in die Vergangenheit zurückreisen konntest, um deine Mutter zu erschrecken, was bedeutet, dass du nicht geboren wurdest, was bedeutet, dass du nicht in die Vergangenheit gereist bist… etc., du bekommst das Bild. Die Wissenschaft löste dieses Paradox, indem es parallele Zeitlinien annimmt: Eine Linie, in der du geboren wurdest und eine, in der du nicht geboren wurdest.

Das Konzept von parallelen Universen ist einfach zu verstehen. Bisher ist die Theorie über die Existenz vieler Welten nur in den Bereichen von Wissenschaft, Physik und Science Fiction populär. Die Wissenschaft ist immer noch dabei, diese Theorie zu beweisen oder zu widerlegen – und Science Fiction sieht diese Theorie weit entfernt vom normalen Leben.

Ich lade dich dazu ein, das Konzept der Existenz von Paralleluniversen auf deine persönliche Realität, dein tägliches Leben und dein spirituelles Wachstum zu übertragen.

Der Physiker Hugh Everett III hat 1957 als erster das Viel-Welt-Modell kreiert. Dieses Modell basierte auf Konzepten der „Copenhagen School of Physics“, welche bestimmte Anomalien der Quantenmechanik zu erklären versuchte. Die Quantenmechanik erkannte, dass der Beobachter eines Ereignisses nicht unabhängig von dem Ereignis ist. Das beobachtete Phänomen verhielt sich entsprechend den Erwartungen des Beobachters. Das Viel-Welt-Modell geht noch einen Schritt weiter. Es geht davon aus, dass sich mit jedem beobachteten Ereignis die Realität in viele verschiedene nicht ineinandergreifende Realitäten splittet, wobei der Beobachter eine Sonderstellung einnimmt. Everett´s Arbeit ist heute weitgehend von führenden Physikern anerkannt. Mittlerweile erkennen diese Physiker auch das, was geheimnisvolle spirituelle Schulen schon ewig lehren: Der Beobachter steht nicht für sich, sondern auch er splittet sich in jedem Moment genauso, wie es die Realitäten tun. Der Beobachter ist mit dem, was beobachtet wird verbunden. Mehr noch: Die verschiedenen parallelen Welten (bzw. Highways) sind nicht nicht-ineinandergreifend oder autonom, sondern sie können sich auch überschneiden, ineinander übergehen und durchscheinen in andere Realitäten. In dem Moment, in dem eine Realität beobachtet wird, wird durch diesen Akt des Fokussierens nicht nur die Realität selbst kreiert. Der Akt der Beobachtung kreiert gleichzeitig eine Spaltung, in welcher eine Version des Ereignisses wahrgenommen wird und alle anderen Versionen des Beobachteten scheinbar wegfallen. Jedoch hören diese Realitäten nicht auf zu existieren. Stattdessen weichen sie zurück in ihre eigene parallele Welt mit dem dazu passenden Beobachter. Die Realitäten, die sich hier nicht manifestieren, manifestieren sich woanders und sind für den dortigen Beobachter genauso real, wie deine Version der Realität es für dich ist. Es gibt also keine Realität ohne den dazu passenden Beobachter, und es gibt keinen Beobachter ohne seine entsprechende Realität. Die Version einer Realität und die Version eines Beobachters sind also immer verbunden. Jede Realität hat ihren Beobachter und jeder Beobachter hat seine Realität. Das bedeutet auch, dass es eine unendliche Anzahl von Realitäten gibt, welche du nicht wahrnimmst, welche aber genauso real sind, wie die Realität, die du hier erlebst. Diese Realitäten sind für dich zugänglich, weil sie auch „du“ sind. Das bedeutet, dass du nicht wirklich neue Realitäten kreieren musst, sie existieren ja bereits. Du musst lediglich die Version von dir werden, die zu einer bestimmten gewünschten Realität passt.

Surfen in parallelen Realitäten

Das Leben wird sehr interessant, wenn du einmal realisierst, dass es viele Versionen von dir gibt. Dir sind Millionen von Möglichkeiten gegeben, die auf dich warten. Die Hunderte von Highways, die bereits vor dir liegen, kann man mit *Bestimmungen* oder *Wege der höchsten Wahrscheinlichkeit* bezeichnen. Welchen Highway du dir auswählst, ist eine Sache deines freien Willens. Sogar wenn aus einem begrenzten Blickwinkel heraus deine Wahlmöglichkeiten auf einige Hundert Wege reduziert sind, sind das immer noch mehr Wege, als die meisten Menschen sich trauen zu gehen. Fühlst du eine Brise frischen Wind, jetzt da du wahrnimmst, wie viele Möglichkeiten du hast? Verstärkt sich diese Brise in einen Sturm der Faszination, wenn ich dir sage, dass dein unendliches Selbst tatsächlich alle Wege schon gegangen ist, alle Wege geht und gehen wird – und dass du dich in jede Version von Realität einklinken und sie genauso real erfahren kannst, wie die Realität in der du dich jetzt befindest? Der einzige Haken ist: Du musst eine Realität erst vergessen bzw. verlieren, bevor du vollständig eine andere Realität erfahren kannst. Das ist auch der Grund, warum du so tust, als ob deine momentane Realität die einzige ist, die es für dich gibt. Wir tun das, um Details fokussieren zu können, anstatt dass wir von dem Chaos der unendlichen

Möglichkeiten überwältigt werden. Wir begrenzen uns, damit wir uns auf einen Aspekt unseres Wesens konzentrieren können.

Die Version von dir, die nach rechts gegangen ist, die Version die nach links ging, die Version, die geradeaus ging, die Version, welche die Schule abgebrochen hat, die Version, welche geheiratet hat, die, welche nicht geheiratet hat, die Version, die nach Hollywood ging und gescheitert ist, die Version, die nach Hollywood ging und Erfolg hatte, die Version, die Tierarzt wurde, ein Bankangestellter, ein professioneller Fußballspieler, ein Parfümerfinder, die Version, die sich scheiden ließ, die Version die Kinder bekam, die arme Version, die reiche Version, die Version, die reich und arm war, die Version, die keins von beiden war… – dein unendliches Selbst hat alle Versionen von dir erfahren.

Und da deine Essenz das unendliche Selbst ist, hast auch du die Möglichkeit, dich mit allem zu identifizieren. Mit anderen Worten: Das Alles-was-ist-Universum ist eins mit allem. Du bist eins mit dem Alles-was-ist-Universum. Deshalb bist auch du eins mit allem und hast Zugang zu allem. Als das begrenzte weltliche Selbst (das in eine bestimmte Realität eingetaucht und identifiziert ist) kannst du dir bestimmt vorstellen, dass sich dein Leben anders entwickelt hätte, wenn du andere Entscheidungen getroffen hättest. Aber als ein weltliches begrenztes Selbst warst du dir nicht bewusst, dass die anderen Versionen von dir bereits existierten und du sie hättest betreten können. Erinnerst du dich an diesen Wunsch als Teenager, einen bestimmten Weg gehen zu wollen? Wahrscheinlich hat es so geendet, dass du ihn nicht gegangen bist. Nun, ein anderer Anteil deines Selbst hat diesen Weg gewählt und lebt dieses Leben genau jetzt. Die Fähigkeit, wann immer du möchtest, zu dieser Version zu werden, liegt in deinem Bewusstsein.

Der Schlüssel zu dieser Fähigkeit ist dein Gefühl für Identität und die Attribute, die die Identität bzw. das weltliche Selbst verwendet: Intention, Imagination, Glauben, Aufmerksamkeit, Emotion, Kommunikation, Aktion (auch Verhalten) und Körpergefühl. Du brauchst diese Aspekte nicht unabhängig voneinander zu kontrollieren. Stattdessen wird eine einzige Veränderung von Identitäts-Bewusstsein („Ich bin…“) diverse Aspekte auf vielen Ebenen gleichzeitig verschieben. Von da, wo du stehst, kannst du dir erst einmal verschiedene Zeitlinien anschauen und erkunden. Wähle zwischen ihnen und dann dringe in die ausgewählte Realitätslandschaft ein, indem du dich damit identifizierst. Das bedeutet, dass du den Blickwinkel dieser anderen Version von dir einnimmst, den Blickwinkel der Person, die sich bereits an der gewünschten Realität erfreut. Das geschieht nicht durch Visualisation, Affirmation, Ziele setzen, versuchen, arbeiten, leisten oder durch die Ausführung von einem Ritual. Das sind die Methoden, die in der New-Age-Philosophie gelehrt werden. Diese sind dir, lieber „kreiere deine eigene Realität“-Leser, vielleicht vertraut. Aber diese Methoden widersprechen der Idee, dass man einfach den Standpunkt der Person einnimmt, die bereits das Gewünschte erlebt. Wenn du den spezifischen Standpunkt einnehmen würdest, dann bräuchtest du nicht länger wünschen, ersehnen, hoffen, affirmieren, danach streben oder die Realität zu visualisieren – weil du bereits in der Realität bist. In diesem Sinne ist meine Herangehensweise komplett anders. Die Realität, in der du dich befindest ist dir vielleicht am vertrautesten, aber sie macht wahrscheinlich nicht am meisten Spaß. Nur weil es solide, normal und „den Tatsachen entsprechend“ ist, heißt es nicht, dass du verdammt dazu bist, dort zu bleiben.

Ein einfacher Weg, um vorläufig Zugang zu alternativen Selbst-Versionen von dir zu bekommen (also bevor du diese für dich auswählst) ist es, wenn du dich fragst, wie dein Leben verlaufen wäre, hättest du eine andere Entscheidung getroffen, oder wenn du dich in bestimmten Situationen gar nicht entschieden hättest. Während dein Geist dem möglichen Fluss von Ereignissen von diesem Moment an folgt, bist du bereits in der energetischen Verbindung zu einer parallelen Realität. Du bist noch nicht drin, aber du berührst sie. Ja genau, einfach indem du deine Aufmerksamkeit auf etwas richtest, verbindest du dich bereits damit. Aufmerksamkeit auf etwas zu richten ist der erste Schritt von Surfen in verschiedenen Realitäten.

Ein anderer Weg, um parallele Universen anzuschauen, bevor man sie auswählt und sich damit identifiziert, geschieht über das Träumen. Träume in der Nacht werden häufig als unbedeutend tituliert. Aber wenn die Träume nicht gerade angesammelte Erfahrungen des Tages verarbeiten, dann zeigen sie parallele Existenzen des Selbst. Oft spielen hier ähnliche Leute und Rollen mit, wie in deiner Wach-Realität, jedoch mit einem anderen Hintergrund, anderen Umständen und Szenarien. Nachtträume eröffnen die Möglichkeit, parallele Universen des Selbst zu erforschen, bevor man sich für eine davon sozusagen verpflichtet. Das gleiche gilt für Tagträume und Phantasien.

Ein weiterer Weg, dir über parallele Welten bewusst zu werden, ist es, wenn du ungewöhnliche und seltene Vorfälle bemerkst, außergewöhnliche Zufälle und Ereignisse, die nicht so recht mit deiner normalen Realität übereinstimmen. Zeitlinien (Highways, parallele Realitäten), die sehr nah an deiner jetzigen Zeitlinie liegen, rufen häufig Überlappungen hervor und kreuzen deine aktuelle Zeitlinie. Geschehnisse, die irgendwie nicht zu deiner täglichen Routine dazugehörig scheinen, sind Überlappungen von parallelen Universen. Würdest du bei diesen Ereignissen bleiben, anstatt dass du zu deinem gewohnheitsmäßigen Verhalten zurückgehen würdest, dann würdest du dich zu dem alternativen Highway hinbewegen.

Was wir „Wunsch“ nennen ist genaugenommen ein Überschwappen einer parallelen Realität, in der du bereits eine bestimmte Realität (die Realität des Wunsches) erlebst. Ein Verlangen deutet auf zwei Dinge hin: Erstens, dass du von der Version von dir, die diese gewünschte Realität erlebt, getrennt bist. Zweitens zeigt es an, dass die alternative Version gar nicht so weit weg ist, im Sinne von Wahrscheinlichkeit. Du kannst dir nichts wünschen, was nicht schon dir gehört. Das sind die guten Nachrichten. Wenn du nicht bereits das Potential, diese Erfahrung zu machen in dir tragen würdest, dann würdest du es nicht wollen. Du würdest nicht einmal in der Lage sein, es zu denken. Du brauchst nicht in Nostalgie zu verfallen oder Träume von dir, die sich nie erfüllten, bereuen, weil die Träume doch erfüllt worden sind und du kannst jederzeit wieder Zugang dazu finden. Du bist alles, was du dir vorstellen kannst. Wenn du einmal verstanden hast, wie du dein Bewusstsein verschieben kannst, so dass du mit deinem Wunsch übereinstimmst bzw. so, dass dein Wunsch deinen innersten Glaubenssätzen entspricht, dann wirst du wahrhaftig eine magische Person sein. Dieses Buch hilft dir dabei.

Der Zugang in eine andere Version von dir beginnt damit, zu einem Zustand von Nicht-Identität zurückzukehren. Diesen Zustand kann man auch „ein Bewusstsein ohne Konzepte, den Nullpunkt von Unendlichkeit, den Bereich des puren ‚ich bin', den Zeugen, der mit nichts identifiziert ist, jener Teil, der Nichts und Niemand ist und gleichzeitig auch alles ist", nennen. Versuche nicht, dich mit einer neuen Realität zu identifizieren, während du noch immer mit der alten identifiziert bist. „Identifikationslos" zu werden ist weniger schwierig, als es sich anhört. Das unendliche nicht-identifizierte Selbst wird in tiefer innerer Ruhe in einer besonderen Form von Meditation erreicht. Von diesem Nullpunkt aus beginnst du verschiedene Versionen des Selbst zu empfangen (du kreierst es nicht). Dann nimmst du den Blickwinkel der bevorzugten Version von dir ein, nicht indem du darauf schaust, sondern indem du diese Version bist.

Erfahre die Freude, die du als diese Person erfahren würdest. Das ist nur eine Frage des richtigen Fokus der Aufmerksamkeit auf eine bestimmt Art. Meistens wechseln wir nicht plötzlich die Realität. Stattdessen richten wir uns Tag für Tag auf ein und dieselbe Weise aus. Surfen in Realitäten ist ähnlich, als ob man eine Filmrolle annimmt und sich dann dem Skript entsprechend verhält. Bevor die Vorgehensweise weiter ausgeführt wird, lass uns deine Definition von Realität etwas auflockern.

Das Auge der Unendlichkeit

Am Anfang, am Ende, dazwischen und darüber hinaus war, ist und wird Unendlichkeit immer sein. Unendlichkeit ist alles, was da ist. Es enthält jeden und alles, was vorstellbar ist. Unendlichkeit ist grenzenlos, für immer, ewig und multidimensional. Nichts kann weggenommen oder hinzugefügt werden, nichts kann der Unendlichkeit verloren gehen. Unendlichkeit enthält bereits alles – es war immer so und wird immer so sein. Unendlichkeit ist; Unendlichkeit ist nicht; Unendlichkeit ist beides und keins von beiden. Die Unendlichkeit ist auch holographisch. Das bedeutet, dass jeder kleinste Teil das Ganze enthält. Stelle dir vor, du schneidest ein Bild in zwei Teile und anstelle, dass du zwei halbe Bilder bekommst, bekommst du zwei ganze Bilder in einer kleineren Version. Das ist die Natur von Unendlichkeit. Innerhalb von diesem unendlichen Kontext gibt es eine unendliche Zahl von endlichen Kontexten, begrenzten Universen innerhalb von Universen, und wieder innerhalb von Universen. Diese Universen sind eine endliche Anzahl von Blickpunkten, welche die Unendlichkeit vorübergehend einnimmt – mit den Augen der Unendlichkeit. Jede dieser endlichen Kontexte enthält holographisch das Ganze der Unendlichkeit. Lass uns anschauen, wie das mit deiner persönlichen Realität und der Art, wie Realitäten kreiert werden, zusammenhängt:

Unendlichkeit ist eins mit jeder Realität und somit auch mit jeder Realität, die du dir wünschst. Du bist eins mit der Unendlichkeit. Deshalb kannst auch du mit jeder Realität eins sein.

Das Auge des Ich

Unendlichkeit spaltet sich in viele verschiedene Blickpunkte bzw. „ich bin…". Jeder Blickpunkt ist Teil von Unendlichkeit und gleichzeitig getrennt und individuell. Um eine lange Geschichte abzukürzen: Du kommst von dem einen Schöpfer. Du enthältst das gesamte Potential des Schöpfers. Gleichzeitig stehst du auf Grund deiner Trennung in Beziehung zu dem Schöpfer. Von deinem ursprünglichen „Ich bin"-Aussichtspunkt aus bist du erst getrennt, wenn du dich in mehrere verschiedene Blickpunkte spaltest: „Ich bin dies. Ich bin das. Ich bin aber auch jenes." Jedes Wort, das du nach dem ursprünglichen „ich bin" einfügst, erlaubt dir, dich in eine Realität zu inkarnieren. Jede Realität, in die du dich inkarnierst, hat einen Kontext – Begrenzungen bzw. Spielregeln. Welche Realität du dir kreierst, hängt von dem Kontext ab. Die Reise der Seele ist aufregend und abenteuerlustig. Man kann sich in ein Universum inkarnieren, sich dann darin verlieren und sich innerhalb dieses Universums in ein weiteres und in ein weiteres Universum verkörpern, so dass man den Kontakt zur Originalquelle der Reise verliert. Aber da die Verbindung zur Unendlichkeit niemals unterbrochen werden kann, kann auch die Quelle niemals verloren gehen.
In RC Termini ist das Bewusstsein gleich die Unendlichkeit. Bewusstsein ist alles, was da ist. Bewusstsein kreiert Welten und Welten innerhalb von Welten. In RC Termini sind die drei interessantesten Aspekte Bewusstsein (= Unendlichkeit, alles was ist, das Universum, Gott, das Feld), das weltliche Selbst (das Ego, Identität, Selbst, Individuum, Person) und die Beziehung zwischen diesen beiden.

Es gibt keine Trennung zwischen Identität und Realität

Bewusstsein ist nicht innerhalb des Körpers, des Gehirns oder des Verstandes. Die Trennung zwischen dem Beobachter und dem Beobachteten erlaubt es, dass etwas observiert werden kann. Du kannst deinen Körper und deinen Verstand betrachten; deshalb kannst du nicht dein Körper oder dein Verstand sein. Der Grund, warum wir Schwierigkeiten damit haben, zu erkennen wer wir sind, ist, weil wir es sind. Das Auge wurde nicht dafür gemacht auf sich selbst zu schauen. Bewusstsein ist nicht auf den Körper limitiert. Nimm wahr, wie du deine Aufmerksamkeit über die Grenzen deines Körpers und deine unmittelbare Umgebung hinaus ausdehnen kannst. Auch wenn du darauf konditioniert wurdest, zu glauben, dass du „innerhalb" des Universums existierst: Die Termini der RC besagen, dass das Universum sich in dir befindet. Du glaubst vielleicht, dass es da ein kleines ICH in einem großen Universum gibt, aber es ist anders herum. Es gibt keine Trennung zwischen „hier drinnen" (ich) und „da draußen". Diese Trennung wurde vom Bewusstsein für das Spiel das wir „Leben" nennen konstruiert. Für das Coaching zur Realitätsgestaltung hat das viele Auswirkungen. Eine Schlussfolgerung ist z. B., dass Identität und Realität synonym sind. Alles was du in deiner Umgebung siehst und hörst, findet in dir drinnen statt, als Teil deines Körpers. Es bedeutet auch, dass ein Wechsel von Identität eine Veränderung der Realität nach sich zieht. Du siehst die Welt nicht wie sie ist, sondern so, wie du bist. Leben passiert dir nicht, sondern durch dich. Wahrheit ist nicht ein Weg, dem du folgst, sondern ein Weg, der durch deine Schritte entsteht.

Mysterium, Magie und Mirakel

Wo sind all die Mysterien, die Magie und die Wunder hin? Du hast bestimmt schon einmal über diese Frage nachgedacht. Wenn du diese drei großen M´s in deinem Leben vermisst, ist das nicht, weil das Leben an sich langweilig ist, sondern weil die meisten Menschen immer vom selben Standpunkt aus auf die Dinge gucken und sich immer wieder dieselben Dinge erzählen. Wenn man täglich zu der gleichen mentalen Schlussfolgerung kommt, lässt dies das Leben tatsächlich langweilig erscheinen. Die Veränderung, nach der du suchst, findet nicht im Außen statt, sondern muss in dir drin geschehen. Als Faustformel gilt: Gelangweilte Leute sind meistens auch langweilig. Ist dein Leben hauptsächlich fade, eintönig, sich immer wieder wiederholend oder langweilig, lass es dich über dich selbst etwas lehren. Ich mache dir keinen Vorwurf, wenn du ausdruckslos geworden bist. Ich klage dich nicht an für die ermüdende Routine, die du Leben nennst. Du hast diesen Standpunkt entwickelt, weil du dich für eine bestimmte Art auf das Leben zu schauen, einverstanden erklärt hast. Diese Wege sind aber nicht nur nicht-inspirierend, sondern auch kontrafaktisch, stehen also im Gegensatz zur Wirklichkeit. Dir wurde beigebracht, dass:

- Alles ist genauso ist, wie es aussieht – obwohl in Wahrheit nichts so ist, wie es scheint.
- Was du siehst, real ist – wobei alles, was du siehst Illusion ist.
- Imagination unreal ist – dabei ist Imagination tatsächlich die Quelle von Realität.
- Man bereits alles weiß – obwohl du in Wahrheit von dem Unbekannten umgeben bist.
- Dinge dies und das sind – obwohl sie das nicht sind.
- Du dies und das tun musst – aber tatsächlich musst du gar nichts tun.
- Du wüsstest, wo du herkommst – dabei hast du in Wirklichkeit nicht die leiseste Idee.
- Du denkst, du weißt wer du bist – du weißt es aber nicht.

Es gibt zwei Wege, sich wieder Wunder und Ehrfurcht für das Leben einzuimpfen:

1. Sieh das, was schon ist einfach in einem anderen Licht, von einer anderen Perspektive.
2. Geh direkt in das Unbekannte – geh über deine Komfortzone hinaus.

Der erste Schritt bedeutet, sich bewusst zu werden, dass es mehr über Dinge und Menschen zu wissen gibt als das Bild, welches wir mit unseren Augen sehen können. Nichts ist, wie es scheint. Niemand ist so, wie er wirkt. Was ist die Welt des Unbekannten? Was bedeutet „Realität" für den durchschnittlichen Joe oder den Wissenschaftler oder jemanden, der sich so fest auf diese Welt eingeschossen hat, dass er nichts anderes mehr wahrnimmt? Was sind diese 0.00000000000000000000000000000 000000000000000000000000000000000000000000000000000000000000000000000000000000000 0000000000000000000000000000000000000000000000000000000000000000001% des Ganzen, was die Leute als Realität bezeichnen? Wenn du so viele Plätze auf der Welt, wie ich, besucht hättest, würdest du feststellen, dass es nichts Besonderes ist. Viel wichtiger ist, was zwischen den einzelnen Spirits (Menschen), die hier wohnen abläuft. Ich bin überall auf der Welt mit dem Auto gefahren, und überall wo ich war, sehe ich dieselben Dinge: Strukturen und Objekte (Gebäude, Autos, Straßen, Gegenstände), Landschaften und Natur (Bäume, Gras, Wasser und Berge), Tiere und Menschen. Wenn man darüber nachdenkt, ist das gar nicht so viel, nicht wahr? Ist das alles was es zur Realität zu sagen gibt? Soll das wirklich alles gewesen sein? Wenn das so sein sollte, dann würde das Leben tatsächlich unerträglich langweilig sein. Aber da gibt es noch die Dinge, die Menschen tun.

Ein amüsanter Platz, um mitzuerleben, wie sehr manche Menschen ihren Horizont eingrenzen, sind Dating Foren im Internet. Dort beschreiben diese Menschen meist nur ihre Aktivitäten und Hobbys. Menschen verbringen einen Großteil ihrer Zeit damit, zu schlafen und zu arbeiten. In der modernen westlichen Gesellschaft beinhaltet das Arbeiten, dass man zu einem Arbeitsplatz im Großraumbüro geht und dort den ganzen Tag vor dem Bildschirm sitzt. Was tun diese Leute in ihrer Freizeit? Viele von ihnen sitzen wieder vor dem Bildschirm – des Fernsehers, des Theaters oder des Computers. Andere essen und trinken, gehen ins Restaurant, in Cafés oder Pubs. Wieder andere gehen vielleicht in der Natur spazieren, machen Sport oder besuchen andere Leute. Wieder andere haben vielleicht Sex.

Sehr wenige tun etwas Kreatives oder Spirituelles. Noch viel weniger Menschen gehen in das Unbekannte, nehmen etwas wahr oder tun etwas, das sie noch nie vorher getan haben. Wenn du einmal dein unendliches Selbst wiedererweckt hast, dann werden sogar gewöhnliche Dinge und Orte wieder interessant werden. Du wirst wahrnehmen, dass es unendliche Versionen eines einzigen Events gibt. Es gibt für dich viele hunderte Wege ein Café zu erleben, wenn du es betrittst.

Die meisten Aktivitäten sind direkt mit dem Überleben (schlafen, essen, trinken, arbeiten) oder dem Vergnügen (Ablenkung vom Überlebenskampf) verbunden. Ist das alles, was es zur Realität zu sagen gibt? Eine Handvoll Gebäude, Autos, Bildschirme und Menschen die zu überleben versuchen? Das ist bestimmt nicht ernst gemeint. Bereits in meiner Kindheit erkannte ich für mich, dass dies nicht meine Realität sein wird. Wird es deine sein? Wenn nicht, denke daran: *Du siehst die Welt nicht wie sie ist, sondern so, wie du bist.*

Damit man dich als Dummkopf versklaven kann, gibt es nur wenige Konzepte, an die du glauben musst. Eins dieser Konzepte ist, dass die äußere Welt von Bewusstsein getrennt existiert. Du musst daran glauben, dass alles, was da draußen passiert, nichts mit dir zu tun hat. Du musst annehmen, dass du ein kleines Wesen in einem riesigen Universum bist.

Du wirst auf deiner Reise herausfinden, dass dies nicht wahr ist. Dein Körper und die Welt sind in dir enthalten, nicht anders herum. Ist das schwer zu verstehen? Schwer zu glauben? Folgende Analogie könnte helfen: Wenn du nachts träumst, dann denkst du, dass du eine Traumlandschaft beobachtest, die von dir getrennt ist. „Ich bin hier und da ist die Landschaft meines Traumes." Aber wenn du aufwachst, siehst du plötzlich, dass das ganze Ding, der Traum und alle Charaktere und Ereignisse ein Teil deiner Psyche waren. Das alles hat in dir stattgefunden.

Das gleiche Prinzip kann auf dein „waches“ Leben übertragen werden. Du denkst: „Ich bin hier und da draußen ist die Welt.“ Wenn du aber in einer höheren Realität erwachst, erkennst du, dass „da draußen“ ein Teil deines Bewusstseins ist und von dir selbst kreiert wurde.

Vibrierendes Universum

Alles ist Energie, genau dieselbe Energie. Alles ist eins. Das ist die Natur von Unendlichkeit. Gleichzeitig ist alles aber auch unterschiedlich, getrennt, vereinzelt. Unendlichkeit ist alles und nichts. Aus praktischen Gründen können wir sagen, dass alles Energie ist, welche in verschiedenen Frequenzen vibriert und sich in unterschiedlichen Dichten manifestiert. Einigen Lesern wird dieses Konzept bereits vertraut sein. Eis, Wasser und Dampf ist dieselbe Energie, die sich in verschiedenen Dichten manifestiert. Eis ist fest (niedrige Vibration), Dampf ist am subtilsten (höchste Schwingung). Genauso sind Body-Mind-Spirit oder Materie-Gedanke-Seele unterschiedliche Schwingungsdichten derselben Sache. Das bedeutet, dass konzentrierter Gedanke sich zu Materie verdichten kann. Die erste Trennung von der Unendlichkeit ist das „ich bin“ (Bewusstsein). Die zweite Trennung ist das „ich bin dies“ (Seele, Energie, Identität). Die dritte Trennung ist „ich bin dies und das“ (Körper, Materie, physische Existenz).

Im Gegensatz zur allgemeinen Ansicht, sind die dichteren Formen und Realitäten (das, was wir „physische Realität“ nennen) in den weniger dichten Formen enthalten. Bewusstsein ist die Quelle der physischen Realität. Der Körper ist innerhalb der Seele. Glaube und Gedanken gehen jeder Erfahrung voraus. Denke über diese Aussagen nach. Sie widersprechen allem, was dir beigebracht wurde. Wenn du dir ein Dutzend konzentrische Kreise vorstellst, dann ist der Kreis in der Mitte die physische Realität. Sie ist in den weniger dichten Realitäten enthalten (einige nennen es die vierte Dimension). Der Kreis, welcher den mittleren Kreis umschließt, ist sozusagen die Quelle der physischen Realität. Bewusstsein ist die Quelle von Realität. Bewusstsein bewirkt das, was du als Realität erfährst.

Du existierst in zwei Zuständen gleichzeitig: Einmal als Identität, eine individuelle Seele, ein „ich bin“, und dann noch als das Ganze, als die Unendlichkeit, das unendliche Selbst. Alles ist eins, und du bist das eine. Der kleinste Teil eines holographischen Ganzen enthält alle Informationen des vollständigen Ganzen. Du enthältst alle Informationen der Universen und bist mit allem verbunden was ist. Nichts kann der Unendlichkeit hinzugefügt oder weggenommen werden. Die Unendlichkeit enthält bereits alles. Das impliziert auch folgendes: Deine Existenz ist Beweis dafür, dass du immer schon existiert hast und für immer existieren wirst. Das, was nicht existiert, war auch niemals vorhanden und wird auch niemals vorkommen. So etwas wie Nicht-Existenz gibt es nicht. Also entspanne dich, du wirst niemals sterben. Du wirst in verschiedenen Formen auf verschiedenen Ebenen/Universen für immer weiter existieren. Du bist ein Wesen, das sich selbst bewusst ist, ein Wesen mit freiem Willen und Zugang zu allem und jedem das existiert. Du bist unendlich; der Rest ändert sich.

4. Reality Creation – Erschaffe deine Wirklichkeit

Das Gesetz der Korrespondenz

Das Gesetz der Korrespondenz wird in anderen RC-Lehrsystemen auch das Gesetz der Resonanz oder Gesetz der Anziehung genannt. Es ist das wichtigste und machtvollste Prinzip der Unendlichkeit. Dieses Gesetz ist in allen Realitäten gültig, auf allen Ebenen, zu jeder Zeit, in jeder Anzahl von Variationen. Manchmal ist es offensichtlich und manchmal nicht so offensichtlich. Wenn du eine Sache über das Leben verstehen möchtest, dann verstehe, dass es nichts in deinem Leben gibt, das unabhängig von deinem Glauben existiert. Das Gesetz der Resonanz bedeutet, das Gleiches Gleiches anzieht. Du kannst nur das erfahren, was du bereits bist. Das was du gibst, ist das, was du bekommst. Vibrationen ziehen dieselben Vibrationen an. Gleich und gleich gesellt sich gern. Was du nach draußen aussendest, kehrt zu dir zurück. Wenn du etwas in deinem Leben möchtest – egal was es ist – dann musst du jemand sein, der damit in Resonanz steht.

Du bemerkst schwingungsmäßige Übereinstimmungen jeden Tag. Wenn du morgens aufwachst und dich beschissen fühlst und so den Tag beginnst, ohne dich bewusst in einen andere Stimmung zu versetzen, dann kann es sein, dass du über den Tag verteilt immer wieder Misserfolge erlebst. Bemerke, wie sich solche Ereignisse dann häufen. Die Reichen werden immer reicher. Menschen, die immer über Krankheit sprechen, werden immer wieder krank. Jemand, der einen anderen angreift, greift im Grunde sich selbst an. Jemand der von schrecklichen Dingen fasziniert ist und sich damit beschäftigt, dem passieren bald auch schlimme Dinge. Wenn jemand es aufgibt, einen Partner unbedingt zu brauchen (und gleichzeitig damit beginnt, in positive Schwingung mit einem Partner zu treten), dann taucht plötzlich ein Partner auf.

Du ziehst Dinge dementsprechend an, wer du bist (was bestimmt wird durch das, was du denkst und fühlst). Wenn du dich übergewichtig fühlst, dann kannst du unmöglich auf lange Sicht das ideale Gewicht anziehen, egal wie viele Diäten du auch ausprobierst. Wenn du dich arm fühlst und dich auch so verhältst, wirst du kein Geld anziehen, egal wie viel du arbeitest. Erkenne, dass das Gesetz der Anziehung niemals schläft. Du könntest also ein wenig mehr an der Qualität deiner Gefühle, deiner Gedanken, deiner Reaktionen und dem, was du nach außen gibst, interessiert sein.

Es gibt Menschen, die dieses Gesetz nicht wahrhaben wollen, weil das bedeuten würde, dass sie allerlei unerwünschte Dinge selbst angezogen haben. Sie machen damit weiter, sich selbst ihre Kraft zu rauben, indem sie zu sich sagen: „Wenn ich wirklich durch das Gesetz der Anziehung der Schöpfer dieser Dinge bin, warum habe ich mir diese Scheiße dann kreiert?“ Sie nehmen an, dass, wenn sie sich mit den RC-Konzepten und Methoden einverstanden erklären, sie gleichzeitig auch damit einverstanden sein müssen, dass sie wertlos und dumm sind. Aber so ist es nicht: Die meisten Dinge haben sie sich nicht durch bewusste Intention kreiert, sondern diese Ereignisse sind durch automatische Denkfehler entstanden. Und das auch nur, weil sie das Gesetz der Anziehung noch nicht kannten und die Regeln dieses Spiels nicht verstanden. Zu deiner Schöpferkraft zu stehen bedeutet nicht, dich abzuwerten. Du bist das einzige, was du hast. Wenn du dich abwertest und deine Schöpferkraft ablehnst, dann erklärst du auch das Leben, das Universum und alles andere für ungültig.

Alles hat vielleicht mit einem kleinen Gedanken angefangen. Du hast diesem Gedanke Aufmerksamkeit gegeben und er wurde zu einer Erwägung. Dann wurde es ein normaler verinnerlichter Gedanke. Dieser Gedanke wurde größer und zog ähnliche Gedanken an. Dieser vergrößerte Gedanke bzw. Gedankenkomplex zog Gefühle und Energien an. Dieser Komplex wurde immer größer und kraftvoller und trat mit Menschen und Ereignissen in Wechselwirkung. Im positiven wie im negativen Sinne kann man sagen: Je mehr du von etwas hast, desto mehr bekommst du davon. Da die Unendlichkeit nichts als negativ erkennt, ist alles, worauf sich dein weltliches Selbst fokussiert, wertvoll. Es materialisiert sich nicht jeder kleinste Gedanke sofort, da er von anderen Gedanken neutralisiert werden kann, bevor er in einen Magnetismus hinein geboren wird. Auf Grund des Zeitpuffers, den wir Menschen hier erleben, materialisieren sich sogar aufgeladene Gedanken nicht gleich. Dieser Puffer erlaubt es dir, für eine bestimmte Zeit abzuwägen, zu überdenken und zu entscheiden, was du zu materialisieren beabsichtigst. Ein kleiner Gedanken eröffnet die Möglichkeit für eine bestimmte Realität. Fahre damit fort, dich auf diesen Gedanken zu fokussieren, involviere dich in diesen Gedanken und er wird zu deiner absoluten Realität, egal wie die momentanen Umstände erscheinen mögen.

Bewusstsein kreiert alles, was du willst und alles was du nicht willst, egal ob du dir dem was du willst oder dem was dir widerstrebt bewusst bist oder nicht. Diese Dualität hält unsere Dimension in Balance. Dingen, denen du neutral gegenüber bist (also die du weder willst, noch denen du widerstehst), werden nicht angezogen bzw. kreiert. Alles, wovor du Angst hast und alles, was du von ganzem Herzen beabsichtigt hast, wird sich letztendlich zeigen (es sei denn, es wird neutralisiert). Da bei den meisten Menschen die Anziehung durch das, was sie kreieren, meist sehr chaotisch ist, neutralisieren sich viele Gedanken, bevor sie sich physikalisch materialisieren können. Eine Dimension über uns jedoch manifestieren sich Gedanken und Gefühle sofort. Auf unserer physikalischen Ebene scheint es diesen Zeitpuffer zu geben, in welchem ein Gedanke durch aktivierte Emotion in die Unendlichkeit geschossen wird, um dann – nach dem etwas Zeit vergangen ist – schließlich wie ein Bumerang als physikalische Manifestation aufzutauchen. Der Prozess von Realitätserschaffung ist verwirrend und nahezu unverständlich, weil wir so viele verschiedene widersprüchliche Intentionen aussenden. So wissen wir gar nicht mehr, welche Realität das Resultat von welcher Intention ist. Wir haben sogar vergessen, dass wir diese ausgesendet haben.

Aus dem Wort „Korrespondenz“ geht es schon hervor: Der Prozess von RC ist keine Einbahnstraße, sondern ein Dialog. Das bedeutet nicht nur, dass man eine Wunschliste an das Universum schickt, sondern auch, dass man mit der Unendlichkeit in Kommunikation tritt. Der Prozess von RC enthält nicht nur einen wünschenden, beabsichtigenden oder anziehenden Teil, sondern auch einen erlaubenden, empfangenden Teil, welcher das Unendliche die Realität kreieren lässt. Der Job des weltlichen Selbst ist es, eine Intention auszusenden. Der Job der Unendlichkeit ist es zu kreieren. Und dann wiederum ist es dein Job, das Kreierte zu erlauben und es zu empfangen. Zu erlauben bedeutet, aufgeschlossen und aufnahmefähig genug zu sein, um nicht selber zu versuchen, die Realität zu erschaffen. Stattdessen erlaubt man der überwältigenden Intelligenz der Unendlichkeit einen Weg zu finden, um mit der eigenen Schwingung in Resonanz zu treten. Erlaube, dass das, was du beabsichtigt hast, einfließen kann. Dieses Erlauben ist direkt verbunden mit dem Gefühl für deinen Selbstwert und damit, wie glücklich du bist, du selbst zu sein (unabhängig von Umständen). Diese Einstellung geht Hand-in-Hand damit, dass du andere so sein lässt, wie sie sind, ihnen denselben Wert zugestehst, wie dir selbst. Und es bedeutet auch, dass du der Realität gestattest so zu sein, wie sie ist. Wenn du weißt, dass du anziehen kannst, was immer du dir wünschst, dann wirst du nicht über Menschen oder Umstände verärgert sein. Du bist nicht hier, um das Kaputte zu reparieren. Du bist nicht hier, um andere von deinem Weg zu überzeugen. Du bist hier, um deinen eigenen Weg zu gehen. Es ist nicht dein Job, die Welt in Konformität oder Gleichheit zu zwingen. Anstelle dessen wertschätzt du die Mannigfaltigkeit. Anstatt, dass du dich mit anderen rumärgerst, wählst du Menschen aus, mit denen du gern zusammen bist. Indem du etwas bekämpfst, machst du es zu einem Teil deiner Welt. Gleichheit bedeutet Stagnation – Vielfalt ist Kreativität. Unterschiedliche Ansichten zu haben, muss nicht unbedingt Leid und Kampf erzeugen – es kann dich faszinieren und dich zum Lachen bringen. Sich ständig darum zu bemühen, dass alle mit deiner Realität übereinstimmen, bedeutet, dass du daran arbeitest, dass alle gleich sind. Du setzt damit der sich unendlich entfaltenden Schöpfung ein Ende, anstelle dass sie sich weiter ausdehnen kann. Jeden Standpunkt gelten zu lassen ist höchst wichtig für das Überleben der Menschheit. Wenn du Menschen, die du nicht leiden kannst, nicht das Recht auf Redefreiheit gönnst, dann gönnst du das Recht auf Freiheit überhaupt nicht. Etwas zu erlauben bedeutet mehr, als etwas zu tolerieren. Tolerieren bedeutet, dass du das, was du tolerierst, nicht wirklich wertschätzt.

„So, ich sollte also auch negative Dinge und Menschen anerkennen?“ fragst du jetzt vielleicht. Diese Frage deutet darauf hin, dass das Gesetz der Resonanz nicht wirklich verstanden worden ist. Dieses Gesetz besagt nämlich, dass du nichts und niemanden, was du persönlich nicht magst, erfahren musst. Lasse deine Reaktion und Interaktion mit dem, was du nicht mehr willst einfach los. Fokussiere dich wieder auf das, was du wertschätzt. Dann werden solche Ereignisse und Menschen nie dein Wahrnehmungsfeld betreten. Du feierst dann sozusagen auf einer ganz anderen Party. Du hast jeden, der dein Feld betritt, angezogen. Nur dann, wenn du nicht verstehst, dass du deine Ereignisse und Personen anziehst (wofür es einen guten Grund, ein Pay-off gibt), wirst du dich darüber ärgern. Aber wenn du weißt und verstehst, dass das Ereignis auf Grund der Resonanz von dir ausging, bist du vielleicht in der Lage, die Person oder die Szene in einem neuen Licht zu sehen. Es ist unmöglich für andere, in deine Welt einzudringen, wenn du sie nicht durch deine Vibrationsresonanz eingeladen hast (Wunsch oder Ablehnung). Es ist dir unmöglich, etwas oder jemanden wahrzunehmen oder zu erfahren, das nicht mit deiner Schwingung übereinstimmt. Wenn du verstehst, dass du deine Welt kreierst (bzw. präziser ausgedrückt ‚alles anziehst‘), dann machst du dir keine Sorgen darüber, wer oder was auftaucht. Du hast dann begriffen dass du jeder Zeit etwas Besseres anziehen kannst. Jemand, der RC vollständig versteht, der braucht keine Grenzen, Wände, Armeen, Kriege oder Gefängnisse. Er wird auch nicht die kritisieren, die das noch brauchen – einfach weil er nichts mehr damit zu tun haben braucht. Wenn eine Bombe in deiner Nachbarschaft explodiert und Hunderte werden getötet, dann wirst du nicht involviert sein, wenn du nicht in schwingungsmäßiger Resonanz dazu stehst (z. B. durch Angst oder Glauben). Hört sich das für dich ungeheuerlich an? Wenn das so sein sollte, übernimm bitte die Verantwortung für deine begrenzte Weltsicht. Ich selbst habe mich in katastrophalen Situationen befunden, in denen andere geprellt und schwer verletzt ins Krankenhaus kamen oder sogar starben (nicht ihr Selbst – denn das unendlich Selbst stirbt nicht). Dabei bin ich mit nicht mehr als einem Kratzer davongekommen. Ich möchte hier nicht angeben, sondern bekräftigen, dass das, was einem geschieht kein Zufall ist. Du bist frei, die Realität, die du dir wünschst, anzuziehen und du bist frei, in parallele Welten einzutreten. Es gibt nichts, was „da draußen" geschieht, es sei denn, du lädst es mit deinen inneren Intentionen zu dir ein. Wenn du von deinem Verlangen danach, Menschen oder Umstände kontrollieren zu wollen loslässt, dann erkennst du dich als die Quelle und die Ursache der Umstände (die du versucht hast) an. Du wirst sehen, dass du die Welt zu einem besseren Platz machen kannst, indem du zu einem besseren Menschen wirst.

Reality Creation – Die Erschaffung von Realität

Vom Standpunkt des unendlichen Selbst aus kreierst du nicht wirklich Realität. Diese Aussage steht dem entgegen, was in der New-Age-Szene und in der Motivationspsychologie angenommen wird. Innerhalb der Unendlichkeit existiert bereits alles und muss daher nicht erschaffen werden. Das heißt aber nicht, dass du es nicht erleben könntest, wie es sich anfühlt, etwas zu erschaffen was noch nicht da war. Das ist eins der Lieblingsspiele der Seele. Genauso kannst du aber auch eine Realität nicht loswerden. Wenn wir aus dem endlichen Kontext heraus darauf schauen: „Wohin würdest du es tun, wenn es so etwas wie *außerhalb* der Unendlichkeit gar nicht gibt?"

Folgendes ist eine hilfreiche Analogie: Ein Fernseher muss nicht das Programm erschaffen, welches empfangen werden soll. Das Programm existiert bereits und wird über Radiowellen übertragen. Alles, was der Fernseher tun muss, um das gewünschte Programm zu empfangen, ist es, sich auf den entsprechenden Kanal einzustimmen. Auf genau dieselbe Weise musst auch du deine begehrte Realität nicht selbst kreieren, weil diese bereits existiert. Du magst diese Realität vielleicht noch nicht empfangen, das aber nur, weil dein Bewusstsein nicht darauf eingestimmt ist. Durch die Synchronisation bzw. Anpassung deiner Schwingung mit der Vibration von dem, was du empfangen und erleben möchtest, filtert die Unendlichkeit die Realitäten aus, die zu dieser Schwingung passen. Du wirst nicht notwendigerweise das empfangen, was du dir wünschst. Du wirst das bekommen, was du bereits bist. Deine Vibration bzw. dein Empfangskanal beinhaltet alles, was du über dich und die Welt glaubst, was du als „wahr" akzeptierst. Deine Gefühle werden durch das bestimmt, was du glaubst, und was du glaubst, wird davon bestimmt wie und als wer du dich definierst. Es gibt immer etwas, an das du wirklich fest glaubst. Und das, was du wirklich glaubst, muss nicht unbedingt das sein, was du denkst, dass du glaubst. Wenn du eine bestimmte Vibration ausstrahlst, kann das Universum nichts anderes machen, als eine Kopie dieser Vibration zu dir zurück zu reflektieren. Alles, was du erfährst, ist eine Reflexion der Schwingungen (Gefühle, Überzeugungen, Identitäten) in dir drin. Von dem, was du erlebst, kannst du Rückschlüsse auf das ziehen, was du wirklich für wahr hältst. Wenn du das vom Fernseher ausgestrahlte Programm nicht magst, dann haust du weder den Fernseher kaputt noch fährst du ins TV-Studio und bedrohst die Mitarbeiter dort. Du schaltest einfach einen anderen Sender ein (übertragen bedeutet das: du änderst deinen Fokus).

Die meisten Menschen praktizieren Realitätserschaffung entgegengesetzt dem Gesetz der Resonanz – dies ist der Weg der Misserfolge. Indem sie versuchen, etwas „da draußen“ geschehen zu lassen, nehmen sie fälschlicherweise an, dass erst etwas „da draußen“ geändert werden muss, bevor sie sich ändern können. Stattdessen müssen sie zu der Vibration werden, die mit der gewünschten Realität übereinstimmt. Realität muss in einem selbst empfangen werden. Du kannst alles haben was du willst, solange du es schon hast. Jede Identität (Beobachter) lebt in einer korrespondierenden parallelen Realität, die bereits auf einer bestimmten Ebene manifestiert ist. Das Identitäts-Statement: „Ich möchte Erfolg“ vibriert nicht vollständig mit der Realität „ich habe Erfolg“, sondern es ist geringfügig verschoben. Es korrespondiert ein bisschen mit der Realität von Erfolg. Aber indem man ein Statement darüber abgibt, bedeutet es, dass man nicht vollständig zu dieser Erfolgsrealität in Resonanz steht.

Stell dir vor, du sagst „ich atme“. Du würdest das nicht wirklich oft machen, weil atmen alltäglich, leicht und vertraut ist. Wenn eine Identität so gewöhnlich wird wie das Atmen, dann stimmt deine Schwingung mit der gewünschten Realität überein.

Die 5 Ebenen von Realitätserschaffung

Level 1: Verhalten/Aktion
Level 2: Emotion/Gefühle
Level 3: Glauben/Gedanken
Level 4: Wirklichkeitsmodelle/tiefsitzende Glaubenssätze (Core Beliefs)
Level 5: Identität

Identität erschafft Wirklichkeitsmodelle. Wirklichkeitsmodelle erschaffen Glaubenssätze. Glaubenssätze erzeugen Emotionen. Emotionen bringen Verhaltensweisen hervor. Alles zusammen erschafft Realität.

Eine Analogie dazu:
Aktion: Ein Haus bauen.
Emotion: Der Erbauer des Hauses.
Glaubenssätze: Der Entwurf von dem Haus.
Identität: Der Architekt des Hauses

Die meisten Menschen glauben, dass es andersherum funktioniert. Sie glauben „wenn ich dies oder jenes tue, dann kann ich mich so und so fühlen, dann werde ich jenes glauben können und dann kann ich dies oder das sein". Im Kontext einer reinen physikalischen 3-D-Realität funktioniert das tatsächlich. Wenn ich Jura studiere (Aktion), kann ich ein Rechtsanwalt sein (Identität). In einer 4-D-Realität, in der das Bewusstsein die Ursache ist, wird man erst die Identität eines Rechtsanwalts einnehmen, dadurch automatisch Informationen zum Thema anziehen (Glauben), dann wird man sich wie ein Rechtsanwalt fühlen (Emotion) und daraufhin aus dieser Identität als Rechtsanwalt agieren (Aktion).

Die erste Ebene von Veränderung ist Level 1 – die Ebene von Aktion und Verhalten. Jemand möchte sich ändern, loslassen oder etwas Bestimmtes erfahren, also versucht er, sein Verhalten zu verändern. Das ist die Basis der konventionellen Therapie oder Coaching. Wenn du aber nicht die Quelle bzw. die Ursache des Verhaltens oder der Aktion adressierst (Ursache auf Level 2, 3, 4, 5), dann wird die erwünschte Veränderung ganz viel Disziplin und Wiederholung erfordern. Sich auf Level 1 zu verändern hat einen rückwirkenden Effekt auf die anderen Levels, jedoch hat es einen höheren Effekt, sich auf den darüber liegenden Levels zu verändern, da diese die Ursache für Level 1 sind. Wenn eine relativ intensive alte Emotion auf Level 2 auftaucht, kann das alte Verhalten eventuell wieder auftauchen. Einige Aktionen auf diesem Level können sogar die unerwünschte Realität verstärken, wenn sie aus einer unerwünschten Emotion heraus entstehen oder in dem Versuch, diese loszuwerden. In diesem Sinne sind die verschiedenen Versuche, Verhalten zu verändern nur eine Kompensation für die unerwünschten Kreationen auf einer anderen Ebene (der ursächlichen Ebene). Die einzigen Aktionen die im entferntesten Sinne nützlich sind (von einem magischen Standpunkt aus), wären inspirierte Handlungen und so-tun-als-ob (sich aus dem Standpunkt der erwünschten Identität heraus verhalten). Wenn ein hässliches Haus gebaut wird, dann ist es besser, den Baumeister und die Handwerker (Emotion) oder sogar den Hausentwurf zu entsorgen, als zu versuchen, die Steine des Hauses umzuordnen.

Für das persönliche Wachstum und Weiterbildung ist es empfehlenswert, auf Level 2 – der Ebene der Gefühle und Emotionen – zu agieren. Alles was wir tun wird von dem, was wir fühlen oder vermeiden wollen zu fühlen, angetrieben. Wenn du ein Gefühl (die Schwingungsenergie) erfolgreich änderst, dann werden einige Dutzend Verhaltensweisen und Aktionen einfach, allmählich, mühelos, natürlich und ohne Anstrengung wegfallen. Deshalb operiert das grundlegende Realitätserschaffungs-Coaching hauptsächlich auf dieser Ebene. Aber eine Emotion kann auch als Indikator für die Ursache auf Level 3 genutzt werden, als ein Diener, der auf einen Glaubenssatz oder Gedankenmuster hinweist, das man loslassen könnte. Die vier primären Methoden, die angewendet werden um Emotionen zu transformieren sind a) man gibt alle Wertungen und alle Widerstände auf, indem man sie vollständig fühlt, bis sie zu Ende sind. b) Indem man den Körper tief entspannt. c) Man hebt seine Energie schrittweise an (das wird später in diesem Buch erklärt). Oder d) man findet heraus, auf welchen Glaubenssatz dieses Gefühl hinweist. Wenn die Baumeister des Hauses (Emotion) weiter einen schlechten Job machen, reicht es vielleicht nicht aus, die Baumeister zu feuern und neue einzustellen. Du musst vielleicht auch den Entwurf, die Vorlage oder die Anleitungen verändern (Glaubenssätze).

Level 3 fokussiert sich darauf, Gedanken und Glaubenssätze zu verändern. Jemand kann ungewollte Emotionen loslassen, verändern oder verbessern, aber wenn der darunterliegende Glaubenssatz, der dieses Gefühl kreiert hat, nicht auch angesprochen wird, wird das Gefühl wahrscheinlich wiederkommen. Gefühle zu verbessern funktioniert solange, wie die Methoden, die den Gefühlszustand verbessern, angewendet werden. Wenn du aufhörst, diese Methoden zu verwenden oder wenn du mit einer bestimmten Situation konfrontiert wirst, sprudeln die gleichen Gefühle wieder hoch, weil die ursächlichen Glaubenssätze noch immer aktiv sind. Die emotionale Verbesserung ständig zu wiederholen kann sich auch auf Level 3, 4 und 5 auswirken. Aber wenn ein einziger Glaubenssatz auf Level 3 bearbeitet wird, können Dutzende von Emotionen und gefühlsmäßigen Assoziationen auf einmal zum Besseren verändert werden.

Diese Veränderungen sind von Dauer. Fortgeschrittene Coaching- und Magie-Methoden arbeiten bevorzugt auf dieser Ebene.

Level 4 beinhaltet das Realitätsmodell, das Meta-Model auch Core-Belief (fester, tiefsitzender Glaube) oder primäre Intention. Dieser Glaube ist von einer anderen Qualität als die Glaubenssätze auf Level 3. Level-3 Glaubenssätze sind Gedanken, denen du dir halb-bewusst bist. Level-4 Glaubenssätze sind innere Überzeugungen, mit denen man so identifiziert ist, dass man sie nicht einmal als realitätserzeugende Kraft wahrnimmt. Sie sind wie eine Brille, die man trägt und durch die man guckt, die man aber selbst nicht sieht. Level 3 ist ein Gedanke, während Level 4 ein Muster, eine Schablone, eine Prägung ist, welche Hunderte von Glaubenssätzen ansammelt. Ein so tiefsitzender Glaube ist oftmals von zweitrangigen Glaubenssätzen verdeckt. Sie wurden angenommen und entwickelt, als ein Mensch nicht in der Lage war, angemessen darüber nachzudenken oder während er von seinem Überlebensinstinkt getrieben war – z. B. in Kindheitstraumatas oder in Schock-Zuständen. Das Realitäts-Modell ist wie eine Landkarte, um das Leben zu verstehen. Es ist wie der erste Eindruck, der bleibt. Im Verlauf des Lebens werden Ebenen von zweitrangigen Glaubenssätzen um diesen ersten Eindruck herum angesammelt, um diesen zu bestätigen, zu ergänzen, aufrechtzuerhalten und zu untermauern. Wenn jemand einen dieser tiefen Glaubenseindrücke aufspüren und verändern kann, dann werden Dutzende von Level 3 Glaubenssätze, Hunderte von Emotionen (Level 2) und tausende von Verhaltensweisen und Standpunkte gleichzeitig aufgelöst. Auf diesem Level sind radikale und enorm schnelle Veränderungen möglich. Das ist auch der Grund, warum sich so wenige Menschen überhaupt an diese Ebene herantrauen. Die meisten Menschen wagen es nicht, ihr fundamentalstes Wissen und Annahmen über die Welt in Frage zu stellen. Die Veränderungen könnten vielleicht zu groß, zu überwältigend sein. Aber wenn du auf dieser Ebene gut auf dich aufpasst, dann kannst du phantastische Resultate erreichen. Zu schauen, welche Ereignisse in deinem Leben auftauchen, ist einer der vielen Wege, um tiefen Glaubenssätzen auf die Spur zu kommen. Wenn etwas Ähnliches in deinem Job, deinem Liebesleben und in deiner Gesundheit immer wieder auftaucht, wird es dich zu einem tiefen Kern-Glaubenssatz führen. Eine ganz neue Vorlage über dein Wunschhaus zu haben, wird es für das Universum viel einfacher machen, darauf zu reagieren. Wenn natürlich der Architekt (Identität) nicht so gut ist, dann wird auch die Vorlage nur mittelmäßig sein können.

Level 5 ist die Ebene der Identität. Dies sind Definitionen darüber, wer du bist, wer du sein möchtest und wer du nicht sein möchtest – deine Rollen im Leben. Einige spirituelle und magische Schulen arbeiten auf diesem Level. Es gibt spirituelle Traditionen, welche das Selbst als groß, machtvoll, multidimensional, unendlich und göttlich definieren. Andere Traditionen versuchen, jedwede Identität und damit verbundene Zeitlinie aufzulösen, um die Erleuchtung oder das Gottes-Bewusstsein dahinter zu erlangen (wenn alles entfernt ist, dann bleibt nur die Wahrheit übrig). Eine dritte gelehrte Ansatzweise tauscht ungewünschte Rollen mit den gewünschten Rollen aus. Das ähnelt den Schauspielmethoden, außer, dass anstelle des Films das Leben geändert wird (was irgendwie auch wie ein Film ist). Ändere das Selbst und du änderst alle Definitionen über Realität, alle Intentionen, Glaubenssätze, Emotionen und Verhaltensweisen, die damit verbunden sind. Die Realität strukturiert sich nun um die neue Identität herum und gleicht sich langsam an das neue Selbst an. Auf diesem Level treten wir in parallele Welten ein. Ein Grund, warum Menschen sich dagegen wehren, auf dieser Ebene zu wirken, ist, weil sie kein Vertrauen in ihr Selbst und seine Unsterblichkeit haben. Sie glauben, es könnte ihnen etwas Schlechtes widerfahren und dass man sich dagegen absichern muss. An den Körper gebundene Überlebensinstinkte scheinen die Arbeit auf dieser Ebene zu behindern. Dieses Buch wird dir sanfte Wege aufzeigen, wie du die Version von deinem Selbst ändern kannst.

Von dem Standpunkt des unendlichen Universums aus und im Lichte der viele-Welten-Theorie geht es im RC nicht um das Manifestieren, sondern um die Synchronisation und Ausrichtung mit der bevorzugten Version von dir. Wir brauchen die äußeren Konditionen nicht selbst kreieren. Sie sind einfach die Reflektionen unserer eigenen Identität und deren Glaubenssätze. Ändere den Identitätsstandpunkt und das, was du von der Realität zurückbekommst, ändert sich. Natürlich kannst du Umstände auch ein bisschen verändern, aber das nur im Rahmen deines Gesichtspunktes. In RC gibt es nur 3 Faktoren:

1. Die Unendlichkeit, welche alles mühelos und magisch erschafft (Planeten, Landschaften, Körper).
2. Das weltliche Selbst (eine Version von dir).
3. Die Beziehung zwischen den beiden.

„Ich erschaffe Realität“ – dieses Motto der New-Age-Bewegung entstand aus der falschen Annahme heraus, dass es eine Trennung zwischen „Realität“ und „Ich“ gibt. Wo diese sich selbst auferlegte Trennung stattfindet, braucht es die Anstrengung von persönlicher Willenskraft, damit die Realität geliefert, bewiesen und möglich wird. Wenn du dir erlaubst, von einem höheren Zustand aus zu denken, dann erkennst du, dass das „Ich“, welches Realität kreiert und „Realität an sich“ dasselbe sind. Demnach wird deine RC-Anwendung nicht nur wunderbar effizient werden, sondern Konzepte wie „manifestieren“ und „darauf warten, dass etwas manifestiert wird“ sind dann sogar töricht, wenn nicht sogar absolut neurotisch. Du kannst dir vorstellen, was immer du willst – genau jetzt. Und du kannst auch willens sein, an das was du dir vorstellst zu glauben – genau jetzt. Und weil du es als real empfindest und dich – genau jetzt – daran erfreust – und nicht darauf wartest, dass es passiert – wird die Unendlichkeit genau diese Schwingung zu dir zurückreflektieren. Etwas physisch zu manifestieren ist nicht dein Job, sondern der Job der Unendlichkeit – sie ist sehr viel effizienter als das weltliche Selbst. Jene, die sich nicht ihres unendlichen Selbst bewusst sind, versuchen das Äußere zu manipulieren, so, als ob es von ihnen getrennt wäre. Auf einen Beweis der Verbesserung zu warten ist gleichbedeutend damit, ein Sklave zu sein. Man hat dann vergessen, dass man selbst die Ursache für das Äußere ist. Wir können nichts erschaffen, das wir als getrennt von uns sehen. Deshalb passieren uns auch die besten Dinge, wenn wir nicht versuchen, sie zu bekommen.

Magie wird es nicht für dich reparieren, weil du die Magie bist. Sei die Veränderung, die du in der Welt sehen möchtest. Es gibt keinen Weg zu Erfolg oder Frieden – entweder bist du selbst der Erfolg oder nicht. Die Abkürzung zu Realitätserschaffung bzw. dass du deine Herzenswünsche anziehst, ist es, *die Version von dir zu sein, welche diese Realität bereits erlebt.*

Einige Leser sagen jetzt vielleicht, „Ah, okay. Die Methode ist ‚so tun als ob‘. Ich habe es verstanden.“ Aber „so tun als ob“ ist immer noch nicht genau dasselbe wie „einfach diese Realität zu sein“. „So tun als ob“ bedeutet, dass man immer noch annimmt, dass etwas noch nicht wirklich real ist. Anstatt so zu tun als ob, probiere das Gefühl „ich bin diese Realität“ aus. Das bedeutet für dich auch, dass du das, was gerade ist, einfach akzeptierst. Wenn du einmal in eine neue Realität eingetreten bist und dann aber gegen das Alte, was auftaucht kämpfst, dann zeigt dieses Kämpfen, dass du immer noch an die alte Realität glaubst. Die Art, wie du auf die alte Realität reagierst, bestimmt wie lange es dauern wird, dass die neue Identität reflektiert wird. Gegen etwas dass du nicht magst anzukämpfen, bedeutet damit einverstanden zu sein. Wenn man ohne Widerstand ist, dann ist man ähnlich dem Wesen des Wassers. Wasser fließt mit dem, was ist. Es widersteht nichts und deshalb widersteht auch nichts dem Wasser. Ganz natürlich und schnell fließt das Wasser zu seinem Ziel – ohne es zu versuchen. Die Synchronisierung der Realität ist ganzheitlich, vollständig – kein Zurückhalten, kein „lass es uns erst ausprobieren und sehen, ob es funktioniert“. Wenn du einmal weißt, was du willst, tauche ein, beginne am Ende. Mache dir keine Gedanken über das warum, wann und wie. Beginne am Ende und bleibe da. Das ist alles, was es zur erfolgreichen Realitätsgestaltung zu sagen gibt. Die Unendlichkeit übernimmt den Rest.

5. Die PURE-Technik

Die PURE-Technik ist das, worum es sich in diesem Buch dreht. Während dieses Buch reichlich Übungen und Informationen für dich bereithält, ist die PURE-Technik das Herz vom „Surfen in parallelen Universen". Keine andere Übung ist nötig. **PURE** steht für **P**arallele **U**niversen **R**ealität **E**mulation (Nachahmung). Diese Technik ist das Fahrzeug, das ich dir empfehle. Mit seiner Hilfe kannst du deine persönliche Identität und das dazu korrespondierende Leben, welches du Realität nennst, verändern. Die PURE-Technik erlaubt dir, in tatsächlich existierende parallele Realitäten zu wechseln. Das Wissen und das Praktizieren von PURE reichen aus, damit du in jede Realität, die du dir wünschst, einsteigen und sie erleben kannst. Ich habe dieses Buch aber auch geschrieben, um deine Proteste gegenüber diesen ungewöhnlichen Behauptungen zu verringern und aufzulösen.

Definition der PURE-Technik

1) Definiere eine Realität, die du erfahren möchtest

Finde etwas, das du sein, tun oder haben möchtest, etwas das dir erreichbar erscheint. Du musst bereit sein, dazu zu stehen. Wenn du nicht weißt, was du möchtest, definiere etwas, das du nicht mehr erfahren willst und formuliere dann das Gegenteil davon. Der Wunsch kann vage oder spezifisch sein.

2) Entspanne dich in den Nullpunkt (sei still)

Bevor wir ein neues Etwas empfangen können, müssen wir ins Nichts zurückkehren. Nimm dir eine Auszeit, sitze oder liege, schließe deine Augen, werde ruhig und entspanne dich. Ignoriere jedes Thema oder Problem der Außenwelt. Ignoriere jedweden faktischen Beweis von Dingen, die du nicht möchtest. Behutsam und Stufe um Stufe erlaube allen Wünschen, allem „müssen", „sollen", „könnten", „würden" auszuklinken. Atme sanft. Erlaube, dass sich alle Bewertungen, Bezeichnungen, Erwartungen, Konzepte, alles Wissen, Meinungen, Definitionen und Reaktionen über alles was es gibt, auflösen können. Sie mögen immer noch existieren, aber sie sind für die Stille, die du jetzt erlebst, nicht mehr wichtig. Wie tust du das? Du tust es gar nicht. Du hörst auf, irgendetwas zu tun. Du beobachtest nur und nimmst wahr. Etwas zu beobachten und wahrzunehmen ist nicht etwas, das du tun, festhalten oder besitzen musst. Der Beobachter ist sowieso immer anwesend. Hinter den Wolken des Verstandes liegt ein klarer Himmel von Bewusstsein, immer präsent, immer still. Während also Gedanken aufkommen können, werden sie einfach mit der gleichen neutralen Leichtigkeit wahrgenommen, wie du Wolken am klaren Himmel beobachten würdest. Da muss nichts kreiert werden. Es geschieht ganz natürlich, wenn du dich in die Stille entspannst. Erlaube dir, offen zu werden, annehmend, aufnehmend. Wenn der Ozean der Stille erfahren wird (und das kann von einigen bis sehr vielen Minuten dauern – abhängig von deiner Bereitschaft, deinen Widerstand gegen das Hier und Jetzt loszulassen), dann erfreue dich daran. Der Nullpunkt bedeutet, dass du ein neutraler Beobachter bist, der weder etwas begehrt noch etwas ablehnt. Nichts wird erschaffen, nichts wird ent-kreiert. Gedanken kommen und gehen, aber sie sind irrelevant. Du bist nicht mit irgendetwas identifiziert. Gehe nicht zu Schritt 3 über, bevor du dich nicht völlig wohlfühlst. Sich gut zu fühlen ist nicht das Ziel dieser Übung: es ist eine Voraussetzung.

3) Erlaube dir, auf die neue Version von dir zu schauen

Wenn du still bist, lasse ein Image auftauchen, das die Version von dir, welche die gewünschte Realität bereits erfährt, repräsentiert. Das bedeutet nicht, dass du Etwas mit Anstrengung und Konzentration visualisierst. Es ist mehr wie ein entspanntes Empfangen von der Version, welche bereits verfügbar und in der Nähe ist. Du brauchst dafür keine Willenskraft. Du stellst dir nicht einfach etwas vor oder öffnest dich nur für eine Möglichkeit, sondern du erkennst die Version von dir, die bereits in einem parallelen Universum existiert. Du wirst dir einer Person bewusst, die schon da ist. Schaue auf die Version von dir, für die die gewünschte Realität bereits real ist.

4) Trete in diesen neuen Standpunkt ein

Anstatt, dass du dir diese Version weiter nur als ein außenstehender Beobachter betrachtest (als jemand, der sich danach sehnt), trittst du in diesen Standpunkt (in dieses Energiefeld) ein. Betrete das Energiefeld der Person, welche bereits die vollständige Erfüllung dieser Realität erlebt und blicke von dort aus. Tauche als diese Person in die Realität ein. Erfreue dich dort mit natürlicher Leichtigkeit, Dankbarkeit und Zufriedenheit.

Erlebe dieses Image nicht nur als mentales Ereignis, sondern berühre es, empfinde es mit deinem Körper, fühle es. Du tust das nicht, um die Realität später einmal zu erleben oder um die Realität in der äußeren Welt zu erfahren. Du trittst in das Image ein, um die Freude bereits im Hier und Jetzt zu erfahren. Vielleicht zeigt sich ein Lächeln in deinem Gesicht. Verweile einige Minuten hier, bevor du das loslässt und den Prozess mit den geschlossenen Augen beendest.

5) Trete in diesen neuen Standpunkt ein

In den Stunden, Tagen und Wochen danach ruhe einfach in dem neuen Standpunkt der erfüllten Realität. Versuche nicht, es geschehen zu lassen. Das brauchst du nicht, denn du hast es bereits für dich beansprucht. Affirmiere nicht, visualisiere nicht, wiederhole nicht, und warte nicht darauf. Hoffe nicht darauf, dass es irgendwann in der Zukunft kommen wird. Denke nicht einmal darüber nach – du hast es bereits in Anspruch genommen. Frage nicht danach, wann, wie oder wo es sich zeigen wird. Stattdessen tue einfach das, was sich dir im Verlaufe des Tages anbietet. Das können auch ganz gewöhnliche Aktivitäten sein. Das Alltagsleben findet einfach weiter ganz natürlich statt, ohne Bedürfnisse oder das Gefühl von Mangel. Hin und wieder möchtest du vielleicht das körperliche Gefühl deiner gewählten Realität wieder auffüllen und dich an dem erfreuen, was du für dich wahr gemacht hast. Aber oft ist noch nicht einmal das nötig. Außerdem solltest du nicht so tun, als ob die gewünschte Realität sich manifestiert, denn das ist ein Zeichen von Trennung. Entspanne einfach alle Verhaltensweisen, die annehmen, dass es noch nicht so ist. Du kannst damit aufhören, den Ereignissen, die nicht zu deiner ausgewählten Realität zählen, Relevanz oder Wichtigkeit beizumessen. Solche Events können auftauchen, aber sie sind nicht mehr wichtig genug, als dass du mit ihnen interagieren wolltest. Die Dinge können jetzt noch so sein, aber du bist es nicht mehr. Die korrespondierende physische Realität wird sich manifestieren, wenn du sie nicht mehr brauchst, ihr nicht mehr hinterherjagst und darauf wartest. Stattdessen bist du willentlich und mit Liebe damit identifiziert – nicht um der Manifestation willen, sondern um die Freude im Hier und Jetzt zu leben.

Details der PURE-Technik

Das Verfahren der PURE-Technik habe ich wie folgt beschrieben:

1. **Sei still**
2. **Empfange und identifiziere dich mit der gewünschten Realität**
3. **Ruhe in der Erfüllung (lasse los)**

In einigen schamanischen Kulturen wird diese Technik als **Shape Shifting** (Gestaltwandeln) bezeichnet. Shape Shifting beinhaltet, dass du deinen Widerstand gegen etwas aufgibst und mit der Sache verschmilzt, bis du total eins damit bist – und das nicht nur auf einer mentalen Ebene, sondern mit dem ganzen Körper bis auf die Zellebene. Das Geheimnis dabei ist nicht, dass man etwas wird. Das Geheimnis liegt daran, zu erkennen: Du bist schon alles und trägst jeden Aspekt in dir. Einige Schamanen verwenden die Methode des Shape Shiftings dazu, zu einem Tier oder einem Baum zu werden. Sie waren in der Lage, ihr gepanzertes Selbst abzulegen und sich völlig mit etwas zu vereinigen. Der Glaubenssatz „Es ist doch nur Imagination“ wird dabei ganz aufgegeben, da dieser Glaubenssatz die Wirksamkeit der Technik beeinträchtigt.

Die bisher gegebenen Informationen genügen bereits, um die Technik auszuführen, aber wir können noch tiefer einsteigen und mehr ins Detail gehen. Der Verstand liebt es, Details zu studieren. Alles was nun folgt, kann das Vertrauen des Verstandes festigen. Wir beginnen damit, den zweiten Schritt (die neue Realität empfangen und sich damit identifiziert) in drei weitere Schritte zu unterteilen. Diese sind: sehen, fühlen und sein.

Sehen

Diesen Schritt könnte man auch „sich entscheiden“ oder „auswählen“ nennen, weil du dir eine von Trillionen von Möglichkeiten auswählst. Das Bild wird nicht so sehr visualisiert, sondern in Stille empfangen. Auf eine Art ist es wie visualisieren, aber es ist noch sehr viel mehr. Visualisieren ist ein bloßes mentales Vorgehen. Wir wollen aber nicht nur ein zweidimensionales mentales Image erschaffen, sondern ein vollständiges Körpergefühl. Es soll die Erfahrung einer virtuellen Realität sein. Die Aufmerksamkeit eines „durchschnittlichen“ Menschen springt wahllos herum, wie ein Gummiball. Es ist wichtig, dass du für dich entscheidest, was du wirklich möchtest.

Sonst wäre da nichts, auf das du dich fokussieren könntest, weil du nicht wüsstest, auf *was* du deine Aufmerksamkeit richten sollst. Die Entscheidung triffst du gewöhnlich, bevor du die PURE-Technik ausführst, bevor du in die Stille gehst. Es kann aber auch sein, dass sich deine Entscheidung während der Stille ändert. Es könnte dich überraschen, was dann erscheint. Generell wirst du deine Intention getroffen haben, bevor du in den Prozess gehst. Diese Intention beeinflusst dann, welche Bilder auftauchen – diese können dich auch überraschen. Mit anderen Worten: Sei dir bewusst, wofür du die PURE-Technik anwendest, aber überlasse den Rest deiner Empfänglichkeit, anstatt dich anzustrengen. „Sehen" bedeutet, dass du auf das, was deinen Wunsch repräsentiert, schaust. Du schaust noch nicht von dort aus, sondern du schaust erst einmal *auf* das Bild. Du verwendest deine Imagination, um deinen Wunsch dreidimensional und so plastisch zu sehen, wie du deine Umgebung sehen kannst. Das Problem ist, dass wir als Gesellschaft darauf konditioniert wurden, bessere Beobachter von dem was schon ist, zu sein, als Träumer von dem, was sein könnte. Wir betrachten unsere Umgebung und nehmen das, was wir sehen als Beweis, worum es in unserem Leben geht. Wir wurden darauf konditioniert, uns das anzuschauen, was bereits kreiert wurde (und diese Wahrnehmungen dann in „gut" oder „schlecht" einzuteilen). Dieser Ansatz räumt äußeren Schöpfungen mehr Bedeutung ein als dem, was du durch deine eigene innere Autorität erschaffen könntest. Wenn dein momentanes Umfeld und deine alltägliche Realität dir wirklicher, wesentlicher und bedeutender erscheinen als deine inneren Visionen, dann ist das der Grund, warum du nichts Neues erlebst. Die PURE-Technik lehrt uns, dass wir unsere Aufmerksamkeit auf das richten, was erschaffen werden könnte. Dem, was du am meisten Aufmerksamkeit widmest, das wird mehr. Achte also darauf, wo deine Augen hinschauen – deine äußeren und deine inneren Augen – und achte darauf, was sie sehen. Indem du etwas anschaust, wählst du es aus und gibst deinem Wunsch damit eine Form – du gibst deinem Wunsch Raum und Zeit. Entspanne dich und gib deiner Vision den Raum und die Zeit sich zu entfalten. Du bist ein visuelles und visionäres Wesen, also sieh dich in all deinem Reichtum, sieh alle Details, Farben und in allen Situationen. Wenn du etwas als real erleben möchtest, musst du es als real sehen können. Wenn du sagst „Naja, das ist ja nur Imagination", dann entkräftest du damit das, was du magst und haben möchtest. Bewusstsein unterscheidet nicht zwischen „real" und „eingebildet". Aber wenn du einen Unterschied machst und es als weniger echt und signifikant bezeichnest, dann wird sich das Bewusstsein dem beugen. Dieser Teil ist sehr wichtig, wird aber oft im Prozess von Realitätserschaffung übersehen.

Fühlen

Dieses Element könnte auch das dritte Element von „sein" darstellen, denn sich mit etwas zu identifizieren wird von einem entsprechenden Körpergefühl begleitet. Hier machen wir aber einen Unterschied zu „sein", um zu zeigen, wie ein Gefühl einen Gedanken magnetisch auflädt. Ohne ein Gefühl oder Energie kann sich ein Gedanke nicht manifestieren. Ein anderes Wort, welches diesen Schritt beschreiben könnte, ist „Vertrauen". Wenn du ein Gefühl in deinem Körper spüren kannst, hast du auch kein Problem damit, der Echtheit dieser Sache zu vertrauen. Das Gefühl aktiviert den Gedanken. Emotionen kreieren Energie, und die wiederum interagiert mit der Realität. Das umfasst Gefühle wie Dankbarkeit, Glück, Begeisterung, Liebe, Frieden, Leichtigkeit, aber auch Gefühle, die den taktilen Körpersinn ansprechen. Fasse die Objekte und Menschen in deiner Vision an, rieche und schmecke sie. Wenn du etwas ansiehst und dich darauf fokussierst, identifizierst du dich damit. Etwas zu fühlen intensiviert die Identifikation. Das sind keine Gefühle, die du kreieren oder produzieren musst. Stattdessen erlaubst du diesen Gefühlen einfach aufzutauchen. *Diese Fähigkeit ist ganz ursprünglich und natürlich.* Schaue dir keine gefühlsleeren Bilder an. Wenn du auf etwas Wichtiges, etwas das Substanz und Bedeutung für dich hat, schaust, dann fühlst du das auch, nicht wahr? Um etwas im Außen zu erfahren, musst du es in dir drinnen erfahren – nicht, um etwas irgendwann mal zu bekommen, sondern um dich genau jetzt daran zu erfreuen.

Sein

Du schaust jetzt nicht mehr nur auf das Gewünschte, sondern du schaust von dort aus. Dein Blickwinkel verschiebt sich von dem Standpunkt eines Beobachters der Realität zu einem Beobachter von dieser Realität aus. Verhalte dich so, wie du es in dieser Realität tun würdest. Sieh, was du als diese Person sehen würdest. Beobachte aus diesem Image heraus. Das Image befindet sich nicht länger vor dir, sondern du bist es. Fühle, wie es ist, diese Person zu sein. Wenn du beginnst, mit der PURE-Technik zu arbeiten, bemerke den Wechsel und den Unterschied zwischen den Blickpunkten von „darauf schauen" und „als das" oder „von dort aus schauen". Du magst vielleicht die gleichen Dinge sehen, aber es gibt einen erkennbaren Unterschied zwischen den beiden Standpunkten.

Bedeutet „sein", etwas tun zu müssen?

Die meisten Menschen sehen das Tun als Ursache von Realität, aber das ist es nicht. Nur der Glaube in eine Aktion macht diese effektiv. Wenn du nicht an eine bestimmte Realität glaubst, dann wird sich diese auch nicht manifestieren, egal wie sehr du dich anstrengst.

In Aktion zu treten ist kein erforderlicher Schritt der PURE-Technik. Es wird nur nötig, wenn jemand seinen Glaubenssatz „dass etwas getan werden muss" nicht loslassen kann. Aber weil einige Menschen dem Tun und der Arbeit so viel Autorität geben, lehnt die PURE-Technik „etwas tun müssen" nicht vollständig ab. Aber wenn du etwas tun willst, dann tue es aus einem richtig ausgerichteten Standpunkt heraus. Du kannst tun, was immer du willst, solange wie du begreifst, dass Handlungen eine Auswirkung deiner Schwingung sind, nicht die Ursache. Taten sind das, was der verursachenden Energie in die physische Form verhilft. Darum brauchst du dir aber keine Gedanken oder Sorgen machen. Das, was getan werden muss, wird sich dir ganz offensichtlich zeigen. Wenn du dich z. B. mit der neuen Realität „nun ganz viele Kunden zu bekommen" ausgerichtet hast und dich dann plötzlich viele neue mögliche Kunden per Mail kontakten, dann wäre die offensichtliche Handlung jetzt, dass du ihnen zurückschreibst. Wenn du dich mit der neuen Realität „ich habe nun mein Idealgewicht" identifizierst und du hast plötzlich das dringende Bedürfnis, ganz viel Wasser zu trinken, dann ist die offensichtliche Aktion, dass du ganz viel Wasser trinkst. Da Handlungen aber nicht die Ursache sind, brauchst du auch keine Angst zu haben, etwas richtig oder falsch zu machen. Nach der Anwendung der PURE-Technik tust du generell einfach das, was vor dir liegt, also deine regulären täglichen Aktivitäten, wie abwaschen und zur Arbeit gehen. Solange, wie du emotional ausgerichtet bist, tut es nichts zur Sache, was du unternimmst, es sei denn, du tust etwas, das deiner neuen Version von dir vollkommen entgegensteht – z. B. wochenlang diese Emails ignorieren, oder joggen zu gehen um abzunehmen, obwohl du überhaupt keine Lust dazu hast (wenn du es jedoch magst, dann ist es die richtige Aktion). Auf Grund deiner inneren Einstellung werden andere Dinge auftauchen, auf die du reagieren kannst. Du wirst wissen, wann es richtig ist zu handeln. Wenn du bewusst handelst (das ist kein Muss), handele aus der Idee heraus, dass das Gewünschte auf dem Weg zu dir ist bzw. schon erfüllt ist. Wenn du z. B. in die Realität „ich habe viele neue Kunden“ eingetreten bist, würdest du wahrscheinlich keinen Kredit aufnehmen, weil du Angst hast, nicht genügend Kunden zu bekommen. Das würde entgegen deiner Intention stehen. Aber du würdest vielleicht ein neues Bild kaufen, um dein Büro lebendiger zu gestalten, schließlich kommen ja die vielen Kunden zu dir. Wenn du überhaupt im Sinne von RC handelst, dann ist dein Handeln mehr „sein“ als „tun“ – versus „handeln um zu sein“. Dein Tun ist so nah wie möglich an der neuen Realität dran. Wenn sie sich dann manifestiert, fällt sie einfach in deinen Schoß. Wenn die Manifestation zu weit weg von deinem normalen Alltag ist, wirst du geschockt sein, wenn sie sich tatsächlich manifestiert. Wenn du handelst, handele so, dass du mehr einlädst, was sich manifestiert. Dein Tun wird dann freudvoller, mehr wie bei einem Theater- oder Film-Schauspieler, der eine Realität, die schon wahr ist, einfach nachmacht. Du möchtest dich nicht für eine Realität abstrampeln, die noch gar nicht echt ist. Bringe „eine mentale Realität in die physische Welt“. Anstatt der physischen Realität zu erlauben, dass sie dich begrenzt, nutze sie zu deinem Vorteil. Gehe zu Orten, zu denen du gehen würdest, wenn die Realität schon wahr wäre. Kaufe, erledige, miete oder leihe dir Dinge aus, wie du es in dieser Realität tun würdest. Diese Art von *Realität-repräsentierende-Handlungen* ist mit Abstand die am besten ausgerichtete. Sie stellt dar, was ich physiologische Magie nenne: Sich an die Schwingungsfrequenz von Menschen (die bereits eine bestimmte Realität erleben), gewöhnen, in dem man ihre Gewohnheiten und Handlungen kopiert. Wenn du nicht mehr der Angestellte, sondern der Chef deiner Firma sein möchtest, dann setzt du dich in einen Chefsessel, du schaust aus dem Büro deines Chefs auf den Horizont und du verbringst Zeit mit ihm. So vervollständigst du deine schwingungsmäßigen Angewohnheiten. Du lernst also, wie sich diese Realität anfühlt. Es gibt keine höhere Form von Magie, als zu lernen, wie sich eine Realität anfühlt. Wenn du einmal weißt, wie sich etwas anfühlt, dann gehört es dir.

Nachdem du dich mit einer Realität identifiziert hast – also du bist in Stille gegangen, hast das Bild empfangen- siehst es, fühlst es, bist es, ruhst darin und lässt es los – dann ist dein inneren Empfänger darauf festgelegt (auf den Kanal, den du empfangen möchtest).

Wehre dich danach nicht gegen die Veränderungen die auftauchen. Die gehören dazu. Sie sind Teil der neuen sich vor dir entfaltenden und von dir in Anspruch genommenen Realität, egal wie es im ersten Moment aussieht. Je mehr du gegen die auftauchenden Veränderungen Widerstand leistest, desto länger dauert es für das Gewünschte, physische Form anzunehmen. Wozu ist dieser Zeitpuffer gut? Damit nicht jeder kleinste Gedanke sofort manifestiert wird und damit dein Leben nicht im Chaos versinkt.

Das Fundament des Ent-Kreierungs-Verfahrens

Die PURE-Technik eröffnet die Möglichkeit für neue parallele Welten. Die Umkehrung davon muss also sein, eine Realität loszulassen oder zu ent-kreieren, richtig? Ja, richtig. Aber wenn du eine bestimmte Realität/Identität loslassen möchtest, dann würde ich *nicht* die folgende Technik des Ent-Kreierens als Erstes empfehlen. Einfacher ist es, das zu wählen, was du stattdessen möchtest und in eine andere Realität einzusteigen.

Warum? Weil der Akt, sich neu zu identifizieren, sich automatisch um die unerwünschte Realität kümmert. Das folgende Verfahren ist nur für diejenigen unter euch, die mehr als das brauchen, oder die es bevorzugen, erst einmal in das Unerwünschte einzutauchen, bevor sie sich dem Erwünschten widmen. Manche Menschen möchten erst das Unerwünschte begreifen, bevor sie sich sicher sein können, was sie wirklich wollen. Hier ein Beispiel: **Shape-Shifting-Anwender** (Gestaltwandler) versetzen sich in genau das, was ihnen Angst macht oder womit sie sich nicht wohlfühlen. Wenn der Gestaltwandler Angst vor Spinnen hat, wird er zur Spinne, bis die Angst kleiner wird. Wenn er vor einem Vorgesetzten oder vor einem Unternehmen Angst hat, identifiziert sich der Gestaltwandler mit dem Vorgesetzten oder dem Unternehmen. Er dringt so tief ein, bis alle Ängste verschwinden.

Identifikation und Sein

Der letzte Schritt der PURE-Technik ist der erste Schritt der Methode zum Ent-Kreieren. Der Prozess des Ent-Kreierens beginnt nicht mit dem Zustand der Ruhe (ohne Konzepte, ohne Identität), sondern mit der Identifikation mit etwas.

Du identifizierst dich bewusst mit etwas, womit du schon längst identifiziert bist.

Als Hilfestellung kannst du dich fragen: „Welche Version von mir erfährt bereits…?“ (unerwünschte Realität). Der Widerstand dieser Identität gegenüber erhält sie erst aufrecht. Deshalb bedeutet „sein“ auch, alle Widerstände aufzugeben und absichtlich einzutauchen. Du kannst dich nicht bewusst mit einer Realität identifizieren (und damit die kreative Kontrolle wiedererlangen), wenn du Widerstand dagegen aufbaust.

Also kreiere es mit Absicht. Verschmelze damit. Synchronisiere deine Schwingung 1-zu-1 damit. Du kannst nichts loslassen, was du nicht besitzt. Atme es. Konfrontiere es. Sei es.

Fühlen

Das Fühlen kommt automatisch. Wenn deine Gefühle unangenehm für dich sind, baust du immer noch Widerstand gegen das, was du selbst kreiert hast, auf. Widerstand bedeutet, dass du dir noch immer nicht erlaubst, zu erkennen, dass du eine bestimmte Realität selbst aus gutem Grund erschaffen hast. Du hast noch keine volle Verantwortung übernommen. Eine interessante Frage könnte sein: „Was könnte ein guter Grund dafür sein, dass ich dies noch immer aufrechterhalte?" Fühle es, atme es, lass es sein, lebe es, bis du dich damit wohlfühlst. Erlebe es mit Bereitwilligkeit und Interesse. Nimm es in dich auf.

Sehen – Beobachten – Bezeichnen

Als nächstes trittst du einen Schritt aus der völligen Verschmelzung zurück und siehst von draußen auf die Realität, wie ein Beobachter. Bezeichne das Ereignis als genau das, was es ist. Nimm die Beobachterposition von außen ein. Das bedeutet, bevor du den Schritt „sehen" anwendest, während du immer noch eingetaucht bist, sagst du einfach die Erklärung: „Ok, das ist…, und ich habe es kreiert." Nimm es einfach wahr, nicht als die Kreation selbst, sondern als ein Beobachter von außen. Du kannst davon zurücktreten, dich distanzieren, indem du ohne Widerstand, Bewertung oder Reaktion beobachtest.

Stille

Dies ist der Teil, bei dem du deine Aufmerksamkeit sanft von der nicht-bewertenden und nicht-reagierenden Beobachtung abziehst und dich auf Leerlauf einstellst – du gibst der Kreation keine besondere Aufmerksamkeit mehr. Behutsam konzentrierst du dich auf Ruhe und Frieden. Wenn du in diesen unendlichen Raum im Hier und Jetzt zurückgefallen bist, kannst du entweder entscheiden, den Prozess zu beenden, oder du lässt eine neue Realität hochkommen. Ich empfehle dir, wenn du eine Realität ent-kreiert hast, daraufhin etwas Neues zu erschaffen. Wenn du etwas ent-kreierst, erschaffst du damit ein Vakuum im Bewusstsein, das wieder gefüllt werden möchte. Es ist leicht, etwas Neues in ein Vakuum hineinzuerschaffen. Die einzige Frage ist jetzt, ob du direkt nach dem Ent-kreieren neu erschaffen möchtest, oder ob du es dir lieber für später aufhebst.

Nach einer Runde Ent-kreieren hast du außerdem die Option, den Prozess zu wiederholen. Wenn du noch immer den Eindruck hast, dass der alten Identität noch Bedeutung oder Signifikanz anhaften, möchtest du die Methode vielleicht noch einmal durchführen.

Die Switch-Methode (Alternating Technique)

Eine weitere brillante Variation von Ent-kreieren ist folgende Methode: Man versetzt sich in einen entspannten Zustand und wechselt mehrere Male zwischen dem alten und dem neuen Selbst hin und her. Das bedeutet, du schaust auf das alte Selbst, dann als das alte Selbst. Dann schaust du auf das neue Selbst, dann als das neue Selbst. Dann wechselst du zum alten Selbst. Dann wieder zurück zum neuen Selbst. Du schaltest zwischen dem alten und dem neuen Selbst hin und her, bis ein oder mehr der folgenden Dinge passieren: relative Neutralität (du spürst dem alten Selbst gegenüber keinen Widerstand mehr), ein tieferes Verständnis dafür, dass du frei wählen kannst, der Eindruck, dass du dich ganz einfach in das neue Selbst versetzen kannst. Je weniger du dich gegen das alte Selbst wehrst, desto einfacher kannst du in das neue Selbst schlüpfen.

Die Switch Methode (Alternating Technique): geschriebene Version

Nimm an, es ist jetzt ein Jahr später und du schreibst jemanden, wie das letzte Jahr verlaufen ist. Du bist dein Zukunfts-Selbst. Schreibe drei Versionen von deinem Selbst:

1. Eine negative Version
2. Eine mittelmäßige Version
3. Eine positive Version

Durch das bewusste Kreieren von negativen Versionen bekommst du bewusste Kontrolle über unbewusste, ungewollte, unbeabsichtigte Glaubenssätze. Indem du in die mittlere Version wechselst, stellst du fest, was du für normal und realistisch hältst. Durch den Switch in die positive Version erkennst du, womit du dich wirklich identifizieren möchtest – ganz automatisch, indem du es wahrnimmst und mit den beiden anderen Versionen vergleichen kannst. Dies ist eins der kraftvollsten Techniken für Realitätsveränderung, die du jemals lernen wirst.

Weitere Notizen und Details zur PURE-Technik

Die PURE-Technik ist unkompliziert: Alles was du tust, ist, dich in den neuen Standpunkt hinein zu entspannen und ihn zu fühlen, Punkt. Für Anfänger könnten da Aspekte auftauchen, die wie Probleme aussehen. Ich werde diese im folgenden Abschnitt besprechen und erklären, wie und warum die PURE-Technik funktioniert.

Die Feedback-Schleife

Was du gerade als Realität erlebst, könnte man als Feedback-Schleife von dem, was du früher geglaubt hast, beschreiben. Je unbewusster du bist, desto mehr bezeichnest du diese Feedback-Schleife als faktische Realität. Jemand beabsichtigt z. B. die Realität „ich bin reich" zu erschaffen. Das ist in der Zeitlinie zu 100 % erschaffen. Liefern jetzt aber die Umgebung und die Umstände entgegengesetzte „Beweise" zu dieser neuen Intention, sind das nur die Resultate der Feedback-Schleife aus früheren Entscheidungen. Jetzt kommt es darauf an, wie dieser Mensch darauf reagiert. Ruht er in der neuen Version von sich, oder lässt er sich in sein altes Selbst zurückziehen? Der Bankauszug zeigt, dass das Konto noch überzogen ist und dieser Mensch sagt zu sich „naja, vielleicht bin ich doch nicht so reich. Hier ist der Beweis dafür." Er verlässt seinen Standpunkt und erlaubt den äußeren Umständen, über sein Leben zu entscheiden (anstelle dass er über die äußeren Umstände bestimmt). Er ist in die Sklavenmentalität zurückgefallen. Es ist wichtig, selbstsicher in dem neuen Standpunkt zu ruhen, egal was äußere Beweise dir zeigen. Die wenig Beherzten werden jede Möglichkeit nehmen, um in die alte Identität zurückzufallen. Der Surfer der Realität, der Zauberer, der Magier, der Schöpfer wird jeden Gegenbeweis dazu nutzen, sich an seine neue Realität zu erinnern und diese zu bestätigen. „Aha, hier kommt ein Beweis, der zu meiner alten Identität passt. Das ist eine wundervolle Möglichkeit, um meine neue Identität zu bekräftigen. Weil das passiert, kann ich meine Reaktion anpassen, so dass ich mit meiner neuen Identität übereinstimme. Wie schön!" Dieser Mensch nutzt also jeden Gegenbeweis, um seine neue Identität zu verstärken. Die Dinge sind noch für diesen Augenblick so, aber du bist nicht mehr so. Ein anderer Weg, um mit Realitäten umzugehen, welche scheinbar deiner gewählten Realität entgegenstehen, ist es, sie ohne Reaktion mitzuerleben. Das heißt, du tauchst nicht ein, versuchst nicht, es loszuwerden und du diskutierst nicht damit. Diese Verhaltensweisen würden den Gegenbeweisen Wichtigkeit verleihen. Stattdessen nimmst du diese scheinbaren Widersprüche und Gegenbeweise wahr, wie Wolken am Himmel. Sie sind zwar da, aber sie haben nichts mit dir zu tun. Du ruhst in einer neuen Realität und lehnst es ab, diesen entgegenstehenden Realitäten Bedeutung zu geben. Die innere Autorität der Imagination wird sehr bald die äußere Autorität der Fakten überholt haben und aus der Imagination dann Fakten machen.

Projektion in die Zukunft

Wenn du dich mit einer Realität identifiziert hast, bist du in ein paralleles Universum eingetreten; es ist bereits manifestiert. Du kannst es Hier und Jetzt fühlen. Das Gefühl muss für jetzt als Beweis ausreichen. Die konditionierte Tendenz von Menschen, ihre erwünschte Realität in die Zukunft zu projizieren, verschiebt die Resultate nur auf später. Wenn du einfach nur wahrnimmst, dass die physische, materielle Manifestation noch nicht da ist, dann stellt das noch kein Problem dar. Wenn du aber glaubst, du könntest deshalb nicht bereits jetzt glücklich und zufrieden sein, dann ist das eine entgegengesetzte Überzeugung. Es gibt da den langen und den kurzen Weg um Realität zu erschaffen. Der lange Weg ist, die Wege zu deinem Ziel aufzuschreiben. Dann gehst du diese Wege und erreichst dein Ziel. Das Ziel hat sich jedoch nicht manifestiert, weil du diese und jene Schritte gegangen bist, sondern weil du geglaubt hast, dass diese dich zum Ziel führen. Dies ist der Pfad eines Sterblichen. Projektionen in die Zukunft funktionieren gelegentlich, aber manchmal tut es das eben nicht und braucht sehr viel mehr Energie und Anstrengung. Als ein Magier der Realitätsgestaltung gibst du alle Kompetenz, dein erwünschtes Resultat zu organisieren, zu planen und zu manifestieren an die Unendlichkeit, an das Alles-was-ist-Universum ab. Du bringst dein Ziel in das JETZT und bist darüber begeistert. Das Leben kümmert sich um den Rest. Du fragst auch nicht wie, wann und wo. Denn wenn du bereits im Standpunkt des bereits Erfüllten ruhst, werden diese Fragen irrelevant und wirken gegen die Erschaffung. Deine Vorgehensweise ist geprägt von Natürlichkeit und Leichtigkeit, ohne dich in Zeitvorgaben, Gestaltung oder Manifestation hineinzusteigern. Du wartest nicht auf Beweise, du wartest nicht auf die Erfüllung und du suchst auch nicht nach Zustimmung. Es ist bereits geschehen. Realität zu erschaffen bedeutet nicht, auf die Zukunft zu warten, sondern ist mehr wie eine Erinnerung an die Vergangenheit.

Erwartungen

Genaugenommen limitieren deine Erwartungen über das Wie, das Wann und das Wo der physischen Manifestation die Fähigkeit der Unendlichkeit, deine geforderte Realität zu dir zurück zu reflektieren. Wenn du deine Intention in die Unendlichkeit entlässt, dann weißt du, dass dies oder etwas Ähnliches zu dir zurückkommen wird. Warum etwas Ähnliches? Weil nicht das exakte mentale Image reflektiert wird, sondern das Signal der Schwingungsvibration. Die Unendlichkeit geht den Weg des geringsten Widerstandes und kann deshalb nur innerhalb des Kontextes liefern, indem du dich befindest, innerhalb dessen, was du für wahr halten kannst. Das heißt nicht, dass du nach weniger, als das, was du willst, streben sollst. Vielmehr erscheinen oft Dinge, die noch besser sind, als das, was du beabsichtigt hast.

Deine Aufmerksamkeit liegt nicht auf dem *Wie*, *Wann* und *Wo* der Manifestation, denn soweit es dich betrifft, ist die erwünschte Realität bereits erschaffen. Du kannst nicht mit einer Realität identifiziert sein und gleichzeitig darauf warten oder erwarten. Es ist sehr wichtig, dass du die Bedeutung dessen verstehst. Dem Gesetz der Korrespondenz nach wird sich das Gewünschte dinglich, physisch und real manifestieren, und daran bist du interessiert. Es wird aber nicht stattfinden, weil du versuchst, es geschehen zu lassen, sondern weil du innerlich darauf ausgerichtet bist. Die physische Manifestation, die Wege, Mittel und der Zeitablauf werden der Unendlichkeit überlassen. Sie ist weitaus effektiver. Dieses Wissen befreit dich davon, alles bis ins Kleinste selbst organisieren zu müssen. Es lehrt dich, die Unendlichkeit nicht mit dem, was du denkst (wie, wann oder wo es sich manifestieren soll) zu stören. Meistens ist es eine Überraschung – und das ist der Teil, der am meisten Spaß macht. Wo würde der Spaß an Magie sein, wenn du alles kontrollieren würdest? Der Glaube, dass du den ganzen Prozess selber managen müsstest, ist die Einbildung eines Größenwahnsinnigen. Das sagt nicht aus, dass du nicht für die Kreation verantwortlich bist. Du bist verantwortlich dafür. Du musst dir aber darüber klar sein, für welchen Teil der Co-Kreation (zwischen dem weltlichen Selbst und der Unendlichkeit) du zuständig bist. Du bist verantwortlich für das, was du ausstrahlst.

Tiefer eintauchen

Bei der Anwendung von RC kommt irgendwann der Punkt, an dem du so tief, mit ganzem Herzen und voller Überzeugung in deinem neuen Glauben ruhst, dass du nicht einmal mehr darüber nachdenkst. Die Identität wurde zu deiner neuen Natur – normal und angenehm. Bleib dem neuen Selbst treu und loyal gegenüber und die Realität wird sich daran anpassen, sich darum herum aufbauen. Während du in den Anfangsstadien deiner Verschmelzung immer wieder den Erschaffungsprozess wiederholst und dich bewusst an das Gefühl erinnern musst, musst du dich auf einer tieferen Ebene nicht mehr darum kümmern. Stattdessen erfreust du dich real an dem Gefühl der Erfüllung (es sollte nicht einmal mehr nötig sein, einen Unterschied zu „so real wie das reale Ding“ machen). Anfänger der RC-Methode können schwer glauben, dass sie kaum irgendetwas tun müssen. Aber auch sie werden irgendwann verstehen dass es leichter ist, Energie einfach einfließen zu lassen, als ständig den Flow von Energie zu unterbrechen. Auf dieser tieferen Ebene der Verschmelzung möchtest du vielleicht sogar die ganze Sache vergessen und deine Aufmerksamkeit auf andere Dinge richten. Das ist der Punkt, an dem „leben im Hier und Jetzt“ im Alltag wichtig wird. Anstatt ungeduldig auf die Manifestation zu warten, ruhst du in Dankbarkeit. Realität wird nicht länger durch die sich immer wieder ändernden Umstände bestimmt, sondern durch dein Selbst. Die äußere Realität ist nicht länger die Quelle – du bist die Quelle. Du fühlst das Glück zu leben. Diese süße innere Glückseligkeit übertrifft alle äußeren Manifestationen und materiellen Dinge. Ist diese süße innere Liebe einmal gefunden, werden alle Belange zur Manifestation oder Nicht-Manifestation sogar noch unwichtiger – und paradoxerweise werden sie so noch leichter zugänglich. Wenn du aufhörst, etwas hinterherzulaufen, aufhörst etwas zu brauchen und aufhörst, ein Sklave zu sein, dann fließen die Dinge einfach zu dir. Das Wichtigste ist, bereits die Person zu sein, für die die Realität schon wahr ist. Wenn es irgendein Anzeichen von suchen, jagen oder Beweise fordern gibt, dann ruhst du nicht in der Annahme, dass es schon erfüllt ist, du bist immer noch ein Sklave. Die Welt hat dir nichts zu geben – sie zeigt dir nur, was du dir selbst gibst.

Synonyme

Folgende Worte sind in RC-Synonyme und bezeichnen dieselbe Sache:

Realität
Erfahrung
Identität
Standpunkt
Erfüllung

Wann immer wir „Realität“ sagen, könnten wir auch „Identität“ dafür einsetzen, weil beides dasselbe ist. Es gibt keine Realität ohne eine korrespondierende, beobachtende Identität. Und es gibt keine beobachtende Identität ohne korrespondierende Realität. Erfahrung ist ein weiteres Wort für Realität, und Erfüllung ist die Erfahrung der gewünschten Realität. „Standpunkt“ ist ein anderes Wort für „Identität“, da Identität bedeutet, den Standpunkt (das Wesen) von etwas einzunehmen.

Wunder tauchen innerhalb von Stunden oder Tagen auf, wenn eine gewünschte Realität ohne Widerstand fokussiert wird. Die Unendlichkeit ist so üppig und reichhaltig, dass du einfach nur den stetigen Fluss von Energie reinlassen musst. Es ist harte Arbeit, nicht ein Teil dieses Reichtums zu sein. In dem Moment, indem du etwas wertschätzt und sagst „ich mag das“, beginnt die unendliche Energie für dich zu planen. „Anfängerglück“ ist meist die Art, wie jemand sich etwas mit leichtem Herzen wünscht – ohne den ganzen Rucksack voller Schlussfolgerungen, Erwartungen und Bedürfnissen. Es würde nicht nötig sein, diese Intention zu wiederholen und zu üben, wenn jemand es nur einmal völlig klar und rein, ohne Widerstand, beabsichtigt. Deine Wünsche werden niemals verweigert. Es liegt nur daran, dass deine Wünsche zu oft wechseln. Ein einfaches Beispiel dazu: Du erkennst, dass du ein bestimmtes Auto magst und es möchtest. Du fühlst in dir die Wertschätzung für dieses Auto. Du spürst, dass du damit verbunden bist. Das Gesetz der Korrespondenz beginnt nun, Berge zu verschieben. Dann sagst du „naja, ich weiß nicht, ob ich es mir leisten kann". Der Energiefluss wird nun modifiziert. Dann sagst du „naja, vielleicht kann ich es mir doch leisten." Dann „ich weiß eigentlich gar nicht, ob ich diese Farbe/dieses Modell wirklich möchte. Vielleicht will ich etwas anderes." „Vielleicht sollte ich mich nach einem Auto umschauen, das ich mir leisten kann." „Vielleicht sollte ich noch höher greifen." Bist jetzt hast du mindestens fünf verschiedene Intentionen losgeschickt, die sich teilweise entgegenstehen. Damit hast du die Arbeit der Unendlichkeit schon fünf Mal unterbrochen. Sei dir klar darüber, was du willst – das ist der erste Schritt von RC. Gesegnet sind die, die etwas gefunden haben, dem sie sich rückhaltlos hingeben können. Die Unendlichkeit ist wie eine Kopiermaschine, die 1-zu-1 deine schwingenden Intentionen reflektiert – und dir dabei deinen freien Willen zugesteht. Was du nach außen sendest, kommt zu dir zurück. Da „zurückbekommen" auf einer Zeitlinie stattfindet, könntest du, wenn du es dann bekommst, vergessen haben, dass du darum gebeten hattest. Das macht das Leben zu einer Komödie. Wie RC funktioniert, wird offensichtlicher und funktioniert schneller, wenn begrenzende Glaubenssätze, Erwartungen und Widerstände aufgelöst werden. Das Gute ist, dass du genau weißt, wann du blockiert bist und die Energie nicht durch dich fließen lässt. Dein emotionaler Zustand zeigt das an. Manchmal bist du in einem unempfänglichen Zustand. Manchmal reicht es schon aus, wenn du einfach deinen emotionalen Zustand verbesserst – ohne etwas zu wollen oder etwas Neues zu kreieren – und schon manifestieren sich alle möglichen Dinge, die du dir wünschst. Sie sind bereits kreiert und warten nur noch auf einen offenen Empfänger. Entspanne dich – vollständig. Wenn du wüsstest, wozu du im Stande bist, dann würdest du das tun: dich entspannen – komplett. Ach ja, und du würdest mehr lachen.

Ausschließen und Einbeziehen (Exclude/Include)

Unendlichkeit beinhaltet alles – bezieht alles mit ein. Du kannst nichts von der Unendlichkeit ausschließen. Wenn du versuchst, etwas auszuschließen, beziehst du es damit genaugenommen ein. Wenn du versuchst, es zu deaktivieren, aktivierst du es damit. Wenn du versuchst, es loszuwerden, dann nimmst du es damit auf. Wenn du 51 % deiner Aufmerksamkeit auf etwas richtest, das du möchtest, anstatt auf das, was du nicht möchtest, dann würdest du ein Leben in Magie leben.

Wenn du an Dinge denkst, die du nicht willst und versuchst, sie auszuschließen (z. B. Krankheit, Gewalt, Scham, Schuld, Armut und so weiter), fühlst du dich nicht gut, weil diese Dinge nicht das repräsentieren, wer du bist. Sie wahrzunehmen bedeutet aber nicht, sie in dein energetisches Feld einzuschließen/auszuschließen; aber sie aktiv ablehnen, dagegen ankämpfen oder wegzudrücken, das bedeutet Einbeziehung. Manche Menschen wehren sich gegen Dinge, bis das, was sie am meisten gehasst oder wovor sie sich am meisten gefürchtet haben, in ihrer Realität auftaucht. Gewöhnlich ändern sie an diesem Punkt ihre Einstellung und sagen „so nicht!", und verschieben ihre Aufmerksamkeit auf das, was sie bevorzugen. Sie hätten gar nicht so lange warten müssen. Sie hätten nicht so lange damit warten müssen, bis sich der hässliche Kopf des Unerwünschten in der Realität zeigt. Sie hätten ihre Aufmerksamkeit lange davor schon verschieben können. Aber es sieht so aus, als ob sie erst in Extreme gehen müssen, um herauszufinden, was sie nicht wollen, damit sie wissen können, was sie wollen. An diesem Punkt ist es für diese Menschen schwieriger, die Schwingungs-Energie zu verändern, da sie immer noch sehr weit von ihrem Wunsch weg sind (bezogen auf die schwingungsmäßige Frequenz). Dieser Kontrast kann nun genutzt, um herauszufinden, was man möchte. Das Unerwünschte kann dazu beitragen, sich noch stärker nach dem Bevorzugten auszurichten. Anstatt, dass du dich von deinem Wunsch quälen lässt, weil du ihn ohne die richtige innere Ausrichtung auf die passende Schwingung aufrechterhältst, verschmelze damit und fokussiere dich vollständig darauf. Wenn du nicht den Schritt vom bloßen Wunsch zur Ausrichtung mit dem Wunsch gehst, dann werden dein Selbstvertrauen und dein Glauben an das, was möglich ist, immer kleiner werden.

RC bedeutet nicht nur, sich etwas zu wünschen, sondern es bedeutet, dass du deine Identität mit dem Wunsch ausrichtest. Wenn das passiert, dann kann nichts deiner Vibration widerstehen. Es braucht nicht lange, um diese Kunst zu lernen. Gewöhnlich wirst du in ein paar Wochen mit diesen Basics vertraut sein und sie werden dir erfolgreich Resultate bringen – aber es braucht eine Verschiebung im Denken. Dir wurde nicht beigebracht, wie du Energie fließen lässt. Dir wurde beigebracht, auf die Energie der anderen da draußen zu gucken, auf das, was bereits erschaffen worden ist. Du wurdest darauf konditioniert, auf Ergebnisse zu schauen und diese dann in „gut“ oder „schlecht“ zu unterteilen, anstelle die Ursachen zu erkennen. Bringe dir selbst bei, die Ursachen (du) anstelle von Resultaten (Umstände) wahrzunehmen.

Nimm wahr, was du versuchst auszuschließen. Denn das schließt du tatsächlich mit ein. Wenn du dir dessen bewusst bist, kannst du frei entscheiden, was du weiter behalten möchtest. Du lebst in einer Welt der Dualität, Polarität und einer Welt voller Kontraste. Das hilft dir, eine freie Entscheidung zu treffen. Beziehe in deine Schwingung alles ein, was du möchtest, anstatt dass du mit Mühe auszugrenzen versuchst, was du nicht willst. Du wirst erstaunt darüber sein, wie schnell sich die Dinge verändern. Das einzige, was zwischen dir und deinem Glück steht, ist Widerstand (Ausgrenzen). Du kannst nicht für andere kontrollieren, was sie für sich inkludieren oder was sie dir geben. Aber du kannst das, was du selbst in dein Weltbild einbeziehst und was du anderen gibst, kontrollieren – das ist das einzige, was über deine Schwingung bestimmt. Du kannst alles anziehen, was mit deiner Schwingung übereinstimmt.

Emotionale und energetische Ausrichtung

Beim Gesetz der Korrespondenz geht es nicht darum, zu bekommen, zu verdienen oder etwas zu erarbeiten, sondern um emotionale und energetische Ausrichtung. Die Ausrichtung bekommst du, indem du auf das, womit du dich ausrichten möchtest, schaust, dich erinnerst, daran denkst, darüber schreibst oder auf dem kurzen Weg: dich damit identifizierst. Bist du einmal ausgerichtet und schwingungsmäßig damit vereint, dann gehört es dir. Es wird sich vielleicht nicht sofort manifestieren, aber es ist unwiderruflich gepflanzt. Du brauchst dich nur noch zurücklegen und kannst dich entspannen. Du musst nicht jeden Tag nach dem Samen schauen oder versuchen, die Pflanze selbst zu bauen. Wenn du aus deiner Ausrichtung fällst, bevor es sich manifestiert hat (das ist aber höchst unwahrscheinlich, weil ein gepflanzter Samen eingepflanzt bleibt, es sein denn, man spielt damit rum), verwendest du einfach die PURE-Technik, um dich wieder in Resonanz zu bringen – und schon rollt es von da, wo du die Schwingung verlassen hattest auf dich zu. Der Zeitpuffer erlaubt dir, Ungeziefer und Viren (nicht ausgerichtete Glaubenssätze) zu entfernen, bevor die Kreation sich materialisiert. Wenn du z. B. Geld manifestierst, könntest du dabei feststellen, dass du noch den Glaubenssatz hast: „Reich zu werden bedeutet, Freunde zu verlieren." Gottseidank hat es sich nicht zu schnell manifestiert. Du nimmst den Fehler in der Ausrichtung wahr, du korrigierst das und beginnst den Prozess noch einmal, ohne dass du deine Freunde verlierst. Der einzige Grund, warum du die sofortige Erschaffung vermeidest, sind deine unbewussten, ungewollten und halbbewussten Nachteile, die du an die Manifestation geklebt hast. Diese Raum-Zeit-Dimension ist die perfekte Bühne, um RC zu üben und zu praktizieren. Wenn sich alles sofort manifestieren würde, dann würde dein Leben im Chaos versinken. Negativität und Kontraste sind sehr wichtig für diesen Prozess, denn sie zeigen dir, wenn du deine Aufmerksamkeit auf etwas richtest, das nicht mit deiner gewünschten Realität übereinstimmt. Ohne die Kontraste würden wir unseren Weg nicht finden.

Manchmal bist du mit sehr niedrigen Energie-Schwingungen einverstanden (du schließt sie ein), weil alle anderen das auch tun. Es ist eben die allgemeine Meinung und deshalb akzeptierst du sie – und du merkst gar nicht, wie weit entfernt diese Schwingung von deinem wahren Selbst ist. Jedoch zwingt dich nichts und niemand, mit einer Energie übereinzustimmen, mit welcher du nicht einverstanden bist. Nur weil jeder die Acht-Uhr-Nachrichten schaut, um schreckliche Dinge zu sehen, heißt das nicht, dass du es auch tun musst. Du könntest einen Waldspaziergang genießen, einen schönen Film sehen oder dich um deine Liebsten kümmern. Leute, die vor dem Fernseher sitzen und sich die Abscheulichkeiten anschauen, tragen nicht unbedingt zur Verbesserung der Situation bei, indem sie ihre Aufmerksamkeit darauf richten. Du trägst zu Verbesserung bei, indem du zu deinem wahren Selbst wirst – indem du Reinheit, Liebe und Zuversicht ausstrahlst und verbreitest. Eine einzige Person, die positive Energie aussendet, neutralisiert Millionen von Menschen, die Hass, Feindseligkeit und Angst ausströmen. Das ist nicht nur eine süß-klingende New-Age-Philosophie, sondern ein beobachtbares Phänomen. Negative und positive Energien sind nicht einfach nur zwei Polaritäten, die sich einander ausgleichen (wie es so viele lehren), sondern die Beschreibung von Schwingungsdichten. In Wirklichkeit gibt es so etwas wie Negativität gar nicht – es ist alles eins.

Fühle den Weg durch dein Leben, anstatt den Weg nur zu denken. Die Energie, auf die ich mich beziehe, ist das Gefühl welches du fühlst. Ja, du kannst auch denken – das ist ok – aber lasse dich durch dein Gefühl leiten. Widerstand verkrüppelt dich, macht dich langsam und krank. Jedes Mal, wenn du im Widerstand bist, zerstörst du

Energie, den Körper und das Sein. Atme tief durch, entspanne dich und du bist raus aus dem Widerstand. Deine Hauptaufgabe ist nicht einmal, dir wieder etwas zu wünschen. Du hast dir schon genug gewünscht, soviel, dass es reicht, tausende von Jahre damit auszufüllen. Ein Wunsch ist nicht das, was dir fehlt. Das Thema heißt „Widerstand loslassen" und zu erlauben, dass die von dir gewünschten Dinge einfach zu dir fließen. Ernsthaftigkeit, Eintönigkeit, Strenge und Steifheit sind alles Zeichen von Widerstand. Spaß, Leichtigkeit, Erfolg und Dankbarkeit kennzeichnen dagegen ein Wesen ohne Widerstand.

Selbst wenn du weißt, was du willst, wird dich das nicht schneller zum Ziel bringen. Du hast vielleicht einen Wunsch festgelegt, aber die Wörter klingen hohl und leer, du fühlst auch nichts und ziehst auch deshalb nichts an. Kontinuierlich pulsierst du ein Signal in die Unendlichkeit. Aber wie du tatsächlich pulsierst, ist oft nicht das, was du sagst oder wie du denkst, dass du pulsierst. Sei ehrlich – werde echt. Schau auf dein Leben und du erkennst exakt, was du aussendest. In RC geht es darum, die schwingungsmäßige Ausstrahlung, Ausrichtung und Identifikation zu erkennen und den Abstand von Wunsch und Glauben zu schließen. Beobachte ob das, was zu dir kommt, nicht doch die exakte Vibration ist, die du ausgesendet hast… sie ist es, nicht wahr?

Beachte, dass es nicht schwieriger ist, sich etwas Großes zu manifestieren als etwas Kleines. Die Unendlichkeit macht diese Unterscheidung nicht, du tust es. Und weil du einen Unterschied machst, ist es für dich einfacher etwas Kleines (Parkplatz), als etwas Großes (ein Porsche) zu manifestieren.

Während du versuchst ein Problem zu lösen, sträubst du dich gleichzeitig gegen die Lösung. Wenn du auf das Problem schaust, dann beginnst du in derselben Art zu schwingen und die Lösung kann damit nicht zu dir fließen.

Nun sagst du vielleicht: „Na soll ich der Realität nicht ins Auge sehen?" Darauf antwortet RC: „Nein. Schaue der Realität nicht ins Auge, es sei denn, sie ist wunderschön und genau das, was du magst."

Beachte, dass 99 % deiner Realitätserschaffung geschieht, bevor du den ersten Hinweis eines physischen Beweises siehst. Warum? Weil das weltliche Selbst nur 1 % des ganzen Selbst repräsentiert. Während seiner Inkarnation auf der Erde erleidet das weltliche Selbst (das du „ICH" nennst), in Bezug auf den Rest von sich, eine Amnesie. In 99 % Prozent des Lebens geht es nicht um die Manifestation, sondern um den Weg dahin. Die tatsächliche Erfüllung oder Schöpfung ist ein wunderschöner Moment, geht aber schnell vorbei. Binnen kurzer Zeit tauchen neue Sehnsüchte auf. Die tiefsten Erfahrungen werden auf dem Weg zur Schöpfung gemacht. Wenn du auf dem Weg schon keine Freude findest, wirst du sie auch nicht beim Erreichen deines Zieles haben. Sich unerfüllt fühlen – das ist das Werkzeug der Seele, um in der physischen Welt zu wachsen. Deshalb vergisst die Seele auch einen großen Teil ihrer Macht, wenn sie inkarniert. Sogar wenn du (als dein weltliches Selbst) gegen diese Wahrheit protestierst – dein Höheres Selbst (die Seele) liebt dieses Spiel. Segne die Noch-Nicht-Erfüllung, denn sie beträgt 99 % deines Weges, sie ist dein bester Freund. Entspanne dich und sei für das Hier und Jetzt dankbar. Die Perfektion, nach der du suchst, würde bereits das Ende des Weges sein. Die Reise hört niemals auf und Veränderung ist die einzige Konstante. Jedes Ende ist ein neuer Anfang, jeder Tod eine neue Geburt. Jede unerfüllte Realität zündet einen neuen Wunsch an und jeder Wunsch führt zu einem Gefühl der Unzufriedenheit, dass etwas noch nicht erfüllt ist. Damit RC für dich funktioniert, musst du deine Einstellung zu dem Gefühl „noch nicht erfüllt zu sein“ ändern. Beginne bereits auf deinem Weg zur Erfüllung Spaß zu haben, nicht erst, wenn die Erfüllung eintritt, denn diese dauert nur ein paar Minuten.

Du nimmst die Welt nicht durch deine Sinne wahr, sondern du kreierst sie mit deinen Sinnen. Deine Sinne (sehen, hören, anfassen, schmecken, riechen) filtern 99,9999999 % aus allem, was du wahrnehmen könntest, raus. Über deine Sinne nimmst du nur den winzigen Teil wahr, welcher mit der Diktatur deiner Glaubenssätze übereinstimmt. Genauso, wie das Fernsehen alle Programme enthält, so enthältst du alle Realitäten und musst also nur den Kanal wechseln, wenn du etwas Neues empfangen möchtest. Dabei hilft dir PURE. Verschiebst du einmal deine Identität, dann verändert sich alles. Deine Umgebung schaut vielleicht noch gleich aus, und so fragst du: „Was meinst du damit, dass sich alles verändert? Ich habe gerade meine Identität verschoben und öffnete meine Augen: Ja und hier bin ich, immer noch am selben Platz.“ Hierzu kann ich dir nur sagen: „Es mag noch wie derselbe Ort aussehen, aber er ist es nicht.“ Es ist eine parallele Welt. Du bist in eine neue Zeitlinie, eine neue Dimension eingetreten. Dein Umfeld wird darauf entsprechend reagieren, auch wenn es anfangs noch gleich aussieht. Deine Identität wird automatisch neue Szenerien, neue Hintergründe und Orte anziehen. Da das Ziel nicht die Manifestation direkt ist, sondern die schwingungsmäßige Ausrichtung bzw. Synchronisation damit, ist die äußere Umgebung sowieso irrelevant – der Einwand zeigte also, dass du noch nicht richtig ausgerichtet bist.

Warum scheint es, dass viele sich lieber an negativen oder ungewollten Dingen festhalten, anstatt dass sie sich auf positiven Gedanken ausrichten? Weil sie das Negative nicht wollen und es damit auch nicht integrieren können, nicht wertschätzen und nicht besitzen können – sie können es nicht zu ihrem Vorteil nutzen. Während man etwas ablehnt, was noch da ist, kann man seine Aufmerksamkeit sehr schwer auf etwas anderes richten. Du kannst nicht gleichzeitig sagen „das akzeptiere ich nicht“, und zur selben Zeit mit dem Guten verbunden sein. Wenn du das, was ist, akzeptierst und integrierst, dann atmest du es ein, erlaubst, dass es in dein Herz kommt. Du akzeptierst es als Teil des Ganzen – sogar als Teil deines Weges. Gehe sogar noch einen Schritt weiter und nutze das Negative zu deinem Vorteil. Und dann mach einfach weiter. Es ist ganz einfach, seine Aufmerksamkeit auf das zu richten, was dich fasziniert und dem zu erlauben, dass es größer und größer wird, realer und dreidimensional. Um eine Realität zu kreieren und anzuziehen, musst du dich darin verlieben. Je mehr du damit vertraut wirst, desto besser vibrierst du in Abstimmung damit, desto mehr Vertrauen hast du und desto realer wird es für dich werden. Wenn du etwas erfahren möchtest, schaue wochenlang darauf. Guck es dir in deiner Umgebung an, sieh es vor deinem geistigen Auge oder schaue dir Bilder im Fernseher an – es gibt keinen Unterschied zwischen diesen dreien. Suche dir weise aus, worauf du deinen Blick richtest, und dann mache dich damit solange vertraut, bis du keinen Zweifel und keine Angst mehr hast. Gehe dahin, wo es stattfindet, verliere dich darin in deinen Tagträumen. Trinke es, schwimme drin, verschmelze und vereinige dich damit, heirate es, tue es, kaufe dir Accessoires dafür – tue, was immer getan werden muss, damit es für dich bereits real ist. Gib alle Erwartung auf, da diese Art der Zukunftsprojektion dich nur von der Erfüllung fernhält. Sich völlig mit etwas zu identifizieren ist etwas anderes, als es zu erwarten. Alles, was du möchtest kommt nicht zu dir, sondern von dir. In Wirklichkeit gibt es kein Universum, das dir etwas sendet – sondern du bist es oder du bist es nicht.

Reaktion und Kreation

Das irdische Selbst denkt, dass die Welt die Ursache für alles ist und es selbst somit nur eine Auswirkung – deshalb lebt das Selbst immer in einem reaktiven Zustand. Manchmal glaubt es an etwas, manchmal glaubt es nicht, manchmal fühlt es sich prima, manchmal fühlt es sich schlecht. Die jeweiligen Zustände werden durch Umstände, Fakten und Beweise bestimmt.

Beachte die Ähnlichkeit zwischen den Wörter „Reaktion" und „Kreation". Gewissermaßen sind sie gegensätzlich. Du reagierst entweder auf die Welt, oder du kreierst sie. Aber auf was du wirklich reagierst, ist das, was du selbst vorher kreiert hast. Nehmen wir einmal an, eine Frau pflegt das Gefühl von Ärger. Dem Gesetz der Korrespondenz nach wird sie also etwas anziehen, über das sie dann ärgerlich sein kann. Jemand sagt vielleicht eine Verabredung ab oder sie brennt sich beim Bügeln ein Loch in die Kleidung. Sie ärgert sich darüber und denkt nun, dass die abgesagte Verabredung oder das Loch im Shirt sie wütend machte. Genaugenommen war sie schon vorher ärgerlich, verhält sich jetzt aber so, als ob die äußeren Umstände daran schuld wären. Obwohl es so scheint, als ob du auf die Ereignisse reagierst, kommen doch die Ereignisse nur zu dir, weil du in Resonanz zu ihnen stehst. Wenn du das verstehst, dann werden deine Reaktionen zu einem wertvollen Hilfsmittel, um dein Bewusstsein zu erweitern. Sie helfen dir dabei, dass du dich noch besser mit dem, was du bevorzugst, identifizieren kannst. Deine Reaktionen auf Geschehnisse offenbaren, was du dir in deinem Leben erschaffst. Und genau in diesem Moment kannst du das, was du kreierst, verändern. Während unerwünschte Ereignisse passieren, können die tiefsten Veränderungen gemacht werden. Ungewollte Ereignisse sind die perfekte Möglichkeit für eine pauschale Realitätsverschiebung. Man kann sich sogar auf solche Gelegenheiten freuen. Die Frage lautet immer: „Wie möchte ich das nächste Mal darauf reagieren?" Du kannst dich auch fragen „Welche Version von mir würde sich so verhalten? Wer sieht es so?" Die wichtigste Frage ist, wie du reagieren möchtest. Was glaubt wohl jemand, der immer angsterfüllt seinen Kontoauszug am Bankautomaten anschaut? Diese Reaktion zeigt die Erschaffung von einem Bedürfnis. Deshalb ist es für diesen Menschen an dem Bankautomaten genau die richtige Situation, um seine Kreation zu verändern und sich auf etwas Besseres einzustellen. Wie möchte ich das nächste Mal, wenn ich am Bankautomaten stehe und den negativen Kontoauszug sehe, reagieren? Wie würde jemand, der an seinen finanziellen Reichtum glaubt, sich verhalten? In dem Moment, in dem du deine Reaktion in Bezug auf ein unerwünschtes Ereignis, hin zu mehr

Leichtigkeit und sogar Freude, veränderst, verändert sich auch die Realität. Es ist keine Kunst, sich über ein volles Bankkonto zu freuen, aber es ist ein Akt von magischer Kunst, sich über ein leeres Konto zu freuen. Wenn man so reagieren kann (und es wirklich so fühlt, und nicht nur so tut als ob), wird dasselbe Problem nie wieder auftauchen. Wenn du dich also als jemand verhältst, der an seinen finanziellen Reichtum glaubt, dann wirst du auch finanziellen Überfluss anziehen.

Es kann vorkommen, dass du dir vornimmst, das nächste Mal anders zu reagieren. Dann aber ist das nächste Mal da und du verhältst dich genauso wie immer, weil du gerade nicht im Gleichgewicht warst. Du merkst, wie du jedes Mal wenn dein Partner X sagt, emotional reagierst und wütend wirst. Frage dich „Wie möchte ich stattdessen reagieren?" Du nimmst in deiner Vorstellung einen neuen Standpunkt ein, gehst einen neuen Verhaltensweg. Einige Wochen später sagt sie, oder er, wieder etwas Ähnliches zu dir. In der Zwischenzeit hattest du deine Intention, anders reagieren zu wollen, schon vergessen und befindest dich gerade in einer allgemein nervösen Stimmung. Sie, oder er, erwischte dich kalt und du reagierst wie immer. Dieses Mal jedoch bemerkst du es viel früher. Du formulierst dein Vorhaben neu, dich beim nächsten Mal besser zu verhalten. Dieses Mal freust du dich richtig darauf, dass dein Partner wieder X zu dir sagt, denn das gibt dir die Chance, dein neues Selbst zu zeigen. Wenn X dann endlich wieder kommt, bemerkst du es gleich und erinnerst dich an deine neue Reaktion. Du reagierst auf eine freundliche, verständnisvolle und sogar humorvolle Art. Dein Partner ist wahrscheinlich über dein neues Verhalten irritiert. Da jetzt niemand mehr da ist, der dagegen ankämpft, wirst du X nie wieder auf diese Art hören. Menschen wiederholen Dinge solange, wie sie bemerkt und anerkannt werden. Du hast gerade deine Realität wesentlich verändert. Solange wie du auf dieselbe Art auf Ereignisse reagierst, solange werden sie in vielen verschiedenen Variationen wieder auftreten. Dies ist eins der größten Geheimnisse im Leben und es wird sich um die meisten deiner Probleme kümmern.

Lass uns ein weiteres Beispiel nehmen: Eine Frau glaubt daran, dass Männer sie schlecht behandeln, oder dass sie undankbar sind. Es gibt sicher einen guten Grund, dass sie an diesem Glauben festhält – ein geheimer Lohn (wie es mit allen Glaubenssätzen ist, die wir als negativ bezeichnen) – und solange wie sie ihre „Fakten" nicht als einen weiteren Glaubenssatz wahrnimmt, wird sie jede Realität herausfiltern, die nicht damit übereinstimmt. Eifrig wird sie alles heranzoomen, was ihren Glauben bestätigt. Ein Mann z. B. ruft sie nicht zurück, als sie es erwartet hat, weil er sich nicht gut fühlt oder viel zu tun hat. Aber die Frau denkt sich „genauso sind die Männer". Auf der anderen Seite würde sie keinen Mann ernst nehmen können, der ihr sagt, wie sehr er sie wertschätzt – weil er nicht mit ihrem Glauben korrespondiert.

Einige Menschen werden dieses Buch als Nonsens abtun, einige werden es als Entertainment sehen, andere sehen es als Therapie und wieder andere nehmen es für die absolute Wahrheit. Obwohl das Buch nichts davon ist, werden Menschen es so anwenden, wie es zu ihren Ansichten passt. Alles was zu unseren festen Glaubenssätzen passt, werden wir verteidigen und wir werden danach suchen, weil wir es brauchen. Alles was unserem Glauben widerspricht, ignorieren, leugnen, trivialisieren und missinterpretieren wir oder wir nehmen es gar nicht erst wahr. Glaubenssätze filtern nicht nur unsere Wahrnehmung, so wie es in vielen psychologischen Schulen gelehrt wird, sondern sie filtern ganze Realitäten heraus. Vielleicht erinnerst du dich an die Geschichten von Kolumbus und anderen, wie Eingeborenen-Stämme bestimmte Objekte der Europäer nicht sehen konnten, bis man sie ihnen gezeigt und erklärt hat. Ein Stamm sah z. B. das Kapitänsschiff nicht, nur die kleinen Boote darum herum. Warum? Sie kannten kleine Boote, aber so ein großes Schiff passte nicht in ihr Glaubenssystem. Ein Stammesmitglied sah nur schwarze Punkte, als ihm ein Foto gezeigt wurde, bis ihm jemand erklärte, dass dort Menschen abgebildet sind. Es gibt viele solcher Geschichten.

Jedes Event oder Umstand bietet Türen zu verschiedenen Versionen dieses Events, abhängig vom Beobachter. Unter Individuen wird ein Ereignis auf verschiedene Weise interpretiert und erfahren. Das heißt, dass du jedes Ereignis in verschiedenen Versionen erleben kannst, wenn du willst. Alles was es braucht, ist ein korrespondierender Beobachter bzw. ein ausgerichteter Standpunkt. Die meisten Menschen nehmen jedoch das wahr, was die Masse akzeptiert hat.

Angenommen du hast heute Abend in einem Restaurant ein Treffen mit jemandem. Du hast vermutlich bestimmte Erwartungen an das Treffen, die wie Gedankenblitze in deinem Kopf aufleuchten. Dieses einzelne Treffen kann in einer unendlichen Anzahl von Variationen stattfinden, und es findet tatsächlich in einer unendlichen Anzahl von Variationen statt. Welche davon du erlebst, ist deine Entscheidung. Verstehe das enorme Potential davon. Der Abend könnte in einem Streit oder in einem geschlossenen Vertrag enden, in der peinlichen Situation „wir haben uns nichts zu sagen", oder in einem One-Night-Stand oder darin, dass ihr euch verliebt, oder in nichts von dem. Was mich immer wieder verblüfft ist, wie konservativ und sicher die meisten Menschen ihre Erlebnisse gestalten – und wie sie diese anschließend als langweilig, normal und gewöhnlich bezeichnen, ohne zu verstehen dass sie selbst die Stimmung, die Einstellung und das Resultat bestimmt haben. Verstehe, dass die parallelen Welten dir unzählige Versionen von deinem Tag zur Verfügung stellen. Ein Ereignis ist nur unbeweglich, wenn du unbeweglich bist. Du gehst in jedes Event mit verschiedenen Vorannahmen, welche wie eine Intention das Event erschaffen. Das Ereignis wird sich nicht verändern, wenn du immer wieder auf dieselbe Weise reagierst – und somit unbewusst immer dieselben Dinge beabsichtigst. Wir behalten einen festen Glaubenssatz darüber, wie die Dinge sind, ohne dass wir die Ergebnisse dieses Glaubens erkennen. Und dann behalten wir die durch unseren Glauben kreierte Situation, indem wir darauf reagieren und damit interagieren, als wäre es real. Das tun wir jeden Tag. Du wirst nie vollständig davon frei werden können, dass du mehr oder weniger ungewollt und unbewusst Vorannahmen hast. Sogar die am meisten erleuchteten Magier sind nicht komplett frei von Vorausannahmen und deren begleiten Kreationen. Auch der Autor dieses Buches ist nicht frei von Vorannahmen. Ich schreibe ein Buch in dem Glauben, dass viele Menschen noch nicht genug über Realitätserschaffung wissen. Was ist der geheime Vorteil dieses Glaubens? Es erlaubt mir, dass ich wissender erscheine, mit dem Buch Geld verdiene und Teil einer klugen Elite bin. Von einem höheren Standpunkt aus ist das alles Unsinn. Das Einzige, was ich tun müsste, ist meinen Glaubenssatz in Bezug auf andere Menschen zu ändern und sie als kluge, erleuchtete und multidimensionale Wesen zu sehen. Dazu passend würde ich dann alle möglichen Leute treffen, die genauso sind wie ich, besonders Menschen, die mein Buch nicht zu lesen bräuchten. Aber mit diesem Denken hätte ich mich nicht so daran erfreut, dieses Buch zu schreiben und ich könnte nicht die Version meines Selbst mit Namen „Lehrer“ genießen. Siehst du, wie weitreichend geheime Vorteile sein können. Wenn du änderst, wer du bist (deine Identität), dann ändert sich alles. Egal wie überzeugend die Fakten erscheinen können, so kannst du doch alles jederzeit ändern. Nichts ist fest und beendet. Alles ist immer in einem sich entfaltenden fließenden Prozess. Sogar die ärgsten Umstände kann man mit „sich entfaltend, um sich meinen Wünschen anzupassen“ bezeichnen. Die Ereignisse werden sich exakt der Vibration entsprechend transformieren. Ein gutes Beispiel dazu ist mir vor einigen Jahren passiert. Ich war seit einigen Jahren selbstständig und habe es vermieden, meine Steuern zu zahlen. Ich hatte große Angst davor, entdeckt zu werden. Und es kam der Tag, da ich mich dem Finanzamt stellen wollte. Aber ich wusste, dass ich erst meine Einstellung und meinen Standpunkt zu dieser Offenbarung ändern musste, andererseits hätte es in dem Desaster geendet, das ich mir so lebhaft vorstellte. Ich kreierte mir also einen neuen Glaubenssatz darüber, dass ich ganz sauber da rauskomme, was auch bedeutet, dass meine Finanzen auf Grund meiner neu gefundenen Integrität und Ehrlichkeit rasant in die Höhe schießen. Ich nahm eine eifrige ungeduldige Haltung ein und freute mich darauf, mich outen zu können, weil es mich reich machen würde. Und das genau passierte auch. Ich musste tatsächlich eine riesige Summe an Steuern nachzahlen, aber zur selben Zeit explodierte mein Einkommen um das Zehnfache als das, was ich zurückzuzahlen hatte. Ich nutzte etwas Negatives für etwas Positives.

Nachdem du PURE angewendet hast, brauchst du nicht auf die physische Manifestation zu warten. Wie schnell sich etwas manifestiert, hängt auch davon ab, wie du auf Situationen reagierst, die scheinbar entgegen deiner gewählten Realität stehen. Wenn du wirklich in der Erfüllung der gewünschten Version von dir ruhst, dann reagierst du ganz anders auf den alten Stoff. Das bedeutet, dass du entgegenstehende Events dazu nutzen kannst, deine ausgewählte Realität zu vertiefen. Die ungünstigen Ereignisse passieren nur, weil du noch immer von demselben Standpunkt heraus reagiert hast. Einige neu eingenommene Identitäten oder Kreationen versprühen sogar nachteilige Reaktionen, einfach um dir zu zeigen, an welchen entgegengesetzten Glaubenssätzen du noch festhältst. Also wenn du mit Hilfe der PURE-Technik in eine neue Kreation eintrittst, und plötzlich Stunden oder Tage später die Hölle losbricht, dann weißt du, dass du eine Realität gewählt hast, an die du noch nicht vollständig glaubst. Die negativen Ereignisse kannst du nun als Ausrede missbrauchen, wieder in die alte Realität zu fallen – oder du kannst sie als Möglichkeit nutzen, deinen Glauben noch tiefer zu definieren. In manchen Fällen ist der nächste Schritt nach dem Setzen der neuen Kreation nicht das Empfangen der Manifestation, sondern dass man dem Unerwünschten, das da auftaucht, auf eine neue Art begegnet. Du kannst nun demonstrieren, dass du nicht länger an die alte Realität glaubst, dass du dir die neue Realität nicht so leicht ausreden lässt, und dass du nicht mehr so eifrig dem, was du nicht willst, nachgibst. Im Hinblick auf von Gegenargumente und Missgeschick deine neue Persönlichkeit zu zeigen, wird dir deine Herzenswünsche mit überraschender Geschwindigkeit erfüllen. Ohne diese widrigen Umstände, diese entgegenstehende Realität könntest du auch nicht beweisen, wer du nun bist. Ein Echo aus der alten Realität ist wie ein Test, den du dir selbst aufgibst, um zu sehen, ob du wirklich für das, was du möchtest schon bereit bist. Da du nun eine neue Person bist (ein neuer Beobachter, ein neues Wesen mit einem neuen Körpergefühl), gibt es keinen Grund, dass die scheinbar negativen Events dich vom Gegenteil überzeugen könnten. Damit gibst du der nebensächlichen Welt weniger Autorität, als deinem inneren Selbst. Da du mit Sicherheit fühlst, dass so viel Gutes auf dich zufließt, brauchst du keine Angst zu haben, brauchst nicht zu kämpfen und du brauchst auch nicht die temporären Echos der alten Welt beschimpfen. Dein echter Glaube bleibt ein echter Glaube, egal was. Punkt.

Der Film-Star-Prozess

Wenn du die PURE-Technik anwendest, wenn du deine Aufmerksamkeit auf deine Wünsche ausrichtest, tust du das aus keinem anderen Grund, als Spaß zu haben. Du tust es nicht, um etwas, das du brauchst, von der Welt zu bekommen. Das ist es, was die PURE-Technik wie Magie wirken lässt.

Der folgende Prozess ist eine spielerische Ergänzung zu PURE. Und auch hier gilt wie bei den anderen Übungen: Es ist nicht notwendig, noch mehr Übungen auszuführen, um ein Surfer in parallelen Welten zu sein. PURE reicht dafür aus. Diese Instrumente sind Spiel oder Spielzeuge mit denen man experimentieren kann. Sie können auch dein Verständnis für PURE-vertiefen, aber sie sind nicht obligatorisch.

Dieser Prozess lädt dich zum Spielen ein – spiele mit dem Konzept von Identität und Realität. Du kannst deine alte und deine neue Realität als verschiedene Kino-Filme mit den korrespondierenden Skripten und Charakteren betrachten. Erinnere dich: Eine Identität zu ändern, ist das gleiche, wie die Realität zu wechseln. Das Ziel von RC ist nicht die Manifestation, sondern die schwingungsmäßige Ausrichtung. Du kannst nicht das haben, was du willst; du kannst nur das haben, was du bist. Wenn du kreierst „ich möchte…", dann wird die Unendlichkeit dir ein Gefühl von „wollen" zurückreflektieren, nicht mehr. Du musst die Möglichkeit sein, die du in der Welt sehen möchtest. In diesem Spiel wirst du mehr und mehr vertraut damit und dir bewusst, was der Unterschied zwischen der jetzigen Version von dir und einer parallelen Version (erwünschte Realität) ist.

Ich möchte dich vor einem warnen: Wenn du deine Realität wechselst, tue das bitte nicht, um die Grenzen der Möglichkeiten auszutesten. Richte dich stattdessen mit dem aus, was sich authentisch und richtig für dich anfühlt. Du wirst dir nicht einfach aus Spaß: „Ich bin der Präsident der USA" erschaffen. Richte dich auf das ein, was auch an deinen Schwingungsbereich herankommt, etwas von dem du wirklich glaubst, dass du es verdient hast, etwas das du wirklich bereit bist auszuleben, etwas das deine Seele ausgewählt hat, bevor sie hierher inkarnierte. Ein Indikator für das Richtige ist ein leichtes Gefühl von Freude, Liebe oder Begeisterung. Mit Kreationen zu arbeiten, die etwas höher liegen als das, wofür du schon bereit bist, kann sehr unangenehme Folgen haben. Wie würde es enden, wenn du versuchst auf einen Zug zu springen, der viel zu schnell fährt. Du würdest herunterfallen und dich verletzen. Ich sage hier nicht, dass du nicht alles, was du willst, kreieren kannst. Wenn du etwas wirklich von Herzen willst, kannst du es auch erschaffen. Aber auf manche Wünsche musst du dich langsam hinarbeiten – entweder, indem du schneller wirst oder indem du den Zug langsamer werden lässt. Ein Denkfehler in RC, den viele Menschen machen, ist: Sie denken, dass sie sich alles erschaffen können, ohne sich selbst zu ändern oder ohne ihre alte Realität zu verlassen. Eine Realität, die zu hoch für dich erscheint, ist nicht zu viel für dich, sondern etwas, das du noch nicht wirklich erfüllen möchtest. Als ein unerfahrener junger Mann habe ich RC angewendet um mir zu kreieren: „Ich wirke auf Frauen sexuell unwiderstehlich." Ich habe aber vergessen, die darunterliegende Motivation für diesen Wunsch zu beachten, nämlich die Gefühle von Unsicherheit und Minderwertigkeit – ich machte also mit der Kreation weiter. Überdies vergaß ich auch noch, die Art von Frauen zu beschreiben, an denen ich interessiert bin. Die Folge davon war der blanke Horror. Meine Kreation hat perfekt funktioniert – unglücklicherweise. Nicht nur, dass ich lästige Frauen anzog, die ich nicht mehr loswurde – nein, mein Gefühl von Unsicherheit blieb und vergrößerte sich auch noch (da es ja der emotionale Motivator für diesen Wunsch war). Ich hätte spüren können, dass dies kein authentischer Wunsch war, da ich nicht besonders viel Freude bei der Identifikation damit empfand. Aber ich habe bewusst das Offensichtliche ignoriert. Ich löste den Fall, indem ich neu definierte, was ich will: Ein Gefühl von Leichtigkeit, Selbstbewusstsein und Unbeschwertheit – nicht nur gegenüber Frauen, sondern auch Männern und mir selbst gegenüber. Das soll nicht heißen, dass „Sex ist ein nicht authentischer Wunsch" bedeutet. Oft ist er authentisch. Aber in diesem speziellen Fall war er das nicht. Bevor du einen Wunsch, den du mit PURE bearbeiten möchtest, definierst, fragst du dich am besten: „Warum möchte ich das?" Das führt dich zu deinen darunterliegenden echten Wünschen, die vielleicht völlig anders aussehen. Bemühe dich für das, was wirklich DU bist. Oder mit den Worten der Beatles: „The more real you get, the more unreal things get" (Übersetzung: „Je realer/wirklicher du wirst, desto unrealer werden die Dinge") – und das in einem positiven Sinne.

1) Definiere deine Rolle

Deine alte Rolle wird einige Aspekte von dir enthalten, die du magst (und vielleicht behalten möchtest), und andere, die du nicht magst. Jede Selbst-Definition beginnt mit „ich bin". Also wenn dich auf der folgenden Liste ein Punkt bittet, dein Geschlecht zu definieren, schreibst du „ich bin eine Frau", oder „ich bin ein Mann". Punkte die nicht auf dich zutreffen, überspringst du einfach.

Definiere dein „ich bin" in folgenden Bereichen:

- Geschlecht ....
- Nationalität ....

- Haarfarbe ....
- Aussehen ....
- Gewicht ....
- Beruf ....
- Freunde ....
- Erfolg ....
- Zu Hause ....
- Auto ....
- Typische Emotionen ....
- Kleidung/Mode ....
- Lieblingsfarbe ....
- Lieblingsessen ....
- Stimme ....
- Körperhaltung ....
- Bewegungen ....
- Sport ....
- Geh-Stil ....
- Tonlage ....
- Körper/Gesundheit ....
- Spiritualität ....
- Sexualität ....
- Status ....
- Art mit Problemen umzugehen ....
- Kommunikation ....
- Sprechgeschwindigkeit ....
- Interessen ....
- Sexuelle Präferenzen ....
- Fähigkeiten ....

- Besitztümer ....
- Geld ....
- Kindern gegenüber ....
- Kollegen gegenüber ....
- Gegenüber Männern ....
- Gegenüber Frauen ....
- Als Mann ....
- Als Frau ....
- Umgang mit Autoritäten ....
- Persönlichkeit ....
- Talente ....
- Etwas Gutes über dich ....
- Etwas Schlechtes über dich ....
- Begabungen ....
- Andere ....
- … ....
- … ....
- … ....

Wenn du das ausgefüllt hast, hast du nun eine interessante Liste über dich. Deine Selbst-Definitionen sind die Quelle für alles, was du im Leben erfährst, sogar mehr als deine zweitrangigen Glaubenssätze und Verhaltensweisen. Wenn du dich als jemand mit Talent definierst, dann wirst du Situationen und Menschen anziehen, bei denen du deine Talente ausdrücken kannst. Wenn du dich mit kleinem Selbstwert definierst, wirst du Ereignisse anziehen, die dir beweisen, was für ein Verlierer du bist und man wird dich von allen Seiten ausnutzen.

Wenn du etwas zusätzliche Zeit hast, versuche die folgende ergänzende Übung und frage dich, ob folgende Aspekte in deiner Persönlichkeit entwickelt worden sind:

a. Freier Wille.
b. Sich gegen etwas wehren.
   (z. B.: Ich habe langes Haar und rebelliere damit gegen meine Eltern).
c. Die Erfahrungen anderer erfüllen.
   (z. B.: Ich bin schlank damit Männer mich mögen).

In diesem Experiment wirst du herausfinden, was du bist (freier Wille) und was du nicht bist (Identitäten, die durch äußeren Druck übernommen wurden). Wenn du das erkannt hast, bist du natürlich absolut frei, alles loszulassen, was du einmal gewählt hast und du bist frei, das Alte zu wählen, wenn es gut für dich ist (z. B. vielleicht möchtest du aus freien Stücken schlank bleiben).

2) Definiere eine neue Rolle

Das ist der spannende Teil – nun beginnst du, andere Realitäten zu berühren. Verwende die Liste aus Schritt 1, um deine neue Rolle zu definieren – wer möchtest du von jetzt an sein? Sei spezifisch. Welche Rolle möchtest du im Film des Lebens spielen? Wer möchtest du in allen seinen köstlichen Details sein? Du könntest auch einige „schlechte" Attribute oder Eigenarten zufügen, um die neue Realität mit mehr Realismus auszustatten.

3) Requisiten

Einigen wird es einfacher fallen, die neue Rolle zu akzeptieren, wenn sie sich mit Requisiten umgeben. Diese werden in Film und Theater als Hintergrund für einen Charakter verwendet. Requisiten können Objekte, Orte, Umstände, Kleidung, Schmuck, Bewegungen, Lieblingsteile, Mottos und Statements, Rituale und Symbole und alles sein, was dich an deine neue Rolle erinnert. Habe Spaß beim Erstellen einer Liste von Dingen, die zu deiner neuen Identität passen, Dinge die dein altes Selbst nicht hatte. Kaufe Dinge und begib dich an Plätze, die deine neue Realität symbolisieren.

4) Einstudieren der neuen Rolle

Deine Realität hat bisher seine Macht und Energie aus deinen Gewohnheiten und gewohnheitsmäßigen Gedanken gewonnen. Und oft hast du so getan, als hättest du keine Kontrolle. Es scheint so, als ob es einfacher wäre, routinierten Verhaltens- und Denkweisen zu folgen, aber das ist nicht so, egal wie oft du versuchst, dich davon zu überzeugen. Unser Spiel führt dazu, dass automatische Verhaltensweisen der alten Identität in bewusste Wahrnehmung transformiert werden. Dieses Spiel bringt dem Selbst bei, was es bedeutet die neue Identität zu sein. Wir tun das, indem wir zwischen der alten und der neuen Identität hin und her wechseln bis wir die bewusste Kontrolle auf beiden Seiten erlangen.

1. Verhalte dich absichtlich wie deine alte Rolle.
2. Verhalte dich absichtlich wie deine neue Rolle.
3. Wechsele zwischen diesen beiden Rollen solange, bis du das Gefühl hast, auf beiden Seiten Freude und Kontrolle wahrzunehmen, und dass dein Bewusstsein mit Sicherheit den Unterschied zwischen den beiden erkennt.

Beispiele:

– Du gehst auf die gleiche Weise, wie es deine alte Identität tun würde, und dann gehst du so, wie es deine neue Identität tun würde. Wechsele zwischen beiden hin und her.

- Du gehst absichtlich zu einem Ort, zu dem deine alte Identität gehen würde, dann zu einem Ort, den deine neue Identität wählen würde. Wechsele zwischen beiden hin und her.
- Bewusst reagierst du auf Angst in der Art, wie es dein altes irdisches Selbst tun würde, und dann reagierst du auf die Angst absichtlich so, wie es dein neues Selbst tun würde. Wechsele zwischen beiden hin und her.

Hier verrate ich dir ein Geheimnis: Über unerwünschte Verhaltensweisen, die du absichtlich und bewusst kreierst, gewinnst du letztendlich die bewusste volle Kontrolle. Warum? Weil du das, was du mit Absicht selbst kreierst auch absichtlich loslassen kannst. Du machst dich damit selbst zu Quelle, zur Ursache deines Verhaltens, anstatt dass du nur beobachtest, wie es hochkommt. Das macht die Entstehung der neuen Identität viel einfacher.

5) Das Holodeck-Experiment

Wenn du das Ganze noch einen Schritt weiterbringen möchtest, kannst du diese Zusatzübung zum Film-Star-Prozess ausprobieren: Das „Holodeck" kommt aus der TV Serie *Star Trek: Die nächste Generation*. Das Holodeck erschafft dreidimensionale Hologramme von Realitäten, die wie in echt erfahren werden können. Das Holodeck kann perfekte und sehr überzeugende Simulationen jeder Umgebung, jeder Objekte, Personen und Situationen herstellen. In dieser TV-Serie nutzt die Raumschiffbesatzung das Holodeck für Abenteuer, Bildung, Urlaub, Training und Erholung. Sie können jedes Land auf jedem Planeten besuchen, und sie können alles berühren und mit allem interagieren was sie möchten. Du kannst das Holodeck als Hilfsmittel für kraftvolle Choreographien nutzen. Nimm deine ausgewählte Identität, stelle dir einen Raum vor, in welchem deine Identität typischerweise verweilt, und interagiere mit diesem Raum.

Das Bewusstsein arbeitet nicht anders als das Holodeck. Es erschafft holographische Bilder und projiziert sie ins Universum. Auf diese Weise macht das Holodeck-Ritual deine Realität wirklicher für dich – solange wie du die Imagination nicht nur als Imagination bezeichnest.

Wichtig: Wir visualisieren nicht einfach nur, sondern wir erschaffen uns einen realen dreidimensionalen Raum, den man berühren und mit dem man interagieren kann. Dein ganzes Sein ist involviert. Du musst die Realität kreieren, bevor sie erschaffen wird. Indem du Zeit auf deinem Holodeck verbringst, wird die Realität schließlich ein Eigenleben bekommen und sich für dich mit allem, was du reingetan hast, manifestieren. Durch die Gewöhnung an dieses intensive Erlebnis wirst du Resultate bekommen. Du siehst dann nicht länger nur zweidimensionale Bilder in deinem Kopf, sondern wirst von einem dreidimensionalen Abbild umgeben. Deine Visualisationen werden dichter, bekommen Raum, Zeit und eine dreidimensionale reale physische Form. Du definierst einen Raum, indem die Realität stattfindet und du lebst deine Vorstellung darin aus. Du trainierst deinen Sinn für Realität. Um dir eine Idee dazu zu geben: Fasse ein Objekt an. Berühre jetzt eine imaginierte Kopie davon. Wechsele zwischen diesen beiden hin und her, bis du keinen Unterschied mehr spürst. Mit Hilfe von Geräuschen, Gerüchen, Farben, Texturen, physischen Objekten, Stimmen und Bewegungen gibst du dem Holodeck Energie.

Zu Lebzeiten reinkarnieren

Die richtige Anwendung der PURE-Technik ist wie die Kunst der Wiedergeburt in eine parallele Realität, währenddessen du am Leben bist. Deine Glaubenssätze darüber, wer du warst, werden irrelevant und du trittst in ein neues Selbst ein. Aus diesem Grund werden auch Umstände unwichtig. Nicht, dass du diese nicht genießen und dich daran erfreuen könntest –, aber weder basierst du dein Leben darauf, noch machst du dein Glück davon abhängig.

Wenn du gut darin geworden bist, Standpunkte und die dazugehörigen Körpergefühle zu wechseln, werden andere Methoden überflüssig. Eine Technik ist nur ein Mittelsmann. Wenn du aber direkt in die beabsichtigte Identität eintreten kannst – was jeder auch möchte – brauchst du keine weiteren Methoden. Genaugenommen brauchst du auch nicht nach limitierenden oder hindernden Glaubenssätzen oder unbewussten Mustern zu suchen, so wie es in anderen RC-Methoden gelehrt wird. Warum? Weil du in einer parallelen Welt eine neue Identität einnimmst, die niemals diese Glaubenssätze und Muster hatte.

Im ersten Schritt von PURE (in die Ruhe des Seins kommen) können manchmal mehr als eine parallele Welt oder Möglichkeiten sich dir anbieten. Zu einigen wirst du ganz sanft „nein danke" sagen. Eine davon wählst du dir aus, schlüpfst hinein und schaust mit den Augen vollständiger und vollendeter Erfüllung. Wenn du es schwierig findest, einen Glauben zu ändern, den du dein ganzes Leben lang gepflegt hast, dann denke daran wie schwer es erst ist, täglich mit widersprüchlichen Gedanken und Wünschen umherzulaufen. Diese Widersprüchlichkeit macht das Leben kompliziert, nicht die Ausrichtung auf eine Identität. Wenn du glaubst, dass die Verschmelzung mit deiner wahren Freude riskant ist, frage dich „wie riskant ist es, nicht meiner Freude und meinen Herzenswünschen zu folgen, und nicht meinen inneren Frieden zu finden? Ist das sicherer?" Nicht deinem wahren Weg zu folgen ist das Riskanteste, was du tun kannst, denn daher kommen überhaupt erst alle Probleme. Deiner Freude zu folgen, zieht schnelle Veränderungen nach sich –aber niemals zu deinem Nachteil, sondern immer zu deinem Nutzen. Es braucht nur ein paar Minuten mit geschlossenen Augen, um dich mit deinem bevorzugten Selbst zu identifizieren, dich in die neue Realität zu verlieben und mühelos dort zu verweilen. In dem Moment, indem du deine Aufmerksamkeit verschiebst (den Kanal wechselst), werden Millionen von ungünstigen Wegen, Vergangenheiten und Themen einfach verschwinden. Sie sind nicht länger für dein neues Selbst relevant. Für manche Menschen kommt diese Freude zu schnell und ist zu viel. Sie werden die Veränderungen dann langsamer und systematisch vornehmen, was auch gut ist. In jedem Fall wird sich etwas verändern, wenn du deinen festen Glauben änderst. Nach so einer Veränderung passiert niemals Nichts. Entweder taucht die erwünschte Realität (oder etwas Besseres) im Inneren und anschließend im Außen auf (was die Aufgabe der Unendlichkeit ist), oder du befindest dich in dem schon erwähnten Test. Und nicht die Unendlichkeit gibt dir diesen Test auf, du gibst ihn dir selbst, weil du noch an alten, unpassenden Glaubenssätzen festhältst.

Also entweder taucht die neue Realität oder der Test auf – beide Fälle zeigen eine erfolgreiche Anwendung der PURE-Technik an. Der Test beinhaltet immer, sich zwischen der alten und der neuen Realität zu entscheiden. Wenn du wirklich vollständig identifiziert bist, taucht kein Test auf, aber wenn er es tut, ist das nicht schlecht. Er erlaubt dir, deine Entschlossenheit für das, was du dir wünschst, zu überprüfen und zu vertiefen. Taucht also ein Test oder eine Wahlmöglichkeit auf, auch wenn es dramatisch ist, gib deine Loyalität immer deiner ausgewählten Realität.

Beobachten und Sein

Alles aus RC kann mit zwei Bewusstseinszuständen zusammengefasst werden:

1. Beobachten, auf Etwas schauen, Zeuge sein, getrennt sein.

Oder…

2. Sein, von dem Standpunkt von Etwas aus schauen, identifiziert sein, vereinigt sein.

Als ein Beobachter oder Zeuge schaust du auf etwas in Stille, ohne Reaktion, ohne einzugreifen. Du bist nicht identifiziert. Du bist reines Gewahrsein, über den Dingen fließend; du bist der Himmel, der die Wolken beobachtet. Das Selbst ist nicht in die Realität involviert, sondern getrennt davon. Wenn du identifiziert bist, nimmst du einen Standpunkt ein, fühlst die Realität, übernimmst einen Glaubenssatz und wirst Eins mit dem, was du beobachtest. Du verlierst dich in dem Sinne, dass es keinen Unterschied mehr zwischen „ich" und dem „Objekt der Begierde" (oder eines „Widerstandes") gibt. Du beobachtest nicht länger – du bist es. Diese Art der Hingabe und Verkörperung transformiert eine bloße Gedankenform in einen tiefen Glauben mit einem gewaltigen Einfluss auf die Realität. Zuerst hast du dir den Film angesehen – dann bist du zum Schauspieler darin geworden.

Die Worte „Aufmerksamkeit" und „Intention" enthüllen das Geheimnis der Realitätserschaffung, das Geheimnis vom Beobachter zum Erlebenden und vom Erlebenden zum Beobachter zu wechseln. Wenn du deine **AUF**-merksamkeit **auf** etwas richtest, bist du der Beobachter (was die offensichtliche Voraussetzung dafür ist, sich mit etwas zu identifizieren). Wenn du **in** die Realität eintrittst, ist es deine **IN**-tention. (Anmerkung: Intention wird zu einem Glauben, im Englischen „belief": „BE-lief" für „be" = „sein"). Du glaubst daran und interagierst mit der Realität. Aufmerksamkeit ist der einleitende Schritt, der die Frequenz der gewünschten Vibration berührt. Dann intensivierst du die Aufmerksamkeit, indem du eindringst. Etwas zu sehen ist eine sanfte Form der Realitätserschaffung. Etwas zu fühlen macht es noch intensiver. Etwas zu sein ist die kraftvollste Form von Magie. Du bist es einfach so „just for fun", nicht als eine Strategie, um etwas zu ermöglichen. Es gibt kein „da draußen"; es passiert alles „hier drinnen" – nicht im Körper oder dem Gehirn, sondern im Bewusstsein. Da draußen passiert nichts Wesentliches. Du kannst alles haben, solange wie du es bereits besitzt, solange du es verkörperst.

Auf demselben Weg (wenn du etwas betrachtest, ohne darauf zu reagieren) kannst du dich von dieser Realität ent-identifizieren. Du kannst dazu die folgende Meditation ausprobieren: Wähle dir jetzt eine Realität aus, die du wiederholt erfahren hast. Lass dieses Ereignis gemeinsam mit dem korrespondierenden Beobachter oder dem, das das erlebt vor deinem inneren Auge aufsteigen. Betrachte das Ganze nun solange in Stille, bis du keine Reaktion mehr darauf hast. Du hörst auf zu analysieren, zu bewerten, zu urteilen oder eine Meinung darüber zu haben, bis es kein Konzept mehr davon gibt. Das ist die erfolgreiche Ent-Identifikation. Wenn du dich mit dem, was du dir wünschst schon identifizieren kannst, dann brauchst du diese Meditation nicht. Wenn es dir aber schwerfällt, in ein neues Selbst von dir zu steigen, dann ent-identifiziere dich erst.

Einigen RC-Schülern fällt es schwer, zwischen „da draußen“ und „hier drinnen“ bzw. zwischen Imagination und Realität zu unterscheiden. Wenn das der Fall ist und du es vorziehst, noch an diesen Konzepten festzuhalten, kannst du es wie folgt sehen: Der Same der Realität enthält bereits die volle Realität. Stell dir vor, du pflanzt einen Samen in deinen Garten – dieser Same trägt die gesamte Information, die er braucht, um eine Pflanze zu werden. Alles was du tun musst ist: Pflanze den Samen und lasse ihn in Ruhe. Der Same wird ganz natürlich zu dem werden, was er schon enthält, vorausgesetzt die Erde, Sonne und Wasser sind vorhanden. Wenn nicht, musst du vielleicht Licht und Wasser dazugeben, aber das ist kein großer Akt. Der Same weiß selbst, wie er das wird, was er ist. Mit der PURE-Technik pflanzt du einen Samen ein. Deine Arbeit ist damit getan. Probleme und Verzögerungen treten nur auf, wenn du den Samen ausgräbst, um zu sehen ob er schon gewachsen ist, oder wenn du an den ersten kleinen verletzlichen Sprossen ziehst, damit die Pflanze schneller wächst. Andere Probleme können entstehen, wenn du direkt neben die erste Pflanze andere Samen setzt. Zwei Samen nebeneinander werden in einen Wettkampf treten und sich vielleicht neutralisieren. Deshalb ist es nicht sehr ratsam, zu viele Samen auf einmal zu pflanzen – zwei oder drei reichen aus. Pflanze auch keine Samen, die sich einander entgegenstehen (z. B. „Ich möchte eine monogame Beziehung“, zusammen mit „ich möchte polygam leben.“) Pflanze einfach deinen Wunsch-Samen ein und lasse die Unendlichkeit den Rest tun.

Eine weitere zum Verständnis hilfreiche Analogie ist die Schwangerschaft: In einem hochenergetischen Akt (Sex) wird ein Kind empfangen. Es ist nun im Schoß der Mutter, sie ist schwanger. Du würdest nun nicht sagen „das Kind ist nicht real“, nur weil es noch nicht physisch zusehen und geboren ist. Wenn du es in dir einmal in Anspruch genommen hast, dann ist es real. Zu versuchen die Pflanze (oder das Kind) selbst zu bauen ist unnatürlich. Kannst du dir vorstellen, wie komisch eine Pflanze aussehen würde, wenn du versuchen würdest, die verschiedenen Teile so zusammenzukleben, dass sie wie eine Pflanze aussehen? Unglücklicherweise denken viele Leute, dass dies „Realität erschaffen“ bedeutet. Weil RC sich für sie ungewöhnlich anfühlt, geben sie das Thema einfach auf und behaupten, dass RC nicht funktioniert. Vertraue der universellen Effizienz der Unendlichkeit. Höre auf, den Job der Natur machen zu wollen. Fühle die Entspannung, wenn du in einen Standpunkt eines Selbst eintauchst, für welches die Realität bereits manifestiert ist, die Vorstellung von

„schon passiert“. Beurteile deinen Tag nicht durch das, was du erntest, sondern durch das, was du aussäst.

Das Körpergefühl

Man könnte es so beschreiben: Das Körpergefühl kreiert Realität. Es gibt zu jeder Realität, mit der du dich identifizierst, das passende Körpergefühl. Der Körper lügt niemals. Er zeigt dir ganz genau, womit du identifiziert bist. Er sagt dir voraus, welche Realität du dabei bist zu erschaffen. Es gibt für jede Realität, die du erfahren möchtest, das entsprechende Körpergefühl. Es gibt ein bestimmtes Körpergefühl für Gesundheit und finanziellen Reichtum. In einer romantischen Beziehung zu sein, hat sein eigenes Körpergefühl. Sogar für so etwas wie „ein Auto besitzen“ gibt es das entsprechende Körpergefühl. Der Körper ist die Pforte zwischen den subtilen Energien und dem physischen Ausdruck. Sich das Körpergefühl von etwas Bestimmten vorzustellen, geht weit über das New-Age-Konzept der Visualisation als ein getrenntes mentales Ereignis hinaus. Realitätserschaffung ist ein ganzheitlicher und integrierender Vorgang, der den ganzen Körper mit einbezieht. Wenn du also der Chef einer Multi-Millionen-Dollar-schweren Firma sein möchtest, welches Körpergefühl hast du dazu? Wenn du das Gefühl wirklich spürst, dann denkst du nicht darüber nach, der Boss zu werden. Du würdest aufhören zu wollen, zu wünschen, zu brauchen und du würdest das Gefühl des Strebens mit dem Gefühl „der Boss sein“ austauschen. Das Gefühl würde wie das Atmen ganz selbstverständlich für dich sein.

Am Ende beginnen

Erschaffende Magie erfordert es, dass du am Ende beginnst und auch dort bleibst. Du bringst die Zukunft in das Jetzt. Du machst das Ziel zum Startpunkt. Du schließt alle Hintertüren und du machst dir keine Sorgen über das Wann, das Wie und das Wo der Manifestation. Du ruhst loyal und solidarisch in deinem auserwählten Selbst. Wenn du am Ende beginnst, dann ist die lineare Zeit irrelevant. Auf diese Art können wir uns bereits jetzt an der Identität erfreuen und uns erleichtert ausruhen.
Diese Einstellung braucht Ausdauer und Beharrlichkeit. Es bedeutet, dass du dem, was du ausgewählt hast, treu zu bleiben, anstatt immer wieder zwischen dem Wunsch und entgegengesetzten Gedanken hin und her zu schwanken. Ausdauer heißt nicht Disziplin, Stehvermögen und Anstrengung. Entscheide dich und bleibe einfach dabei.

Wenn du die Methoden zum Kreieren von Realität oder PURE falsch anwendest, indem du versuchst, etwas stattfinden zu lassen, dann gehst du von der Annahme aus, dass es noch nicht stattgefunden hat. Visualisation, Affirmationen etc. werden nicht angewendet, um etwas stattfinden zu lassen, sondern um zu erfahren, dass es bereits jetzt stattfindet. RC als Mittel zu dem Zweck der Erschaffung zu nutzen, setzt voraus, dass wir etwas selbst machen müssten, damit es erscheint, was zeigt, dass wir noch nicht glauben, dass es schon da ist. Das Wort „bereits“ ist eins der wichtigsten Worte in RC. Wenn du neue Ressourcen möchtest, dann beachte, wertschätze und gebrauche die Ressourcen, die du bereits hast. Wenn du spirituelles Abenteuer suchst, dann beachte das spirituelle Abenteuer, welches du bereits erlebst. Und wenn du eine Realität erleben möchtest, fühle sie so, als ob sie bereits erschaffen und manifestiert ist.

Zu versuchen, etwas durch den Akt der Willenskraft allein zu erschaffen, steht magischer RC vollkommen entgegen, da es auf dem Glauben von Mangel basiert. Dieses Prinzip wird so oft in diesem Buch wiederholt, da es so wichtig und essenziell ist und weil so viele Lehren und Bücher nicht darauf hinweisen. Das Ziel in RC ist, die Realität so sehr in deinem Bewusstsein zu leben, dass die reale Manifestation unwichtig wird. Das ist wahrer Glauben. Entgegengesetzt zu anderen New-Age-Lehren nutzt RC Affirmationen nicht im traditionellen Sinn. Affirmationen sind Sätze, welche die Leute verwenden um etwas zu erschaffen. Sie wiederholen z. B. „ich bin reich" hunderte Male am Tag vor dem Spiegel. Was glaubt jemand, der das tut, aber in Wirklichkeit? Natürlich glaubt er das Gegenteil. Deshalb funktionieren Affirmationen selten wirklich gut. Wenn sie dennoch funktionieren, dann meistens nicht auf Grund der Affirmation, sondern weil die Person daran glaubt, dass etwas Magisches passieren wird. Deshalb verlieren die meisten Affirmationen nach einer Weile auch an Kraft und Motivation. Die Person hat nicht bemerkt, dass die Energie nicht aus der Technik kommt, sondern aus ihr selbst. In RC benutzen wir keine Affirmationen, die in die Zukunft zeigen, wie z. B. „ich möchte", „ich habe vor", „mein Ziel ist". Stell dir lieber das Selbst in der Zukunft vor, für welches die Realität schon wahr ist. Würde dieses Selbst noch Affirmationen benutzen, um es wahr zu machen? Kaum. Unterscheide zwischen effektivem RC und bloßem Wunschdenken. Wir werden die Techniken für Schein-Affirmationen später noch durchgehen, diese haben aber andere Ziele und Effekte. Weil deine Kreation bereits geschieht, fühlst du dich gut damit und lässt es in Ruhe. Du kannst dich nicht gleichzeitig bereits daran erfreuen und darauf warten, dass es passiert.

Deshalb sind New-Age-Lehren á la „die Manifestation erwarten" für die PURE-Technik weder nötig noch hilfreich. Wenn du es wirklich erwartest, dann denkst du nicht darüber nach, richtig? Wenn du es tief in dir drinnen erwartest, dann wartest du nicht bewusst darauf. Es ist für dich selbstverständlich, deshalb ist es dir gewährt. Ein Beispiel dafür: Du erwartest nicht den nächsten Atemzug. Das würde komisch sein, nicht wahr? Irgendetwas würde falsch laufen, wenn du immer den nächsten Atemzug erwarten würdest. Mit der gleichen Leichtigkeit und Einfachheit mit der du ganz selbstverständlich atmest, nimmst du auch deine neue Realität für selbstverständlich. Du würdest dich nicht fieberhaft in Erwartung darauf vertiefen. Du bist mit „ich atme" identifiziert und es ist ganz normal für dich. Du beobachtest es nicht länger (jedenfalls nicht viel), du hältst nicht danach Ausschau. Manifestation geschieht, wenn wir gerade nicht hinsehen, während wir mit anderen Dingen beschäftigt sind. Du kannst einfach über deine neurotischen Versuche, RC anzuwenden, um etwas (das bereits leicht wie das Atmen existiert) zu erschaffen, lachen. Du kannst nicht gleichzeitig etwas sein und es zur selben Zeit erwarten. Du kannst nicht danach suchend Ausschau halten und es gleichzeitig verkörpern. Setze das Selbst ins Zentrum, anstelle der Realität. Das wird dich nicht egoistisch machen, ganz im Gegenteil: Du wirst erfahren, wie die Großzügigkeit des Lebens von dir ausfließt und du wirst das Paradox von „sein" und „haben" zur selben Zeit verstehen.

6. Zeitlinien und Zeitlosigkeit

Alles, was du erfahren möchtest, ist dir bereits jetzt zugänglich. Die Gegenwart kann dein größtes Geschenk sein. Die Gegenwart ist die einzig bedeutende Realität, die einzige Realität, in der RC praktiziert werden kann – die einzige Zeit, in der Glücksgefühle reingelassen werden können. Alles ist sofort verfügbar, da es bereits in deiner Unendlichkeit enthalten ist. Was du als „mein Leben" bezeichnest, ist das Spiel namens „Planet Erde" – hier ist die lineare Zeit ein wichtiges Merkmal.

Die Realitäts-Erfahrungen auf diesem Planeten sind nur eine von vielen Möglichkeiten, die du hast. Du bist so stark mit diesem Spiel identifiziert, dass du vergessen hast, dass es nur ein Spiel ist. Dieser Erinnerungsverlust ist Teil des Spiels. Dieses Spiel würde nicht mehr so viel Spaß machen, wenn du dir dessen bewusst wärst, genauso wie du einen Film nicht mehr genießen könntest, wenn du ständig denkst „es ist nur ein Film, es ist nur eine Illusion". Stattdessen identifizierst du dich mit dem Film und erlaubst, dass er dich berührt. Vielleicht regst du dich sogar über die Schwierigkeiten, die Hürden und Gegenspieler in dem Film auf. Aber mal ganz ehrlich: Wie viel Spaß würdest du an einem Spiel haben, wenn du ganz ohne Hürden und Herausforderungen einfach so das Ziel erreichst? Wenn du schon einmal Fußball gespielt hast: Würde dir das Spiel in einem leeren Stadion, ohne dein Team und die Gegenspieler Spaß machen, wenn du den Ball einfach so ins Tor schießen könntest? Ich glaube nicht. Guck dir die Lieder, Filme und Geschichten an, von denen die Menschheit am meisten fasziniert sind: Dramen, Tragödien, Herzensbrecher, Gewalt, Katastrophen und dann gefolgt von einem glücklichen Ende – dies repräsentiert das Abenteuer, für welches sich die Seele in diese Dimension inkarniert hat. Wenn du also sagst „ich will Erleuchtung" oder „ich will im Lotto gewinnen", dann missverstehst du das Ziel von diesem Spiel. Deine Seele (höherer Standpunkt deines Selbst) wollte nicht mehr da sein, wo sie schon die ganze Zeit war: Die Seele wollte Abenteuer.

Die Konzepte von *vorher, währenddessen* und *nachher* erlauben uns, Dinge detaillierter zu erfahren und sind Merkmale der linearen Realität, in der wir leben. Durch diese geniale Einrichtung können wir vergessen, dass wir unendliche Wesen sind. Alles was ist, wird getrennt und aufgegliedert – dadurch entsteht die physische Realität, die wir dann systematisch anschauen können: „Erst tue ich das, dann das und wenn jenes passiert, werde ich dieses tun" und so weiter. Auf diesem Level ist die Vergangenheit die Quelle des JETZT und beides zusammen die Ursachen für die Zukunft.

In der ultimativen Realität bist du aber bereits allwissend, alles sehend, alles durchdringend, gleichzeitig und multidimensional. Momentan lebst du so, als ob du weniger als all das bist. Also sammelst du Wissen und Erfahrungen und es scheint so, als ob du nun „mehr" oder „besser" geworden bist. Aus Sicht der Unendlichkeit ist das ziemlich lustig anzuschauen. Gott ist eine Komödie für ein Publikum, das Angst davor hat zu lachen. Gott kreierte einen Stein, der so schwer ist, dass man ihn nicht hochheben kann – und hebt ihn trotzdem hoch. Gott teilte sich in verschiedene Standpunkte und du bist einer dieser Aussichtspunkte von Gott.

Alles befindet sich bereits innerhalb des Bewusstseins und das Bewusstsein ist die Unendlichkeit. Es gibt kein Innen und Außen – das sind nur lineare Ausdrucksweisen. Dieser Körper befindet sich innerhalb des Bewusstseins, und nicht anders herum. Wenn Menschen „meine Seele“ oder „mein inneres Selbst“ sagen, scheint es oft, als ob sie sich auf etwas in ihrem Körper oder Gehirn oder in einem anderen limitierten Raum in oder um den Körper herum beziehen. Aber das ist nur so, weil sich das Bewusstsein mit dem Körper identifiziert, es ist das Medium für Empfindungen und Ausdruck im Raum-Zeit-Spiel. Du befindest dich nicht im Universum – das Universum mit allen Dingen darin befindet sich in dir. Du bist die Ursache, nicht die Wirkung. Dinge passieren dir nicht – sie geschehen durch dich. Du bist der Erschaffer, nicht das, was erschaffen wird. Du hast bereits Zugang zu allem, was gewusst oder erlebt werden kann, weil du bereits all das bist.

Wachstum und Lernen ist eine herrliche Illusion. Um irgendetwas zu verstehen, das hier gesagt wird, muss das Wissen bereits von Anfang an in dir sein, sonst könntest du es nicht annehmen oder empfangen. Wenn etwas in deinem Potential nicht möglich wäre, könntest du dir das auch nicht vorstellen. Du kannst dir nichts vorstellen, das nicht existiert. Alle Dinge die du nicht denken kannst, befinden sich nicht in deiner Reichweite. Je einfacher du einen Gedanken denken kannst, desto näher ist dir diese Realität, desto wahrscheinlicher manifestiert es sich im Physischen. Wenn du eine Bewusstseinserweiterung und höhere Lebensqualität erleben möchtest, musst du einfach nur mehr von dem ausdrücken, was du bereits bist. Du wirst nur den Reichtum und die Erfüllung erfahren, welchen du dir selbst erlaubst. Strebe nicht danach, mehr zu haben – strebe danach, mehr zu sein.

Du kannst damit beginnen, dich innerhalb unserer physischen Parameter nicht mehr als kleines unbedeutendes Wesen, sondern als königliches, strahlendes, wunderschönes und unendliches Bewusstsein zu sehen. Wenn du beginnst, so darüber nachzudenken, wirst du andere Informationen und Ereignisse in dein Erfahrungsfeld ziehen. Das erlaubt dir immer mehr so zu sein, wie du wirklich bist. Nicht damit du etwas anderes wirst, das du nicht bist – sondern damit du mehr von deiner ursprünglichen Energie zeigen kannst. Deine wahren Farben können durchscheinen. Reiße die Maske von „ich armes kleines Ich“ von deinem Gesicht. Die Frequenz in der du vibrierst, ist so kompakt und dicht, was dir erlaubt 99 % von dem, was du bist, zu vergessen. Du kannst dich somit auf das 1 %, das du zeigst, konzentrieren. Lass etwas von den Vorannahmen über dich los und deine Schwingungsfrequenz wird sich erhöhen, was eine scheinbare Verbesserung und einen Fortschritt kreiert. Dein Selbst auszudehnen bedeutet aber nicht, von „hier“ nach „da“ zu kommen, denn beide existieren in dir. Es gibt keine Trennung. Anstelle, dass du die Erleuchtung suchst, sei einfach authentischer und einzigartig. Spiritualität verlässt die physische Realität nicht, so wie viele Menschen es annehmen. Das Physische ist nicht vom Spirituellen getrennt. Das ist eine landläufige Falschvorstellung, ein weiterer Weg der Trennung. Du hast es ausgewählt, hier zu sein und wegzulaufen, oder aufzusteigen, ist nicht der Weg der Seele. Dies zu lehren, erzeugt eine Trance der Trennung. Das Spiel LEBEN ist unwiderstehlich schön und hat offensichtliche Vorteile für die Seele. Sie versteht die Regeln. Wohin würdest du überhaupt gehen wollen?

Der erfahrenere Teil des Selbst („höheres Selbst", wenn du eine Trennung machen möchtest) sieht diesen Planeten nicht als Gefängnis oder dunkle Verschwörung, sondern dieser Teil liebt dieses Spiel. Die Seele möchte andere Realitäten vergessen, und eine Erscheinung erschaffen, in der sie ganz neu anfangen kann. Sie möchte sich so verhalten, als ob sie lernt und entdeckt, und was besonders wichtig ist: Sie möchte erleben, wie es ist, überrascht zu werden – ein Konzept welches wirklich eine kleine Bedeutung für das unendliche Selbst spielt. Der Vorteil und das Schöne daran sind die Freude der Entdeckung und das Nicht-Wissen, was als nächstes kommt. Kannst du dich an eine Situation in deiner Kindheit erinnern, als du aufgeregt warst, weil du nicht wusstest, was sich hinter dem Vorhang verbirgt? Ist es nicht ein bisschen langweilig und öde, wenn du alles aus Sicherheitsgründen (Angst) im Voraus geplant haben willst? Wenn du die Freude im Austausch gegen Sicherheit ablehnst, dann ist die einzige Sicherheit, die du bekommst, Freudlosigkeit und Langeweile.

Spiele bereitwillig in diesem Film mit. Je mehr du das Leben liebst, desto mehr liebt dich das Leben. Und paradoxerweise: Je mehr du das „normale" Leben liebst, desto mehr wirst du spirituell aufsteigen. Von hier weg zu wollen, wie es manche spirituellen Lehrer vorschlagen, bindet dich nur noch mehr hier fest, denn jeder Widerstand bindet dich. Wenn du genau hinschaust, wird jede Realität dir ihre Magie offenbaren – auch der banale und profane Alltag. Alles ist Unendlichkeit und somit ist alles Magie, es gibt daher keine gewöhnlichen Dinge. Indem du dich der Welt in Liebe und Interesse hingibst, bekommst du Macht und Einfluss in diesem Spiel. Wenn du stattdessen desinteressiert bist und dich gegen das Spiel wehrst, wirst du die Spielregeln nicht lernen können. Du kannst deinen Tanzpartner nicht kontrollieren, wenn du ihn wegschubst. Wenn du gegen die Welt bist, heißt das, dass sie Macht über dich hat. Die Welt zu lieben bedeutet, dass du Macht über die Welt hast. Wenn du etwas Tolles erfahren möchtest, dann tauche ohne Widerstand in deine Situation ein, ohne weglaufen zu wollen. Es wird vorausgesetzt, dass du dir diese Erfahrung kreiert hast und indem du ihr nachgibst erfüllst du den Grund, wofür sie erschaffen wurde. Wenn es etwas Unerwünschtes ist, ist der einzige Weg aus der Situation heraus dadurch hindurch. Fühle es bis zum Ende. Wenn du gegen nichts ankämpfst, dann kämpft auch nichts gegen dich.

Du musst nichts von dir aufgeben, um mehr zu werden als du bist. Einige Menschen nehmen an, dass das neue Selbst minus das alte Selbst das echte Selbst ist. Aber in Wirklichkeit ist das alte Selbst plus das neue Selbst mehr das echte Selbst. Alles ist bereits in dir, es gibt nichts Externes. Etwas abzulehnen, das du bereits erlebst, ist so, als ob du dich selbst ablehnst. Das bedeutet nicht, dass du durch jede vorstellbare und als negativ bezeichnete Erfahrung gehen musst. Aber wenn du es bereits erfährst, dann tauche da ein und erfahre, was du kreiert hast, um es zu erleben. Erlebe es freiwillig und mit Eifer und es wird sich zu dem wandeln, was du bevorzugst. Alles, worauf du deine Aufmerksamkeit richtest, nimmst du in dein Schwingungsfeld auf. Was du versuchst aus deinem Schwingungsfeld wegzubekommen, nimmst du auch auf.

Deshalb ist es unmöglich, etwas loszuwerden oder zu beseitigen. In dem Moment, in dem du sagst „ich schließe das aus“ schließt du es damit ein. Höre also auf, gegen ein Problem anzukämpfen. Tauche entweder dort ein oder richte deine Aufmerksamkeit auf Dinge, die du liebst und bevorzugt erleben möchtest.

Es ist nicht das Ziel dieses Kapitels, dass du die Übereinkunft zum Konzept Zeit aufgibst, wenn doch jeder damit einverstanden ist. Das würde dich unnötig von der Gemeinschaft ausschließen. Es ist völlig in Ordnung, sich zu verabreden, Geburtstage zu feiern, Uhren zu tragen und Treffen zu vereinbaren. Allerdings kannst du – unabhängig davon, was du mit anderen abmachst – beginnen, Zeit zu haben, anstatt, dass du dich von der Zeit herumkommandieren lässt. Egal, was du anderen gegenüber bekundest, nimm einen neuen Blickwinkel zum Konzept Zeit an. Sieh Zeit als etwas mehr flexibel, formbar, umkehrbar und flüssig, als du bisher gedacht hattest. Die alten Römer haben ihren Sklaven Bändchen um die Handgelenke geschnürt, um sie zu kennzeichnen. Sieh dich nicht als Sklave der Zeit. Das neue Bewusstsein in Bezug auf die Zeit macht es dir einfacher, den Zustand deines Seins zu verändern. Du brauchst nicht länger daran glauben, dass die Vergangenheit die Ursache von deinem jetzigen Zustand ist. Es gibt keine Zukunft vor der man Angst haben muss, und es gibt keine Vergangenheit, der man die Schuld für alles geben kann, denn beides findet im JETZT statt. Du wirst ein neues Gefühl von Frische erleben, du wirst Zeuge der unendlichen Tiefe des Moments, und du wirst es leichter haben, deine gewünschten Manifestationen in das JETZT zu bringen, anstatt sie in eine Zukunft zu projizieren, die niemals kommen wird. Weiterhin wirst du das Geheimnis erfahren, wie du Dinge sofort und vollständig verändern kannst – so, als ob sie niemals existiert haben.

Bestimmte Erinnerungen wiederholen sich, weil sie zu einem Zeitpunkt aufgenommen wurden, als du sehr wach, präsent, bewusst und intensiv da warst. Wenn es ein Ereignis gab, das emotional aufgeladen wurde (ein Ereignis, das deine Aufmerksamkeit einfing bzw. dich auf bestimmte Weise beeindruckt hat), dann warst du in diesem Moment präsent. Diese Ereignisse wiederholen sich solange, bis du etwas noch Interessanteres erlebst, etwas mehr Gegenwärtiges und Aktuelles oder Wichtiges. Je nachdem, in welchem Zustand du gerade bist, wirst du dich an verschiedene Dinge erinnern. Viele Probleme lösen sich von selbst, wenn du einen neuen Eindruck gewinnst. Hier ein extremes Beispiel: Der Tornado vor deinem Haus wird deinen Liebeskummer ausblenden. Wenn du wirklich präsent leben würdest, dann gäbe es da nicht die Fragen „wer bin ich?“ oder „was sind meine Ziele?“ Du würdest darauf pfeifen. Das fragende und grübelnde irdische Selbst taucht nur auf, wenn du dich nicht gut fühlst. Verschiebe dein Glück nicht in die Zukunft. Wenn du glücklich bist, kümmert dich die Vergangenheit und die Zukunft wenig. Um in den lebendigen Moment JETZT zu kommen, müssen wir nur den Widerstand dagegen loslassen und einfach an dem, was gerade passiert, interessierter werden. Wenn es eine Übung gibt, um präsent zu sein, dann wäre diese Übung das Ausführen deiner Lieblingsbeschäftigung. Während du darin aufgehst, hörst du automatisch auf, über eine bessere Zukunft nachzudenken und tust einfach das, was vor dir liegt. Du vergisst die Zeit, den Raum und sogar deine Umgebung. Deine Effizienz nimmt zu. Du verhältst dich dann wie ein integriertes, ganzheitliches Wesen ohne deine Realität in Zeitabschnitte zu unterteilen. Auf diese Weise erlebst du eine wesentliche Zunahme deiner Lebensenergie.

Frage: Warum ist für viele Leute das, was vorher geschah oder danach und später geschehen wird, immer wichtiger als das, was genau jetzt passiert? Antwort: Weil sie jetzt nicht glücklich sind und nicht wissen, dass sie ihre Vision, ihre Gefühle, die Vergangenheit und die Zukunft ins JETZT transportieren können. Deshalb flüchten sie aus dem JETZT in eine vergangene Zukunft und sehen diese unglücklicherweise als getrennt vom jetzigen Moment. Lehrer, die das Konzept vom HIER und JETZT missverstehen, sagen: „Es bedeutet im HIER und JETZT zu sein, wenn man seine Aufmerksamkeit nur auf die jetzige Umgebung richtet." Ich erweitere diese Aussage: Es reicht nicht einfach aus, sich nur auf das vorhandene Umfeld auszurichten. Deine Imagination gehört dazu. Tagträume zu haben mit der Annahme, dass sie nicht real sind, nicht hier und jetzt sind, verursacht Leiden. Aber einfach zu träumen um sich wohlzufühlen, das ist pure Freude und bringt dich in den Moment.

Anti-Aging

Meiner Meinung nach verlangsamt das „sich Wohlfühlen im Moment" zusammen mit dem Loslassen der Definitionen über die Zeit den Alterungsprozess. Ganz im Moment präsent zu sein, bringt die vibrierende Kraft aller Zeiten ins JETZT. Nimm wahr, wie die Menschen kontinuierlich lineare Zeitfragmente erschaffen, um ihre Illusion von Zeit aufrechtzuerhalten. Unsere Sprache enthüllt die unterschwelligen Glaubenssätze über die Zeit. Kritisiere das aber nicht, nimm es einfach wahr. Sieh, wie sich die Menschen ständig auf ein Konzept beziehen, das es in Wirklichkeit gar nicht gibt. „Ich muss warten bis…." – „Ich habe keine Zeit, um zu…." – „Später vielleicht." – „Früher haben wir…." – Unsere Sprache zwingt uns, Zeit als linear zu betrachten.

Worauf wartest du?

Worauf wartest du? Zu warten ist ein identifizierter Zustand. Es bedeutet, dass du in die Zukunft willst, anstelle im JETZT zu sein. Wenn du wartest, willst du die momentane Realität nicht annehmen. Du siehst beides als getrennt und weißt daher nicht, dass du jederzeit zu allem Zugang hast. Deshalb wartest du. Während Menschen warten, sehen sie nicht, dass sie ihre Aufmerksamkeit stattdessen auf Millionen andere, schönere Dinge richten könnten. Der Schlüssel zum Glück ist: Höre auf, die Realität im JETZT zu verneinen. Gib deinen Widerstand auf und richte deine Aufmerksamkeit auf das, was du hier und jetzt möchtest, egal wo du gerade bist. Wenn du realisierst, dass du gerade wartest, bist du präsent. Es gibt einige Mystiker die glauben, dass sich deine tiefsten Wünsche und höchsten Bestrebungen automatisch verwirklichen, wenn du deine Aufmerksamkeit für einige Tage ununterbrochen im JETZT halten kannst, weil du dich nicht länger selbst ablehnst. Jedes Mal, wenn du beobachtest, dass du wartest, richte deine Aufmerksamkeit sanft auf deine Umgebung, deinen Körper oder auf einen angenehmen Gedanken. Du warst in einer Hypnose, jetzt bist du wach. Du brauchst nicht länger an die Verabredung nachher zu denken, um sie zu erfüllen. Deine Aufmerksamkeit könnte überall sein. Warum solltest du diesen kostbaren Moment damit verschwenden, um ungeduldig auf etwas zu warten?

Eine Bemerkung zum Zeitmanagement: Für einige Menschen (nicht für alle) ist es einfacher, präsent zu sein, wenn sie in ihrem Leben ein gutes schriftliches Zeitmanagement-System haben. Warum? Steht das Zeitmanagement mit seinen Prioritäten, seiner Ordnung und Struktur nicht entgegengesetzt dem Fluss der Zeit. Für einige Menschen steht es dem nicht entgegen. Indem diese Menschen die lineare Zeit systematisch ordnen, de-fragmentieren sie sie und erhalten Macht darüber, anstatt dass die lineare Zeit Macht über sie gewinnt. Das befreit die Aufmerksamkeit, die dann für das HIER und JETZT verwendet werden kann. Es geht auch nicht darum, das Konzept von Zeitmanagement zu verurteilen. Wenn du ganz selbstverständlich im Fluss bist, ist kein Zeitmanagement nötig, weil alles natürlich zur richtigen Zeit auftaucht. Aber für diejenigen, die immer noch mit den Basics dieser Idee Schwierigkeiten haben, kann das Zeitmanagement eine gute Idee sein.

Das Konzept der Zeit etwas loszulassen, befreit das Selbst auch von der festen Vorstellung über die Kontinuität von Realität. Der Glaube an Kontinuität lässt bestimmte Realitäten als solide, unveränderbar und unflexibel erscheinen. Menschen, die sich weiterentwickeln möchten, reden dann oft von Rückschlägen. Sie haben das Gefühl, lange für etwas gearbeitet zu haben, ohne den Fortschritt gemacht zu haben, den sie sich erhofften. Sie sehen an sich plötzlich wieder Charaktereigenschaften, die sie eigentlich überwinden wollten und denken nun, dass sie sich eigentlich nicht mehr so benehmen dürften – nach allem, was sie gelernt haben. Sie unterdrücken Teile von sich, die zu der „alten“ Version von ihrem Selbst gehören. Tatsächlich aber folgen sie keiner linearen Zeitlinie. Manchmal erlebst du Höhen und manchmal erlebst du Tiefen. Du hast jederzeit zu Höhen und Tiefen Zugang. Egal wie weit fortgeschritten du bist, du kannst immer wieder in die schlimmste Version von deinem Selbst zurückfallen. Die gute Nachricht ist: So schnell wie du in etwas Unerwünschtes fallen kannst, so schnell kannst du auch wieder in eine höhere Version von dir eintauchen. Zu jedem Punkt auf der Zeitlinie kannst du unglaubliche Tiefen und Höhen erleben. Sogar nachdem du dieses Buch gelesen und das Wissen angewendet hast, kannst du in eine Version von dir eintauchen, die nichts davon versteht und dieselben Fehler wie vorher macht. Auch bevor du dieses Wissen hattest, konntest du bereits in höhere Zustände von dir einsteigen. Kontinuität ist eine Illusion. Jeder vorüberziehende Moment birgt die Chance, alles umzudrehen. Realität muss nicht das sein, was es eben noch war, sondern kann als etwas total anderes stattfinden – wenn du es so entscheidest.

Wesen aus anderen Gefilden nennen uns liebevoll und lustig gemeint „die Meister der Begrenzungen“, weil wir uns so leidenschaftlich mit Realitäten identifizieren, die wir nicht wollen. In diesem Sinne wird unsere Fähigkeit, uns selbst zu begrenzen, von einem göttlichen Standpunkt oder vom Blickwinkel eines Aliens als eine Kunstform gesehen, da unsere wahre Natur unbegrenzt ist. Andererseits, wenn wir nicht in der Lage wären uns so zu begrenzen und zu fokussieren, könnten wir auch nicht das Leben in dieser Dimension so kreieren, wie wir es tun. Realitätserschaffung beinhaltet Begrenzung – eine Begrenzung auf einen speziellen Fokus. Jedoch können einige Begrenzungen (die unserer kreativen Kraft entgegenstehen) durch eine Serie von Konzepten und tiefliegenden Glaubenssätzen aufrechterhalten werden. Eines dieser tiefen Glaubenssätze ist das Vertrauen in das Konzept der linearen Zeit, in welches wir so tief eingetaucht sind, dass wir es kaum noch bemerken. Übertreibe es mit der linearen Zeit und sinke noch tiefer ein und du wirst zu einem blind reagierenden Idioten, der sich selbst als Ursache komplett vergessen hat. Jemand, der seinen Beobachterstatus (bzw. den ent-identifizierten Zustand als Zeuge) und damit seine Fähigkeit selbstständig Entscheidungen treffen zu können, vergessen hat, der wird sich bald in einer Trance (einer Art Wachschlaf) verlieren. Tief in eine wunderschöne Realität einzutauchen, kann ein großer Genuss sein. Aber wenn du in etwas geraten bist, das du nicht wirklich möchtest, ist dies eine gute Gelegenheit, um zu deinem wachen Bewusstsein zurückzukehren.

Zeit ist wie ein See

Das irdische Selbst sieht Zeit als einen Fluss, der von der Vergangenheit in die Zukunft fließt. Wir sitzen dabei in einem kleinen Boot namens JETZT und sehen kaum, was vor uns liegt, sind aber ziemlich sicher, dass das, was hinter uns liegt, vorbei ist.

Von einem Standpunkt aus, der mehr mit dem unendlichen Selbst übereinstimmt, ist die Zeit kein Fluss, sondern ein See. Zeit ist keine Linie, sondern ein Kreis. Das JETZT ist wie ein Stein, der in die Mitte des Sees geworfen wird. Von diesem Zentrum aus kräuseln sich Wellen in beide Richtungen namens Vergangenheit und Zukunft. Jede Welle repräsentiert ein Ereignis. Wenn du in den See hineinschaust, siehst du, dass Zeit simultan existiert, und dass jede kreisrunde Wellengruppe einen neuen Strom von Vergangenheit, Jetzt und Zukunft generiert. Jede dieser Wellengruppe ist im Jetzt entstanden. Werfe einen anderen Stein hinein und die Formationen und Richtungen ändern sich.

Vergangenheit verändern

Nicht nur die Theorie von parallelen Universen, sondern auch die Analogie der Zeit beinhaltet, dass komplette Zeitlinien genau jetzt geändert werden können. Da wir unsere Glaubenssätze selbst gewählt haben (die Steine, die wir ins Wasser werfen), können wir nicht nur das Jetzt und die Zukunft ändern, sondern auch die Vergangenheit. Diese Aussage macht wahrscheinlich für das irdische Selbst überhaupt keinen Sinn. Es wurde so erzogen (konditioniert), dass es das unendliche Jetzt, das es noch in der Kindheit kannte, vergaß. Vergangenheit und Zukunft werden genau jetzt durch unseren gegenwärtigen Fokus erschaffen. Während die meisten zustimmen, dass man das Jetzt und die Zukunft ändern kann, braucht es wohl ein bisschen Gewöhnung, auch die Vergangenheit als wandelbar zu sehen. Einige Leser finden das vorgeschlagene Konzept vielleicht unbegreiflich. JA, du kannst die Vergangenheit ändern – nicht nur deine Wahrnehmung der Vergangenheit – du kannst *die* Vergangenheit ändern. Wenn du eine parallele Version von dir betrittst, denkst du vielleicht, dass du immer noch dieselbe Vergangenheit hast, aber dem ist nicht so. Du bist auf einer parallelen Zeitlinie mit nicht nur einer neuen Zukunft, sondern auch einer neuen Vergangenheit.

Die meisten von uns verstehen, dass, wenn jemand heute seinen Blickwinkel ändert, er auch beginnt, die Dinge in seiner Vergangenheit anders zu erinnern. Wir erinnern uns vielleicht an andere Plätze, geben den Situationen neue Bedeutungen oder eine andere Wichtigkeit. Aber was in diesem Buch vorgeschlagen wird, geht über das Ändern von Wahrnehmung und Bedeutung hinaus. Es gibt viele Beispiele, in denen jemand seinen Blickwinkel, seinen Glauben oder seine Identität im Jetzt geändert hat, und sich dazu passend auch die Vergangenheit änderte. Solche Beispiele bemerken wir aber kaum, da wir durch die Brille unseres Glaubens (an eine unabänderliche feste Vergangenheit) gucken.

Hier ein Beispiel: Glaube heute an etwas, und du kämpfst mit deinen Eltern; ändere den Glauben und du findest vielleicht heraus, dass du adoptiert wurdest; plötzlich hat sich die gesamte Vergangenheit ausgewechselt. Schalte wieder auf deine alte Identität oder Zeitlinie um, und du findest heraus, dass du nun doch nicht adoptiert worden bist; diese Information war ein Computerfehler. Habe den Glaubenssatz, dass du dich daran erinnerst, als Kind sexuell missbraucht worden zu sein – nun hast du etwas, dem du die Schuld daran geben kannst, was heute aus dir geworden ist. Ändere den Glauben und du entdeckst, dass es keine Misshandlung war, oder dass du nur geträumt hast. Es ist überhaupt nichts passiert. So schwer das auch für manche zu verstehen ist – vor allem mit stark emotional aufgeladenen Themen wie sexueller Missbrauch – nichts ist wie es scheint.

Auf einem Anfängerlevel von RC lehrt vielleicht jemand, dass die Vergangenheit vorbei ist, um die Aufmerksamkeit davon zu befreien. Auf einem fortgeschrittenen Level könnte jemand unterrichten, dass die Vergangenheit noch nicht vorbei ist, und dass sie nicht einmal Vergangenheit ist. Du magst das Konzept von Vergangenheit als irrelevant ablehnen oder deine Vergangenheit nach deinem Belieben umschreiben. Die Physik hat wieder und wieder bewiesen, dass lineare Zeit nicht real ist. Warum sollte dieses Wissen nicht auf dein Leben anwendbar sein? Was du über deine Vergangenheit denkst, ist nur das, was du über deine Vergangenheit denkst. Das Jetzt ist nur so, wie du denkst dass das Jetzt ist. Die Zukunft ist nur so, wie du denkst, dass sie es ist. Aus unterschiedlichen Perspektiven verändert sich das ganze Szenario. Mit deinem jetzigen Fokus kreierst du dir eine Version der Vergangenheit, an die du bedingungslos glauben kannst. Viele Menschen, die ihr Jetzt oder sich selbst ändern, nehmen an, dass sie von diesem Moment an vorwärts ausgewechselt sind. Tatsächlich aber haben sie sich von diesem Punkt nach vorn und nach hinten ausgewechselt. Das JETZT ist der Ort, von dem alle Realitäten ausgehen.

Erinnere dich an etwas aus deiner Vergangenheit. Du kreierst die Erinnerung genau jetzt als Beweis dafür, wer du in diesem Moment bist. Der Glaube an die Vergangenheit beinhaltet, dass die Vergangenheit die Quelle ist. Doch in Wirklichkeit bist *du* die Quelle. Die Ursache liegt nicht in deiner Vergangenheit, sondern in deinem momentanen Glauben. Deine Vergangenheit hat nichts damit zu tun, wie du dich heute entscheidest oder nicht entscheidest. Dieses Wissen ist gefährlich. Es nimmt einer ganzen Zivilisation (welche immer die Vergangenheit zur Ursache und die Zukunft zum Effekt gemacht hat – anstatt das Bewusstsein zur Ursache und die Realität zum Effekt zu machen) die Grundlage. „Ich hatte so schwierige Beziehungen in der Vergangenheit, deshalb will ich auch keine neue.“ Das ist ein typisches Beispiel für eine falsche Zuordnung von *Ursachen*. „Vergangenheit-ist-Ursache“-Denken wird eine begrenzte Realität aufrechterhalten. Deine Vergangenheit für etwas verantwortlich zu machen, entlässt dich aus der Pflicht, selbstständig zu denken und zu handeln.

Wenn es irgendetwas in deiner Vergangenheit gibt, das du nicht magst, kannst du das ent-kreieren. Wie? Indem du die PURE-Technik auf ein vergangenes Ereignis anwendest. Du veränderst das Ereignis, indem du etwas aufrufst, was du bevorzugt erleben möchtest oder erinnerst dich an etwas völlig anderes. Schreibe ein neues Skript deiner bevorzugten Vergangenheit und glaube daran. Wenn du ein Körpergefühl zu dieser Erinnerung bekommen kannst, dann hast du die Vergangenheit geändert, was wiederum das Jetzt beeinflusst. Während du die Vergangenheit wechselst, veränderst du auch, was heute oder morgen passieren wird. Indem du rückwirkend neue Ursachen pflanzt, treibst du die Veränderungen hier und jetzt an. Wenn die Vergangenheit anders geschehen ist, wird auch der jetzige Moment anders sein, richtig? Du kannst diese Übung ungeachtet des Massenglaubens an die objektive Zeit durchführen. Die Ernsthaftigkeit, mit der jemand feststellt „ja, aber ich habe es so erfahren und es kann nicht verändert werden!“ zeigt den unbeugsamen Widerstand gegen die eigene Fähigkeit, Fakten zu ändern. Manche Menschen möchten lieber Recht behalten, als dass sie sich zum Besseren verändern. Andere Menschen erwarten, dass sich die Realität verändert, ohne dass sie sich verändern. Aber eine neue Realität kann man erst erschaffen, wenn man die scheinbaren „Fakten“ als „nur ein Glaubenssatz“ anerkennt. Diesen Glauben lässt man dann los und tauscht ihn mit einer neuen Intention aus.

Während du weiter fortfährst, deinen mentalen Griff über lineare Zeit zu lockern, können andere Nebeneffekte erscheinen. Dinge passieren dann einfach zur richtigen Zeit. Es tauchen vielleicht Momente auf, in denen du die Zukunft bereits spüren kannst. Wenn du einmal deine Emotionen als Frühwarnsystem verstanden hast, dann wird es keine unangenehmen Überraschungen mehr für dich geben. Vorausahnende Träume, Hellsichtigkeit und „in die Zukunft sehen“ werden dann alltäglich. Sie sind dann keine besonderen Fähigkeiten mehr, die trainiert werden müssen.

Übungen um generellen Widerstand und feste Glaubenssätze aufzulösen

Wenn du es geübt und dich daran gewöhnt hast, generellen Widerstand und feste Glaubenssätze aufzulösen (und in tiefe Stille zu gehen), dann ist keine weitere Übung mehr notwendig, um eine neue Realität geschehen zu lassen. Präsent zu sein und das Konzept von Zeit zu lockern, das passiert dann ganz natürlich. Aber einige Menschen möchten ganz bewusst mit der Idee, die Zeit zu verändern und zu dehnen, noch etwas spielen. Für diesen Fall kannst du den folgenden Übungsanweisungen folgen oder deine eigenen Übungen erfinden.

Plötzliches Starren: Fokussiere dich auf etwas, das du normalerweise nur im Vorbeigehen wahrnimmst, indem du plötzlich und abrupt den Kopf bewegst und auf diesen bestimmten Punkt starrst. Manch einer wird einen Strom durch den Hals spüren, wenn er das tut – ein Gefühl, das man spürt, wenn die Hypnose-Routine des Alltags plötzlich unterbrochen wird. Du kehrst direkt in das Jetzt zurück. Beispiel: Ich laufe an einer Vase vorbei, die ich normalerweise nicht beachte. Plötzlich drehe ich meinen Kopf und starre auf die Vase. Oder: Ich sitze an meinem Schreibtisch und plötzlich drehe ich mich um und starre auf die Tür dort.

Realität unterbrechen: Unterbreche, was du gerade tust und mache etwas komplett Anderes oder sogar etwas Ungewöhnliches, das du noch nie vorher getan hast bzw. das niemand normalerweise tun würde. Springe auf einem Bein auf und ab, singe eine Hymne, nimm dein Küchengeschirr mit auf eine Autofahrt oder bade in Champagner. Dieser plötzliche abrupte Bruch der Routine, gefolgt von einer verrückten Handlung, signalisiert dem Selbst folgendes: Realität ist nicht mehr, was es war. Realität ist, was ich entscheide.

Vergangenheit in das Jetzt: Erinnere dich an etwas Schönes aus deiner Vergangenheit. Während du die Szene wieder aufwärmst, beobachte wie die dazugehörigen Gefühle mit auftauchen, genau jetzt. Erkenne, wie diese schönen Gefühle eine Ressource sind, genau jetzt.

Vergangenheit in die Zukunft: Beachte eine Situation, die du in ein paar Tagen erleben wirst. Erinnere dich an eine Zeit, wo du eine ähnliche Situation schon erlebt hast und diese erfolgreich war. Transferiere dieses Gefühl in die bevorstehende Situation.

Zukunft in das Jetzt (1): Stelle dir etwas Schönes vor, das du in der Zukunft erwartest. Fühle es jetzt; es passiert gerade jetzt.

Zukunft in das Jetzt (2): Stelle dir eine weise, größere, liebevollere und kraftvollere Version deiner selbst in der Zukunft vor (in zehn, fünfzig, einhundert, eintausend oder mehr Jahren). Wenn du willst, stellst du dieser Version von dir Fragen und lässt sie antworten. Oder du erlaubst ihr, dich zu führen. Oder du identifizierst dich jetzt mit dieser Version von dir. Es gibt keinen Grund eintausend Jahre zu warten.

Jetzt in die Vergangenheit: Erinnere dich an Zeiten als du jünger warst. Lege sanft deine Aufmerksamkeit auf diese Version von dir. Verhalte dich nun dieser vergangenen Version des Selbst gegenüber, als ein liebendes, beruhigendes Zukunfts-Selbst. Indem du einem vergangenen Selbst von dir Führung, Beratung und Wertschätzung gibst, kreierst du automatisch ein Zukunft-Selbst, das deinem Jetzt-Selbst Führung, Beratung und Wertschätzung gibt. Begreife die Logik davon.

Die Vergangenheit ändern: Verwende die PURE-Technik, um dich an etwas zu erinnern, das du gern in der Vergangenheit erlebt hättest. Fühle vollständig, dass dies in deiner Vergangenheit tatsächlich passiert ist. Was eben noch nur Fantasie war, erlebst du jetzt als deine tatsächliche faktische Vergangenheit. Dann lasse die neue Erinnerung los. Dein Jetzt wird sich, passend zu dieser Erinnerung, verändern. Sie verändert sich aber nicht, weil du danach Ausschau hältst und darauf wartest, sondern weil du deiner inneren Autorität und was sie dir zeigt, vertraust.

Ausdehnen der gegenwärtigen Zeit: Beobachte etwas, das sich bewegt (z. B. ein Auto). Spekuliere darüber, wo es herkommt und wo es wohl hinfährt. Wiederhole das mit verschiedenen Objekten, bis du eine Ausweitung deiner Sinne und deiner Wahrnehmung über das Hier und Jetzt fühlst.

Hier und Jetzt-Drill (1): Erinnere dich an etwas Unschönes aus der Vergangenheit. Nimm zur selben Zeit etwas Tolles aus der Vergangenheit wahr. Bleibe solange gleichzeitig bewusst bei beiden Situationen, bis (unter dem intensiveren Eindruck des JETZT) das vergangene Ereignis an Gewicht, Aufladung und Wichtigkeit verliert und du einen offensichtlichen Wandel in deiner Stimmung spürst.

Hier und Jetzt-Drill (2): Gehe herum. Nimm wahr, dass du Dinge auf die du schaust, automatisch mit anderen Dingen aus der Vergangenheit vergleichst (du verbindest die Punkte). Ein Beispiel: Du siehst ein Haus in Vancouver und denkst, „in Liverpool haben sie auch solche Häuser". Registriere deine innere Verbindung von etwas Gegenwärtigem mit etwas aus der Vergangenheit. Bemerke deine innere Neigung, Dinge miteinander zu verlinken, „ich kenne das bereits". Dann blende die Verbindung für einen Moment aus und schaue auf das Objekt, als wenn du es zum ersten Mal siehst – frisch, neu, bestaunend, offen, ohne Erwartung. Wiederhole das, bis du eine signifikante Änderung in deiner Stimmung oder Schwingung spürst.

Hier und Jetzt-Drill (3): Setze dich irgendwo hin, wo du viele Menschen beobachten kannst (z. B. in ein Café). Verbringe etwas Zeit damit, die Leute anzuschauen und zu beobachten, nicht mehr und nicht weniger. Mache das solange, bis du sicher bist, dass du alles (egal was) lernen kannst, einfach durch Beobachten (Vibrationen lesen), bis ein Gefühl von Wertschätzung und Humor und ein Gefühl von tiefer Entspannung (über Termine und Fristen hinaus) einsetzt.

Hier und Jetzt-Drill (4)

A) Gehe in der Nähe deines Hauses spazieren. Gehe diesmal aber in Richtungen, die du niemals zuvor gegangen bist, zu Stellen in deiner Umgebung, die du noch nie vorher gesehen oder näher betrachtet hast.

B) Oder gehe die Wege, wie du sie immer gehst, betrachte aber alles mit neuen Augen und gebe anderen Dingen, als üblich, deine Aufmerksamkeit. Betrachte, wie sich deine Aufmerksamkeit an neuen Orten verhält. Nimm wahr, wie neue Plätze oder Blickpunkte natürlicherweise einen Zustand im Hier und Jetzt hervorrufen.

Hier und Jetzt-Drill (5): Gib dich einem Sinn komplett hin, z. B. in dem du ein Musikstück hörst, etwas berührst oder streichelst, etwas total schmeckst, vollständig riechst oder etwas gänzlich anschaust.

Hier und Jetzt-Drill (6): Suche dir eine Person aus, in deren Gegenwart du dich unbehaglich, wenig selbstbewusst, schüchtern oder generell unwohl fühlst. Nähere dich dieser Person (real oder in deiner Imagination), die dir angeblich „Energie absaugt", und sei einfach in der Präsenz dieser Person. Ziehe deine Aufmerksamkeit von der Geschichte über diese Person in deinem Kopf ab und fokussiere dich auf ihr Energiefeld, die Augen oder die Atmung dieser Person. Gib alle vergangenen Assoziationen auf und sieh den Menschen. Verbleibe hier in Stille oder Konversation, bis alle Beklemmung, Angst, Schwere oder der Wunsch zu flüchten verschwunden sind und du dich in der Präsenz dieser Person gut fühlst, oder zumindest okay mit der Situation bist.

Hier und Jetzt-Drill (7): Beobachte eine Rose. Halte sie in deinen Händen. Berühre sie. Rieche sie. Identifiziere dich mit ihr, sei die Rose. Dann beobachtest du dich von dem Standpunkt der Rose. Dann schließt du deine Augen und beobachtest die Rose mit geschlossenen Augen. Halte sie in deinen Händen. Berühre sie. Rieche sie. Deine Augen sind immer noch geschlossen und du bist nun die Rose und beobachtest dich. Erkenne, dass das, was du als „Rose" wahrnimmst, einfach elektrische Signale sind, die von deinem Gehirn interpretiert werden. Ohne dich (ohne den Beobachter) gibt es keine Rose. Ohne dich hat die Rose weder ein Aussehen noch einen Geruch, nur ein elektrisches Signal. Die Rose existiert in dir.

Hier und Jetzt-Drill (8): Du kannst sehr einfach ins Hier und Jetzt kommen, indem du deine Aufmerksamkeit von deinem inneren Dialog abziehst und dich auf den Körper, das Gefühl im Körper, das Atmen mit dem Körper, das Sitzen oder aufrechte Stehen mit dem Körper fokussierst.

Hier und Jetzt-Drill (9): Nimm etwas wahr (ein Objekt, eine Person, Orte, Pflanzen, Gedanken etc.) und sage non-verbal „hallo" dahin, seine Existenz anerkennend. Wenn du willst, kannst du dir vorstellen, dass es auch „hallo" zu dir sagt. Wiederhole das, bis du ein neues Gefühl für das Hier und Jetzt bekommst.

Hier und Jetzt-Drill (10): Bringe dich (in deiner Vorstellung) zu einem Platz und in eine Zeit außerhalb deiner jetzigen Umgebung. (Beispiele: auf einen Marktplatz in Japan, in ein Internetcafé in Melbourne, in einen Gerichtssaal in Boston, auf ein Boot in Griechenland). Sei präsent und bewusst dort, sei „hier und jetzt", sei dort und dann, indem du auf die Umgebung schaust, Dinge berührst oder die Temperatur, Landschaften und die Tageszeit wahrnimmst. Tue das mit verschiedenen Dingen bis du einen signifikanten Wechsel in deiner Energie spürst.

7. Viewpointing (Blickpunktewechsel)

Es gibt einzelne Techniken und Praktiken, die mehr wert sind als tausend Worte, weil sie das erfahrungsbezogene Verständnis von Dingen auf eine Art vertiefen, wie Worte es niemals ausreichend beschreiben könnten. Eine solche Praktik nenne ich Viewpointing. Es ist nicht der einzige Weg, zwischen parallelen Realitäten zu wechseln, aber diese Methode ist sehr schnell und effektiv. Nebeneffekte von Viewpointing sind: neue Erkenntnisse, erweitertes Bewusstsein, erhöhte Energie, bessere Fähigkeiten, gesteigerte Intelligenz und größeres Wohlbefinden. Ich zeige hier einige Variationen von Viewpointing; wähle die Variante, die zu dir passt oder probiere alle davon aus.

Die Technik

Schaue einige Sekunden oder länger in einem relaxten, aufnahmebereiten Zustand auf irgendein Objekt ohne eine Erwartung. Als nächstes schaust du *als* das Objekt. Du schaust nicht mehr von außen drauf, sondern *als* das Objekt. Das heißt, du identifizierst dich damit, du bist das Objekt. Du bekommst ein richtiges Körperempfinden oder Gefühl, dieses Objekt zu sein. Von diesem neuen Blickpunkt (*Viewpoint*) aus schaust du auf deine Umgebung. Von hier blickst du auf ein nächstes Objekt. Dann blicke als das Objekt. Als das neue Objekt schaust du dir nun deine Umgebung an und wählst das nächste Objekt, auf das du gucken möchtest, dann vereinst du dich damit und schaust als das. Mache so weiter, bis du eine offensichtliche Veränderung in deiner Energie, deinen Gefühlen und deinem Bewusstsein zum Besseren wahrnimmst, bis du klar zwischen „auf etwas schauen“ und „als etwas schauen“ unterscheiden kannst und bis du mühelos und einfach jeden Standpunkt und jede Identität einnehmen kannst.

Ein Beispiel von Viewpointing

Ich schaue für einige Momente auf einen Apfel. Ich erlaube mir, mich zu entspannen damit mein Fokus weich wird. Wenn ich dann einen guten Eindruck von dem Apfel habe, projiziere ich mein Bewusstsein in den Apfel hinein und stelle mir vor, der Apfel zu sein. Wenn ich das Körpergefühl zu „ich bin ein Apfel“ bekomme (was im eigenen Körper gefühlt wird), wähle ich das nächste Objekt, auf das ich schauen möchte (als Apfel – du bist also ein Apfel, der sich das nächste Objekt auswählt). Als der Apfel wähle ich einen Baum. Ich schaue auf den Baum als ein Apfel, vielleicht nehme ich auch die Beziehung zwischen Apfel und Baum wahr. Dann projiziere ich mein Bewusstsein, meine Aufmerksamkeit in den Baum hinein (von **At**-tention zu: **In**-tention = von drauf-schauen zu: es-sein). Ich bin der Baum und schaue auf meine Umgebung. Und so weiter.

Man könnte sehr viel über die Bedeutung und die Resultate dieser Technik sagen (wie sie z. B. dazu beiträgt, deine Identifikationen mit der begrenzenden Perspektive von „ich bin ein Körper“ zu lockern und wie sie dich für die unbegrenzte Identifikation

„ich bin Bewusstsein" öffnet), aber ich werde nicht mehr erwähnen, damit du deine eigenen Erfahrungen und Erkenntnisse gewinnst. Man kann nicht „zu viel" von dieser Übung machen. Du sagst jetzt vielleicht, dass du dich lieber mit gewünschten Realitäten identifizierst, anstatt dass du zu einem Stein, Auto und Äpfeln wirst. Dazu antworte ich dir: „Das weltliche Selbst will sich nur mit einer begrenzten Anzahl von Dingen identifizieren, die konditionierter Weise als wünschenswert gesehen werden. Die Seele möchte sich dagegen mit allem und jedem identifizieren." In dieser Übung lernst du es, dich mit allem aus der physischen Realität zu identifizieren. Auf diese Weise bekommst du mehr Beziehung und Einfluss auf die physische Realität. Diese Übung sollte mindestens fünfzehn Minuten pro Sitzung ausgeführt werden, wenn du möchtest aber auch für mehrere Stunden – was zu immer tieferen Zuständen von Fühlen und Energie führt. Du möchtest dabei so viele Standpunkte wie möglich einnehmen, was deine Fähigkeit zu wechseln sehr flexibel macht (wenn du dich nicht einmal mit einem Stein identifizieren kannst, bezweifele ich, dass du fähig sein wirst, dich mit Reichtum zu identifizieren). Standpunkte zu wechseln bedeutet auch, damit korrespondierende Realitäten zu wechseln. Nebenbei bemerkt: Für eine gewisse Zeit in einem bestimmten Standpunkt zu verweilen, zieht die dazugehörige Realität an. Aber Realitäten anzuziehen ist das Ziel von PURE, nicht von **Viewpointing**. Bei der Technik von Viewpointing bleibst du nicht länger als 20 bis 160 Sekunden in einem Standpunkt. Die zwei wichtigen Aspekte dieser Übung sind erstens: Das Körpergefühl zu bekommen „etwas zu sein" und damit unterscheiden zu können, wie es sich anfühlt ein Baum oder ein Mensch zu sein. Und der zweite Aspekt ist, den gefühlsmäßigen Unterschied zwischen „auf etwas schauen" und „als etwas schauen" zu kennen.

Fortgeschrittenes Viewpointing (Blickpunktewechsel)

Das ist dieselbe Vorgehensweise wie sie eben beschrieben wurde, nur dass auch imaginierte Objekte und Menschen außerhalb deiner momentanen Umgebung in die Übung einbezogen werden. Du bist dann vielleicht ein Baum, der auf ein Gebäude schaut – und zwar auf der anderen Seite des Planeten. Dann bist du das Gebäude und schaust auf einen Menschen, der an dir vorbeigeht. Dann bist du diese Person, die wiederum eine Berühmtheit sieht. Dann wirst du zu dieser Berühmtheit, die sich die Sonne anschaut. Dann bist du die Sonne, die die Erde wahrnimmt. Und so weiter. Ich wünsche dir viel Vergnügen mit den außergewöhnlichen Bewusstseinszuständen, welche du mit dieser Übung erreichen wirst.

Erfahrungen und Wünsche in Erinnerungen umwandeln

Nimm irgendeinen Wunsch oder eine Erwartung, die du an etwas hast, und wandle diese in eine Erinnerung um. Denke darüber nach und fantasiere darüber so, als ob es eine Erinnerung an etwas bereits Geschehenes ist. Du tust so, als ob du dein Zukunft-Selbst bist, das sich daran erinnert. Schau einmal, wie einfach du dich davon überzeugen kannst, dass es bereits passiert ist. Nimm bewusst den schwingungsmäßigen Unterschied in deinen Gefühlen zwischen Erwartung und Erinnerung wahr. Erwartungen fühlen sich getrennt an und unterschwellig lösen sie sogar Stress aus. Erinnerungen dagegen fühlen sich an wie eine Erleichterung. Du kannst damit so oft du willst experimentieren. Diese Übung ist eine gleichwertige Alternative zur PURE-Technik – ein schneller Weg, um sich mit etwas zu identifizieren.

Multi-Viewpointing

Wähle dir ein Objekt aus (ein physisches oder ein Objekt, das du visualisierst). Schaue es dir von vorn, von hinten, von der Seite, von innen, aus der Distanz, aus nächster Nähe an.

Schaue dann vom Standpunkt eines neutralen Beobachters aus auf das Objekt. Schaue es dir aus dem Standpunkt eines Mörders an, eines Kindes, eines Aliens, eines Politikers, einer Mutter, eines Gurus, eines Verkäufers, von dem Standpunkt, als du fünfzehn Jahre alt warst, als du acht warst und als du achtzig Jahre warst. Schaue auf das Objekt als jemand, der es mag und als jemand, der es nicht mag. Schaue darauf als jemand, der es gefährlich findet und als jemand, der es langweilig findet. Und so weiter. Schaue auf dasselbe Objekt von vielen verschiedenen Standpunkten aus und erfreue dich an allen Standpunkten.

Mit jedem neuen Blickwinkel wirst du das Objekt anders wahrnehmen, und du wirst sogar neue Aspekte sehen können, die du vorher nicht gesehen hast. Jeder Standpunkt gibt dir nicht nur eine andere Wahrnehmung sondern eine andere Realität. In der **Multi-Viewpointing** Methode surfst du genaugenommen in Realitäten.

Am Ende der Übung versuche einmal, von allen Standpunkten gleichzeitig zu schauen (ohne dich anzustrengen oder zu sehr zu konzentrieren). Versuche in diesem Multi-Viewpointing für einige Zeit zu bleiben. Das hört sich vielleicht schwierig oder unmöglich an, aber du wirst das Gefühl für diesen Zustand sofort bekommen, auch wenn du nicht alle Blickpunkte zur selben Zeit halten kannst. Diese Übung bringt dir einen außergewöhnlichen Zustand von Bewusstsein, egal welches Objekt du verwendest.

Multi-Viewpointing ist eine der wichtigsten Meditationen in diesem Buch, weil es deine Fähigkeit, Realitäten zu wechseln, schult. Hier sind einige Dinge, an denen du Multi-Viewpointing üben kannst:

- Ein Ereignis in deinem Leben (angenehm oder unangenehm)
- Jedes Objekt
- Dein Haus
- Geld
- Eine andere Person
- Der Verstand
- Der Körper
- Leben
- Das Universum
- Alles, was ist

Natürlich erfordert diese Meditation etwas Zeit. Na und? Eine einzelne Sitzung kann dir mehr intuitives und spezifisches Wissen lehren als hunderte Lebzeiten, Konsumgüter oder Bücher. Warum? Immer etwas aus demselben Blickwinkel zu sehen, lehrt dich, immer dieselben Dinge wahrzunehmen. Wenn du deine Intelligenz, deine Ganzheit und deine Seele ausdehnen möchtest, dann musst du in der Lage sein, Standpunkte zu wechseln. Du kannst nur etwas von dem erfahren, was du bereits bist. Deine Schwingung auf eine Anzahl von Dingen und Themen einzustimmen – während du das Gute und das Schlechte genießen kannst – verhilft dir nicht nur zu mehr Energie. Du wirst durch diese Übung auch in die Lage versetzt, sehr viel einfacher zwischen deinen bevorzugten Standpunkten zu wählen, anstatt dass du in einem einzigen Standpunkt für den Rest deines Lebens festsitzt. Jede Realität wird von einem darauf schauenden Standpunkt aufrechterhalten. Wenn es keinen beobachtenden Standpunkt gibt, dann gibt es auch keine Realität.

Der letzte Teil dieser Übung verschiebt dein Bewusstsein zu einem Blickpunkt über alle Blickwinkel hinaus. Während du viele Standpunkte gleichzeitig einnimmst, identifizierst du dich automatisch mit der Version von dir, die alle Standpunkte und Blickwinkel bereits innehat. Bis jetzt hast du dich selbst als jemand mit einem einzelnen Standpunkt gesehen. In dieser Meditation verschiebst du dich über alle Blickwinkel hinaus. Die Unfähigkeit (Widerwille) einen bestimmten Standpunkt einzunehmen, ist ein festsitzender Standpunkt des weltlichen Selbst, nicht der Standpunkt der Quelle (Seele), welche an jedem Standpunkt interessiert ist. Indem du dich dagegen wehrst, bestimmte Blickwinkel einzunehmen, blockierst du dich, einen großen Teil der Realität wahrnehmen zu können. Unendliches Bewusstsein kann jeden Blickwinkel einnehmen – den Penner, den Supermenschen, das Unpersönliche, den Rechtsextremisten, den Linksextremisten, den Polizist, den Gott, den Engel, den Sportler, den Millionär – eine Seele kann alles sein und alles verstehen. Eine kurze Zeit in einem Blickpunkt zu verweilen bedeutet nicht, dass du direkt die Realität kreierst. Es würde nur erschaffen werden, wenn du ernsthaft dabei bleibst. Wenn du aber bestimmten Standpunkten widerstrebst, kreierst du damit Probleme in deinem Leben. Verstecke dich nicht vor den unendlichen Möglichkeiten und Erfahrungen und verwende diese Meditation als eine Reise und eine Entdeckungsfahrt.

Multi-Viewpointing bildet das Spiel der Seele nach, welches sie seit langer Zeit spielt. Diese einfache Meditation erlaubt dem irdischen Selbst, sich an das Spiel, welches das unendliche Selbst schon immer spielt und für immer spielen wird, zu erinnern. In diesem Sinne ist auch Erleuchtung nur ein Standpunkt. Alles was du jemals erfahren hast, fließt von einem Blickpunkt aus. Jeder Glaubenssatz den jemand hat, ist ein Standpunkt. Ein Mensch wird immer, entsprechend seinem Standpunkt, Erfahrungen machen. Jede Erfahrung hat ihre Berechtigung und ist wunderschön. Das Spiel der Seele ist es, Erfahrungen zu machen.

Warum ist die Seele auf dem Planeten Erde inkarniert? Um eine spezielle Form von Überraschung zu erleben, die daher rührt, dass man nicht alles weiß. Die Quelle zu vergessen birgt Überraschungen; das wiederum führt zu Spaß. Es macht Spaß, unterschiedliche Blickwinkel einzunehmen und zu beobachten, was sich für diese Standpunkte entfaltet und offenbart. In festen Standpunkten gefangen zu sein, ist dagegen sehr langweilig. Niemand zwingt dich, in einem Standpunkt zu bleiben. Lehre dich selbst, wie du diese wechseln kannst. Solltest du diese Meditation dafür verwenden, dir eine gewünschte Realität zu manifestieren, wähle dir deinen Blickpunkt mit Liebe und bleibe dort. Das begrenzt dich zwar, erlaubt dir aber auch, etwas (das du dir wünschst) zu erfahren.

Variationen von Viewpointing

Physische Blickpunkte auf physische Objekte: Gehe um ein reales physisches Objekt herum und schaue es dir aus unterschiedlichen Blickwinkeln an.

Innere Blickwinkel auf physische Objekte: Wenn du ein physisches Objekt beobachtest, schaue dabei durch den Filter verschiedener Meinungen (innere Blickwinkel) über das Objekt.

Physische Blickwinkel auf innere Objekte: Erinnere dich an ein Ereignis (inneres Objekt) und beobachte es aus der Distanz, aus der Nähe, von oben, von unten, und so weiter (physische Blickwinkel).

Innere Blickwinkel auf innere Objekte: Erinnere dich an ein Event (inneres Objekt). Dann beobachte dieses aus dem Blickwinkel verschiedener Meinungen (innere Blickwinkel) über das Event.

Ein letzter Hinweis: Viewpointing kann schriftlich, verbal, physisch und mental ausgeführt werden. Wie du das machst, das entscheidest du. Du weißt nun auch, worum es geht und warum du das tust: Praktiziere die Kunst des Viewpointings und lerne es, Eins mit Allem zu sein.

8. Emotionen und Realität

Glücklich sein ist die Ursache, nicht das Ergebnis

Sich wohlzufühlen ist nicht das Ziel; es ist der Ausgangspunkt. Das ist eine Erkenntnis, die alles ändern kann. Es ist ein Konzept, an das du dich selbst vielleicht ab und zu erinnern möchtest. Deine **E-m**otionen sind **E**nergie-in-**M**otion (in Bewegung). Und da alles im Universum Energie ist, interagieren unsere Gefühle auch mit dem ganzen Universum. Deine Emotionen sind die Sprache deiner Seele. Sie sind die körperliche Übersetzung von deinem Energie-Zustand. Sie sind die körperliche Übersetzung von dem, was dir deine Seele zu sagen hat. Sie sind die körperliche Übersetzung von dem, was du glaubst zu sein.

Die emotionale Frequenz die du nach außen sendest, bekommst du als reales Leben zurück. Wenn du etwas in deinem Leben möchtest, dann gehe sicher, dass du das auch aussendest. Wenn du mehr Liebe möchtest, dann beobachte, ob du auch Liebe für dich und andere empfindest. Alles, was du erfährst (deine Umgebung, Menschen die du triffst, Ereignisse die auftauchen, Orte an die du gehst, die Dinge die passieren) ist die Reflektion von dem emotionalen Zustand, in welchem du dich am meisten befindest. Wenn du deine Energie veränderst, wirst du auch sehen, dass dir andere Dinge passieren. Indem du deinen Schwingungszustand veränderst (deine emotionale Stimmung, dein Gefühl), beginnt die Realität dieses Gefühl zu reflektieren. Es funktioniert eben nicht, dass sich erst das Äußere verändert, bevor du es tust. Du musst dich besser fühlen, bevor es geschehen kann. Mit anderen Worten: Du kannst mehr Geld verdienen, während du es genießt in einem Whirlpool zu liegen, als dich im Hamsterrad der Börse abzustrampeln.

Alles was du tust, wird von deinen Gefühlen gesteuert, von dem Wunsch, dich besser zu fühlen oder dem Wunsch, ein unangenehmes Gefühl zu vermeiden. Du glaubst, dass wenn du dies oder jenes tust, du dich besser fühlen wirst. Aber in Wirklichkeit macht dich „dies und das" nicht glücklich, sondern die Assoziationen, die du mit der Erfahrung dessen verbindest. Es ist okay und berechtigt, dass du Dinge besitzt, mit denen du „sich besser fühlen" verbindest, solange du erkennst, dass das bessere Gefühl nicht von dem Ding kommt, sondern von deiner Entscheidung, dich besser zu fühlen (was du mit einer bestimmten Aktivität oder Gegenstand verbindest und assoziierst). Von dem Standpunkt eines Reality-Creation-Magiers oder einem Parallele-Welten-Surfer aus gibt es nichts Wichtigeres als den eigenen Zustand. Im Vergleich dazu werden alle anderen Dinge unwichtig. Sich gut zu fühlen ist nicht das Ende, aber auch nicht das Ziel, sondern die Voraussetzung zur Realitätserschaffung. Wenn du z. B. sagst, „wenn ich härter arbeite, werde ich Geld verdienen und das wird mich glücklich machen", setzt du bestimmte Bedingungen für dein Glück. Du wärst dann von Arbeit und Geld abhängig, um dich gut zu fühlen. Bedürftig zu sein wird jedoch niemals das Geld erschaffen, das du dir wünschst. Du musst das fühlen können, was du fühlen würdest, wenn du bereits das ganze Geld besitzen würdest, damit es mühelos zu dir fließen kann. Dasselbe Prinzip ist auf alle anderen Themen übertragbar. Ein weiteres Beispiel: Du sagst „ich fühle mich wegen meines Übergewichtes schlecht". Nun, das stellt den Wagen vor das Pferd. Du bist übergewichtig, weil du dich schlecht fühlst. Noch ein Beispiel: Verwendest du die Techniken zur Realitätserschaffung, um dich besser zu fühlen? Das tun die meisten Menschen. Der unterhaltsame Teil daran ist, dass keiner der Techniken funktionieren wird, wenn du dich nicht schon von Anfang an gut fühlst. Du musst in deiner Intention fühlen können, was du willst. Emotionen/Gefühle sind die Ursache, die Realität ist das Ergebnis. Deshalb ist es so wichtig, das Wohlgefühl an die erste Stelle zu setzen. Dein Spiegelbild wird nicht lächeln, bevor du es nicht tust. Von einem Spiegel zu fordern, dass er zuerst lächelt, ist als ob du vom Leben forderst, dass es besser wird, bevor du dich besser fühlst. Die Reise, die du zuerst tun musst, ist die der Emotionen, nicht der Aktion. Wenn du den Umständen erlaubst, deine Gefühle zu bestimmen, werden sich die Umstände nicht ändern. Lasse nicht andere Menschen oder Dinge (Autoritäten, Bankauszüge oder das Wetter) darüber bestimmen, wie du dich fühlst. Erschaffe dir zuerst dein eigenes Wohlgefühl, und die guten Dinge werden fast automatisch folgen. Wenn du im Fluss bist, geschehen die Dinge ganz natürlich, mühelos und einfach – alle zu deinem Vorteil, weil das Gefühl, das du aussendest, zu dir zurückreflektiert wird.

Werde nicht aktiv und treffe keine Entscheidungen, bevor du nicht dieses natürliche entspannte Gefühl, die Gelassenheit oder den Enthusiasmus spürst. Sonst wird jede Entscheidung, die du triffst, von der Farbe des Mangels geprägt sein, da du vom Zustand des Mangels aus agierst. Wenn du den Zustand von „sich gut fühlen" nicht an die erste Stelle setzt, wirst du für immer versuchen, die Umstände zu ändern oder zu kontrollieren, anstatt dass du die Quelle der Umstände veränderst – deine emotionale Energie. Deine Handlungen werden dann immer nur eine Kompensation dafür sein, dass du durch schlechte Emotionen schlechte Umstände kreiert hast. Das fundamentalste Prinzip ist, dass du dein Wohlgefühl (einen angenehmen Zustand, dich gut fühlen, entspannt, erleichtert, komfortabel, wertschätzend, enthusiastisch oder begeistert sein) als Hauptpriorität setzt, bevor du irgendetwas anderes tust – bevor du eine Entscheidung triffst, bevor du dich verpflichtest, bevor du agierst. Kompensierende Handlungen sind Taten, die du unternimmst, um schlechte Energie aufzuheben, doch diese Aktionen verursachen noch mehr schlechte Energie, glaube es oder nicht. Inspirierte Handlungen sind Taten, die sich gut anfühlen. Dann wirst du z. B. Gelegenheiten wahrnehmen, welche sich dir präsentieren, weil du gute Vibrationen ausgesendet hast.

Die Formel, auf der alles Leiden basiert

Es gibt noch mehr zu diesem Prinzip zu sagen. Wenn du deiner Freude folgst, dann entfaltet sich dein Lebensplan (der Plan, den du entworfen hast, bevor du auf diesen Planeten gekommen bist) ganz natürlich. Freude ist die Übersetzung deiner Seelenenergie durch den Körper. Freude sagt dir, was deine Seele gern tun würde. Du kannst diesem Gefühl entweder trauen oder nicht. Aber wenn du diesem Gefühl vertraust und ihm folgst, wird es letztendlich immer zu dem führen, was am besten für dich ist. Du wirst immer verstehen, warum das Gefühl wollte, dass du ihm folgst. Wenn sich etwas gut anfühlt, dann ist es immer gut und richtig für dich und produziert schöne Resultate. Wenn sich etwas schlecht anfühlt, dann ist es auch schlecht für dich und produziert schlechte Resultate. So einfach ist das. Wenn sich etwas gleichzeitig gut und schlecht, wenn es sich ambivalent anfühlt, dann wird es gleichzeitig Gutes und Schlechtes hervorbringen. Du kannst also nicht erwarten, dass etwas Unangenehmes etwas Gutes erschafft. Wenn du einen Job, den du überhaupt nicht magst, des Geldes wegen ausführst, wirst du damit nicht reich werden. Dich mit jemandem zu treffen, den du heute eigentlich nicht sehen möchtest, nur damit diese Person dich mag, das wird diese Person nicht dazu bringen, dich zu mögen. Die Formel dazu (welche die meisten Menschen verwenden) ist:

„Ich muss X tun, damit ich W bekomme."

„X" steht für etwas, das du nicht magst, und „W" steht für etwas, das du wünschst. Ein Beispiel: „Ich muss diesen miesen Job machen, um Geld zu verdienen. Damit kann ich dann mein Leben genießen." Wenn du diese Formel näher betrachtest kommt Folgendes heraus:

„X = W", was bedeutet: „Schlecht = Gut"

Macht das etwa Sinn? Nein. Funktioniert es? Nein. Und doch basieren noch immer viele Handlungen auf dieser Gleichung. Überlege, wie dieses Konzept auf dein Leben zutrifft. Schreibe es auf. Untersuche es. Finde heraus, in welchen Bereichen du diese Gleichung anwendest. Begreife dass Dinge, Gedanken, Worte und Taten, die sich gut anfühlen auch zu angenehmen Resultaten führen, und zu nichts anderem. Was sich für dich richtig anfühlt, muss sich nicht für jeden richtig anfühlen. Du weißt am besten, was gut für dich ist, egal was andere sagen. Du bist nicht hier auf diesem Planeten, um kaputte Dinge zu reparieren; du bist hier um Freude zu erfahren und diese zu teilen. Wenn du deinen eigenen Zustand herabsetzt, um jemand anderem zu helfen, hilfst du damit nicht wirklich. Wenn du keine Energie hast, hast du auch nichts zu geben. Dieses ganze Universum basiert auf der Kraft der Resonanz, auf schwingungsmäßiger Anziehung, das heißt: Gleiches zieht Gleiches an. Das bedeutet, dass du zu dem, was du dir in deinem Leben wünschst, werden musst. Hauptsächlich heißt das, dass du dich deiner Wunsch-Realität entsprechend fühlen musst. Fühle so, als ob du es schon besitzt. Du kannst nur das erfahren und wahrnehmen, wovon du bereits die Schwingung besitzt. Wenn du etwas manifestiert haben möchtest, musst du sagen und fühlen: „Ich liebe es und es liebt mich." Das ist ein Gedanke und Ausdruck, den du kultivieren kannst.

Gefühle sind ein fehlerloses Navigationssystem

Deine Gefühle sind wie Barometer, Indikatoren und wie Navigationssysteme, die dir mitteilen welche Richtung dein Tag und dein Leben nehmen. Wenn du das erkennst, bekommst du einen neuen frischen Blick auf sogenannte negative Emotionen. Diese sind deine Diener, deine Freunde – richtungsweisende Indikatoren, die dich warnen deinen Kurs zu wechseln, bevor sich etwas Ungewolltes als Realität manifestiert. Sie zeigen nicht an, dass etwas Ungewolltes bereits geschehen ist, sondern dass etwas Ungewolltes geschehen wird, wenn du deinen Kurs nicht änderst. Gottseidank existieren diese negativen Gefühle; andererseits würdest du niemals bemerken, wenn du auf etwas Unerwünschtes zusteuerst. Es ist höchst wichtig, dass du lernst, deinen Gefühlen zu vertrauen und deine negativen Gefühle als deine Helfer und Freunde wertschätzt. Lerne es, sie zu lesen, sie zu verstehen und angemessen darauf zu reagieren. Würdest du das Navigationssystem in deinem Auto in den Müll werfen, wenn es dir mitteilt, dass du in die falsche Richtung fährst? Natürlich nicht. Du wärest dankbar, dass es dich vorwarnt und du eine Chance hattest, deinen Kurs zu wechseln. Was meine ich, wenn ich sage: den Kurs wechseln?

Eine negative Emotion zu spüren bedeutet, dass eines von zwei Dingen für dich nicht angemessen (und nicht passend auf dein Lebensziel ausgerichtet) ist:

1. Ein Gedanke, Glaube oder Beurteilung
2. Eine Handlung, ein Plan, eine Person oder Umgebung

Wenn wir uns nicht gut fühlen, müssen wir nur eine von zwei Fragen stellen:

1. Was denke oder glaube ich, weil ich mich so fühle?
2. Was tue ich, dass ich mich so fühle?

Und dann bleibt uns eine von zwei Lösungen für das ungute Gefühl:

1. Ändere deinen Gedanken oder Glauben.
2. Ändere deine Handlungen oder das, was dich umgibt.

Beide Wege funktionieren. Erlaube den negativen Gefühlen, Indikatoren zu sein, welche auf ungeeignete Denkmuster, Glaubenssätze, Gewohnheiten oder Handlungen hinweisen, die nicht zu dem beitragen, was du dir im Leben wünschst. Sagen wir mal, du arbeitest gerade an einem Projekt, bei dem du dich früher gut gefühlt hast, welches sich aber jetzt nicht mehr richtig anfühlt. Gemäß dem, was eben gesagt wurde, hast du nun zwei Möglichkeiten: Du änderst dein Projekt (oder lässt es ganz fallen) oder du veränderst deine Gedanken und deinen Glauben daran. Beide Möglichkeiten sind völlig ausreichend, und beide werden dich in eine positive Ausrichtung mit deinem wahren Selbst bringen. Du kannst a) die Art, wie du über das Projekt denkst und was du darüber für wahr hältst verändern oder b) du kannst die Teile des Projekts verändern, die sich nicht so gut anfühlen, oder c) du kannst das gesamte Projekt abbrechen. Alles, was Erleichterung verschafft ist spirituell und physisch gesund.

Du solltest deine negativen Emotionen nicht abschütteln. Sie sind das perfekte, fehlerfreie und richtungsweisende Werkzeug. Mit diesem Werkzeug kannst du mit dem ursprünglichen Weg deiner Seele in Synchronisation bleiben. Beseitige alle negativen

Gefühle, und du wirst nicht länger feststellen können, was deine Seele beabsichtigt. Du könntest nicht länger zwischen dem, was du bist und dem, was du nicht bist, unterscheiden. Dein Leben würde keinen Sinn mehr machen.

Gefühle zu unterdrücken oder sie loswerden zu wollen, ist der Versuch, dein wundervolles Navigationssystem zu zerstören. Du würdest nicht nur den Kompass, sondern auch deinen Körper und Geist zerstören. Gefühle sind einfach Energie, die durch deinen Körper fließt. Energie ist neutral. Wenn Energie durch den Filter eines negativen Glaubenssatzes fließt, dann nimmst du diese Energie als Angst, Traurigkeit, Wut oder andere Gefühle wahr, die du als negativ bezeichnest. Wenn dieselbe Energie durch den Filter eines positiven Glaubenssatzes fließt, dann fühlst du diese Energie als Glück, Begeisterung, Erleichterung, Frieden, Leichtigkeit, Enthusiasmus oder ein anderes Gefühl, das du als positiv bezeichnest. In diesem Sinne sind Angst und Freude das Gleiche, genau dieselbe Energie, die einfach durch zwei verschiedene Filter fließt. Deshalb wirst du nicht versuchen, die Energie loszuwerden. Energie zu unterdrücken würde bedeuten, dass du deine eigene wahre Lebensenergie unterdrückst. Unterdrückung und Widerstand werden dich ermüden und erschöpfen. Stattdessen möchtest du herausfinden, durch welchen Filter die Energie fließt. Du möchtest dieses Gefühl als deinen Wegweiser nutzen, der dir zeigt, welcher Gedanke oder welche Handlung unpassend ist. Wenn du deine Gefühle unterdrückst, wirst du nicht nur deine Lebensenergie und Freude unterdrücken, du wirst auch nicht herausfinden können, welche Gedanken diese produzieren.

Die folgenden Gefühle sind Indikatoren dafür, dass du dem wahren Weg deiner Seele folgst:

- Das Gefühl, das du Begeisterung, Hochgefühl, Euphorie oder Enthusiasmus nennst.
- Das Gefühl, das du Wertschätzung, Liebe und Mitgefühl nennst.
- Das Gefühl, das du Interesse, Aufmerksamkeit, Wachsamkeit, Achtsamkeit, Faszination und Bewunderung nennst.
- Das Gefühl und die Zustände, die du Entspannung, Erleichterung, Frieden, Zufriedenheit und Ruhe nennst.

Es gibt viele Möglichkeiten, wie du das Wissen, das dir hier gegeben wird, anwenden kannst. Nun folgen einige Varianten, dieses Wissen einzusetzen. Wenn du beginnst, deinen Gefühlen zu vertrauen und lernst, sie zu verstehen und wenn du deine Emotionen verwendest, um deinen Zustand zu verbessern, wirst du zu deinem eigenen Wissen kommen. Meditiere darüber, und du bekommst deine eigenen Ideen dazu. Die Übungen in diesem Buch sind freiwillig, das heißt, es wird nicht erwartet, dass du sie alle ausführst, wiederholst und meisterst. Dir werden hier viele Übungen gegeben, so dass du diejenigen aussuchen kannst, welche dir am meisten Spaß machen oder am besten zu deiner jetzigen Situation passen. Wichtiger als eine bestimmte Übung auszuführen, ist der Akt des Praktizierens überhaupt. Etwas bewusst zu praktizieren, ist Teil im Leben eines spirituell erwachsenen Menschen.

Time out (Auszeit)

Der natürlichste Weg, deinen emotionalen Zustand zu verbessern ist, dir eine Auszeit zu nehmen. Das bedeutet nachzugeben, sich zurückzuziehen, eine Pause zu machen, sich zu beruhigen, sich zu entspannen, ruhig zu werden, runterzukommen, Stille zuzulassen und Widerstand gegenüber dem, was ist, loszulassen.

Es gibt verschiedene Wege, wie man sich eine Auszeit gönnt, frage aber nicht, wie man es „*tut*", denn es geht nicht darum, irgendetwas zu tun. Es geht darum, mit allem aufzuhören – die Welt anzuhalten, das Hamsterrad zu stoppen, damit aufzuhören eine Marionette deiner Wünsche zu sein, aufzuhören von Gelüsten und Widerständen gesteuert zu werden. Es geht darum, deinen Sinn für Kontrolle, Selbstbestimmung und Frieden wiederzuerlangen.

Die Auszeit ist sozusagen eine Anti-Übung. Sich eine Pause zu gönnen heißt, die Filmrolle für einen oder zwei Momente zu verlassen, zurückzutreten und eine Perspektive zu gewinnen. Es kann Meditation bedeuten, muss es aber nicht. Einige benutzen die Meditation dazu, um produktiv zu sein, was das Hamsterrad noch verstärkt.

Eine Auszeit bedeutet, dass du den gewohnheitsmäßigen Fluss der Dinge stoppst und zu dir selbst kommst. Was ist übrig, wenn alles andere wegfällt? Dein wahres Selbst.

Auszeit kann auch bedeuten, dass du zu einem Ort gehst, an dem du sicher und ungestört bist. Es kann heißen, dass du deine Augen schließt und für einige Momente, für einige Stunden, Tage oder sogar Wochen einfach nur atmest.

Die Länge der Auszeit ist abhängig von deiner Erschöpfung und die Zeit, die du brauchst, um dich zu erholen und dich selbst wieder zu fühlen und neu zu orientieren.

Ganz still zu werden ist der Ausgangsort, von dem alle Dinge fließen. Es wird nicht funktionieren, wenn du versuchst Magie, oder die Werkzeuge in diesem Buch, aus einem „getriebenen" Zustand heraus anzuwenden.

Die Werkzeuge funktionieren nicht selbstständig, sondern der Benutzer, der die Magie und die Werkzeuge anwendet, tut es. Die Werkzeuge zu brauchen (damit du dich besser fühlst) ist sogar ein Anzeichen dafür, dass du dich weit von deinem wahren Selbst entfernt hast.

Wenn du dich in dein ganz natürliches Selbst hinein entspannst, taucht das Wohlgefühl von ganz allein auf und du bist nicht länger bedürftig für irgendetwas.

Dir eine Auszeit zu nehmen, sei es für eine Minute, einen Tag, eine Woche oder eine andere Zeitspanne, ist ein selbstbestimmtes Verlangsamen der Geschwindigkeit.

Das ist besonders wichtig, wenn die Dinge nicht so laufen, wie du es möchtest, wenn du dich niedergeschlagen, erschöpft, traurig, ängstlich oder wütend fühlst. Das sind die besten Momente, die besten Möglichkeiten dich selbst und dein Leben zu überprüfen. Schreibe die begrenzenden Glaubenssätze auf, tausche sie mit positiven Glaubenssätzen aus, meditiere und bekomme einen Überblick. Entspannung und Wohlgefühl sind eine Voraussetzung, damit du deine Vibrationen zu jedem Thema ändern kannst.

Nichtstun ist das Gegenteil von Tun und es wird deine Fähigkeit *zu handeln* verstärken. Wenn du zu deinem inneren Frieden gefunden hast, wirst du dich bald *zum Handeln* inspiriert fühlen, anstatt dass dein Tun nur eine hektische Reaktion auf deine Sorgen ist.

Ohne Auszeiten wirst du die PURE-Techniken auch gar nicht anwenden können. Du wirst nicht in der Lage sein, dich zu entspannen und zu konzentrieren. Wenn du gerne viel arbeiten möchtest oder viel Geld haben möchtest, musst du dich ausreichend regeneriert und verjüngt fühlen.

Wenn du es versäumst, dir Auszeiten zu nehmen, weil du dich unter Druck fühlst, Angst vor den Konsequenzen hast oder denkst, dass es viel zu viele unerledigte Dinge gibt, hast du schon längst die Phase überschritten, in der es leicht ist, deine Schwingung zu verändern.

Du bist dann nicht länger der Meister deines Schicksals, sondern ein reagierender Roboter, der dem imaginierten Druck der Welt nachgibt. Du bist völlig in kompensierende Handlungen verwickelt und lebst nicht länger dein wahres Selbst.

Dein wahres Selbst, dein befreites Selbst kommt ganz natürlich, spontan und mühelos, wenn du dich einfach entspannst.

Ein Nebeneffekt der Stille ist, dass viele Probleme einfach verschwinden, ohne dass du sie zum Verschwinden bringen musst. Wohlergehen musst du nicht erarbeiten und du musst auch keine speziellen Bedingungen dafür erfüllen; Wohlergehen ist etwas, in das du dich einfach *hinein entspannst*. Es ist das Natürlichste und dein Geburtsrecht.

Die meisten Menschen sagen, *dass sie leiden*, aber sie leiden nur durch die Erschöpfung. Erschöpfung hat seine Wurzeln in dem Glauben, dass du etwas leisten, beweisen und für die Dinge kämpfen musst, und dass wenn du das nicht tust, du nichts wert bist. Das ist einfach unwahr. Es braucht mehr Anstrengung, um sich *schlecht* zu fühlen, als sich *gut* zu fühlen, und für die schönsten Dinge ist überhaupt keine Anstrengung nötig. Hast du schon einmal bemerkt, wie die Galaxie, die Planeten, dein Atem und dein Herzschlag ununterbrochen mühelos aufrechterhalten werden, ohne dass du einen Finger rühren musst?

Die schönsten Dinge im Leben gibt es kostenlos. Was du in deiner Auszeit tust, das entscheidest du. Du kannst dich massieren lassen, ein Buch lesen, einen Film ansehen, schwimmen gehen, einen Spaziergang machen, Sex haben, ein Glas Wein trinken, oder einfach nichts tun. Nichts davon ist hoch-esoterisch oder mystisch, aber es führt dich (besser als es jede Lehre tun könnte) zu dir selbst zurück.

Wenn du den Mut hast, dir diese Auszeiten zu gönnen und es dir dabei gut gehen lässt, demonstrierst du damit deine Kraft, nicht vor dieser Welt wegzulaufen. Du zeigst, dass du dich nicht von der Welt herum schubsen und antreiben lässt. Und du rufst aus: „Das ist meine Auszeit und ich werde mich wieder mit meinen positiven Gefühlen und meinem natürlichen Selbst ausrichten. Und ich werde diese Auszeit erst beenden, wenn ich mich besser fühle.“ Du nimmst dir deine Auszeit nicht, um Magie anzuwenden. Du nimmst sie dir, weil du es dir wert bist.

Ausrichtung mit Wunsch und Glaube

Eines der tieferen Geheimnisse von Realitätserschaffung (welches die meisten New-Age-Lehren nicht erwähnen) ist, dass du alles erleben kannst, was du dir wünschst, wenn du die Kluft zwischen Wunsch und Glaube schließt. Die eine Richtung von New-Age-Lehren sagt dir, dass du alles haben kannst, was du wirklich willst, die andere Richtung sagt, dass du alles haben kannst, an das du wirklich glaubst. Du lernst nun, dass die Ausrichtung von Wunsch und Glauben (den Spalt zwischen beiden schließen) tatsächlich Realität manifestiert. Du kannst nicht alles haben, was du dir bloß wünschst; und du kannst auch nicht alles haben, an das du behauptest zu glauben. Du kannst aber alles haben, bei dem dein Wunsch und dein Glauben miteinander ausgerichtet und synchronisiert sind.

Übung zum Ausrichten von Wunsch und Glauben

Schreibe fünf Dinge auf, die du begehrst (Ziele, Wünsche):

1. ....

2. ....

3. ....

4. ....

5. ....

Schreibe nun auf, was du wirklich über diese Themen glaubst (weißt):

1. ....

2. ....

3. ....

4. ....

5. ....

Beispiel:

Wunsch: Ich will mehr Geld. *Glaube*: Aber ich glaube, dass ich hart dafür arbeiten muss. Ich glaube auch, dass ich keine Lust habe, hart zu arbeiten, was mir nicht erlaubt, mehr Geld zu verdienen.

Bemerke nun den Spalt zwischen dem, was du willst und dem, was du glaubst. Die Diskrepanz ist das, was den größten Tumult in deiner energetischen Schwingung hervorruft. Der Gegensatz zwischen Wunsch und Glaube bewirkt ein energetisches Ziehen und Zerren – ein Druck, eine Anspannung und Widerstand – was das Gegenteil von Erleichterung ist. Ein Gefühl der Erleichterung ist der beste Hinweis darauf, dass du den „vibratorischen" Sprung gemacht hast. Es gibt nur zwei Lösungen, um den Spalt zu schließen und Erleichterung zu finden:

1. Mache deinen Wunsch etwas kleiner und stufe ihn etwas zurück.
2. Erweitere und verbessere deinen Glauben.

Welches von beiden wird es sein? Einige lehren dich, deine Wünsche aufzugeben, weil das eine Erleichterung wäre und dich mit deinem wahren Selbst ausrichten würde. Deine Wünsche herabzustufen bedeutet, dass du dir ein kleineres realistischeres Ziel setzt, eins das dich nicht überanstrengt bzw. deine Erwartungen zu sehr schürt. Sich auf ein Ziel zu fokussieren, das höher ist als das, was du willens bist zu glauben, ist so, als ob du auf einen Zug springen wolltest, der viel zu schnell fährt. Du wirst nicht nur wie verrückt rennen müssen, um auf den Zug zu kommen, sondern du tust dir eventuell auch weh und bist enttäuscht, wenn du runterfällst und der Zug dann ohne dich im Nirgendwo verschwindet. Deinen Wunsch herunterzustufen, würde heißen, den Zug zu verlangsamen. Selbst schneller zu werden, wäre gleichbedeutend mit „deinen Glauben zu erhöhen". Wann weißt du, ob dein Wunsch und dein Glauben miteinander ausgerichtet sind? Du wirst es fühlen. Es fühlt sich sehr gut an. Versuche also beides. Formuliere zuerst deine Wunschliste um, so dass sie mehr zu deinem Glauben passt.

Beispiel:
Wunsch: Ich will mehr Geld.

Glaube: Ich glaube, dass ich hart dafür arbeiten muss. Ich glaube außerdem, dass ich nicht hart arbeiten will, weshalb ich eben nicht mehr Geld haben kann.

Den Wunsch herunterschrauben: Ich möchte einen Job finden, der mir Spaß macht.

Formuliere jetzt deinen Glauben, so dass er mehr zu deinem Wunsch passt:

____
____
____
____
____
____
____

Ursprünglicher Wunsch: Ich will mehr Geld haben.

Verbesserter Glauben: Ich glaube daran, dass ich einen Job finden kann, der mir Spaß macht.

Wenn du einen Wunsch oder einen Glaubenssatz formulierst, wirst du durch dein Gefühl wissen, ob es eine Synchronisation zwischen den beiden gibt. Und wenn es eine Ausrichtung gibt, entspanne dich einfach in diese Erleichterung. Es reicht völlig aus, in dem Gefühl der Erleichterung zu ruhen. Es ist genug, um Ereignisse anzuziehen, die mit der neuen Intention übereinstimmen. Frage nicht nach dem *Wann*, *Wie* und *Wo* der Manifestation. Das reale Gefühl muss für jetzt genug Beweis sein. Die Unendlichkeit nimmt sich ihre eigene Zeit, um die Realität, gemäß deiner Vibration, umzustrukturieren.

Scaling (Skalieren)

Einige Leser möchten ihre Ziele gern höher ansetzen und zögern deshalb, ihre Wünsche zurückzustufen. Dafür biete ich hier eine spezifische Methode an, um deinen Glauben zu stärken. Du kannst auch Variationen dieser Technik verwenden, aber bevor du das tust, empfehle ich, erst die eben erwähnte Übung zu probieren.

Step 1: Nimm eine unerwünschte Emotion wahr: Angst, Wut, Frust, Traurigkeit oder Scham.

Step 2: Frage dich: „Was muss ich bewusst oder unbewusst glauben, damit ich das fühle?" Schreibe die auftauchenden Gedanken dazu auf. Sie aufzuschreiben macht sie klarer, präziser und bewusster, anstatt dass sie vage, neblig und wechselnd sind.

Step 3: Setze voraus, dass der Gedanke, den du eben aufgeschrieben hast, ein Level-3-Gedanke ist. Verschlechtere diesen Gedanken bis auf Level 2, weite ihn aus, mach ihn schlechter und bringe ihn auf Level 1. Drücke den Hebel runter und produziere absichtlich etwas Schlechtes.

Step 4: Kreiere nun einen Level-4-Gedanken. Nimm denselben Gedanken von Level 3 und hebe ihn auf 4 an. Du machst ihn ein kleines bisschen positiver, aber halte ihn realistisch. Die Level-4-Version dieses Gedankens sollte ein positiver Gedanke sein, der mühelos kommt, an den du einfach glauben und den du fühlen kannst, ein Gedanke der dir Erleichterung verschafft. Wenn du nicht das Gefühl der Befreiung in deinem Körper spüren kannst, hast du noch nicht eine geeignete Formulierung für den Gedanken gefunden.

Step 5: Kreiere nun aus demselben Gedanken einen Level-5-Gedanken. Mach ihn noch positiver. Sage, was du wirklich anstatt des Level-3-Gedanken möchtest.

Beispiel:
Sagen wir, dein ursprünglicher Level-3-Gedanke ist „ich bin übergewichtig und fühle mich deshalb schlecht". Du würdest diesen Gedanken in Level 2 transportieren, indem du schreibst „ich fühle mich fett und unattraktiv". Dann würdest du dieses Konzept auf Level 1 bringen: „Ich fühle mich wie ein fettes Schwein, wie ein Fresssack, ein Wackelpudding, ein hässliches Monster." Dann würdest du einen Level-4-Gedanken wählen: „Gut, ich war mal übergewichtig, aber ich denke, ich kann das ändern. Ich würde gern bewusster essen und mehr spazieren gehen." Der Level-4-Gedanke muss realistisch genug sein, so dass du daran glauben kannst – etwas, an das du sowieso schon glaubst. Du kannst negative Gedanken nicht mit positiven Gedanken, an die du nicht glaubst (zu ehrgeizig), ersetzen. Du musst einen Gedanken finden und wählen, der dir Erleichterung verschafft. Wenn du aufschreibst: „Ich bin überhaupt nicht übergewichtig, ich fühle mich großartig", ist das wahrscheinlich kein authentischer angemessener und ehrlicher Gedanke. Wähle jetzt einen Level-5-Gedanken, der auch ehrlich gemeint sein muss. Der Level-5-Gedanke enthält das, was du dir wirklich wünschst: „Gut, ich möchte mein ideales Gewicht haben, bewusster

essen, mich mehr bewegen und meinen Körper so wertschätzen, wie er gerade ist." Du gehst auf dieselbe Art jeden deiner Gedanken, den du aufgeschrieben hast, durch. Als erstes bringst du den Gedanken runter auf Level 2 und 1 und dann hoch auf Level 4 und 5. Warum sollst du den Gedanken zuerst runterstufen? Weil es dir mehr Kontrolle über den Gedanken selbst gibt. Wenn du ihn runterstufen kannst, wirst du es einfacher haben, ihn anschließend anzuheben. Deine Reaktion auf dieses *runterstufen* könnte sein, dass du dich erleichtert fühlst, dass du einen tiefer liegenden Gedanken als Level 2 entdeckst, oder dass sich der Gedanke einfach albern und lächerlich – oder beides anhört. Wenn du den Gedanken in schriftlicher Form anheben kannst und er realistisch genug ist, dass du tatsächlich eine Erleichterung spürst, dann hast du den Gedanken erfolgreich ausgetauscht und damit deine emotionale Schwingung angehoben.

Dankbarkeit und Wertschätzung

Wertschätzung und Dankbarkeit für Dinge, Orte und Menschen wird deinen Widerstand schmelzen lassen und wünschenswerte Ereignisse kommen schneller zu dir – sie beschleunigen sich mehr, als du es dir vorstellen kannst. Dankbarkeit, die du nicht praktizierst, um etwas zu bekommen oder um etwas zu manifestieren, sondern um der Liebe willen, für die Freunde im Jetzt –ist der Zauberstab eines Magiers.

Dankbarkeit (Bewunderung, Liebe, Mögen, Anerkennung) vibriert in einer bestimmten Frequenz, welche positive Ereignisse anzieht – und zwar nicht nur die, für welche du dankbar bist. Nur das, wovor du Angst hast, kann dir wehtun. Wenn du Dankbarkeit fühlst, während du deine Aufmerksamkeit auf etwas richtest, channelst du Energien aus einer höheren Dimension in die physische Realität. Das heißt nicht, dass du etwas wertschätzen muss, was du überhaupt nicht magst (auch wenn das eine fortgeschrittene Variation dieser Übung ist), sondern dass du Dinge findest, für die du ganz natürlich schon dankbar bist. Je mehr du wertschätzt, desto mehr wirst du vom Leben, von anderen und von der Unendlichkeit wertgeschätzt. Dankbarkeit in diesem Sinne hat nichts damit zu tun, ein erzwungenes Lächeln aufzusetzen, sondern mit dem wahren, tiefen Verständnis und der Liebe für Dinge und Menschen. Dieses Gefühl, diese Vibration ist unwiderstehlich. Gandhi besiegte damit bewaffnete Menschen: Als der Kommandant befahl, auf ihn zu schießen, haben die Hände und Beine gezittert und sie waren nicht in der Lage zu feuern. Warum? Weil Gandhi nicht Gewalt, sondern Macht anwandte. Liebe ist die kraftvollste Waffe da draußen, nicht nur eine süße New-Age-Phrase. Dankbarkeit und Liebe sind die Wirklichkeit.

Übung „JA"-sagen

1. Mache einen Spaziergang und schaue auf so viele Dinge wie möglich, zu denen du „JA!" sagen kannst. Ignoriere alles, zu dem du NEIN sagen würdest; nimm das wahr, wofür du dankbar bist. Schenke diesen Dingen Beachtung, Segen, Bewunderung und Wertschätzung. Die Schwingung, die du aussendest, wird sich vertausendfacht haben.

2. Schreibe als nächstes Orte, Menschen, Kulturen, Ereignisse, Erinnerungen, Gedanken, Fantasien, Positionen, Bücher, Filme, Musik, Kunst, Städte und Objekte auf, für die du dankbar bist, die du bewunderst, die dich faszinieren, die du liebst und von denen du mehr möchtest. (Du sagst „JA" zu ihnen.) Erwähne nichts, dass du nicht willst. Das Universum schließt immer ein – nicht aus. Das heißt, dass du von dem, auf das du deine Aufmerksamkeit richtest, mehr bekommst, egal ob du nun „JA" oder „NEIN" dazu sagst.
3. Als nächstes schreibst du einige Menschen und Dinge auf, die du nicht magst. Daneben schreibst du Aspekte, für die du vielleicht doch dankbar sein kannst. Wenn du über diese Person oder Sache überhaupt nichts Positives sagen kannst, schreibe auf, wie diese unerwünschte Person, Sache oder das Ereignis dir hilfreich oder nützlich sein könnte, wie du sie/es für eine gute Sache einsetzen, oder was man daraus lernen könnte.

Das Gefühl erinnern

Es gibt viele Wege, Energie zu fokussieren, z. B. indem man auf etwas im Außen schaut, indem man auf etwas in seinem Inneren schaut (visualisieren und Tagträumen), indem man es anhört, darüber schreibt und spricht, indem man es tut oder indem man sich daran erinnert. In dieser Übung erinnerst du dich einfach an Zeiten, Orte und Situationen, in welchen du Energie oder Geld hattest oder glücklich und erfolgreich warst. Der Moment, indem du dich erinnerst, ist der Moment in welchem du dich mit dieser Energie ausrichtest, sie wieder aufwärmst. Das wird dazu führen, dass du ähnliche Dinge in der Zukunft erlebst.

Emoclear (Emotional Clearing)

Emoclear ist mein Wort für Emotional Clearing (Emotionale Reinigung). Emoclear ist eine weitere Technik, um emotionales Leiden in emotionale Freude umzuwandeln. Hier gibt es etwas sehr Wichtiges zu lernen: Eine Emotion verursacht keine Leiden. Der Widerstand oder die Unterdrückung von Gefühlen verursacht die Schmerzen. Was du als Angst, Traurigkeit oder Wut bezeichnest, ist lediglich eine Energie im Körper und dein Widerstand dagegen fühlt sich wie Leiden an. In Emoclear lassen wir negative Emotionen durch uns hindurch fließen. So etwas wie *emotionaler Schmerz* oder *negative Gefühle* gibt es nicht wirklich. Es ist die Wertung, das Label oder Auswertung zu dem Gefühl, welches es *schlecht* macht. Nicht die Energie für sich fühlt sich schlecht an, sondern der Widerstand dagegen. Dieser Widerstand ist der Schmerz. Energie steigt auf, und du bezeichnest etwas gewohnheitsmäßig und reaktiv als schlecht, furchtbar, traurig oder unerwünscht, und in diesem Moment wandelt sich die Energie in etwas Ungewolltes.

Was du fühlst, ist nicht die Energie für sich, sondern das, was du darüber konstruiert hast – der Widerstand. Energie in Freude umzuwandeln heißt, diesem Gefühl nicht länger zu widerstehen, es vermeiden wollen und sich dagegen zu wehren, sondern es durch sich hindurch zu lassen. Auf diese Art machst du die Energie für dich nutzbar, du befreist den Juwel, der da drin liegt und nimmst ihn für dich in Anspruch. Unterdrückung bewirkt Spannung oder Energieblockaden, und das übersetzt der Körper dann in Schmerz oder Leiden. In diesem Licht sind Leiden und Freude dasselbe. Wieso? Energie fließt durch den Körper. Wenn die Energie durch einen ungewollten Gedanken oder Glauben dringt, dann erfährst du diese Energie als Angst; wenn die Energie durch einen erwünschten Gedanken oder Glauben fließt, dann erlebst du dieselbe Energie als Freude. Wenn du deine Gefühle unterdrückst, unterdrückst du damit gleichzeitig deine Lebensenergie. Daraus folgt: Wenn du also den unerwünschten Glaubens-Filter entfernst oder den Widerstand loslässt, wandelt sich das, was du als Leiden definiert hast, ganz natürlich in Energie um, die du als neutral oder als freudvoll empfindest.

Nimm ein Thema oder ein Gefühl, das dir Probleme macht. Tauche in das Gefühl ein, erlaube es, verbinde dich damit, atme es, atme *als* es, gib den Widerstand, das Label (Etikett), deine Meinung oder Wertung darüber auf, erforsche es, geh in es hinein, identifiziere dich freiwillig damit, solange, bis es ausläuft. Es wird sich ausspielen. Und nachdem es damit fertig ist, wirst du dich viel leichter fühlen und fragst dann vielleicht: „Und was jetzt?“ Wenn das Gefühl immer noch unangenehm ist, dann gibt es immer noch Widerstand, eine Wertung oder einen Glauben, dass es dir z. B. nicht nützlich ist. Du kannst dich dann fragen: „Wie nutzt mir dieses Gefühl im Geheimen?“ Oder du lässt es noch ein bisschen ausspielen. Wenn es endlich komplett durchgeflossen ist und du dich wieder weicher und erleichtert fühlst, kannst du festlegen, was du anstelle dessen erleben möchtest. Du kannst jetzt z. B. eine PURE-Session machen.

Energy File (Energieordner)

Auf das, was du schaust, das schaut zu dir zurück. Wenn du auf etwas Wunderschönes, Wünschenswertes und Angenehmes schaust, verändert sich deine emotionale Energie (deine Schwingung) – sie hebt sich an. Wenn du in einem normalen Zustand bist, wirst du nur ungefähr zwanzig bis sechzig Sekunden auf etwas Schönes blicken brauchen, und deine Vibration hebt sich. Wenn du in einem schlechten oder schwierigen Zustand bist, braucht es vielleicht einige Minuten. Ich habe dafür die folgende Übung entwickelt: Ich sammle alle möglichen tollen Fotos mit wünschenswerten Dingen darauf, in einen Ordner auf meinem Computer. Regelmäßig speichere ich dort Fotos mit Dingen ab, die ich möchte, an die ich mich gerne erinnere, von denen ich fasziniert bin, die ich bewundere und wertschätze. Ich schaue mir dann diese Fotos an, wenn ich meine Energie anheben möchte. Manchmal spiele ich sie sogar in einer Slide-Show ab. Ich kreiere unterschiedliche Bilder-Ordner für unterschiedliche Themen. Die Überschriften für diese Ordner sind Statements von dem, was ich manifestieren möchte. Zum Beispiel heißt ein Ordner: „Orte an denen ich spielen und arbeiten möchte.“ Dieser Ordner enthält Bilder von Städten, Bergen, intelligent aussehenden Menschen, interessanten Gebäuden und Schauplätzen. Ein anderer Ordner trägt die Überschrift: „Dinge, die ich besitzen möchte“, und die Bilder darin zeigen tolle Autos, Objekte, Ressourcen, Accessoires und so weiter. Du kannst die Übung auf viele

Arten variieren, aber die Hauptaussage ist: „Achte darauf, welche Dinge du dir anschaust, denn diese Dingen schauen auf dich zurück.“

Sei wachsam und erkenne, was du in deinen Strom von Gedanken und Gefühlen einschließt. Lerne es, bewusst zu entscheiden, wohin du deine Aufmerksamkeit und Gefühle schicken möchtest, anstatt dass du von den Angeboten und Verführungen der Welt hinweggetragen wirst. Du erfährst nur das, was du fühlst. Wenn in deiner Nähe eine Katastrophe passiert, und du bist dabei frei von Angst, dann wird dir nichts Schlimmes geschehen. Du kannst nur von dem getroffen werden, wovor du Angst hast. Du kannst niemals verletzt werden, wenn du Liebe in dir fühlst.

Das Gefühl finden

1. Schreibe ein Thema auf, das du verbessern möchtest.
2. Schreibe auf, was du wirklich über dieses Thema denkst. Um wirklich den Gedanken, den du dazu hast, zu fühlen, kannst du diesen vergrößern und ein bisschen intensiver machen.
3. Schreib jetzt: „Ich möchte Gedanken zu diesem Thema finden, die sich besser anfühlen.“
4. Schreib jetzt die Liste deiner neuen Gedanken auf. Zu jedem dieser Gedanken schreibst du auf, ob er sich
   a) schlechter
   b) gleich, oder
   c) besser anfühlt.

Während du diese Übung ausführst, bleibe solange in dem Gefühl, bis du ein tiefes Verständnis dafür bekommst, wie sich einige Gedanken im Vergleich zu anderen Gedanken anders anfühlen. Du wirst dabei einige interessante Entdeckungen machen. Du wirst feststellen, dass es Gedanken gibt, die sich angeblich gut angefühlt haben, die aber tatsächlich keine Änderung in deinem Zustand bewirken. Die Gedanken, bei denen du gedacht hast, dass sie besser sind, haben dich vielleicht in demselben schwingungsmäßigen Zustand gehalten, oder sie wurden langweilig, weil du sie immer und immer wieder gedacht hast. Du wirst auch herausfinden, dass es Gedanken gibt, bei denen du dir vorgetäuscht hast, dass sie sich besser anfühlen, die aber unrealistisch und weit außerhalb der Reichweite dessen sind, an das du momentan wirklich glauben kannst; diese Gedanken üben eher Druck als Vergnügen aus. Du brauchst diese Gedanken, die sich schlechter oder gleich anfühlen, nicht zu analysieren und du brauchst sie auch nicht „weg zu machen“. Richte deine Aufmerksamkeit lieber darauf, Gedanken zu finden, die sich besser anfühlen oder dir Erleichterung verschaffen. Manchmal braucht es wirklich eine Weile, bis du das Gefühl, das du suchst, findest. Nimm dir diese Zeit. Manchmal reicht ein Tag nicht aus und du möchtest es mehrmals wiederholen. Es gibt nichts Wichtigeres, als dieses natürliche Gefühl von Wohlbefinden, denn dieses Gefühl korrespondiert mit der Welt deiner Wünsche.

Beispiel: Das ausgewählte Thema ist *Zeitdruck.*

1. Intensiviere das Gefühl dazu:
   Ich fühle diesen Zeitdruck.
   Ich fühle den Würgegriff davon an meinem Hals.
   Ich fühle den Zeitdruck in meinem Bauch.
   Ich habe Angst, die Anforderungen nicht erfüllen zu können.
   Ich werde alt.

2. Finde nun Gedanken, die sich besser anfühlen
   (In Klammern steht, wie sich der gefundene Gedanke tatsächlich anfühlt.)
   Ich brauche besseres Zeitmanagement. (schlechter).
   Ich brauche Urlaub. (schlechter)
   Vielleicht sollte ich einfach zugeben, dass ich den Abgabetermin nicht einhalten kann. (schlechter)
   Zeit ist ein Konstrukt des Bewusstseins. (gleich)
   Zeit existiert nicht. (gleich)
   Ich sollte im Hier und Jetzt leben. (gleich)
   Ich sollte mir einfach die Zeit nehmen, die ich brauche. (gleich)
   Warum tue ich das überhaupt? (schlechter… es kullern Tränen)
   Ich möchte einfach nur einen guten Job machen. (besser)
   Ich habe alle Zeit der Welt. (gleich)
   Ich nehme mir einfach die Zeit. (gleich)
   Naja, ich weiß es wirklich nicht. (besser)
   Vielleicht möchte ich mich einfach nur entspannen. (besser)
   Ich muss mich zwischen meinem Mann und der Arbeit entscheiden. (schlechter)
   Ich entscheide mich für meinen Mann. (schlechter)
   Ich entscheide mich für die Arbeit. (schlechter)
   Beide Entscheidungen nützen mir gar nichts. (besser… Erkenntnis)
   Ich muss mich gar nicht entscheiden. (gleich)
   Ich mag diese Übung. (besser)
   Anstatt eine Entscheidung zu treffen, ist es jetzt an der Zeit, dass ich meinen emotionalen Zustand verbessere. (besser)
   Ich denke nun an etwas Schönes. (gleich)
   Ich denke an meinen letzten Erfolg. (gleich)
   Ich sehe, dass ich mich wirklich in Bezug auf Zeit unter großen Druck setze. (besser)
   Ich fühle mich schon ein bisschen besser. (gleich)
   Naja, ein kleines bisschen besser. (besser)
   Alles, was ich momentan möchte, ist die Dokumente rechtzeitig abzuliefern. (besser)
   Ich kann die Dokumente rechtzeitig abliefern. (besser)
   Ich werde den Rest an Susan weiterdelegieren. (gleich)
   Ich werde den Rest an Tom weitergeben. (besser)
   …

Diese Übung ist dann beendet, wenn du genügend bessere Gedanken fühlst, mit denen du tatsächlich deinen Zustand verändert hast. Da Gleiches Gleiches anzieht, wirst du merken, wie mehr und mehr sich gut anfühlende Gedanken zu dir kommen, an die du vorher nicht denken konntest.

Während des Verfahrens werden immer wieder auch gleiche oder sich schlechter anfühlende Gedanken auftauchen, aber du kannst die Übung solange machen, bist du dich frei fühlst und dir keine Sorgen mehr machst. Das kannst du mit jedem Thema machen. Dein neuer Seins-Zustand wird sich in deiner Realität ausdrücken. Dies ist noch eine Übung, die die Kraft hat alles zu ändern:

Energie-Liste

Nimm ein Blatt Papier und schreibe Dinge auf:

- an denen du interessiert bist
- von denen du fasziniert bist
- von denen du begeistert bist
- die dich enthusiastisch machen
- die du wertschätzt
- die du bewunderst
- die du magst
- die du liebst
- die du wunderschön findest
- die du brillant findest
- die du euphorisch findest

Diese Liste kann: Plätze, Menschen, Wünsche, Orte, Künstler, Farben, Filme, Bücher, Kulturen, Lehrer, Szenen, Situationen, Erinnerungen, Ideen, Berufe, Geld, Gesundheit, Körper, Liebe, Sex, Spiritualität, Politiker, Mode, Musik, Architektur, Paradigmen, Organisationen oder alles, was dir in den Kopf kommt, beinhalten.

Du hast damit gerade Energie generiert, die mit deinem wahren Selbst und deinem höheren Ziel übereinstimmt. Es gibt nichts Wichtigeres. Auch wenn die Gesellschaft, andere Menschen oder der Verstand diese Dinge auf deiner Liste uninteressant finden, sind diese Dinge doch genau das, woran sich deine Seele erfreut. Es sind die Indikatoren für deinen idealen Lebensweg. Ein Film, über den du ins Schwärmen gerätst, hat mehr mit deinem Lebensplan zu tun, als etwas Vernünftiges, das nicht diese Energie enthält. Die Wahrheit liegt nicht im nächsten Kapitel dieses Buches, sondern in deiner selbstkreierten Liste.

Wenn du deiner Freude, der Wonne, dem inneren Frieden und der Begeisterung folgst, werden die richtigen Dinge ganz natürlich und mühelos geschehen. Du lernst mühelos, du bleibst mühelos gesund, und Geld fließt mühelos zu dir. Über diese Themen musst du gar nicht mehr nachdenken, weil du in einer natürlichen Schwingung von Wohlbefinden bist. Das, was deine Seele möchte, ist keine Empfehlung aus zweiter Hand oder aus einem Buch, sondern steht direkt auf deiner Liste. Nimm wahr, wie schon das Nachdenken darüber und das Aufschreiben dieser Dinge dich in einen Zustand erhöhter Energie versetzen.

Während die gegenwärtige Gesellschaft „nicht den Fakten in die Augen sehen“ als Verleugnung darstellt, sagt der Magier, dass „nicht die eigenen wahren Wünsche zugeben wollen“ die wahre Verleugnung ist. Die Punkte auf deiner Liste müssen nichts damit zu tun haben, was andere Menschen als angemessen finden, oder sogar was dein Verstand für angemessen findet. Diese Liste ist auch keine Liste von Dingen, die du tun oder erreichen musst. Sie bringt dich einfach wieder in Verbindung mit deinen Gefühlen; es ist eine Liste über die du meditieren kannst, wenn du das möchtest, eine Liste für deine Tagträume. Nimm wahr, dass du keine Vorbedingungen erfüllen musstest, um das Gefühl im Hier und Jetzt tatsächlich zu fühlen. Du hast nicht ein Dutzend Dinge vorausgesetzt, bevor du glücklich sein konntest. Wie würde dein Leben verlaufen, wenn du diesen Gefühlen erlauben würdest, dich viel öfter zu berühren? Was würde dann mit deinem Körpergefühl und deiner Haltung passieren? Was geschieht dann mit deinen Bewegungen? Was würden die schönen Gefühle mit deinem Gesichtsausdruck machen? Wie würden sie sich auf deine Erinnerungen auswirken? Auf welche Weise würden sich deine Wichtigkeiten ändern? Was passiert dann mit deiner Aufmerksamkeit? Auf welche Weise ändern sich deine Reaktionen auf ungünstige Ereignisse? Wie würde sich deine Stimme verändern? Wie würde sich dein Denken verändern?

Was würde sich ändern, wenn du dir einfach nur darüber bewusst bist, was dich begeistert?

Warum verbietest du dir ab und zu diese Gefühle? Deine Realität ist die Reflektion deiner Identität und der dazugehörigen Körpergefühle. Deine Gefühle kannst du unabhängig von deinen Umständen kreieren. Warum solltest du nicht einfach schon jetzt in den Fluss kommen? Wegen deiner Verpflichtungen? In Ordnung. Du kannst deine Verpflichtungen weiterhin erfüllen, aber hab niemals mehr so viele Verpflichtungen, dass du nicht jeden Tag ein bisschen Zeit in Freude verbringen kannst. Sonst verpasst du das Wesentliche deines Lebens. Lege dich nicht auf zu viele Verpflichtungen fest. Beende die Verpflichtungen, mit denen du dich nicht mehr gut fühlst – und das mit Respekt und Integrität. Es gibt Dinge, die du immer schon getan hast, weil du dachtest, dass sie für dein Überleben wichtig sind. Da du jetzt weißt, wie du deine Realität kreieren kannst, brauchst du einige dieser Dinge nicht mehr, und du bist auch nicht länger willens, diese Dinge weiter zu tun. Lasse sie los. Höre auf mit den Dingen, die dir nicht guttun. Es werden einige wenige Verpflichtungen übrigbleiben, wie z. B. die Steuern zahlen, aber wenn du deine Zeit in Freude verbringst, wirst du das nicht länger als Bürde empfinden.

Wenn du im Fluss der Energie bist, werden verblüffende Zufälle auftauchen, weil du in parallele Welten wechselst. So eine Energie-Liste, wie du sie eben aufgeschrieben hast, ist nur einer von vielen Wegen, um in den Flow zu kommen. Ich werde in diesem Buch noch weitere Wege mit dir teilen, aber ich lade dich auch ein, deine eigenen Wege zu finden.

Sieben Übungen, um in den Flow zu kommen

1. Gehe spazieren. Entspanne dich. Bemerke etwas Schönes und atme es ein. Halte den Atem für einen Moment an, bevor du ihn langsam ausfließen lässt. Wiederhole das für zehn Minuten oder länger. Erlaube, dass Bewunderung sich ausbreitet. Wie fühlst du dich?
2. Gehe spazieren. Bemerke etwas, das du normalerweise kritisierst. Beobachte es neutral und gib deine Bewertungen darüber ab. Nimm gute und positive Aspekte über das Beobachtete wahr. Mache das für etwa zehn Minuten. Erlaube, dass sich Wertschätzung und Verständnis ausbereiten. Wie fühlst du dich anschließend?
3. Gehe spazieren. Stelle dir vor, dass alles, was du willst (alle Wünsche und Sehnsüchte) bereits erfüllt ist. Atme sanft, langsam und tief – und akzeptiere die Realität deiner Vision zu 100 %. Mache dies für einige Minuten. Wie fühlst du dich?
4. Überlege dir eine Aktivität, die du schon immer gerne tun wolltest, dir aber verboten hast. Wähle etwas aus, das ganz einfach und sofort getan werden kann (z. B. mit der Bäckerin flirten). Tue es. Wie fühlt sich das an?
5. Gehe spazieren. Beobachte einen Menschen. Nimm seinen/ihren Atem und den Herzschlag wahr. Nimm wahr, wie er oder sie dir ähnlich ist, dass er/sie, genau wie du, gute und schlechte Zeiten hat und nach Vervollständigung strebt. Erlaube jetzt Liebe und Wertschätzung. Wenn du möchtest, nimm den Standpunkt dieser Person ein, schaue *als* diese Person. Wie fühlst du dich?
6. Höre dir ein Musikstück an, das du liebst und lasse dich von einem Tagtraum deiner Wahl hinweg tragen. Kombiniere die Töne mit etwas, das du gern erfüllt sehen möchtest.
7. Mache eine Liste mit Dingen, die du an dir kritisierst. Lege deine rechte Hand auf dein Herz und lasse sie dort als Anker für diese Sitzung. Schaue auf den ersten Punkt deiner Liste und frage dich: „Wenn ich mich wirklich akzeptiere und liebe, wie würde ich diesem Thema gegenüber fühlen?“ Atme. Nimm wahr. Gehe die gesamte Liste auf diese Weise durch. Diese Übung kannst du natürlich auch mit anderen Personen oder unerwünschten Realitäten machen, die du noch nicht voll akzeptiert hast.

Wenn du willst, was du hast, kannst du alles haben, was du willst. Nimm wahr, wie dich diese Themen fühlen lassen. Nimm wahr, wie sie sich auf dein Leben auswirken. Die Wertschätzung ist das Schwert des Magiers, welches alles transformiert. Keine Ungewissheit oder Dunkelheit kann sich im Licht der Wertschätzung durchsetzen.

Auch wenn diese Übungen alle unterschiedlich aussehen, führen sie doch alle auf ein Ziel hin – und zwar, dass du dich gut fühlst. Folgst du dem Weg des Herzens, welcher der Weg der wahren Macht ist? Oder folgst du dem Weg des Zwanges (der Gewalt), welcher der Weg des Misserfolgs ist? Beschäftigst du dich mit den Themen, die deine höchsten Interessen widerspiegeln? Oder verschwendest du deine Zeit damit, gegen etwas zu kämpfen, das du nicht willst?

Einwände?

Wenn du einwendest, dass du nicht weißt, was dich begeistert, werde ich dir sagen, dass du sehr gut weißt, was Begeisterung in dir auslöst – du möchtest das aber nicht zugeben, und zwar in dem falschen Glauben, dass du das nicht ausleben kannst oder enttäuscht sein wirst, wenn du es tust. Wenn du mit deinem Wunsch identifiziert bist (anstatt die Erfüllung zu erwarten/darauf zu warten), gibt es so etwas wie Enttäuschung nicht. Wenn man seiner Begeisterung folgt, führt das vielleicht nicht zu der Erfüllung des ursprünglichen Wunsches, sondern vielleicht sogar zu etwas Besseren.

Wenn du protestierst und sagst, dass du erst warten musst, bevor du etwas Bestimmtes (das du liebst) tun kannst, sage ich dir, dass diejenigen, die das Beste aus dem, was sie haben, machen, viel mehr mit weniger Anstrengung bekommen.

Wenn du einwendest, dass du mit dem, was du liebst kein Geld machen kannst, werde ich dir sagen, dass du ernsthaft falsch liegst. Wenn du Dinge tust, die du nicht liebst, wirst du mittelmäßiges Geld verdienen, gerade genug um zu überleben. Wenn deine Entschuldigung dafür, dass du dir deine Freude nicht erlaubst, Sicherheit ist, dann wird die Sicherheit, die du bekommst, zu einem mittelmäßigen Leben führen und deine Lebenskraft wird versiegen. Punkt. Du kannst nur durch fließende Energie und mit Liebe gutes Geld verdienen.

Der geheime Pfad

Wir haben darüber gesprochen, wie du dir einen hohen energetischen Zustand kreierst, ohne den Realitätserschaffung nicht funktioniert. Es wird eine hohe Energie benötigt, um etwas Neues zu kreieren. Aber es gibt noch einen zweiten Pfad, einen alternativen Weg, welcher auch ganz gut funktioniert. Dieser besteht darin, etwas wahrzunehmen, das bereits Energie besitzt (Lebensfreude, Bedeutung, Faszination und Liebe), Dinge die sich dir bereits anbieten. Und dann gehst du in diese Richtung. Wenn du dem Leuchten von Objekten und Ereignissen mit hoher Energie folgst, befindest du dich auf dem schnellsten Weg zum Ziel deiner Seele – ob du es dir nun bewusst bist oder nicht. Diese Technik macht dein Leben zu der mühelosesten Reise, die du dir vorstellen kannst. Das Wissen darüber wurde geheim gehalten, denn die meisten inkarnierten Seelen haben kein leichtes Leben, sie wollen Begrenzungen und Anstrengungen erfahren. Wenn das nicht länger deine Präferenz ist, kannst du diesem geheimen Pfad folgen.

Stelle dir einen Korken vor, der auf dem Meer schwimmt. Für diesen Korken ist es keine Mühe, auf dem Wasser zu bleiben. Es braucht für den Korken viel mehr Kraft, unter Wasser zu gehen. Wenn du einmal loslässt, springst du automatisch an die Oberfläche. Das ist genau das Gleiche, wie ein Leben ohne Widerstand. So etwas wie einen faulen Menschen gibt es nicht, es gibt nur Aktivitäten, die nicht mit dem wahren Selbst in Einklang stehen. Wenn du dem Pfad deines wahren Selbst und dem Pfad der Freude folgst, dann wirst du zu einer Person mit magischem Charisma. Wenn etwas – irgendetwas – wirklich zu dir gehört, dann wirst du es wissen bei dem, was du dabei spürst, wenn du die Aktivität ausführst. Jedoch verändern sich die Dinge, die wirklich zu dir gehören im See der Zeit. Wenn du an etwas festhältst, das nicht länger die Energie (Liebe, Freude) so wie früher enthält, heißt das, dass du vom geheimen Weg der Seele abgekommen bist. Wenn du diesem Pfad wieder folgst, dann fallen alle Puzzleteile deines Lebens auf überraschende und elegante Weise an ihren Platz. Deiner Freude zu folgen heißt nicht, dass du kontinuierlich an deinem Projekt, deiner Karriere oder daran, den Seelenpartner zu finden, arbeiten musst. Es kann dies bedeuten, muss es aber nicht. Dem Pfad der sich dir anbietet zu folgen, bedeutet oft, kleine Dinge zu tun. Menschen tendieren dazu, sich selbst abzuwerten, wenn sie nicht ständig an ihrem großen Projekt arbeiten und stattdessen andere Dinge tun. Aber das große Projekt ist nicht immer die Sache, die sich zu jeder Tageszeit am besten anfühlt. Und dein Seelenpartner ist nicht immer dein einziger Lebensinhalt.

Stattdessen folgen wir dem Pfad der Seele von Augenblick zu Augenblick, Stunde für Stunde und Tag für Tag, in sanften Schritten. In jeder Filmrolle im Hier und Jetzt, in jeder momentanen Szene hast du viele Möglichkeiten zu deiner Verfügung, Dinge auszuwählen, auf die du dich fokussieren möchtest oder die du tun könntest. Egal wo du bist, egal wer du bist: du hast immer mehr als ein Wahl.

Um nun dem geheimen Pfad der Seele und Gottes Ruf zu folgen, musst du nur die Möglichkeiten in jedem Moment auswählen, die am meisten leuchten. Erkenne, was das meiste Interesse in dir weckt oder was die meiste Energie enthält – und folge dem in jedem Moment, so gut du es jetzt kannst.

Übungsanleitung – Dem Pfad der Seele folgen

Sagen wir mal, du schaust dir den gegenwärtigen Moment an, ziehst Bilanz und findest fünf offensichtliche Dinge, die du jetzt tun könntest (natürlich gibt es eine unendliche Anzahl von Möglichkeiten, aber du ziehst diese fünf vor).

Wähle dir aus diesen fünf jetzt die Option, die die meiste Energie enthält (die meiste Freude in dir auslöst), egal ob deine Wahl vernünftig erscheint oder nicht. Interesse und Freude sind die besten Anzeichen dafür, dass etwas richtig für dich ist. Das weltliche Selbst kann nicht die Konsequenzen seiner Aktionen voraussehen, aber es kann sie vorausfühlen. Das ist alles. Du könntest dieses Buch nun beiseitelegen, weil es nicht mehr leichter als das werden wird.

Was kommt nun? Wenn du also diesem Interesse nachgegangen bist, wird der Zeitpunkt kommen, da die darin enthaltene Energie sozusagen verbraucht ist und du findest dich in einem neuen Hier und Jetzt, einem neuen Szenario wieder. Dann verschaffst du dir erneut einen Überblick über den momentanen Augenblick und nimmst wahr, welche Optionen nun vor dir liegen. Du stellst fest, welche Möglichkeiten direkt vor deiner Nase und sofort erreichbar sind, und du wählst dir wieder diejenige, welche die meiste Energie enthält. Wenn du das festgelegt hast (weil es sich gut für dich anfühlt), gehst du in diese Richtung, soweit es dir jetzt möglich ist. Du führst diese Aktivität mit bestem Wissen und Gewissen aus und fokussierst dich darauf, solange die positive Energie anhält. Und es wird wieder der Augenblick kommen, da sich die Aktivität oder der Fokus ausgespielt hat und keine Energie mehr besitzt.

Wenn dieser Punkt kommt, stelle dich oder deine Existenz nicht in Frage und beschimpfe dich auch nicht, sondern gehe einfach weiter und frage dich: „Welche von all den vorhandenen Möglichkeiten enthält jetzt die meiste und schönste Energie?“ Es wird immer eine Option geben, die aus den anderen hervorsticht – eine Möglichkeit, die sich selbst anbietet. Dann folgst du ihr, und so weiter und so fort, bis zum Ende deines Lebens.

Energie (in Form von Freude, Interesse, Liebe und Frieden) ist die Spur, die dich zu weiterer Energie und zu deinem wahren Lebenssinn führt. Die geheime Spur deines höheren Selbst führt dich zu Dingen, die du von deinem begrenzten Standpunkt aus noch nicht sehen kannst, aber eine höhere Version von dir kann diese sehen. Du bekommst ein Signal, eine intuitive Eingebung für den Pfad, den deine Seele bereisen möchte. Die meisten Menschen ignorieren oder trivialisieren diese Eingebungen, statt ihnen zu folgen. Sie lassen sich von der Sichtweise ihres weltlichen Selbst begrenzen, welches nervös versucht, seinen freien Willen durchzusetzen. Das weltliche Selbst kann unmöglich den Sinn oder den Grund für bestimmte Aktivitäten erkennen, aber das höhere Selbst mit dem Überblick über Millionen von Jahren und Zeitlinien kann das. Dieses höhere Selbst ist der spielerische Anteil von dir und er winkt dich zu einem Leben, das viel größer ist, als dein weltliches Selbst es sich ausmalen kann. Deine Gefühle zeigen dir, ob du diesem Pfad folgst oder nicht. Für jeden, der sich fragt, was seine Mission, sein Ziel oder die Bedeutung seines Lebens ist, für den wurde die Frage gerade beantwortet: Indem man dem geheimen Pfad folgt, entpuppt sich das Ziel ganz von selbst.

Es gibt noch einen wichtigen Hinweis, wenn man diesem Pfad folgt: Folge ihm mit Integrität. Was bedeutet das? Alles ist eins, und was du nach außen gibst, das kehrt zu dir zurück. Das bedeutet, dass du deinem Weg und deiner persönlichen Begeisterung mit Würde und Respekt der Realität deiner Mitmenschen gegenüber folgst – und nicht als ein exzentrischer Amokläufer. Du folgst diesem Pfad, ohne andere willentlich zu verletzen. Es ist möglich, der eigenen Glückseligkeit zu folgen, ohne anderen Leid zuzufügen. Integrität bedeutet z. B. nicht folgendes: Sagen wir, du bist in einer Beziehung, die sich ausgespielt hat und nun keine Energie mehr enthält, und dass die Beziehung keine Möglichkeiten zu schönen Erfahrungen oder Wachstum mehr bietet. Nun zu sagen, „ich werde meine Beziehung nicht beenden, weil mir mein Partner leid tut“, bedeutet nicht, integer zu sein. Integrität hat nichts mit den eingetrichterten und scheinheiligen Blickwinkeln von Moral zu tun. Integrität bedeutet Egoismus im positiven Sinn. Es bedeutet das zu tun, was für dich richtig ist, ohne absichtlich oder wissentlich anderen wehzutun. In unserem Beispiel würde es bedeuten, dass du deine Glaubenssätze überprüfen würdest, bevor du die Beziehung beendest. Wenn ihr aber, nachdem du begrenzende Glaubenssätze gegenüber deinem Partner losgelassen hast, immer noch nicht zusammenpasst, würdest du die Beziehung auf respektvolle und wertschätzende Weise beenden. Das ist Integrität.

All das sind aber nur Worte. Das Feuer der Liebe brennt aber nicht in den Seiten dieses Buches, sondern innerhalb von Bewusstsein. Wenn das Feuer stark genug brennt, wird der Rest nicht nur ganz natürlich folgen, sondern es wird auch die Seiten dieses

Buches verbrennen (es unnötig machen). Im Lichte des Feuers der Liebe ist nichts anderes mehr wichtig. Manchmal scheint es so, als ob das, was du lieben würdest (oder an dem du interessiert bist), nicht mit dem, was du glaubst, dass du tun müsstest, in Übereinstimmung zu sein. Aber die Dinge sind selten so, wie sie erscheinen. Das Äußere mag dir ein Thema zeigen, während deine Intuition (die Kommunikation deiner Seele) vielleicht etwas ganz anderes anzeigt.

Hier ist ein Beispiel aus einem meiner Coachings:

Coach: Mache dir einen Überblick über den jetzigen Moment. Was sind deine Möglichkeiten?

Schüler: Naja, ich sitze hier auf der Bank. Ich könnte jetzt nach Hause gehen und arbeiten. Ich könnte auch hier sitzen und mich entspannen. Ich denke, ich mag das lieber, es fühlt sich besser an. Aber es gibt noch eine dritte Option, die mir am meisten Spaß machen würde. Ich würde gern da rüber gehen und die Schwäne füttern. Danach würde ich mich ausziehen und ins Wasser springen. Verrückt, nicht wahr?

Coach: Okay, tue genau das.

Schüler: Ich denke, ich bleibe lieber bei der zweiten Option, einfach nur hier sitzen und entspannen. Danach sollte ich nach Hause gehen und arbeiten. Ich brauche mehr Kunden für mein Geschäft.

Coach: Möchtest du nicht dem Wink deiner Intuition, den du gerade bekommen hast, folgen?

Schüler: Es scheint mir kontraproduktiv zu sein, die Schwäne zu füttern und dann ins Wasser zu springen. Ich brauche das nicht wirklich.

Coach: Würdest du sagen, dass die Schwäne es auch kontraproduktiv finden würden?

Schüler: Naja, wahrscheinlich nicht. Schau mal, lass uns einfach sagen, dass heute ein Tag ist, an dem ich viele wichtige Dinge zu erledigen habe.

Coach: Begeisterung ist ein Signal der Unendlichkeit; es ist Gottes Ruf und zeigt dir, was getan werden soll, egal was dein Ego für Bedenken ausspricht. Vertraue dem. Tue es.

Und dann geschah Folgendes: Abneigung vortäuschend stand mein Schüler mit einem Grinsen im Gesicht auf. Als er begann, die Schwäne zu füttern, gesellte sich eine Frau zu ihm und tat dasselbe. Schließlich begannen sie eine Konversation. Dann wurden sie vertrauter. Später stellte sich heraus, dass diese Frau 9000 Angestellte hat, viele davon wurden bald neue Kunden meines Schülers. Innerhalb weniger Minuten hat er an dem See mehr für sein Geschäft gewonnen, als er mit drei Monaten Arbeit erreicht hätte.

Diese Vorgehensweise ist nur riskant und erfordert viel Mut, wenn du nicht mit dir selbst ausgerichtet bist und wenn du dir und dem Leben nicht vertraust. Wenn die auftauchende Angst plötzlich überwältigend ist, nimmst du besser nicht diesen Weg, denn der Glaube an einen Fehlschlag wird diesen wahrscheinlich hervorrufen. Du veränderst besser diesen Glauben, bevor du in Aktion trittst. Wir stehen immer vor zwei Optionen, wenn sich etwas nicht gut anfühlt: Ändere a) die Aktion oder ändere b) den Glauben darüber. Angst ist nur eine Form von Enthusiasmus oder Begeisterung, der man in manchen Bereichen widersteht.

Dein höheres Selbst (eine weiter ausgedehnte Version deiner Selbst) weiß bereits, was deine Wünsche sind und waren. Du musst sie also nicht hunderte Male wiederholen; es kennt all diese Wünsche. Und weil es sie kennt, werden dir bestimmte Optionen offenbart, die interessant aussehen und die auf dem schnellsten Weg zur Erfüllung deines Verlangens führen, auch wenn es nicht immer so aussieht, als ob es irgendetwas mit deinem Wunsch zu tun hätte. Es ist, als ob dein höheres Selbst mit einer Möhre wedelt, um dich in eine Richtung zu leiten. Wenn du einmal diesen neuen Raum betrittst, werden die nächsten Schritte sichtbar, und es zeigt sich, wie alle diese Dinge zur Erfüllung deines Wunsches hingeführt haben.

Die Voraussetzung, um deine Aktionen, deinen Fokus und deine Richtung zu kalibrieren und anzupassen, ist wieder Ruhe, eine Auszeit. Du kannst dir keinen Überblick über die momentane Situation verschaffen, wenn du ohne nachzudenken von einem Event zum nächsten rast. Wie wäre es, wenn du, bevor du den nächsten Tagesabschnitt betrittst, dir eine kleine Auszeit nimmst, um festzustellen, welche Optionen du jetzt hast und in welches Tagessegment du jetzt eintreten möchtest. Und nicht nur das. Wie wäre es, wenn du zusätzlich ein kurzes Statement über deine Intention abgibst, was du im nächsten Tagesabschnitt erleben möchtest. Ist es zu viel erwartet, dein Leben ein bisschen bewusster, freier und vielleicht etwas weniger automatisch zu gestalten?

Hier einige kleine Variationen für dieses Prinzip

1. Gehe ohne ein bestimmtes Ziel spazieren. Nimm ein Objekt wahr, das dich interessiert. Gehe dahin, betrachte es, fühle es, berühre es, studiere es, bis du einige Dinge über dieses Objekt gelernt und deine Neugier befriedigt hast. Dann führe deinen Spaziergang fort, bis das nächste Objekt dein Interesse erweckt. Spaziere von einem Ereignis/Ort/Objekt zum nächsten und surfe auf den Wellen deiner sich ausbreitenden Euphorie.
2. Gehe in stiller Verblüffung spazieren. Erinnere dich an das Staunen, das du als Kind hattest oder wenn du fremde Ländern bereist. Während du so gehst, versuche alles mit Erstaunen zu betrachten. Deine Augen sind ein bisschen weiter geöffnet, dein Atem geht tiefer und du gehst ein bisschen aufrechter.
3. Gehe in stiller Dankbarkeit spazieren. Meditiere über all die Dinge, für die du dankbar bist, über alles, was du erhalten hast. Schenke all dem Anerkennung. Entspanne dich, werde still und erlaube, dass sich die Dankbarkeit in dir zu den Dingen und Menschen in deiner Umgebung ausbreitet.
4. Gehe mit der Erwartung spazieren, dass du etwas Unerwartetes/eine Überraschung erleben wirst. Bleibe in dem Gefühl, dass alles jederzeit passieren kann und, dass die Überraschung und das Unerwartete hinter jeder Ecke lauern – erwarte, dass sich überall etwas Neues zeigen kann. Gehe davon aus, dass das Leben voller

Wunder, Abenteuer und Geheimnisse steckt. Nimm wahr, wie diese Annahme deine Stimmung anhebt.

Gleichung: Staunen + Dankbarkeit + Offenheit + Wertschätzung = unwiderstehliches Energiefeld.

Entdecke die Möglichkeiten

Schau dich um und nimm deine Möglichkeiten wahr. Jeder Moment hier und jetzt enthält Millionen von Möglichkeiten und Wegen, denen du folgen kannst. Aber sagen wir mal, du siehst nur einige wenige – drei, vier oder fünf. Wenn du möchtest, schreibe diese auf. Von diesen fünf Optionen, die du ausleben könntest, scheinen ein oder zwei etwas mehr als die anderen – sie sind interessanter, freudiger, entspannter, sie begeistern und inspirieren dich mehr. Wähle die interessanteste Option, ohne dass andere Menschen davon Schaden nehmen und ohne dass frühere Verpflichtungen davon betroffen sind. Du folgst deiner Freude mit Integrität. Dann agiere diese Möglichkeit aus. Fühle die Energie, die dir das gibt. Erlebe das, bis die Energie nachlässt und du die Option voll ausgelebt hast. Wenn das Interesse nachlässt, höre auf damit. Du befindest dich dann in einem neuen Hier und Jetzt, mit neuen Möglichkeiten, die du vorher noch nicht wahrnehmen konntest, als du deine erste Wahl getroffen hast. Du befindest dich nun in einem neuen Standpunkt; du bist eine andere Person, als noch vor einer Weile. Schaue nun, welche Optionen du hast. Wähle die interessanteste davon aus, diejenige welche die meiste Freude, Entspannung, Liebe oder Begeisterung enthält – und folge dem. Bleibe nicht in dem stecken, was dich nicht länger interessiert, nur weil es früher interessant für dich war. Mache eine Bestandsaufnahme: Welche Möglichkeiten hast du jetzt? Welches ist die interessanteste? Welche fühlt sich am besten an? Welcher Möglichkeit kannst du mit Integrität folgen – das bedeutet, dass du der Möglichkeit nachgehst, ohne Gesetze zu brechen oder jemand anderem absichtlich Schaden zuzufügen. Agiere dementsprechend und fühle die Energie, die du daraus bekommst. Wenn du dieses Prinzip für den Rest deines Lebens durchführen würdest, würdest du der Perlenkette folgen, die dein höheres Selbst, deine Seele für dich ausgelegt hat. Das wäre der kürzeste Weg zu deinem Lebensplan, der kürzeste Weg zu höherem Bewusstsein, der kürzeste Weg, um alles, was du vorhast, erleben zu können.

Umgang mit Angst

Du siehst das an, wovor du Angst hast. Das, wovor du Angst hast, ist bereits passiert, weil du bereits deswegen leidest. Jede Wahl kann in zwei Wahlmöglichkeiten unterteilt werden: Die Wahl für Angst und die Wahl für Liebe.

Während die meisten von uns wissen, dass dieses Statement der Pop- und New-Age-Psychologie wahr ist, ist es doch wenig hilfreich, weil die Angst vor der Angst noch mehr Angst anzieht. Das Thema Angst füllt unzählige Bücher und Kurse. Ganze Industriezweige und ganze Zivilisationen werden dadurch aufrechterhalten. Da an anderen Stellen schon genug über Angst geschrieben wurde, möchte ich hier einige neue

Wege eröffnen, um mit Angst umzugehen. Eines der größten Missverständnisse in der Geschichte der Menschheit könnte sein, dass Angst unser Feind ist, den man möglichst schnell loswerden sollte. Aber dreht es sich im Leben, im bewussten Leben nur darum, die Angst loszuwerden? Das ist eine Philosophie der Feiglinge. Nicht Angst ist das Problem, sondern die kindische Umgangsweise mit der Angst und das *so-schnell-wie-möglich-Loswerden-wollen*, ohne sich die darin enthaltene Botschaft anzuschauen – diese Einstellung ist das, was Probleme erschafft. Im *Realitäten-Surfen* ist nicht Angst das Problem, sondern Angst ist:

1. ein Freund
2. ein Indikator
3. ein Diener
4. ein Barometer
5. Energie

Angst existiert, um dir mitzuteilen, dass du in dem Moment der Angst nicht mit der Ursache deiner Realität vertraut bist. Eine Angst auf diese Weise zu betrachten, wird die Angst kleiner werden lassen. Angst wird aber nicht ganz und für immer verschwinden. Warum sollte sie? Warum solltest du dein Navigationssystem (das dir sagt wohin du gehen solltest und wohin besser nicht) loswerden wollen?
Ein anderes Missverständnis ist, dass es so etwas wie „generelle Angst" gibt. Es gibt die Angst, die sich auf etwas Bestimmtes bezieht. Diese Angst kann mit psycho-spirituellen Methoden gehandhabt werden. Das echte Problem liegt darin, wenn versucht wird, die Angst generell loswerden zu wollen. Jemand lässt z. B. seine Angst vor Spinnen los; das bedeutet aber nicht, dass dieser Mensch niemals wieder vor etwas Angst haben wird, aber er wird eben vor Spinnen keine Angst mehr haben. Wenn diese Person das nächste Mal ihr Bewusstsein erweitert, wird sie auf neue Begrenzungen stoßen, neues Unbekanntes, und wieder wird Angst auftauchen. Angst ist ein Indikator, dass sich diese Person ausdehnt und neue Grenzen erreicht.

Vertrautheit: Generell zeigt Angst, dass wir es mit etwas Unbekanntem zu tun haben. Je mehr du mit etwas vertraut wirst, desto weniger hast du davor Angst. Die Vertrautheit wächst mit der offenen Aufmerksamkeit, die du dieser Sache gibst. Ein Weg, die Furcht zu verlieren ist also, sich mit der Sache, vor der du Angst hast, mehr vertraut zu machen.

Eintauchen: Ein anderer Weg, mit der Angst umzugehen ist (wie schon erwähnt), da hineinzuspringen, einzutauchen in die Energie, um dann alle Etikettierungen, Bewertungen und Widerstände gegen das, wovor du Angst hast aufzugeben, bis du entweder den Punkt erreicht hast, wo du sagen kannst „okay und was jetzt?"; oder bis das, was du als Angst bezeichnet hast, sich in das entwickelt, was es bereits ist: einfach Energie.

Angst als Indikator: Noch eine Methode, um mit Furcht umzugehen ist es, diese Angst als einen Indikator anzunehmen, welcher auf einen Glaubenssatz zeigt, der nicht auf deinem Wunsch ausgerichtet ist. Abhängig davon, was du bewusst beabsichtigst, wird sich deine Angst verändern. Ohne die Angst würdest du nicht wahrnehmen können, dass du einen entgegenstehenden Glaubenssatz hegst. Die Angst kann auch ein Indikator für eine Aktion, eine Person oder einen Plan sein, der nicht mit dem, was du wirklich bist, übereinstimmt. Was die Angst dir versucht zu sagen ist *„ändere deinen Kurs“*. Wenn du den nicht ausgerichteten Glauben oder die Aktion verändert hast, wird die Angst abklingen. Sie hat ihren Zweck erfüllt und ist nicht länger notwendig.

Angst in Begeisterung umwandeln: Eine weitere Möglichkeit, die Angst zu handhaben ist, das entsprechende Gefühl in deinem Körper als Begeisterung umzubenennen, anstatt es als Angst oder etwas Schlechtes zu bezeichnen. Beobachte, was mit dem Gefühl passiert, wenn du das tust.

Angst eine Stufe höher heben: Eine weitere Möglichkeit, mit deiner Furcht umzugehen könnte sein, dass du sie ausdehnst in Wut oder Zorn, was genau eine emotionale Stufe höher ist als Angst. Finde etwas, über das du wütend bist und es wird dich schnell aus der Angst holen und dir Energie geben.

Den Fokus verschieben: Noch eine andere Weise, deine Angst zu behandeln wäre, dass du deinen Fokus auf etwas Schönes verschiebst, etwas das dich erfreut.

Konfrontation: Oder du konfrontierst das, wovor du dich fürchtest – Auge in Auge mit dem Tiger. Du kannst dich fragen, was passieren würde, wenn das wovor du Angst hast, wirklich auftaucht. Was würde dann passieren? Suche solange, bis du das gefunden hast, wovor du wirklich Angst hast.

Angst attackieren: Noch ein Weg deine Angst zu bearbeiten wäre, wenn du deine Furcht attackierst und terrorisierst, indem du mental etwas viel Schlimmeres und Größeres wirst.

Wie du siehst, hast du ein Dutzend Handlungsoptionen. Du musst nicht mehr das Opfer deiner Angst werden – so wie es früher immer war. Wenn die Angst erst einmal wahrgenommen ist, bist du nicht länger nur ein reagierendes Opfer deiner Angst, sondern ein Spieler. Die Angst wird dann nicht so mehr häufig auftreten.

Die Angst benutzen bzw. missbrauchen

Das ist eine geheime Technik, in welcher du die Angst gebrauchst oder sogar missbrauchst, anstatt dass du die Angst dich missbrauchen lässt. Du weißt, dass du genau das anziehst, wovor du Angst hast. Wie wäre es, wenn du das nächste Mal, wenn du Angst hast, dieses Gefühl größer und stärker werden lässt und es dann mit dem Gedanken von etwas, das du in dein Leben ziehen willst, verbindest? Wenn Emotionen umgewandelt werden, löst man diese auf. Wenn man Gefühle aber überträgt, sie also an eine andere Stelle setzt, dann lösen sie sich nicht auf. Man kann sie dann dafür benutzen, bestimmte Erfahrungen zu erleben.

Beispiele:

- Die Angst vor etwas Unerwünschtem kann in Angst vor etwas Erwünschtem transferiert werden.
- Die Angst vor Spinnen kann in Angst vor Schokolade transferiert werden (wenn du deine Schokoladenabhängigkeit loslassen möchtest).

- Der Zweifel an deinen Fähigkeiten kann in Zweifel in deine Unfähigkeiten verschoben werden.
- Dein Ärger über eine andere Person kann in Ärger über deine Faulheit transferiert werden (wenn du motivierter sein möchtest).

Dies sind nur ein paar Beispiele, wie negative Energie für etwas Positives eingesetzt werden kann.

Zu hohe Vibration

Ich möchte hier noch eine bestimmt Art von Angst ansprechen: Wenn Menschen mit Energien konfrontiert werden, die zu hoch für sie sind, reagieren sie manchmal mit Angst und Widerstand. Stell dir vor, ein UFO landet in Tante Annies Garten. Während dieses eine hohe Schwingung haben mag, ist es nicht unbedingt gesund für sie.

Wenn du in Schwierigkeiten bist

Wenn Menschen in Schwierigkeiten sind, wenn sie scheinbar ihre Verbindung zu allem verloren haben, tendieren sie dazu, nur noch zu reagieren. Wenn du in Schwierigkeiten steckst, empfehle ich dir, in die Stille zu gehen. Ziehe dich zurück und gehe tief in die Stille. Sitze einfach und erlaube dir, mehr der Beobachter, anstatt der Involvierte zu sein. Beobachte einfach, welche Gedanken und Gefühle auftauchen, ohne Widerstand und ohne es entkräften zu wollen. Was da ist, hat seinen Grund da zu sein – erlaube dem, einfach nur da zu sein. Viele erfahren dann eine überraschende Lösung und Erleichterung, einfach indem sie still sind.

Nimm einmal an, du hättest die bedingungslose Verantwortung für alles, was gerade vor sich geht. Nimm an, dass du der alleinige Erschaffer der Situation bist, auch wenn es so erscheint, dass jemand oder etwas anderes es verursacht hat. Erwäge, dass die Angelegenheit dir irgendwie nützlich ist – vielleicht beschützt sie dich vor etwas, das nicht gut für dich ist. Diese Dinge geschehen auf Glaubensebenen, denen du dir nicht bewusst bist. Niemals Geld zu haben, beschützt dich vielleicht davor, ein schlechter Mensch zu werden, weil du glaubst, nur schlechte Menschen sind finanziell wohlhabend. Wenn du einfach die volle Verantwortung übernimmst, brauchst du nicht nach unbewussten oder versteckten Glaubenssätzen zu suchen, du kannst einfach zum nächsten Schritt weitergehen. Erlaube dir, deine Aufmerksamkeit auf eine bessere Version von dir zu verschieben. Empfange die ideale Version von dir mit einer anderen Körperhaltung und einem neuen Gesichtsausdruck. Identifiziere dich mit dieser Version so, als ob deine bevorzugte Realität bereits existiert. Fühle, wie es sich anfühlen würde, entspanne dich in das Gefühl und bleibe hier.

Mit Energie spielen

Was nun folgt, ist ein Beispiel für eine spielerische und kreative Freestyle-Anwendung.

Wähle etwas, das sich unangenehm anfühlt (Druck, Schmerz, Gefühl). Nun spiele mit der Energie, indem du…

- … deine Aufmerksamkeit hineingibst (Synchronisieren)
- … das negative Label („Das ist schlecht.“) mit einem positiven Label („Das ist Energie!“) austauschst
- … hinein atmest
- … dir eine Farbe hinein visualisierst (Medizin)
- … hinein summst
- … es schlimmer machst, bevor du es verbesserst
- … deine Hand darauf legst und die Energie in deine Hand transferierst, so dass du das Gefühl nun in deiner Hand (anstelle dort wo du es vorher gefühlt hast) wahrnimmst
- … das Gefühl in ein Objekt transferierst, bevor du es dann wieder zurück in den Körper bringst
- … es in die Luft transferierst, bevor du es dann wieder zurück in den Körper bringst
- … wahrnimmst, wie sich das Gefühl auf einer Skala von 1 bis 10 verbessert hat. Und erkenne: Wenn diese Verbesserung stattfinden konnte, kann sich das Gefühl auch noch weiter verbessern.

Meditation über die Quelle

- Nimm die Dinge in deiner Umgebung wahr.
- Rede mit den Dingen in deiner Umgebung.
- Erfahre diese Dinge als du selbst.
- Entspanne dich in deinen Körper.
- Nenne eine Intention. Atme tief ein und aus.
- Nenne etwas, für das du dankbar bist. Atme tief ein und aus.
- Nenne eine weitere Intention. Atme tief ein und aus.
- Spreche etwas aus, das du vergeben kannst.
- Berühre etwas.
- Berühre etwas anderes.
- Nimm etwas wahr, das du verändern kannst. Verändere es.
- Erkenne etwas, das du nicht verändern kannst. Verändere es trotzdem.
- Bewege deine Energie.
- Fokussiere dich nur auf das, was du hören kannst.
- Erfahre Schönheit.
- Zeige eine positive Körperhaltung.

- Frage dich: „Wann habe ich aufgehört zu lachen, zu singen und zu tanzen?“
- Befrage deine Seele, deinen Spirit.
- Erkläre ein optimistisches Vorhaben. Atme tief.
- Frage dich: „Wenn ich nur noch einen Monat zu leben hätte, was würde ich tun?“
- Frage dich: „Was kann ich mir jetzt eingestehen?“
- Lächele, bis du das Lächeln fühlen kannst.

Die Selbstverständlichkeit und Natürlichkeit von RC

Wenn jemand verlangt, RC ganz schnell zu erlernen, zeigt das ein bedürftiges, verzweifeltes und ungeduldiges weltliches Selbst an. RC ist das Gegenteil von allem, was dir jemals beigebracht wurde. Es braucht vielleicht ein ganzes Leben, um das vollkommen zu kompensieren. Natürlich kannst du auch über Nacht Resultate bekommen. Aber RC ist nicht dazu da, schnell erlernt zu werden – und schon gar nicht mit der Einstellung: „Gut, ich habe es verstanden. Was kommt als nächstes?“ RC ist etwas, das du ein Leben lang anwendest, denn das Gesetz der Korrespondenz ist das ganze Leben lang und darüber hinaus gültig. Eine Veränderung oder eine Verbesserung im Kontext linearer Zeit zu messen, ist jedenfalls in RC unangebracht. Manchmal bist du im Flow damit und manchmal nicht – egal in welcher Phase der RC-Reise du gerade bist. Sich an der Frage festzuklammern, wie lange es noch braucht, um darin ein Meister zu werden, ist wieder nur eine Variation des Glaubens an die lineare Zeit. Du kannst RC jederzeit ganz meisterhaft ausführen und du kannst jederzeit ausgesprochen schlecht darin sein, abhängig davon, wie viel Widerstand oder wie viel Bereitwilligkeit du dafür mitbringst, einen neuen Standpunkt einzunehmen. Alle deine Eier in ein „Realitätsnest“ zum Ausbrüten zu legen, wird die Dinge beschleunigen; deine Eier in viele verschiedene Nester zu legen, wird die Dinge verlangsamen, aber es wird es auch einfacher machen. Einige Menschen werden den Sprung erst schaffen, wenn sie sich in einer Krise befinden, aber du brauchst keine Krise, um den Sprung in eine neue Welt zu schaffen.

Was sehr wichtig zu wissen ist: Das Üben von RC wird immer natürlicher. Wirf den Ballast von überflüssigem Wissen, Fragen und Komplikationen ab und ruhe dich in deiner inneren Freude aus. Integriere das Wissen in deinen Alltag, ohne eine große Sache daraus zu machen. Wenn etwas Tolles passiert, brauchst du das nicht als großartig oder übernatürlich zu bezeichnen, denn das würde den Glauben voraussetzen, dass RC selten und unnatürlich ist. Du musst nicht rasend daran arbeiten und du musst dich auch nicht an bestimmte Glaubenssätze festklammern. Erlaube einfach, dass RC so natürlich wie das Atmen für dich wird.

Viele Lehrer sagen, dass der Wunsch die kreative Kraft ist oder auch, dass die Willenskraft die kreative Macht besitzt. RC dagegen lehrt nicht direkt, dass der Wunsch oder die Willenskraft die ausschlaggebenden Faktoren sind, sondern stattdessen Bereitwilligkeit und Bereitschaft. Du magst z. B. feststellen, dass es da etwas gibt, das du nicht willst, aber auf einer Ebene bist du bereit, dich damit abzufinden. Wenn du nicht länger dazu bereit wärest, es zu akzeptieren, dann würdest du diese Erfahrung nicht mehr machen. Oder du registrierst etwas, das du dir wünschst, aber auf einer anderen Ebene bist du noch nicht dazu bereit (willens), dies zu erfahren. Ein typisches Beispiel: Jemand sagt, er wünscht sich den perfekten Partner. Aber diese Person ist momentan so mit anderen Dingen beschäftigt, dass er/sie nicht gewillt ist, sich mit einer anderen Person zu befassen. Probiere das folgende Experiment aus.

1. Schreibe einige Dinge auf, die du dir wünschst.
2. Schreibe einige Dinge auf, für die du bereit bist, sie tatsächlich zu erleben.
3. Schreibe einige Dinge auf, die du nicht willst.
4. Schreibe einige Dinge auf, für die du nicht länger bereit bist, sie zu erfahren.

Nur die Dinge, die auf allen vier Listen auftauchen (auf den Listen 3 und 4 als Gegensätze) werden sich in deinem Leben manifestieren.

Zusammenfassung

Gefühle spielen in allen Themen in diesem Buch eine Rolle. Zum Beispiel stehen Gefühle in enger Beziehung mit der Aufmerksamkeit, denn das, was du fühlst, dirigiert das, worauf du deine Aufmerksamkeit richtest. Andersherum bestimmt auch deine Aufmerksamkeit, wie sich deine Gefühle entwickeln. Verschiebe deine Aufmerksamkeit und deine Gefühle verschieben sich mit. Verändere deine Emotionen und deine Aufmerksamkeit verändert sich. Dasselbe Prinzip gilt für Aktionen, Gedanken, tiefe Glaubenssätze und Identität, so wie es im Kapitel für die fünf Ebenen der Realitätserschaffung erklärt wurde.

Deine Gefühle sind ein Indikator dafür, von welcher Identität oder aus welchem Glaubenssatz heraus du die Welt betrachtest. Die Identität, die du angenommen hast, wird sich in einem realen Körpergefühl widerspiegeln. Du kannst deine Gefühle also als ein Navigationssystem verwenden, dafür sind sie da. Höre auf, deine Gefühle zu unterdrücken oder zwanghaft zu versuchen, Gefühle zu produzieren und höre auch mit all den anderen irreführenden Gewohnheiten auf, die uns beigebracht wurden. Anstatt Emotionen nur zu kreieren, verwende deine Gefühle als Indikator dafür, was du gerade kreierst.

Erinnere dich: Es ist unmöglich, dass etwas Schlechtes auf dich zukommt, wenn du dich gerade in gefühlsmäßiger Freude und Euphorie befindest. Es ist nicht leicht, in einem *Zustand von Enthusiasmus* krank zu werden oder in einem *Zustand von Interesse* Lernschwierigkeiten zu bekommen. Im Gegensatz zum allgemeinen Glauben ist es nicht möglich, von jemandem verletzt zu werden, den du liebst. Nur etwas oder jemand vor dem du Angst hast, kann dich verletzen.

Emotionen zeigen die Bewegung an, welche deine Energie gerade ausführt. Wenn du das verstehst, dann kannst du ganz einfach voraussagen, ob gute oder schlechte Dinge in den nächsten Wochen auf dich zukommen.

9. Aufmerksamkeit und Realität

Das Wunder der Aufmerksamkeit

Indem du das nun Folgende liest, wirst du Zeuge einer der tiefsten, der tiefsinnigsten und schönsten Geheimnisse der Unendlichkeit. Möge dieses geheime heilige Wissen von dir auch als solches behandelt werden. Mögest du zu einer gelassenen, kraftvolleren und magischeren Version deines Selbst erwachen.

Aufmerksamkeit zieht Realität an. Du wirst dir mehr über das bewusst, worauf du deine Aufmerksamkeit richtest – du lernst mehr darüber. Du gewinnst mehr Vertrauen den Dingen gegenüber, denen du deine Aufmerksamkeit schenkst. Den Dingen, denen du noch mehr Aufmerksamkeit gibst, die beginnen sich von den subtilen Energien zu materieller Form zu verfestigen. Auf diese Art hat deine Aufmerksamkeit direkten Einfluss auf deine Erfahrung von „mein Leben", „meine Realität", „meine Ziele", „meine Probleme", „wer ich bin" und „was ich erlebe".

Du hast auf die Welt geschaut. Du warst in der Welt wahrscheinlich auch auf der Suche. Aber selten hast du das Werkzeug, mit dem du auf die Welt blickst und suchst, genau betrachtet. Du hast dir die fertig erschaffene Welt mit seinen Objekten und Gedanken angeschaut – die Welt der Form – ohne das zu bemerken, was oder wer wahrnimmt und die Dinge durchdringt.

Die Geschichte vom Leuchtturm

Du bist ähnlich wie ein Leuchtturm, der nach dem Licht sucht. Hört sich lustig an? Ja, aber das ist ein passendes Gleichnis. Der Leuchtturm schickt seinen Strahl über Land und See – suchend und Ausschau haltend. Sein Licht fällt auf verschiedene Objekte. Der Leuchtturm sucht nach dem Licht, ohne zu bemerken, dass er selbst die Quelle des Lichts ist. Manchmal fühlt es sich kalt und einsam an, da dort draußen nicht viel Licht zu finden ist. Manchmal reflektieren Objekte das Licht und der Leuchtturm freut sich: „Das ist es! Da ist das Licht!", ohne zu erkennen, dass er selbst die Aufmerksamkeit zur Verfügung gestellt hat – dass das Licht von ihm selbst kommt. Er wird vielleicht von einigen der Objekte abhängig – diese Objekte können aber nur durch die Aufmerksamkeit und dem Licht des Leuchtturmes aufleuchten.

Eines Tages entdeckt unser Leuchtturm einen anderen Leuchtturm auf einer anderen Insel – ein Leuchtturm mit seiner eigenen kraftvollen, hellen, strahlenden Lichtquelle. Und unser Leuchtturm erstarrt vor Ehrfrucht. „Ich habe es gefunden", sagt er. „Ich habe das Licht gefunden." Was er aber immer noch nicht registriert, ist, dass er selbst eine Lichtquelle besitzt. Er verliebt sich daher in den anderen Leuchtturm – eine Liebe, auf der der Schatten liegt, das eigene Licht noch nicht entdeckt zu haben (obwohl er sein Licht die ganze Zeit über bereits scheinen lässt). Diese Brillanz und Wärme, wie sie von dem anderen Leuchtturm kommt, hat unser Leuchtturm (scheinbar) noch nie erfahren. Aber es gibt da ein Problem: Das Licht des anderen Leuchtturms scheint nicht immer in die Richtung unseres Leuchtturmes. Manchmal scheint es woanders hin; manchmal wandert seine Aufmerksamkeit zu anderen Objekten oder anderen Leuchttürmen. In solchen Momenten, wenn der andere Leuchtturm woanders hin scheint, wird es unserem Leuchtturm richtig kalt und einsam – noch kälter als vorher, denn jetzt weiß er erst, wie wunderschön es ist, wenn das Licht auf ihn scheint. Der Leuchtturm sucht nun nach einer Lösung, und lässt sein Licht, seine Aufmerksamkeit über Mentoren, Therapeuten, Coachs und Gurus schweifen, um das Licht zu finden. Wenn diese Menschen nun mit dem armen kleinen Leuchtturm Geld machen wollen, werden sie ihm niemals erzählen, geschweige denn zeigen, dass er selbst die Quelle des Lichts in sich trägt. Wonach er die ganzen Jahre über gesucht hat, ist genau das, *womit* er gesucht hat. Und dann, eines Tages, erzählt es ihm jemand und zeigt es ihm. Wie interessant ist das denn! Aber er kann es nicht ganz glauben, weil er das Licht in sich selbst noch nicht sehen kann. Warum kann er es nicht sehen? Weil er *damit* sieht. Das einzige, was der Leuchtturm nicht sehen kann, ist wer er wirklich ist. Er schaut von dem Standpunkt aus, wer er wirklich ist, und kann nicht gleichzeitig „als etwas" und „auf etwas" schauen. Aber dann geht er tief in sich und sieht sich selbst. Und er hält den Spiegel vor sich. Und er reflektiert sich selbst und erkennt, dass das wonach er immer gesucht hat, er selbst war. Und nun, da er es gefunden hat, ist seine Suche zu Ende – und etwas Neues beginnt. Das Spielen hat angefangen. Der Leuchtturm weiß nun, mit welcher Brillanz er strahlt und er nutzt dieses Licht, um die Welt zu erhellen. Ersetze „Lichtstrahl" mit „Aufmerksamkeitsstrahl" und du hast einen der Schlüssel zur spirituellen Erleuchtung und hoher Magie. Ich meine das wörtlich und im praktischen Sinne.

Eines der am meisten übersehenen, und doch eins der wichtigsten Werkzeuge, die das Bewusstsein bereits besitzt, ist seine Fähigkeit sich zu fokussieren, sowie Aufmerksamkeit zu lenken, zu verschieben, zu wechseln und abzulösen. Ja, das worauf du dich am meisten fokussierst, das erschafft deine Realität. Du nimmst das wahr, worauf du dich mit deinen fünf Sinnen konzentrierst. Das aber, worauf du dich nicht fokussierst, worauf du nicht schaust, das nimmst du nicht wahr. Deine Aufmerksamkeit bestimmt, was du als real und existent wahrnimmst. In dem Moment, in dem du nicht auf etwas schaust, existiert es nicht. Hört sich das verrückt an? Nimm mich nicht einfach so beim Wort: Mache dir selbst Gedanken darüber. Das, worauf du deine Aufmerksamkeit richtest, wird immer wichtiger, auffälliger und vertrauter. Bleibe dabei, einem Ding oder einer Sache Aufmerksamkeit zu schenken, und es wird fühlbarer, solider, bedeutungsvoller und letztendlich realer. Glaubenssätze sind verfestigte Gedanken, auf die sich jemand über lange Zeit und mit vielen Emotionen und Vertrauen so lange konzentriert hat, bis sich ähnliche Gedanken und Gefühle anzuhäufen begannen. Diese bildeten dann ein Paket von Gedanken-Formen, das wir als „Glaubenssatz", und später als „Wissen" oder „Realität" bezeichnen. Glauben ist das Resultat von intensiver Konzentration. Wenn sich etwas erst einmal in der Realität verfestigt hat, musst du dich nicht länger darauf fokussieren, um es aufrechtzuerhalten. Auf eine Art wird es zu einem unbewussten oder halbbewussten Fokus. Die Dinge, auf die du dich nicht länger konzentrierst, treten in den Hintergrund, in die Kulisse des Lebens. Sie verlieren ihre Relevanz in Bezug auf deine aktuellen Erfahrungen, sie verlieren ihre Wichtigkeit und Festigkeit, bis sie bald nicht mehr existieren (zumindest so weit, wie es dich betrifft).

Aufmerksamkeit ist Bewusstheit, und als solches ist es das einzige und wirklich unendliche Handwerkszeug, das du hast. Materielle Objekte, Gedanken usw. sind durch Zeit und Raum begrenzt, deine Aufmerksamkeit jedoch kann überall eindringen, alles umschließen, kann reisen und sich wieder von überall entfernen. Deine Aufmerksamkeit hat keine Grenzen. Du bist dir dessen nicht bewusst, weil deine Aufmerksamkeit starr ist und du sie täglich auf dieselbe Weise einsetzt. Deshalb erlebst du auch jeden Tag in etwa dieselbe Realität – eine Realität, die für dich stabil erscheint.

Aufmerksamkeit ist das, was du dir seit deiner Kindheit von anderen wünschst. Und du hast viel dafür getan, um sie zu bekommen. Du wirst von der Aufmerksamkeit anderer abhängig und forderst diese auch ein, wenn du nicht in der Lage bist, dir selbst diese Aufmerksamkeit zu schenken.

Ein Problem zu haben, bedeutet einfach, dass du deine Aufmerksamkeit fest auf etwas gerichtet hältst – und du bist nicht in der Lage, sie von dort abzuziehen. Energie (reale, messbare Energie wie in der Elektrizität oder dem Magnetismus) und Gefühle gehen dahin, wo die Aufmerksamkeit ist.

Aufmerksamkeit. Du kannst sie überall hinschicken. Du kannst sie aber auch nutzen, um alles Mögliche über alles und jeden herauszufinden. Du findest Dinge heraus, denen du dir vorher nicht bewusst warst, einfach, indem du deine Aufmerksamkeit auf Etwas richtest. Aufmerksamkeit verhilft dir dazu, alles was du willst zu lernen.

Die Aufmerksamkeit der meisten Menschen wird selten durch sie selbst gelenkt, sondern durch die äußere Welt. Sie werden durch andere kontrolliert. Die meisten Menschen reagieren auf Impulse, Werbung, Druck, Autoritäten, Medien, Schulen, Umstände, Indoktrination und hypnotische Manipulation – sie werden von ihren eigenen Begierden und Widerständen nach rechts und links gezogen.

Wenn du die Übungen zur Aufmerksamkeit praktizierst, gewinnst du viel von deiner Selbstbestimmung und Freiheit zurück. Du wirst zu einem Spieler, anstatt dass du nur der Ball bist.

In der Realitätserschaffung dreht sich alles darum, wo du deine Aufmerksamkeit hinschickst. Deshalb ist das Training deiner Aufmerksamkeit eins der grundsätzlichsten Dinge, die du tun kannst. Dein Ziel ist dann nicht länger, dass du die Dinge, auf die du schaust, verändern willst. Dein neues Ziel ist die Veränderung des Beobachters.

Wenn du deine Aufmerksamkeit trainierst, trainierst du die Quelle, die Ursache des Lebens – nicht den Effekt.

Du suchst die Wahrheit nicht mehr im Äußeren, sondern untersuchst das Werkzeug, mit dem du gesucht hast – und ganz besonders nimmst du den Benutzer dieses Instruments unter die Lupe. Denn, wenn der Benutzer und das Werkzeug unangebracht sind, dann wird auch das daraus resultierende Ergebnis mangelhaft sein.

Aufmerksamkeit trainieren

Die grundlegendste Übung zum Training der Aufmerksamkeit ist, dich einfach in einer vorgegebenen Zeitspanne auf etwas zu konzentrieren. Je länger du dazu in der Lage bist, desto mehr wachsen deine Willenskraft und Entschlossenheit. Die in dieser Übung gewonnene Willenskraft kannst du auf jedes Thema, jedes Objekt und jedes Subjekt übertragen. Bis jetzt war deine Aufmerksamkeit wie ein Ping-Pong-Ball in einem Hamsterrad, wie wir die hektische Gesellschaft gern scherzhaft nennen. Auf der einen Seite ist Entspannung nötig, um Aufmerksamkeit zu fokussieren, auf der anderen Seite führt die Konzentration der Aufmerksamkeit zu Entspannung. Die meisten Meditationstechniken basieren darauf, Aufmerksamkeit auf die eine oder andere Weise zu fokussieren. Wenn man die ganzen Riten, den Guru-ismus, die Selbstwichtigkeit und Dogmen von diesen Techniken abstreift, bleiben tatsächlich die verschiedensten Methoden übrig, um Aufmerksamkeit zu schulen. Das ist das ganze Geheimnis. Kümmere dich nicht um all den mitgebrachten Glauben, die Regeln, angehängte Religionen, Kulten und Lehren. Komme direkt zum Zentrum und studiere die Natur der Aufmerksamkeit – und schon hast du ein „alles-in-einem"-Paket. Die Aufmerksamkeit zu fokussieren (egal auf was), wird den Gedankenfluss verlangsamen und den ruhelosen Verstand zur Ruhe bringen. Der Fokus deiner Aufmerksamkeit bringt deine Energie dahin, wo sie hingehört: im Hier und Jetzt ruhend, ohne Sorge über die Welt. Das ist dein müheloser und natürlichster Zustand. Dieser Zustand ist vollkommen unabhängig von der materiellen Welt. Nur mit dieser Unabhängigkeit von der Welt kannst du Einfluss über sie erreichen. Die Kraft, deine Realität zu verändern, kommt nicht aus deiner Bedürftigkeit, sondern aus der Lebensfreude, die absolut unabhängig von äußeren Umständen oder Menschen ist. Der Spiegel wird nicht lächeln können, bevor du es nicht tust.

Aufmerksamkeit im Leerlauf

Der zweite Weg, deine Aufmerksamkeit zu nutzen ist, sie zu ent-fokussieren, das bedeutet, dass du dich bewusst auf nichts Spezifisches ausrichtest. Du bringst deine Aufmerksamkeit in einen neutralen, stillgelegten Zustand – in einen Leerlauf. Wir werden über diese unglaublich entspannende Vorgehensweise und ihre verschiedenen Einsatzmöglichkeiten später näher eingehen.

Durch Aufmerksamkeit synchronisieren

Die dritte Möglichkeit, deine Aufmerksamkeit bewusst einzusetzen ist, dass du dich auf etwas mit der Intention fokussierst, in schwingungsmäßige oder energetische Synchronisation damit zu kommen. Du bist dir dessen vielleicht nicht ganz bewusst, aber energetisch gesprochen schaut das zu dir zurück, worauf du schaust! Hört sich unheimlich an? Das braucht es nicht. Du lebst in einem Universum, indem alles aus Energie besteht. Es ist alles die gleiche Energie, die lediglich in unterschiedlichen Frequenzen, Abständen oder Intensitäten (abhängig davon, wie du es sehen möchtest) vibriert. Wenn Gedanken sich verfestigen, werden sie dichter und verwandeln sich in physische, materielle, alltägliche Realität. Und ein Werkzeug, mit dem du Gedanken verfestigen kannst, ist die Aufmerksamkeit. Verstehst du das? Wenn du deine Aufmerksamkeit auf etwas richtest und dabei die Intention hast, in energetische Synchronisation damit zu kommen, beginnst du, in derselben Energie zu schwingen. Wenn du dich nur zwanzig Sekunden lang auf das Auserwählte konzentrierst, beginnt deine Energie bereits sich mit der anderen Energie zu synchronisieren. Fokussiere dich für sechzig Sekunden auf etwas, und du vibrierst in derselben Frequenz. Konzentriere dich für drei Minuten auf etwas, und du beginnst, es in dein Leben zu ziehen. Das passiert, wenn du Auf-merksamkeit und In-tention miteinander verbindest. Mit deiner **Auf**-merksamkeit bist du **auf** dem Objekt; mit deiner **In**-tention bist du **in** dem Objekt – du wirst zu diesem Ding.

„Heißt das etwa, dass ich einfach nur auf etwas starren muss und schon kann ich es haben?"

Ja, in gewisser Hinsicht stimmt das. Wenn die Intention, die hinter der Konzentration steht, nicht widersprüchlich ist, ist das alles was du tun musst. Aufmerksamkeit verfestigt die subtilen, ätherischen Energien in materielle, physische Form.

Das hört sich höchst esoterisch und unglaublich an, lässt sich aber einfach demonstrieren. Diese Information wurde so lange geheim gehalten, dass es sich verständlicherweise ungewöhnlich anhört. Du weißt nun, dass, wenn du dich auf eine Sache fokussierst, alles andere in den Hintergrund tritt. Weißt du, was passiert, wenn du dich eine Weile auf einen Gedanken konzentrierst und beginnst, in derselben Frequenz zu schwingen? Du beginnst, ähnliche Gedanken und Gefühle wahrzunehmen – weitere Gedanken und Gefühle, die in derselben Frequenz vibrieren. Du fühlst mehr und mehr in diese Richtung. Die meisten Menschen können das beweisen, wenn sie an Sex denken. Konzentriere dich für einen Moment auf sexuelle Gedanken und nimm wahr, welche Gefühle und Gedanken sich dazugesellen. Wenn du dich ein wenig länger damit beschäftigst, kommen mehr und mehr Gefühle und Gedanken dazu. Du spürst es nun in deinem Körper, ob es nun etwas ist, das du magst oder nicht. Bald sind es nicht mehr nur weitere Gedanken und Gefühle, die du anlockst, sondern du ziehst reale Erlebnisse an, die zu deiner Ausrichtung passen. Deshalb ziehst du letztendlich alles an, wovor du Angst hast und alles was du liebst. Das Gesetz der Korrespondenz kümmert sich nicht darum, welche Energie du aussendest, es reflektiert sie einfach nur zurück. Du wirst nicht alles davon erleben, da deine Aufmerksamkeit nicht stabil ist. Bevor sich etwas manifestiert, wird es häufig schon durch etwas anderes (was du nicht magst oder was du liebst) neutralisiert. Aber die reinen Formen von Liebe und Glückseligkeit und die reinen Formen von Angst und Hass werden reflektiert. Fürs Erste verstehe deine Aufmerksamkeit als eine Art elektrisches Signal und deine Realität als das Feedback von diesem Signal, das du selbst gegeben hast.

Trainingsprogramm für die Aufmerksamkeit

Nun folgt dein Trainingsprogramm zum Thema Aufmerksamkeit. Ich habe die Wichtigkeit der Aufmerksamkeit betont, um dir einen Anreiz und die Motivation zu geben, die Serie dieser Übungen auch auszuführen. Mach dir klar: Übungen auszuführen ist eine Form von selbstbestimmter Ausrichtung deiner Aufmerksamkeit – ob du dich nun für diese oder eine andere Praktik entscheidest. Wenn es für dich ein Problem sein sollte, diese Übungen auszuführen, ist das darauf zurückzuführen, dass deine Aufmerksamkeit nicht trainiert und wenig entwickelt ist. Wenn du sagst, „ich kann diese Übungen nicht machen, weil ich keine Disziplin habe", ist das gleichbedeutend mit „ich kann meine Aufmerksamkeit nicht trainieren, weil ich keine Aufmerksamkeit habe". Siehst du, wie unsinnig das ist? Du entscheidest dich für diese Übungen, weil deine Aufmerksamkeit eben nicht trainiert ist, du aber mehr von deinem Potential ausleben möchtest. Die folgenden beruhigenden Worte werden es für dich einfacher machen: So etwas wie *faul* oder *undiszipliniert sein* gibt es nicht. Wenn es etwas gibt, das du wirklich gern tust und zu dem du positive, glückliche oder entspannte Assoziationen hast, wirst du mit deiner Disziplin keine Schwierigkeiten haben. Wenn du in etwas oder jemanden verliebt bist, wirst du alles jederzeit dafür tun, um deine ganze Zeit mit der Sache oder dem Menschen zu verbringen. Schau dir die Dinge an, mit denen du deine meiste Zeit verbringst, Dinge die ganz einfach kommen. Diese Dinge sind dir vielleicht nützlich oder auch nicht, aber sie sind in deinen Augen einfach, entlastend, interessant oder faszinierend. Du musst keine Disziplin aufbringen, um sie zu tun. Das gleiche gilt für diese Übungen: Sie sind einfach, sie werden dich entlasten, sie sind interessant und faszinierend, und du wirst mehr über das Leben und das Universum lernen, als du jemals in der Schule gelernt hast (die Schule lehrt nicht den Umgang mit der Aufmerksamkeit, sondern legt nur fest, worauf man sich konzentrieren soll). Zwinge dich nicht in einen starren Plan, indem du diese Übungen machen musst. Sie sind optional, du musst es nicht tun. Habe Spaß dabei. Sie sind dafür da, dass du dich verbesserst. Verstehe, dass „Aufmerksamkeit und den Fokus halten", nicht gleichbedeutend sind mit „Anstrengung und harte Konzentration". Die Schule und engstirnige Religionen haben gelehrt, dass sich zu fokussieren harte Konzentration ist. Schaue dich im Raum um. Fixiere einen Punkt. Nimm wahr, wie die Aufmerksamkeit einfach da ist. Die Aufmerksamkeit ist schon da. Du musst dich nicht konzentrieren und hart dafür arbeiten, dass sie dort bleibt. Du musst dich nicht an deine Aufmerksamkeit kleben oder sie festhalten. Du kannst sie einfach nur empfangen. Du musst sie nicht bekommen. Sanft. Behutsam. Sie ist schon da. Wieso die Eile? Was ist mit der Steifheit, zu welcher die Gesellschaft dich konditioniert hat? Entspanne dich. Beruhige dich. Alles ist gut und wird gut sein. Das ist der Unterschied zwischen harter Konzentration und sanfter Aufmerksamkeit. Das erstere wird dich erschöpfen. Mit der sanften Methode jedoch wirst du dein Bewusstsein, deinen Enthusiasmus, deine Begeisterung, deine Energie und deine Effektivität erweitern.

Angemessenheit der Übungen

Wie angemessen diese Übungen zur Aufmerksamkeit sind, hängt zu einem gewissen Grad von deinem emotionalen und mentalen Zustand ab, indem du sie ausführst. Manche Übungen sind nicht geeignet, wenn du dich nicht gut fühlst. Andere sind nicht angebracht, wenn du dich gut fühlst. Fühle in dich rein und bestimme dann für dich selbst.

Ruhe und Gelassenheit

Die erste Übung zum Trainieren der Aufmerksamkeit ist seltsamerweise die Nicht-Aufmerksamkeit. Es geht um keinerlei Anstrengung und darum, die Aufmerksamkeit zu neutralisieren. Dieser neutrale Modus, oder Ruhe-Modus, ist nicht nur die Basis aller folgenden Übungen, sondern auch des Lebens. In der Ruhe ohne Widerstand, in der Beruhigung von Körper und Geist kannst du in deinen ursprünglichen Zustand zurückkehren – in deinen natürlichen, mühelosen Zustand, den Zustand in welchem die Verbindung zu höheren Ebenen deines Seins (Seele, höheres Selbst) wieder möglich ist.

Die kraftvollste Magie die du kreieren wirst, wirst du nicht durch TUN erschaffen, sondern durch Nicht-TUN. Du wurdest darauf konditioniert zu glauben, dass du nur etwas erreichen kannst, indem du etwas tust. Deshalb rennst du von Ort zu Ort, von Mensch zu Mensch, von Objekt zu Objekt hin und her. Du arbeitest hart und versuchst, da draußen etwas zu erreichen, was du nur in dir finden kannst. In der Ruhe und Gelassenheit jedoch verschwinden viele Probleme von ganz allein. Dir wurde außerdem Glauben gemacht, dass Wohlbefinden ein Ziel ist, das du erreichen musst. Nichts könnte weiter von der Wahrheit entfernt sein. Mit diesem Glauben bist du kontrollierbar. Jemand bietet dir etwas an, mit dem du scheinbar glücklich werden kannst, und du folgst diesem Angebot. Aber dein natürlicher Zustand ist bereits Zufriedenheit und glücklich sein. Erinnerst du dich an den Korken im Wasser – er wird immer in seinem natürlichen Zustand auftauchen und auf dem Wasser schwimmen. Eines der größten Probleme der Menschheit ist die Unfähigkeit, einfach nur stillzusitzen. Aus der Ruhe steigen Kreativität und neue Ideen.

Ist das nicht dieselbe Übung wie das Verfahren aus der Time out-Übung in dem Kapitel über Gefühle? Und, ist das nicht der erste Schritt der PURE-Technik? Wiederholt sich hier der Autor? Ja, es ist dieselbe Methode. Und ja: Der Autor wiederholt sich. Nun magst du diese Stille vielleicht auf ein tieferes Level führen. Setze oder lege dich hin und bringe deine Aufmerksamkeit in einen neutralen Zustand. Gib auf. Gib auf zu wollen, sollen, können, brauchen, nicht-wollen, beabsichtigen, planen und versuchen. Gib auf zu wissen. Gib dein Bestreben auf. Höre auf zu fokussieren. Sitze einfach und wisse nichts. Vergiss alles, was du weißt. Beobachte sanft, was da ist – ohne Bewertung, ohne Bezeichnung ohne Erwartung. Höre auf, etwas über die Dinge in deiner Umgebung zu wissen. Sieh sie zum ersten Mal. Weder reparierst du etwas, noch machst du es kaputt. Sieh was passiert, wenn nichts passiert. Du brauchst nicht zu denken. Wenn du etwas denkst, erlaube das. Erlaube alles und jedes. Du brauchst nicht zu versuchen, einen bestimmten Gedanken zu formen. Sei einfach.

In dieser Übung hast du die neutrale Aufmerksamkeit erfahren. Es gibt nur drei Arten von Aufmerksamkeit und daraus resultierend drei Arten von Auswirkungen:

1. Aufmerksamkeit, welche mit einem Wunsch aufgeladen ist = Kreiert Realität
2. Aufmerksamkeit, welche mit Widerstand aufgeladen ist = Kreiert Realität
3. Neutrale Aufmerksamkeit (nicht aufgeladene Aufmerksamkeit) = Kreiert keine Realität

Mit anderen Worten:

- Wenn du sagst, „Ja, ich mag das!", beginnst du das anzuziehen.
- Wenn du sagst, „nein, ich hasse das", oder „ich habe davor Angst", beginnst du das anzuziehen.
- Wenn du in einem neutralen Aufmerksamkeitszustand bist, du sagst also weder das eine noch das andere, dann ziehst du nichts an.

Der Zustand neutraler Aufmerksamkeit (auch freie Aufmerksamkeit genannt) ist sehr entspannend, nicht wahr? Es existiert eine Intelligenz, unermesslich groß und viel effizienter als das eingetauchte weltliche Selbst (das du „ich" nennst). Es ist die unendliche Intelligenz, die alles mit müheloser Genialität erschafft. Du nennst es vielleicht Gott, das Universum, alles was ist, die Quelle, das Feld. Wenn du in einem neutralen Aufmerksamkeits-Zustand bist, weder wünschst du dir etwas, noch widerstehst du etwas, kreierst du nichts. In diesem Zustand springt die unermesslich große universelle Intelligenz ein und übernimmt das Kreieren für dich. Du bist mit diesem unendlichen Feld verbunden. Du bekommst Erfahrungen geliefert, die mit dem höchsten Ziel deiner Seele übereinstimmen. Deshalb beginnen die Dinge einfach zu dir zu fließen, wenn du gerade außerhalb der Stadt etwas Zeit verbringst, in einfacher reiner Freude völlig im Hier und Jetzt. Zufälle tauchen mysteriöser Weise auf. Das Leben verändert sich. Das ist die wahre Bedeutung von: sich dem Willen Gottes oder einem höheren Ziel hingeben. Einige denken fälschlicherweise, dass „sich hingeben" ein Zeichen von Schwäche oder Kraftlosigkeit ist, wo doch die Verbindung mit der Quelle die ultimative Kraft bedeutet.

Von dem Null-Punkt, der neutralen Aufmerksamkeit aus, ist es auch am einfachsten, in verschiedene aufgeladene Zustände von Aufmerksamkeit (absichtliche Realitätserschaffung) zu kommen. Normalerweise ist dein Verstand voll von Ramsch, der es schwierig macht, einen reinen Gedanken zu halten und diesen zu manifestieren. Aber wenn du etwas in die Leere, in ein Vakuum hinein kreierst, wirst du überrascht sein, wie schnell es sich manifestiert. Da der Denkprozess in Realitätserschaffung involviert ist, wäre es eine gute Idee, das Denken erst einmal zu beruhigen. Unser Denken ist zu chaotisch. Das ist eine Hauptursache dafür, dass wir unsere kreative Kraft unterdrücken: Wir würden chaotische Zustände kreieren, wenn wir erlauben würden, dass unserer Kraft ansteigt. Werde langsamer. Andererseits wären da tausende von Gedanken, denen du dir nicht bewusst bist, die an dir so schnell vorbeirasen, dass du sie gar nicht erkennen, geschweige denn sie verändern könntest.

Wenn du dich an einen Punkt aus diesem Abschnitt erinnern solltest, dann ist das: Entspanne dich. Jede Spannung, die du nicht absichtlich kreiert hast, ist ein Anzeichen dafür, dass du der Göttlichkeit, der Liebe, der Weisheit und dem Wohlergehen der Unendlichkeit nicht vertraust. Aber die Unendlichkeit ist nicht das steinkalte, unpersönliche Wesen, was uns manche Schamanen glauben machen wollen; die Unendlichkeit ist liebend und positiv. Die Polarität des Bösen existiert nur in dieser Dimension. Es gibt keine echte Quelle der Dunkelheit, genauso wie es auch keinen Schalter für Dunkelheit gibt, es gibt nur den Schalter für Licht. Entspanne dich. Wohlbefinden ist dein Geburtsrecht. Du musst es dir nicht verdienen. Du musst nicht darauf warten.

Du musst es nicht verschieben, bis die Bedingungen richtig sind. Du musst es dir nicht von deinem Bankberater vorschreiben lassen. Es gehört dir bereits. Und du wirst es finden, wenn du dich entspannst.

Die Joker-Karte

Ich nenne dies die Joker-Karte, weil du sie jederzeit zu deinem Vorteil einsetzen kannst. Du kannst heute, in einem Jahr, in hundert Jahren oder in eintausend Jahren daraus Nutzen ziehen. Es kann dir für jede Situation in jeder Realität nützlich sein. Das ist das Gute an der Aufmerksamkeit: Sie ist in jeder Realität anwendbar. Die Joker-Karte wird dich jedes Mal bewusster machen und dich daran erinnern, deine Aufmerksamkeit auf Besseres auszurichten. Sie wird dich mehr in Kontakt mit dir und der Wahrheit der Situation und dem was du wirklich willst bringen.

Die Joker-Karte besteht aus drei einfachen Fragen:

Frage 1: Wo ist meine Aufmerksamkeit jetzt?
Frage 2: Wo könnte meine Aufmerksamkeit jetzt sein?
Frage 3: Wo möchte ich jetzt meine Aufmerksamkeit haben?

Das ist alles. Das einzig Knifflige daran ist, sich daran zu erinnern, die Karte auch zu nutzen. Die Karte wird dir beweisen, dass du ihr einziger Besitzer bist; du bist absolut dafür verantwortlich, wo deine Aufmerksamkeit hingeht. Nicht die Vergangenheit, andere Menschen, noch das Umfeld sind dafür verantwortlich. Du entscheidest, wo deine Aufmerksamkeit hingeht. Wenn du dich auf einem Bewusstseinslevel befindest, auf dem du Schwierigkeiten damit hast, dich an solche hilfreichen Tricks zu erinnern, kannst du eine Karte mit diesen drei Fragen basteln. Diese Karte kannst du immer in deiner Tasche haben oder sie im Auto als Notiz einkleben. Um dein Verständnis für diese drei Fragen zu vertiefen, gehe ich nun noch etwas ins Detail:

Frage 1: „Wo ist meine Aufmerksamkeit jetzt?" Du könntest auch fragen, „Wo war meine Aufmerksamkeit bis jetzt?" oder „Worüber habe ich nachgedacht?" oder „Was nimmt mich gerade ein?" oder „Was tue ich gerade?" Diese Fragen holen dich aus den gewohnheitsmäßigen Denkmustern deiner Aufmerksamkeit, in denen du dich befindest, weil du deine Aufmerksamkeit auf die Aufmerksamkeit richtest, anstatt darin eingetaucht zu sein. Du gewinnst eine Perspektive und sinkst tiefer in das Hier und Jetzt. Wenn du wahrgenommen hast, wo deine Aufmerksamkeit ist, bist du schon fertig. Du brauchst dich nicht dafür zu kritisieren, wo deine Aufmerksamkeit gerade war. Diese Kritik bewirkt nur eine tiefere Bindung daran. Nimm einfach wahr.

Frage 2: „Wo könnte meine Aufmerksamkeit jetzt sein?" Du könntest auch fragen, „Wo hätte meine Aufmerksamkeit sein können?" oder „Wo könnte meine Aufmerksamkeit heute sein?" Aber die wahre Frage ist, „Von den Dutzenden Möglichkeiten, die ich habe…" – nein, „von den Millionen…" nein, „von den Trillionen an Möglichkeiten, die ich habe, wo könnte meine Aufmerksamkeit jetzt sein?" Erlaube dir zu sehen, wie gewohnheitsmäßig, eingrenzend und fest deine Aufmerksamkeit normalerweise ist. Du könntest deine Aufmerksamkeit genauso gut auf Millionen andere Dinge richten. Indem du dir der unendlichen Möglichkeiten bewusst wirst, bekommt dein vorheriger Fokus eine ganz neue Perspektive. Deine Aufmerksamkeit könntest du auf andere Themen, Länder, Menschen oder Ereignisse richten. In diesem Schritt kannst du deine Aufmerksamkeit zu Dingen wandern lassen, über die du selten nachdenkst oder normalerweise nicht erwägst. Das löst die Fixierung auf deinen ursprünglichen Fokus, verteilt deine Aufmerksamkeit, macht deinen vorherigen Fokus weniger schwerwiegend, weniger ernst, weniger aufgeladen, weniger wichtig.

Frage 3: „Wo möchte ich meine Aufmerksamkeit jetzt haben?“ „Worauf möchte ich meine Aufmerksamkeit heute richten?“ „Worauf möchte ich mich wirklich fokussieren?“ Oder, „Welcher Fokus würde sich gut anfühlen?“ „Was würde sich gut anfühlen, wenn ich darauf schaue oder es tue?“ Wenn du dir bewusst geworden bist, worauf deine Aufmerksamkeit gerichtet war und sie dann davon gelöst hast (und dich jetzt ein bisschen leichter fühlst), bestimmst du nun und entscheidest dich, worauf du deine Aufmerksamkeit richten möchtest. Das wird einfach für dich sein, es sein denn, das worauf deine Aufmerksamkeit gerichtet war, ist mit schweren Gefühlen aufgeladen. Verschiebe deinen Fokus auf etwas, das gut für dich ist, weil es sich gut anfühlt. Du weißt, ob es etwas Besseres ist, wenn es sich leichter anfühlt. Erinnere dich: Du wirst kein Problem lösen können, indem du dich darauf fokussierst. Das Bewusstsein braucht immer ein Beispiel davon, was gewollt ist. Fokussiere dich auf das, was du nicht willst, und du bekommst mehr davon. Wenn du ein Problem lösen möchtest, fokussiere dich auf das, was du willst. Wenn du deinem Geist das passende Beispiel gegeben hast, weiß er, worauf er sich konzentrieren soll und es fühlt sich gleich viel besser an.

Aufmerksamkeit auf Aufmerksamkeit

In dieser wunderbaren Übung nimmst du die Aufmerksamkeit als einzig wahre Quelle von Bewusstsein und Unterstützung wahr. Du richtest in dieser Übung deine Aufmerksamkeit auf deine Aufmerksamkeit. Dadurch wirst du dir dem, was du dir bewusst bist, bewusst. Du verschiebst mit dieser Übung deinen Standpunkt aus der Identifikation mit einer Realität zur Quelle dieser Realität. Beispiel: Sagen wir mal, du bist an einer Tankstelle, wartest dort in der Schlange und wendest nun diese Übung an: „Okay, ich bin mir bewusst, dass es ich mich langweilt, hier in der Schlange zu warten, weil ich schon sooft Schlange gestanden habe. Ich bin mir bewusst, dass ich nichts Interessantes erwarte. Jetzt fällt mir das blaue Auto da drüben auf. Nun erkenne ich, dass ich das Auto beurteile. Nun werde ich mir bewusst, dass sich meine Aufmerksamkeit auf einen komischen Geruch richtet, der von hinten kommt. Nun werde ich mir bewusst, dass ich über die Person dahinten spekuliere…“ und so weiter. Die Aufmerksamkeit auf die Aufmerksamkeit zu richten bedeutet, dass du bewusst beobachtest, wo deine Aufmerksamkeit hingeht. In dieser Übung gewinnst du die Kontrolle über deine Aufmerksamkeit zurück.

Den Fokus verschieben

Eine Analogie: Du sitzt in einem Restaurant, in einem fremden Land, dessen Sprache du nicht sprichst. Deshalb musst du auf die Dinge in der Speisekarte zeigen, die du möchtest. Aber wenn die Bedienung kommt, zeigst du auf Dinge, die du nicht möchtest. „Ich möchte das nicht. Und das ist schlecht. Das schmeckt furchtbar. Bringen Sie mir bitte nicht das. Ich möchte das lieber nicht haben.“ Und du zeigst auf all diese Dinge. Was denkst du, wird dir die Bedienung bringen? Sie wird dir das bringen, auf das du hingedeutet hast. Sie wird dir genau das bringen, was du nicht wolltest. Die universelle Intelligenz ist wie eine Kopiermaschine, die nur auf das reagiert, was du mit deiner Aufmerksamkeit aktivierst. Du kannst negative Gedanken und Emotionen nicht deaktivieren, da du dich in dem Moment, in dem du das versuchst, darauf konzentrierst, du wärmst sie wieder auf, aktivierst sie. Du kannst das Unerwünschte nur deaktivieren, indem du das, was du willst aktivierst. Und da Gleiches Gleiches anzieht, ist es viel einfacher, mehr von deinen Wünschen anzuziehen, wenn du dich bereits gut fühlst, als wenn du aus einem Zustand von Bedürftigkeit und Unvollkommenheit heraus handelst. Deshalb werden die Reichen immer reicher und die Armen immer ärmer. Dinge ziehen das an, das ihnen gleich ist. Der Reiche ist von dem Beweis des Reichtums umgeben, seine Aufmerksamkeit ist den ganzen Tag darauf gerichtet, deshalb wird er mehr davon anziehen. Dasselbe gilt für den Armen. Wenn du also in einem unerwünschten Zustand oder Situation bist, wird die Zeit kommen, da du deine Aufmerksamkeit auf das richten musst, was du stattdessen möchtest. Ansonsten wirst du damit fortfahren, immer wieder dasselbe zu produzieren und zu erfahren. Hast du dich schon einmal gewundert, warum ein Tag wie der andere ist? Warum sich Gedanken immer wiederholen? Weil du deine Aufmerksamkeit jeden Tag auf dieselbe Weise einsetzt. Es ist wahr, dass die meisten Menschen erst definieren können, was sie wollen, wenn sie erfahren, was sie nicht wollen, aber diese Methode muss nicht notwendigerweise angewandt werden. Du musst nicht wirklich erst einen Autounfall haben, bevor dir klar wird, dass du dein Leben ändern möchtest. Zugegeben, viele Menschen nutzen diese Methode, aber sie ist nicht notwendig. Alles, was du tun musst, ist deine Wünsche zu formulieren. Hier ist eine einfache aber doch nennenswerte Übung:

1. Schreibe Erlebnisse auf, die du erlebst hast, die du aber nicht magst und nicht wolltest.
2. Definiere für jeden Punkt auf deiner Liste spezifisch, was du stattdessen möchtest.

Das ist alles.

Gespür und Sinnlichkeit

Viele Menschen behaupten, dass sie an ihren Zielen und Wünsche interessiert sind. Bei näherem Hinschauen erkennt man allerdings, dass sie ihren Wünschen keine Aufmerksamkeit, keinen Glauben, Interesse oder Wichtigkeit schenken. Sogar Leute, die wissen, dass Aufmerksamkeit Realität kreiert, geben ihren Wünschen weiterhin wenig Aufmerksamkeit und Wertschätzung. Vielleicht liegt es daran, dass sie nicht daran glauben es erreichen zu können. Aber sie können nicht daran glauben, weil sie der Erfüllung ihrer Wünsche keine Aufmerksamkeit widmen. Manche Menschen glauben tatsächlich, dass sie auf ihre Wünsche ausgerichtet sind, tatsächlich haben sie sich aber auf den Mangel des Wunsches konzentriert. Es gibt einen sehr subtilen aber wichtigen Unterschied zwischen „sich auf seinen Wunsch“ zu fokussieren und „sich auf den Mangel, dass der Wunsch noch nicht erfüllt ist“ zu fokussieren. Wer bemängelt, dass die Erfüllung noch nicht da ist, der konzentriert sich auf den Mangel, anstatt sich auf das, was gewünscht wird, auszurichten. Wenn du dich wahrhaftig auf dein Ziel oder Wunsch konzentrierst, dann fokussierst du dich auf die Dinge, auf die du deine Aufmerksamkeit richten würdest, wenn dein Wunsch bereits manifestiert wäre. Damit sich eine Realität wirklich manifestieren kann, musst du zu dieser Realität werden, du musst damit verschmelzen. Werde noch vertrauter mit der Wunschrealität, erforsche sie, fühle sie, springe hinein – das steht an erster Stelle, noch bevor du den Beweis für die Realität hast. Du musst es real machen. Wenn du so in die erwünschte Realität eingetaucht bist, dass du sie in deinem ganzen Wesen fühlen kannst, ist es nur noch eine Frage der Zeit, bis die physische Realität deinen energetischen Zustand reflektiert.

Ja, Aufmerksamkeit erschafft und zieht Realität an. Es gibt viele Möglichkeiten, um Aufmerksamkeit zu fokussieren, viele spezifische Methoden um sinnlich darin einzutauchen oder dich im positiven Sinne und beabsichtigt in etwas zu verlieren. Manche Menschen setzen automatisch „Aufmerksamkeit geben“ mit „auf etwas schauen“ gleich. Doch die Augen sind nicht die einzigen Wege, durch welche Aufmerksamkeit fließt. Deine Aufmerksamkeit zu fokussieren, bedeutet nicht nur, dass du dich auf Gedanken konzentrierst. Es gibt viele Methoden, um eine Realität aufzuladen und zu aktivieren, um die Aufmerksamkeit zu intensivieren und mit dem Objekt deiner Begierde eins zu werden. Folgende Wege sind weitere Möglichkeiten, wie du die Macht der Aufmerksamkeit fokussieren kannst:

- Visuell: auf etwas schauen, sehen, mit den Augen fokussieren, beobachten, inspizieren, visuell wahrnehmen.
- Auditiv: hören, zuhören, mit den Ohren fokussieren.
- Berührung: berühren, handhaben, streicheln, physisch kontakten.
- Gefühl: fühlen, spüren, emotionale Energie wahrnehmen.
- Erinnerung: erinnern, abrufen, zu bestimmten Erfahrungen zurückgehen.
- Verbal: über etwas reden, als etwas reden, reden „als ob“, Wörter, Schreiben.
- Physische Umgebung: an einem Ort sein, wo etwas passiert; auf einem Schauplatz sein.
- Soziale Kontakte: Zeit mit Menschen verbringen, die etwas Bestimmtes darstellen oder erfahren.
- Verhalten: wie du dich verhältst, so tun als ob, Eigenarten, Ausdruck.
- Mental: denken, über etwas denken, sich vorstellen, Tag träumen, Gedanken auswählen.
- Intentional: mit Willenskraft, mit Wollen, entscheiden, etwas vorhaben.
- Erlauben: sich an etwas hingeben, nachgeben, vertrauen.
- Körperlich: den Körper demensprechend bewegen.
- In Aktion: indem du dich so verhältst, als ob du ganz sicher bist, dass es bereits geschehen ist oder mit Sicherheit geschehen wird.

- In reiner Aufmerksamkeit: indem du Aufmerksamkeit auf Dinge richtest, die damit verbunden sind, beziehungsweise suchst du die Dinge heraus, die dazugehören.

Wenn du dich mit einer Realität synchronisierst, dann kreierst du sie auf magische Weise. Aber es ist nicht wirklich magisch; es ist einfache Physik. Wenn du diese Methoden anwendest, dann wirkst du im Vergleich mit anderen scheinbar als eine magische Person. Den meisten Menschen wurde nämlich nicht beigebracht, wie die Realität, in die sie hineingeboren wurden, funktioniert. Lass einige Jahrhunderte verstreichen und die Menschheit wird begreifen, wie der sehende Beobachter mit der beobachteten Sache zusammenhängt. Es gibt keine Realität ohne einen Beobachter, der sie wahrnimmt. Mit den hier genannten Hilfsmitteln lernst du, deine Aufmerksamkeit zu fokussieren. Wenn du wirklich eintauchen möchtest, dann wende die Übungen auf ein bestimmtes Thema an. Wenn du so tief eingetaucht bist, dass du zu der gewünschten Realität wirst, benötigst du keine Beweise mehr, denn du repräsentierst die Realität – du bist identifiziert – und es wird im realen Leben reflektiert werden. Du kannst nur an etwas zweifeln, mit dem du nicht vollständig vertraut bist. Wenn du einer Sache genug Aufmerksamkeit gegeben hast, dann verschwindet alles Unbekannte, alle Fremdheit.

Die Computerbildschirm-Analogie

Schalte deinen Computer oder Laptop ein und schaue auf den Bildschirm. Dieser Bildschirm repräsentiert dein Leben und enthält verschiedene Symbole, aus denen du auswählen kannst. Diese Symbole stellen Dateien oder Programme dar, die du öffnen kannst. Die Symbole sind auf deinem Bildschirm (Hauptfenster) und führen zu vielen untergeordneten Ebenen. In unserer Analogie repräsentieren die Symbole die vielen Möglichkeiten, die du in jedem Moment hast, die vielen verschiedenen Welten die du erfahren kannst. Welche Datei oder welches Programm du öffnest, ist deine Entscheidung. Du hast deine Gründe, um eine bestimmte Entscheidung zu treffen, aber diese Gründe hast auch du ausgewählt.

Bewege deine Maus nun über die Symbole, ohne ein Programm oder eine Datei zu öffnen. Der Mauszeiger stellt deine Aufmerksamkeit dar. Mit dem Mauszeiger wählst du das aus, was du aktivieren möchtest. Mit deiner Aufmerksamkeit wählst du die Realität aus, die du erleben möchtest. Bewege dich mit dem Zeiger über die Symbole und fühle die Ungewissheit. Was sollte ich öffnen? Was würde ich mögen? Was ist wichtig? Was passiert, wenn ich das hier öffne? Kann ich es wieder schließen, wenn ich es einmal aufgemacht habe? Menschen stellen sich diese Fragen, wenn sie sich für eine Realität entscheiden und sie kreieren wollen. Wenn du deine Maus auf eine dieser Dateien (Möglichkeiten) führst und einmal darauf klickst, öffnet sich die Datei noch nicht; sie wird nur farblich anders und hervorgehoben. Das stellt den Fokus der Aufmerksamkeit dar. Klicke zweimal, und die Datei öffnet sich. Aber lass uns noch einmal kurz zurückspulen: In der Ausübung von Realitätserschaffung schaffen es die meisten Menschen nicht bis zum doppelten Klick auf eine Datei, ganz zu schweigen davon, dass sie das Programm der Datei anwenden können. Häufig kommen sie noch nicht einmal so weit, eine Datei einmal anzuklicken. Viele Menschen sind sich nicht bewusst, dass sie überhaupt die Wahl haben zu entscheiden, auf welche Datei sie sich fokussieren oder welche Realität sie aktivieren möchten. Einige wissen noch nicht einmal, dass es noch andere Programme gibt! Und viele von denen, welche endlich herausgefunden haben, dass es noch mehr Optionen gibt, stecken fest und wissen nicht, welche Datei sie öffnen sollen. „Ich weiß nicht, was ich will", sagen sie. Um dieses Szenario zu demonstrieren, bewege deine Maus über den Bildschirm wie jemand, der nicht weiß, was er will – gehe hin und her ohne wirklich ein Programm zu öffnen. Der Bildschirm bleibt unverändert. Und dann gibt es unter den wenigen Menschen, die tatsächlich wissen, was sie wollen, noch solche, die nicht den Mut haben, eine Datei zu öffnen. Warum? Weil der Bildschirm sich verändern wird und eventuell eine Abfolge von Datenfeldern auftaucht, auf die sie a) nicht vorbereitet sind, oder b) welche die anderen offenen Realitäten stören könnten.

Wähle jetzt ein Symbol auf deinem Bildschirm, welches in unserer Analogie „das was du willst" repräsentiert. Setze deine Maus darauf, aber klicke noch nicht. Was du jetzt getan hast, repräsentiert: wissen, was du wirklich willst. „Möchte ich das wirklich? Wenn ich mich darauf konzentriere, kann ich mich nicht gleichzeitig auf anderes konzentrieren. Naja, ich könnte vielleicht, aber dafür müsste ich mich mehr anstrengen. Werde ich in der Lage sein, es wieder zu schließen, wenn es erst einmal offen war? Ich weiß es nicht. Vielleicht öffne ich lieber etwas Leichteres – ein Spielprogramm – vielleicht Solitäre… um mich zu zerstreuen. Ich öffne lieber etwas, was ich schon kenne, etwas das ich schon tausende Male gemacht habe, denn da fühle ich mich sicher, da fühle ich mich zu Hause. Also bewege ich meinen Zeiger weg von dem, was ich will, zurück auf das Programm, was mich ablenkt." Kommt dir das bekannt vor? Die meisten Menschen öffnen lieber etwas Bekanntes (aber Langweiliges) als etwas, das sie sich wünschen (das aber unbekannt ist) – es sei denn, sie wissen genau, was dann folgen würde. Es gibt nichts zu fürchten und du kannst jede Datei wieder schließen, genauso wie du sie geöffnet hast. Was du aufmachen kannst, das kannst du auch wieder zumachen. Und was du zugemacht hast, kannst du wieder öffnen. In der Unendlichkeit geht nichts verloren. Du brauchst dich nicht an etwas festhalten, weil du alles jederzeit wieder aufnehmen kannst. Und du kannst dich überall einbringen, weil du jederzeit wieder davon loslassen kannst. Verstehst du worum es geht?

Dann gibt es da noch die Person, die so sehr gegen ein bestimmtes Programm ist, dass sie immer wieder darauf klickt! Nimm ein Zeichen auf deinem Bildschirm, welches etwas, das du nicht magst oder für das du Widerstand empfindest, symbolisch repräsentiert. Dagegen zu sein, wird dich in deiner Wut immer wieder dazu bringen, es doppelt anzuklicken. Du willst gar nicht dahin gehen; du möchtest es nicht immer wieder aufwärmen, aber du machst damit weiter, wie verrückt doppelt darauf zu klicken, bis Dutzende dieser Fenster auf deinem Bildschirm geöffnet sind. Um ein Gefühl dafür zu bekommen, klicke einfach ein paar Mal auf das Symbol, das du nicht magst. „Verflucht!" (Klick, klick) Es öffnet sich. Klicke ein paar Mal mehr darauf, aber nichts verbessert sich; es wird sogar schlimmer. Du klickst vielleicht so oft und verzweifelt darauf, bis dein kompletter Bildschirm einfriert und du nichts mehr tun kannst. Nun entspanne dich und klicke sie weg.

Vor dir liegt der stille Bildschirm mit all seinen Optionen.

Dann gibt es da die Person, deren Aufmerksamkeit so ruhelos, ungeduldig und angespannt ist, dass sie willkürlich und wahllos alle möglichen Fenster öffnet. Mache das für einen Moment. Öffne ein Dutzend oder mehr Fenster schnell hintereinander, so dass sie sich überlagern und dein Computer langsamer wird. Werde ungeduldig über das Zeitfenster. Was du nun fabriziert hast, ist Chaos und Überlastung. Du wirst nicht in der Lage sein, dich mit einem Programm zu befassen. Das scheint eine alberne Übung zu sein, aber genauso verhalten sich viele Menschen. Sie klicken entweder zu viele Optionen an oder sie klicken gar nicht, sie lassen jemand anderen für sie klicken oder sie klicken das an, was sie gar nicht wollen.

Die Methoden der Realitätserschaffung lehren uns das Folgende

Schaue ganz entspannt auf den Bildschirm, der vor dir steht. Schaue dir deine Optionen und die Karten mit denen du gespielt hast an. Wähle dann das aus, was du willst (was für dich interessant ist oder Freude in dir auslöst). Führe sanft deinen Mauszeiger darauf. Das stellt deine Entscheidung dar. Klicke einmal. Der eine Klick symbolisiert, dass du deine Aufmerksamkeit darauf richtest. Mache einen Doppelklick darauf, um es zu öffnen. Der doppelte Klick symbolisiert, dass du deine Aufmerksamkeit intensivierst. Beginne mit dem Programm zu arbeiten. Das symbolisiert, dass du nun so fokussiert bist, dass du mit dem Programm interagierst. Du fühlst das Programm, du benutzt es, du lernst es kennen, du erlebst es. Auf diese Weise verwirklichst du es. Du kannst nur das erleben, was du ausstrahlst.

Nun kommt etwas Interessantes: Der wichtigste Teil in diesem Prozess ist nicht der Bildschirm, die Dateien, und auch nicht deine Aufmerksamkeit. Wende deinen Blick auf dich. Auf dich. Deine Identität. Die Person, die ihre Aufmerksamkeit einsetzt. Denn von hier kommt alles. Stell dir vor, diese Person sitzt hier und wartet, dass etwas auf dem Bildschirm passiert. Sie wartet, dass Realität auf dem Bildschirm kreiert wird. Aber es wird nichts ohne diese Person passieren.

Und hier ist noch ein interessanter Gedanke: Gibt es eine Welt hinter dem Bildschirm? Ja, mit Sicherheit.

Entscheide und fokussiere dich

Entscheide dich, worauf du dich als nächstes fokussieren wirst. Wenn du dich entschieden hast, dann fokussiere dich darauf. Entscheide dann, worauf du dich nun fokussieren möchtest. Wenn du dir sicher bist, dass du eine Entscheidung getroffen hast, fokussiere dich auf das Neue. Entscheide und fokussiere dich. Wiederhole das einige Dutzend Male hintereinander, bis du die Verantwortung für deine Aufmerksamkeit wiedergewonnen hast, bis du dich entspannter und selbstbestimmter fühlst. Die Basis-Version dieser Übung wird mit relativ kurzen Zeitspannen ausgeführt, in denen man sich fokussiert und dann entscheidet, worauf man sich als nächstes konzentrieren möchte. Es kann alles zwischen drei und zwanzig Sekunden sein, bevor du die nächste Entscheidung triffst. Sei dir in dieser Übung sicher, dass du eine bewusste Entscheidung getroffen hast, bevor du deinen Fokus auf das nächste Objekt oder Subjekt richtest.

Verliere dich im Hier und Jetzt

Wähle ein neutrales Objekt aus, etwas, das du weder willst noch gegen das du Widerstand empfindest – ein Vorleger, eine Gardine, irgendetwas Neutrales. Begutachte es. Untersuche es. Gehe ins Detail. Nimm Details daran wahr, die dir vorher noch nie aufgefallen sind. Lerne etwas Neues darüber. Entdecke etwas, das sich bis jetzt vor deiner Wahrnehmung versteckt hat. Werde immer interessierter. Fokussiere dich darauf, bis du dich darin verlierst, darin eintauchst, bis alle Langeweile und Ungeduld verschwunden sind – bis du Termine, Verpflichtungen, Raum und sogar dich selbst vergisst. Wenn du diesen Zustand von ruhiger Faszination, dieses erhöhte Bewusstsein im Hier und Jetzt erfährst, mache dasselbe mit einem anderen Objekt. Und dann noch eins: Mache damit weiter, bis dein Gefühl für Wohlempfinden, Ruhe oder Begeisterung größer wird, als du es jemals für möglich gehalten hast.
Du brauchst dir keine Sorgen zu machen: Da du etwas Neutrales ausgewählt hast und deinen Fokus nicht mit einer Intention, etwas zu manifestieren oder der emotionalen Synchronisation verbindest, wirst du es nicht in dein Leben ziehen. Du tust genau dasselbe, als wenn du dich in ein gutes Buch oder einen interessanten Film vertiefst. Manchmal bist du so mit etwas beschäftigt, dass du sogar das Telefon nicht hörst. Diese Übung unterstützt dich darin, deinen Geist zur Ruhe zu bringen, deine Konzentrationsfähigkeit zu erhöhen und deinen Sinn für Faszination, so wie du sie als Kind hattest, zurück zu gewinnen. Du erlangst wieder deine Hingabefähigkeit und deine Begabung, etwas Neues zu lernen. Was du tatsächlich anwendest, ist die universelle Methode, mit der du jede Realität betreten, alles lernen und alles herausfinden kannst – einfach durch Aufmerksamkeit. Auf diese Weise kommt die Seele in ein Universum: Sie interessiert sich für etwas, fokussiert sich darauf, kommt näher und näher, geht hinein und verliert sich darin (manchmal sogar soweit, dass sie alles außerhalb dieser Realität vergisst). Diese Übung kannst du natürlich zur Erschaffung von etwas, das du dir wünschst, benutzen. Wenn du an neutralen Dingen übst, beruhigst du deinen Geist und schulst deine Konzentration. Wenn du die Übung mit erwünschten Dingen durchführst, machst du es mit der Intention, das Erwünschte mehr und mehr zu fühlen. Du möchtest den Spalt zwischen deiner und der Vibration des Erwünschten schließen (den Spalt zwischen Wunsch und Glauben). Schließe diesen Spalt zwischen Wunsch und Glauben – und alles ist möglich. Je länger du darauf schaust, desto vertrauter wird es für dich. Je vertrauter es ist, desto weniger hast du davor Angst, desto mehr Vertrauen hast du. Je mehr du vertraust, desto näher kommt es. Nachdem du einige positive Erfahrungen mit neutralen Dingen gesammelt hast, wende dieselbe Übung für Dinge an, die du haben, besitzen oder erfahren möchtest.
Die Übung kann auf echte, reale Objekte, visualisierte Objekte (Gedanken), Erinnerungen, Wörter oder Bilder angewandt werden.

Defragmentieren von Aufmerksamkeit

Schritt 1: Schreibe Fragen auf, über die du nachgedacht hast oder Themen, über die grübelst. Formuliere diese zu Fragen um, die du gern beantwortet hättest. Oder schreibe einfach eine Liste von Fragen auf, auf die du dir eine Antwort wünschst.

Schritt 2: Schaue noch einmal auf deine Fragen und stelle sie, wenn nötig, ein wenig um, so dass sie zu besseren, intelligenteren Fragen werden. Hebe die Fragen auf ein höheres Level. Zum Beispiel: Wenn du Gewicht abnehmen möchtest, könntest du dich fragen „warum bin ich so fett?" oder „warum bin ich übergewichtig?" Aber es gibt da eine intelligentere Frage. Du könntest sie wie folgt umformulieren: „Wie kann ich Gewicht loswerden?" Oder eine noch bessere Frage wäre: „Wie kann ich Gewicht abnehmen und Spaß an dem Prozess haben?" Gibt es irgendeine Frage auf deiner Liste, die du verbessern kannst?

Schritt 3: Beantworte diese Fragen selbst. Bevor du außerhalb von dir nach Antworten suchst, frage dich selbst. Benutze deine Intuition, deinen gesunden Menschenverstand und deine selbstbestimmte innere spirituelle Autorität, um Antworten zu finden, die dich befriedigen. Wenn dir eine Antwort nicht gefällt, denke tiefer nach oder stelle die Frage um, bis du sie selbst beantworten kannst und dich gut mit der Antwort fühlst.

Schritt 4: Wenn du nun möchtest, kannst du anderen deine Fragen stellen. Du kannst die Fragen auch deinem inneren Coach oder höherem Selbst stellen. Sprich das folgende Gebet bevor du schlafen gehst: „Danke dafür, dass du mir zeigst, dass meine Themen bereits gelöst sind." (Wiederhole) Du kannst dir ein Symbol für dein höheres Selbst vorstellen und dann deine Frage stellen. Oder du stellst deine Frage jemanden, dem du vertraust und den du respektierst. Die Entscheidung liegt bei dir. Diese Übung gibt deiner Aufmerksamkeit die entspannte Gewissheit, dass du auf deine noch unbeantworteten Fragen bald Antworten bekommst. Du wirst noch mehr Kraft gewinnen, wenn du deine Fragen selbst beantworten kannst.

Bewusstseinserweiterung

Bewusstsein, Wahrnehmung und Achtsamkeit auszudehnen ist einfach eine Sache von *Ausweiten deiner Aufmerksamkeit* zu Orten, wo sie vorher noch nicht war, ins Unbekannte hinein. Das bedeutet ganz real, etwas wahrzunehmen, zu sehen, hören, denken, bemerken, entdecken, lernen, fühlen, schmecken, riechen, etwas zu spüren, das du vorher noch nicht wahrgenommen, gesehen, gehört, gedacht, bemerkt, entdeckt, gelernt, gefühlt, geschmeckt, gerochen oder gespürt hast.

Einer meiner vielen Lehrer (ich habe vergessen, wer es war) hat mir einmal eine wunderschöne Metapher erzählt, um mir das Prinzip zu verdeutlichen. Sie ging ungefähr so: „Ich verliere mich in einem dunklen Käfig. Ich weiß nicht, wo ich hingehen soll und ich bete und bitte um Führung. Als sich meine Augen an die Dunkelheit gewöhnen, erwacht eine neue Wahrnehmung in mir und ich sehe, dass es aus einer Richtung heller als aus der anderen scheint. Also gehe ich in die Richtung, aus der das Licht kommt und treffe auf eine Wand aus Stein, die das Licht reflektiert. ‚Das muss es sein', denke ich. ‚Das muss die Erleuchtung sein'. Aber als meine Augen sich an das softe Licht gewöhnen, erwacht in mir ein Bewusstsein und ich erkenne, dass das Licht tatsächlich von einem nahegelegenen Wasserbecken kommt. ‚Das ist es', denke ich. ‚Das muss die Erleuchtung sein'. Aber als ich das Bassin erreiche, gewöhnen sich meine Augen auch an das vom Wasser reflektierte Licht. Ein neues Bewusstsein erwacht in mir, und ich erkenne, dass das Licht vom Mond kommt. ‚Das muss es sein', denke ich. ‚Das muss die Erleuchtung sein'. Aber als ich so das Licht des Mondes betrachte, erwacht eine neue Wahrnehmung in mir und ich sehe, dass das Licht von den Flammen der Sonne herrührt. ‚Das muss es sein', denke ich …" Und so geht die Geschichte weiter.

Diese wunderschöne Metapher zeigt auf, dass es kein statisches Ende gibt, dass die Reise der Seele unendlich ist. Sie symbolisiert auch Folgendes: Wenn du denkst, du hast es endlich geschafft, zeigt sich schon eine neue spannende Grenze, die es zu erforschen gibt. Die folgenden Übungen mögen simpel erscheinen, demonstrieren aber die Ausweitung von Bewusstsein in ihrem ursprünglichen Sinn. Und sind nicht die meisten grundlegenden Wahrheiten unglaublich simpel?

- Wähle ein einzelnes Objekt aus und observiere es sanft, bis du fünf Details daran entdeckst, die du vorher noch nicht gesehen hast.
- Schau auf die Wände, die Decke und den Boden des Raumes, in dem du dich befindest. Nimm Dinge wahr, die dir vorher noch nicht aufgefallen sind.
- Schau dich in deiner Nachbarschaft um und entdecke dort zehn Dinge, die du vorher nicht beachtet hast.
- Wähle dir eine Erinnerung aus. Gehe zu dieser Erinnerung zurück. Sieh solange hin, bis du dir einiger Details bewusst wirst, denen du dir vorher nicht bewusst warst.
- Beobachte eine Person und nimm fünf Dinge an ihr wahr, die du bis jetzt noch nicht gesehen hast.
- Betrachte das Leben und erkenne einhundert Dinge, die deiner Aufmerksamkeit bis jetzt entgangen sind.
- Erlerne ein neues Wort und verwende es.
- Erlerne eine neue Fähigkeit und wende diese an.
- Nimm zwei Dinge, die offensichtlich gleich sind (z. B. zwei Münzen derselben Währung und gleicher Summe), lege sie nebeneinander und entdecke fünf Unterschiede zwischen diesen beiden.
- Finde zehn Unterschiede zwischen heute und gestern heraus.

Deine Sinne benutzen

Weißt du, dass es da draußen ein wundervolles Universum gibt, welches du kaum wahrnimmst? Du bist so damit beschäftigt die Erleuchtung zu erlangen, dass du die atemberaubende Schönheit vor dir gar nicht siehst. Du kannst die Intensität deiner irdischen Erfahrung ausweiten, indem du den Freuden deiner Sinne mehr Aufmerksamkeit schenkst.

Übungen für die Aufmerksamkeit der Sinne

- Fokussiere deine Aufmerksamkeit für eine bestimmte Zeit lang nur auf das, was du hörst (verbinde dir die Augen, das hilft dir in dieser Übung, den Fokus zu halten).
- Fokussiere deine Aufmerksamkeit für eine bestimmte Zeit nur darauf, was du siehst (Ohrstöpsel helfen dir für diese Übung, dich auf die visuellen Eindrücke zu fokussieren).
- Fokussiere deine Aufmerksamkeit für eine bestimmte Zeit nur auf das, was du fühlst (tiefe Atmung und Stille unterstützen diesen Fokus).
- Fokussiere deine Aufmerksamkeit für eine bestimmte Zeit nur auf das, was du denkst (deine Augen zu schließen, würde diese Übung unterstützen).
- Fokussiere deine Aufmerksamkeit für eine bestimmte Zeit nur auf das, was du riechst und schmeckst (essen würde diese Übung unterstützen).

Das Ziel des sinnlichen Rückzugs ist es, deinen Fokus auf einen Gedanken, den du gewählt hast, zu verstärken. Du wirst beginnen, das Leben viel intensiver zu erfahren.

Aufgeladene Aufmerksamkeit und neutrale Aufmerksamkeit

Aufmerksamkeitsteilchen können sich auf drei Arten manifestieren:

- Sie können mit einem Wunsch aufgeladen sein.
- Sie können mit Widerstand aufgeladen sein.
- Neutral (freie Aufmerksamkeit).

Bevor ein Wunsch entsteht, gibt es einen Widerstand. Ohne Negativität würdest du keinen Wunsch haben. Wünsche werden kreiert, wenn du beginnst, gegen etwas in deiner momentanen Situation Widerstand aufzubauen. Ein Wunsch ist der Widerstand bezüglich *etwas nicht zu haben, nicht zu sein* oder *etwas nicht tun zu können*. Je unzufriedener du wirst, desto größer werden die Wünsche.

Der Zyklus von: *Unzufriedenheit/Widerstand* – welcher zu einem *Wunsch* führt – welcher zur *Befriedigung/Erfüllung* führt, ist das, was wir Leben nennen. Etwas Negatives führt zu einem Verlangen, und der Wunsch führt letztendlich zur Erfüllung.

Das ist einfach zu verstehen. Stelle dir einen Stab vor. Das eine Ende des Stabes (A) repräsentiert die ungewollten Bedingungen (gegen die du Widerstand aufbaust). Das andere Ende (B) repräsentiert die gewünschten Bedingungen (was du dir wünschst). Alles, was du theoretisch tun musst, um die bevorzugte Realität zu kreieren, ist von A nach B zu reisen. Die meisten Menschen bleiben aber auf A, sie trommeln darauf rum, sie reden über A, denken immer nur an A – obwohl sie behaupten, dass sie nach B wollen. Warum? Weil uns beigebracht wurde, dass wir A lösen können, in dem wir uns auf A fokussieren, Widerstand dagegen aufbauen und gegen A kämpfen.

Aber das Gegenteil ist der Fall, denn Widerstand ist eine sehr intensive Form von Aufmerksamkeit. Der schnellste Weg zu B wäre, direkt bei B zu starten, es nicht nur zum Ziel zu machen, sondern auch zum Anfang. Es ist unmöglich B zu erreichen, wenn sich deine dominierenden Gedanken, Gefühle und Schwingungen nur um A drehen.

Negativ geladene Aufmerksamkeit

Negativ geladene Aufmerksamkeit bedeutet auch, dass du deine Aufmerksamkeit nicht von etwas abziehen kannst; du denkst immer und immer wieder darüber nach, hast Angst davor, wirst wütend oder traurig darüber. Vielleicht erfährst du es sogar bereits als Realität. Widerstand und Verleugnung kreiert diese Art von Aufmerksamkeit, weil man etwas von sich schiebt und nachdrücklich „Nein!" dazu sagt. Der Widerstand an sich kreiert einen starken **Druck-Strahl**, der dich zu dem Objekt, gegen das du Widerstand aufbaust, presst.

Positiv geladene Aufmerksamkeit

Positiv geladene Aufmerksamkeit geschieht, wenn du dir etwas wünschst. Wenn du dir etwas wünschst, das auf einem höheren Level als deine jetzige Schwingung vibriert, kreiert der Wunsch eine Art Zug oder ***anziehenden Energie-Strahl*** zum Objekt oder Ereignis deines Wunsches.

Die Art, wie deine Aufmerksamkeitspartikel geladen sind (positiv oder negativ), bestimmt, auf welche Weise die Realität verdichtet wird. Es gibt zwei Möglichkeiten: Negativ geladene Aufmerksamkeitspartikel tendieren dazu, sich gegenseitig ***wegzuschubsen***. Dadurch kreieren sie eine Art ***(weg-) drückenden Strom*** zwischen dir und dem, was wahrgenommen wird (deshalb spürst du Widerstand als Druck).

Aufmerksamkeitspartikel, die mit einem Wunsch aufgeladen sind, tendieren dazu sich ***anzuziehen***. Sie kreieren einen ***Anziehungs-Strom*** zwischen dir und dem, was wahrgenommen wird (deshalb spürst du eine Art Zug, wenn du dir etwas wünschst). Das, was du dir wünschst, aber dem du gleichzeitig widerstehst (du fühlst ambivalent in dieser Sache), erschafft das unangenehmste Gefühl von allen: einen pressenden und anziehenden Strahl zugleich. Alles, was du dir wünschst und alles, was dir widerstrebt, wird sich letztendlich in deinen realen Lebenserfahrungen zeigen (es sei denn, die positiv und negativ geladenen Aufmerksamkeitspartikel neutralisieren sich vorher gegenseitig).

Pressende Strahlen (negativ geladene Aufmerksamkeit) verlängern die Energiestrahlen zwischen dir und dem Objekt (dem du widerstehst) und pressen gegen das Objekt. Wähle dir irgendein Objekt und fühle starken Widerstand dagegen. Nimm wahr, wie sich dein Körper leicht nach hinten bewegt. Anziehende Strahlen (positiv geladene Aufmerksamkeit) verkürzen die Energiestrahlen zwischen dir und dem erwünschten Objekt und ziehen das Wahrgenommene an. Suche dir irgendein Objekt aus und fühle, dass du es dir ganz stark wünschst. Bemerke, wie sich dein Körper ganz subtil nach vorne beugt. Übermäßige pressende und anziehende Strahlen zugleich ziehen den Verlust der Selbstkontrolle nach sich.

Übung: Aufmerksamkeit neutralisieren

Stelle dich vor eine Wand und projiziere einen pressenden Strahl (Widerstand) dagegen. Nimm wahr, wie du dich nach hinten bewegst. Wenn sich der pressende Strahl intensiviert oder länger wird, wirst entweder du oder die Wand sich verschieben müssen.

Im Kampfsport kannst du dieses Wissen anwenden, um einen Gegner zu überrumpeln. Wenn jemand Widerstand gegen dich hat und du gleichzeitig deinen eigenen Widerstand für diese Person auflöst, wird die Person ihre Balance verlieren. Wenn du einen pressenden Strahl zwischen ein Leichtgewicht und ein schweres Objekt platzierst – sagen wir zwischen ein Baumblatt und einen Betonblock – dann wird sich das Blatt fortbewegen. Version a) Wenn der Betonblock einen Widerstand gegen das Blatt hegt, wird sich das Blatt bewegen. Version b) Wenn das Blatt gegen den Betonblock einen Widerstand hat, es würde sich immer noch das Blatt bewegen! Version c) Würdest du das Blatt jetzt an einen Wolkenkratzer kleben und es dann gegen den Betonblock kämpfen lassen, dann würde sich der Block bewegen.

Der pressende Strahl verlängert und der ziehende Strahl verkürzt. Für den Strahl ist es völlig egal, welche Seite sich hin- oder wegbewegt. Es wird sich das Objekt verschieben, das die kleinere physische Masse hat. Wenn du einen Anziehungsstrahl kreierst, wird sich das erwünschte Objekt auf dich zubewegen, wenn es eine kleinere relative Masse als du hat. Wenn du kleiner als das Objekt bist, wirst du dich auf das Objekt zubewegen. Daraus resultiert die Schlussfolgerung: Um eine begehrte Realität zu erfüllen, wähle etwas Kleineres oder werde selbst etwas größer.

Identität oder das „ich bin“ ist ein Bewusstseinsfeld, das von verschiedenen Dingen umgeben ist. Die Stabilität mit der das „ich“ seinen Platz halten kann, während es einen Zug- oder Druckstrahl (Schwingungsenergie) projiziert, um andere Menschen, Ereignisse oder Objekte zu beeinflussen, hängt von der Masse dieser Identität ab. Das bedeutet: Wie überzeugt ist jemand von der Richtigkeit seiner Überzeugungen. Wenn der eigene Glaube schwach ist, dann wird das Aussenden von Energiestrahlen (von Wünschen oder Widerständen) dazu führen, dass die ausgesendeten Strahlen zurückkommen und die Identität, von der sie ausgesendet wurden, bewegen. Tiefe Glaubenssätze haben den Vorteil, dass du kontinuierlich eine bestimmte Realität erschaffen kannst. Sie haben den Nachteil, dass du auf einen bestimmten Standpunkt festgelegt bist. Auf der positiven Seite sind Menschen mit tiefem Glauben sehr erfolgreich. Die negative Seite der Medaille ist, dass sie Fanatiker sein können.

Wunsch und Widerstand sind ähnlich wie die positive oder negative elektrische Ladung. Wenn du etwas haben möchtest, das du noch nicht hast oder wenn du etwas nicht haben möchtest, was du gerade erlebst, dann generierst du negativ geladene Aufmerksamkeit. Negativ aufgeladene Aufmerksamkeit verdichtet die Realität, gegen die du Widerstand leistest, sie macht sie lebendiger. Hegst du gegen etwas Widerstand, wird es bestehen bleiben. Wenn du mit dem, was ist, einverstanden bist oder etwas, das nicht ist, auch nicht begehrst, dann strahlst du positiv geladene Aufmerksamkeit aus. Positiv aufgeladene Aufmerksamkeit verdichtet die Realität, die du dir wünschst. Du bekommst das, was du liebst.

Je mehr die Aufmerksamkeit aufgeladen ist, desto mehr Anstrengung ist nötig, wenn du diese neutralisieren (die bewusste Kontrolle darüber erlangen) und in das universelle Bewusstsein zurück integrieren (auflösen) möchtest. Wenn die Ladung höher ist als dein Einsatz es aufzulösen, wird die Aufmerksamkeit fixiert, gebunden oder abhängig. Wenn sie über eine längere Zeit so fixiert ist, wird sie vom Bewusstsein abgetrennt und vergessen (ohne integriert worden zu sein). Sie strahlt dann von unterbewussten Ebenen des Seins ein ungutes Gefühl, Lustlosigkeit oder Trübheit aus. Richtest du nun frische Aufmerksamkeit auf ein nicht integriertes Thema, wird die Sache wieder aufgewärmt. Das könnte vorübergehendes Leiden oder Schmerz verursachen. Sich dann noch mehr darauf zu konzentrieren, wird dazu führen, dass das Thema wieder integriert werden kann.

Negativ aufgeladene Aufmerksamkeit muss erst neutralisiert werden, bevor sie integriert werden kann. Bevor das nicht geschieht, hängt sie wie Energiewolken von Eindrücken um das „ich bin“ (auch Verstand oder Identität genannt). Die Wechselwirkungen der aufgeladenen Aufmerksamkeitsanteile verursachen unruhige Gedanken und Wechselbäder der Gefühle. Die Gefühle sind nur Indikatoren für den Weg, auf den du dich begeben hast – ein Weg, der entweder zur Manifestation deiner Wünsche oder zur Manifestation deiner Ängste und Widerstände führt.

Es gibt verschiedene Möglichkeiten, geladene Aufmerksamkeit zu neutralisieren. Eine Möglichkeit ist, dass du dich an einen Ort zurückziehst, an dem nichts deine Aufmerksamkeit wieder aufladen kann. Wenn Isolation nichts für dich ist, dann können dir die folgenden Übungen zur Mediation, Selbstbeobachtung und Aufmerksamkeit dabei helfen, die geladene Aufmerksamkeit (mit der du ein reagierendes Opfer warst) zu neutralisieren. Es ist der Pfad in die Welt, etwas zu erschaffen. Etwas zu entkreieren (neutrale Aufmerksamkeit) ist der Pfad zurück zur Quelle.

Durch ein nahezu identitätsloses „ich bin“, kann neutrale Aufmerksamkeit mühelos delegiert werden. Es ist lustig: Es gibt Zustände, in denen du die Macht hast, alles was du willst zu erschaffen – aber in diesen Zuständen bist du nicht daran interessiert, diese Dinge zu kreieren. Aus einem aufgeladenen Zustand und gebundener Identität heraus wünschst du dir vielleicht Ruhm und Glück. In einem leichten Zustand jedoch, indem du kaum identifiziert bist, indem die neutrale Aufmerksamkeit weniger ein Strahl als mehr ein Gewahrsein und Schnittstelle zwischen der nicht-dimensionalen Unendlichkeit und der dimensionalen Kreation ist, bist du zufrieden, wie es ist. Erst wenn eine Identität angenommen oder wenn das Wahrgenommene bewertet und beurteilt wird, verwandelt sich Aufmerksamkeit in einen Strahl. Neutrale Aufmerksamkeit übt auf das Wahrgenommene weder Druck noch Anziehung aus. Das Wahrgenommene wird nicht als irgendetwas bezeichnet. Es findet fast keine Reaktion statt. Die auf diese Weise von dem stillen Zeugen aufgenommene Information wird im gleichen Moment zur universellen Intelligenz transferiert. In einem neutralen Zustand der Aufmerksamkeit wird der Betrachter weder angezogen noch weggestoßen, er wird von dem Willen des „ich bin“ geleitet. Je mehr neutrale Aufmerksamkeit jemand hat, desto leichter kann er Realität erschaffen und frei handeln.

Übungen, um Aufmerksamkeit zu neutralisieren

Negativ als auch positiv aufgeladene Aufmerksamkeit kann Probleme verursachen. Positiv geladene Aufmerksamkeit limitiert dich, wenn du dir etwas auf einem höheren Level wünschst (etwas, das auf einer höheren Ebene als du schwingt). Du bist dann schwingungsmäßig noch nicht bereit dafür, dies zu empfangen. Das kreiert ein Verlangen, eine Sehnsucht – ein verzweifeltes Bedürfnis – und damit ist es ein Wunsch, der unerfüllt bleibt. Eine Möglichkeit, dieses Thema zu neutralisieren, wurde bereits in den Abschnitten zu „Wunsch und Glauben ausrichten“, „Gebundene Aufmerksamkeit loslassen“ und Scaling behandelt.

Die gegensätzliche Technik

Nimm ein Blatt Papier und zeichne eine horizontale Line, die von minus zehn bis plus zehn geht. Null ist der Punkt *neutrale Aufmerksamkeit*. Die Minus-Zahlen sind Punkte von Widerstand oder Angst, die bis zur Zahl minus zehn immer intensiver werden. Die Plus-Nummern sind Punkte von Wünschen, die sich bis zur völligen Begierde bei der Zahl zehn vergrößern und wachsen. Schreibe nun einige Beispiele verschiedener Punkte auf der Skala auf. Zum Beispiel steht auf der Nummer minus eins, dass du noch den Steuerbescheid schreiben musst, wenn das etwas ist, was du nicht unbedingt gerne machst. Wenn du Angst vor Spinnen hast, möchtest du das vielleicht auf Nummer minus fünf schreiben. Wenn du furchtbare Angst vor Höhe hast, steht das vielleicht auf Nummer minus acht. Wenn du bestimmte Leute nicht ausstehen kannst, setzt du das z. B. auf Nummer minus vier. Deine Lieblingsspeise steht vielleicht auf plus eins. Eine Person, die du sehr attraktiv findest, steht vielleicht auf plus vier. Dein Wunsch reich zu sein, schreibst du eventuell auf Platznummer plus sechs. Deine Sucht nach Schokolade steht vielleicht auf plus sieben. Und so weiter.

Wie du nun aus der Physik weißt, wird positive Energie durch negative Energie neutralisiert und umgekehrt. So komisch wie sich das auch anhören mag, du kannst also negative Energie auflösen, indem du positive Energie projizierst und vice versa. Sagen wir, du möchtest die mit Angst vor Spinnen geladene Aufmerksamkeit neutralisieren. Deshalb würdest du nun beginnen, positive Gedanken und Erlebnisse mit Spinnen zu projizieren und zu assoziieren. Du könntest Spinnen als süß, nett, knuddelig, niedlich, freundlich, wie ein Teddybär, klein, gemütlich und bequem visualisieren. Anfangs würdest du auf Zweifel und Widerstand stoßen. Vielleicht willst du diese Übung zuerst auch gar nicht machen. Aber wenn du dabei bleibst und weitermachst, bewegen sich die Spinnen auf der Skala nach oben – zu minus vier, zu minus drei, zu minus zwei, minus eins und dann zur Null – neutral. Wenn du Aufmerksamkeit neutralisierst, spürst du eine große Erleichterung; die Angst ist überwunden. Wenn du jetzt weitermachst und Wunsch, Verlangen und Wollen auf die Spinnen projizierst, würde das Gefühl auf der Skala noch weiter ansteigen und dein neutrales Gefühl Spinnen gegenüber würde zu einem positiven Gefühl werden. Bei einigen Themen, wie z. B. Schmerz und Krieg, würdest du diese Methode nicht anwenden. Vielleicht möchtest du diese Themen nicht einmal auf den neutralen Punkt bringen, aber du könntest ein schmerzvolles Thema von minus zehn auf minus drei bringen – um ein bisschen davon loszulassen, so dass es nicht mehr deine Aufmerksamkeit dominiert. Nehmen wir nun an, du hast z. B. eine Sucht nach Schokolade auf Level Nummer sieben und du möchtest etwas davon auflösen. Du würdest dann einfach Widerstand und negative Assoziationen auf sie projizieren. Du beginnst darüber nachzudenken, dass Schokolade krank und fett macht. Du stellst dir vor, wie du dich nach dem Verzehren verdorbener, vergifteter, ungesunder, gefährlicher (und so weiter) Schokolade übergibst. Zunächst hast du Zweifel daran, aber wenn du dich weiter darauf fokussierst, wird das Thema Schokolade auf plus fünf sinken, plus drei, plus eins und dann würde es sich in Null neutralisieren. Wenn du dich, nachdem du dein Verlangen nach Schokolade neutralisiert hast, weiter auf die negativen Assoziationen mit Schokolade fokussierst, würdest du schlussendlich Widerstand gegen Schokolade erschaffen. Also höre mit der Übung auf, bevor das passiert. Das Thema auf neutral oder plus eins oder plus zwei gebracht zu haben, reicht völlig aus, um dich nicht mehr davon dominieren zu lassen.

Du hast gerade die Geheimnisse der Nützlichkeit von pressenden und anziehenden Strahlen und der Neutralisation von Aufmerksamkeit gelernt.

Die Kamera-Technik

Neutrale Aufmerksamkeit ist die einzige Form von Aufmerksamkeit, die keine Realität anzieht. Alles, zu dem du „ja“ sagst und alles, zu dem du „nein“ sagst, ziehst du in dein Leben. Aber alles, welchem du neutral gegenüber stehst, kreierst du nicht. Neutrale Aufmerksamkeit ist dein Zustand in dem du entspannen kannst. Es ist auch der Zustand, indem man Menschen findet, die auf der Suche nach spirituellen Bereichen über diese Realität hinaus sind. Das Nullpunkt-Bewusstsein ist das Tor zu Welten, außerhalb der Welt der Kreationen. Deshalb neutralisiert sich jedes Thema, das du mit totaler Neutralität betrachtest (ohne es zu dir zu ziehen oder es wegzustoßen). Jeder ungewollte Gedanke, den du auf diese Art eine Weile betrachtest, wird sich ganz natürlich auflösen. Neutrale Aufmerksamkeit ist ähnlich wie eine Kamera auf einem Filmset. Jeder auf dem Filmset ist auf das eine oder andere fokussiert. Die Filmkamera ist der einzige Blickpunkt, welcher den Film in seiner Ganzheit, so wie er ist, wahrnimmt. Die Kamera hat keine Präferenzen oder Widerstände, und sofern nicht gezoomt wird, nimmt sie das ganze Bild, so wie es ist, auf. Neutrale Aufmerksamkeit ist die nützlichste Form von Aufmerksamkeit. Positiv geladene Aufmerksamkeit (also Aufmerksamkeit die mit einem Wunsch geladen ist) ist auch nützlich, aber nur wenn du dich gleichzeitig auf einem angemessenen Schwingungslevel befindest, so dass du deine Wünsche auch empfangen kannst. Alles was du dir wünschst, ziehst du an. Aber bei den meisten Menschen ist nicht der Wunsch, die Begierde oder das Vorhaben das Problem, sondern die Unfähigkeit, sich zu erlauben, das Angezogene auch zu empfangen und aufzunehmen.

Die Skala der Aufmerksamkeit

Undefinierte Aufmerksamkeit/universelles Bewusstsein/Unendlichkeit/das Feld

Neutrale Aufmerksamkeit

Geladene Aufmerksamkeit

Fixierte Aufmerksamkeit

Vermoderte/verfaulte Aufmerksamkeit

Der Unterschied zwischen neutraler Aufmerksamkeit und undefiniertem/unendlichem Bewusstsein ist, dass neutrale Aufmerksamkeit innerhalb einer Kreation enthalten sein kann.

Nullpunkt Meditation

Der Nullpunkt (oder unendliches Bewusstsein) kann in der meditativen Praxis des *Beobachtens ohne reagieren oder beurteilen* erreicht werden. Dies ist eine noch tiefere Version der Time Out-Technik für Ruhe und Gelassenheit:

Schließe deine Augen und beobachte den Strom der Gedanken, ohne darin gefangen zu werden. Höre immer weiter auf zu reagieren. Solange wie sich deine Aufmerksamkeit nicht an etwas anhaftet, bleibst du zentriert und verankert. Gedanken und Beobachtungen kommen und gehen. Wenn die Aufmerksamkeit sich auf einen Gedanken fixiert, dann fließt du mit diesem Gedanken. Stell dir einen Fluss und ein Boot vor. Wenn du am Flussbett sitzt, fließt das Boot vorbei und entschwindet mit dem Strom – das ist Meditation. Schau dem Boot etwas länger hinterher, gehe am Flussrand etwas mit dem Boot mit – das ist Beobachten. Steige in das Boot ein und paddele gegen den Strom – das ist der Kampf des Lebens. Steige in das Boot und lasse dich vom Fluss hinweg tragen – das ist die Vergnügungsfahrt des Lebens. Ziehe dich vom Strom des Bewusstseins für eine Weile zurück und sei einfach gewahr. Das ist friedvolle Meditation und diese neutralisiert aufgeladene Aufmerksamkeit.

Fixierte Aufmerksamkeit loslassen

Du kannst jede ungewollte Realität sofort loslassen, indem du dich absichtlich und bewusst im Wechsel auf die unerwünschte Realität und etwas anderes konzentrierst. Wechsele zwischen dem Objekt oder dem Thema, auf welches deine Aufmerksamkeit fixiert ist und etwas anderem (vorzugsweise etwas Neutralem) hin und her, bis die Fixierung aufgelöst ist. Richte deinen Fokus vom Standpunkt neutraler Aufmerksamkeit auf das, was immer du dir wünschst, und bleibe mit deiner Aufmerksamkeit dort, bis sich die neue Realität manifestiert hat. Es ist so einfach. Das Loslösen von fixierter Aufmerksamkeit kann schriftlich, verbal, schauspielerisch oder mental ausgeführt werden. Wenn du es schriftlich machst, dann schreibst du erst das Problem auf. Anschließend beschreibst du (auf dem Papier) ein Objekt im Raum, bis deine Aufmerksamkeit völlig darauf gerichtet ist. Dann wechselst du zurück zum Problem, dann wieder zurück zu einem neutralen Objekt. Du wechselst solange zwischen der Problembeschreibung und einem neutralen Objekt, bis du das Problem so oft an- und ausgeschaltet hast, dass es kein Problem mehr für dich ist. Das funktioniert mit allem. Ich empfehle aber, diese Technik erst mit Themen auszuprobieren, die nicht sehr hoch aufgeladen sind (z. B. Kopfschmerzen, ungewollte Rechnung, kleines Missgeschick), bevor du sie auf schwierige Fälle anwendest.

Die Technik der Ent-Polarisierung

Jeder Wunsch, den du hast, polarisiert dich automatisch. Jedes Mal wenn du dir ein Ziel setzt und festlegst, was du willst, polarisierst du zwischen dem aktuellen und dem erwünschten Zustand. Das ist der A-nach-B-Weg, der vorher erwähnt wurde. Jedes Ziel, etwas haben, tun oder sein zu wollen kreiert automatisch eine Spannung. Diese Spannung motiviert dich, deinem Ziel zu folgen. Wenn du das Ziel erreichst verschwindet damit auch die Spannung; beide Pole entschwinden in die Leere. Das Ziel zu erschaffen lässt das ganze Konstrukt verschwinden. Polaritäten verschmelzen miteinander und werden durch Erleichterung ersetzt. Die Struktur für jedes Ziel oder Wunsch besteht aus der folgenden Triade:

1. aktueller Zustand
2. erwünschter Zustand
3. und die Spannung zwischen diesen beiden.

Wenn du z. B. sagst: „Ich möchte meinen Beruf wechseln", kreiert das automatisch die zwei anderen Bestandteile der Triade, nämlich: „Ich bin unglücklich in meinem jetzigen Beruf" und die Spannung zwischen den beiden Sätzen. Es gibt drei Methoden, die die Triade auflösen:

Methode 1: Das Ziel wird in der Realität erreicht/der Wunsch erfüllt.

Methode 2: Die gewünschte Realität wird in der Imagination manifestiert.

Methode 3: Die gewünschte Realität wird aufgegeben.

Die meisten Menschen sind bereits mit der ersten Methode vertraut, diese wenden sie täglich an. Bei der zweiten Methode wird das gewünschte Resultat in der Imagination dupliziert – so als ob du sie bereits erlebst. Wenn du dir die Realität mit allem drum und dran vorstellen kannst, wird das Ziel-Konstrukt zusammenfallen. Bewusstsein unterscheidet nicht zwischen real und imaginiert und fühlt dieselbe Erleichterung, egal ob das Ziel physisch oder nur in der Vorstellung erreicht wurde. Die meisten Menschen sind auch mit der dritten Methode vertraut. Es bedeutet, dass du den Wunsch oder das Ziel einfach aufgibst. Du entscheidest, dass es nicht länger dein Wunsch ist (ohne es als einen Verlust anzusehen oder es als Grund zu nehmen, um über sich enttäuscht zu sein). Das sind drei praktikable Wege, Spannungsenergie loszulassen oder Aufmerksamkeit zu neutralisieren.

Anhand sexueller Energie kann eine Analogie dazu gezeigt werden:

1. Wunsch: Sex
2. Aktueller Zustand: kein Sex
3. Feeling: Sexuelle Spannung

Methode 1: Du hast Sex mit jemandem in der physischen Realität.

Methode 2: Du hast in der Vorstellung Sex mit jemandem.

Methode 3: Du willst keinen Sex mehr. (Du lenkst dich mit etwas anderem ab).

Alle drei Methoden führen dazu, dass die Spannung der Polarität aufgelöst wird. Mit anderen Worten: Wenn du oft unglücklich und erschöpft in deinem Leben bist, verwende eine der drei Methoden, um deine Spannung zu lösen. Erreiche das Ziel (in der Realität oder in der Vorstellung) oder gib den Wunsch danach auf. Lange Zeit in dieser Spannung zu verharren kostet viel Energie.

Was passiert mit einem Wunsch oder einem Ziel, das nicht mit einer dieser drei Methoden gehandhabt wurde? Was passiert mit einem Ziel, das weder erreicht, noch erlebt, noch aufgegeben wurde? Nichts. Der Wunsch oder das Ziel sind immer noch in dir und verbrauchen Energie (Aufmerksamkeit), um aufrechterhalten zu werden. Es braucht eine Menge Energie, um einen Wunsch zu pflegen, an dessen Erfüllung du selber nicht glaubst. Erfahre die Erfüllung deines Wunsches mental oder emotional. Wenn du das tust und in deiner Vorstellung die Entspannung erlebst, wird die physische Realität auf die emotionale Schwingung der Erfüllung reagieren und durch neue Ereignisse in dein Leben reflektieren. Wenn du nicht in der Lage bist, diesen Wunsch zu erreichen (mental oder real physisch), dann höre auf, so zu tun als ob. Jeder Wunsch, der nicht gehandhabt wird, bindet Aufmerksamkeit, erschöpft dich, wirkt negativ auf deinen Selbstwertgefühl und verringert deine Fähigkeit, das Leben auf die Reihe zu kriegen.

In dieser Übung wirst du lernen, wie man ent-polarisiert und nicht beendete Zyklen von Kreationen behandelt. Ein nicht beendeter Zyklus einer Kreation ist ein von dir gesetztes Ziel, das sich aber noch nicht erfüllt hat. Es ist kein Ziel, das du willentlich aufgegeben hast. Diese nicht beendeten Zyklen von Kreationen hängen immer noch in deinem Energiefeld und ziehen Aufmerksamkeit ab. Wenn du zögerst und die Erledigung hinausschiebst, werden diese Spannungsfelder nicht verschwinden. Die stecken fest, bis sie sich wie eine Last anfühlen. Wenn du weniger Last und Spannung fühlen möchtest, beende das Unvollendete. Definiere eine begrenzte Anzahl von realistischen Zielen (Ziele, die du wirklich für realisierbar hältst), oder wachse, so dass du deinen Zielen gewachsen bist. Nur dann, wenn du von dem ganzen Frieden und der Leere gelangweilt bist, solltest du wieder nach höheren Zielen und Herausforderungen greifen.

1. Liste alle Dinge auf, auf die du in der letzten Zeit deine Aufmerksamkeit gerichtet hast. Schreibe Dinge auf, die unvollendet sind. Schreibe auf: was du immer wieder hinausschiebst; Dinge, die du nicht beginnst; Dinge, bei denen du das Gefühl hast, nicht aufhören zu können; Dingen, gegen die du Widerstand hast.
2. Bewerte jeden Punkt auf deiner Liste nach **Wichtigkeit**. Schreibe eine 1 für „sehr **un**wichtig“ und eine 5 für „sehr wichtig“ oder jede Zahl dazwischen, je nach Wichtigkeit.
3. Bewerte jeden Punkt auf der Liste nach **seinem aktuellen Zustand**. Schreibe eine 1 für „unvollendet“ und eine 5 für „erledigt“ (oder „idealer Zustand“). Du kannst jede Nummer dazwischen wählen.
4. Markiere nun alle **wichtigen** Punkte und alle **unvollendeten** Punkte. Zahlen-Kombinationen wie z. B. 5-1, 5-2, 4-1 und 4-2 sind deine zentralen Punkte, welche die meiste Energie in Anspruch nehmen.
5. Streiche alle Punkte von der Liste, die unwichtig oder beendet sind, so dass sie nicht länger Aufmerksamkeit abziehen. Lass sie los.

6. Schau dir deine neue Liste an und wähle den am einfachsten auszuführenden Punkt aus. Erledige diesen Punkt sofort. Genau jetzt. Ohne Aufschub. Lese von hier nicht weiter, bevor du das nicht getan hast.
7. Später nimmst du den nächst-einfachen Punkt von der Liste und erledigst ihn direkt. Mache mit allen Punkten auf der Liste weiter, bis alles erledigt ist. Wenn du mit deiner Liste fertig bist, erstelle eine neue Liste: Schreibe deine Wünsche auf (es können Punkte der alten Liste wieder auftauchen). Entscheide für jeden Wunsch ob du a) es erreichst, b) in deiner Vorstellung erfüllst oder c) ob du diesen Wunsch aufgibst. Dann mache weiter, wie eben beschrieben. Du wirst mehr Energie erleben, als jemals zuvor.

Aufmerksamkeit und Manipulation

Das Verständnis der Natur von Aufmerksamkeit kann und wird regelmäßig zur Manipulation von Menschen, Massenbewusstsein und Wahrnehmung von Realität benutzt. In weiterem Sinne ist jeder absichtliche Gebrauch von Aufmerksamkeit Manipulation. Aber worüber wir hier sprechen, ist die Steuerung von Aufmerksamkeit als Waffe. Politiker, die Medien und Werbetreibende verwenden neue spezifische Techniken. Dieses Kapitel beinhaltet nicht, dass du ein Opfer dieser Institutionen sein musst. Wenn du nicht mit einer bestimmten Realität in Schwingung stehst, wenn du keine Angst in dir hältst oder wenn du dir dieser Techniken bewusst bist, können andere dich nicht manipulieren. Dieses Kapitel ist nicht dazu da, dass du lernst, manipulative Praktiken an anderen anzuwenden – das was du der Welt gibst, bekommst du auch zurück. Hier sind einige manipulative Techniken:

Aufmerksamkeit ablenken: Um etwas zu vertuschen, wird Aufmerksamkeit auf etwas anderes gelenkt. Zum Beispiel: Um eine große Lüge zu verschleiern, gebe ich eine kleine Lüge zu. Die Aufmerksamkeit ist dann auf die kleine Lüge gerichtet, weg von der großen Lüge. Ein weiteres Beispiel: Ein Politiker will die Aufmerksamkeit von den Problemen in seinem Land oder etwas Schlechtem, was er getan hat, ablenken – also kreiert er Probleme in einem anderen Land. Wenn du herausfinden möchtest, wie einfach es ist, die Aufmerksamkeit von Menschen zu lenken, dann halte an irgendeiner Straße in der Stadt an und schaue für eine Weile zum Himmel. Andere werden wenig später auch schauen.

Problem-Reaktion-Lösung: Jemand, der etwas verkaufen möchte, kreiert ein Problem, lässt die anderen darauf reagieren und offeriert dann die Lösung. Bei dieser Technik kommen das Problem und die Lösung von derselben Quelle, ohne dass die Menschen sich dessen bewusst sind. Beispiele: Ein religiöser Kult, der neue Mitglieder rekrutieren will, lässt die neuen Menschen testen, um ihre Probleme aufzudecken (zu kreieren). Dann offerieren sie die Lösung dazu. Ein anderes Beispiel: Du gehst zu einem Zahnarzt. Weil der aber mehr Geld braucht, übertreibt er den Service, für den du eigentlich gekommen bist. Noch ein Beispiel: Eine Regierung arrangiert einen terroristischen Angriff auf sich selbst (macht andere dafür verantwortlich), um den Angriff auf ein anderes Land zu rechtfertigen. Oder: Ein Anti-Computer-Virus-Unternehmen erschafft Computerviren, um den geschäftlichen Erfolg zu steigern.

Mysterium-Erschaffer: Jemand erschafft ein Mysterium, um Aufmerksamkeit anzuziehen. Ein Mysterium ist ein Magnet für Aufmerksamkeit. Wenn eine Angelegenheit mit einigen interessanten (aber unbekannten) Punkten präsentiert wird, saugt das Objekt Aufmerksamkeit auf, und man ist Stunden, Tage oder sogar ein Leben lang darin vertieft. Beispiel: Jemand machte einige Bemerkungen bezüglich eines Subjekts, hält aber bewusst den Rest zurück, um das Interesse zu wecken. Dann wird die Information Stück für Stück preisgegeben, um die Person bei der Stange zu halten.

Geben und Zurückziehen: Jemandem wird Aufmerksamkeit gegeben und dann wieder entzogen. Das ist ein weiterer Weg, um die Aufmerksamkeit von jemandem zu fixieren. Beispiel: Ein Mann zeigt einer Frau mehr Liebe, Aufmerksamkeit, Zuwendung und Berührung, als sie jemals zuvor erfahren hat. Sie hat danach gedürstet, nun hat sie es bekommen. Wenn sie einmal von dieser Aufmerksamkeit abhängig ist, zieht er sie zurück und bringt sie dazu, ihm hinterherzulaufen.

TV-BPM: BPM = „Glauben pro Minute" („beliefe per minute"). Schau dir irgendeine zufällige TV-Show an und du wirst feststellen, dass die Show Dutzende, manchmal hunderte von Glaubenssätzen pro Minute anbietet, die meisten kennst du gar nicht und willst sie auch nicht kennen. Durch deine Zustimmung und Einwilligung werden diese Glaubenssätze in dir verstärkt oder zu deinen eigenen. Eine Methode, um Glaubenssätze einzupflanzen ist folgende: Die Methode beginnt damit, dich für etwas zu begeistern, zu faszinieren und dich emotional aufzuladen (durch Bilder, Musik, Farben, Stimulation). Wenn du in diesem Zustand bist, wird dir ein bestimmtes Konzept oder ein Glauben dargeboten. Wenn du dir bewusst wirst, dass nicht die Glaubenssätze dich auswählen, sondern du dir die Glaubenssätze, funktioniert diese Methode nicht länger. Wenn du ein bewusster Mensch bist, kannst du dir alles anschauen was du willst, ohne dass es nachteilige Auswirkungen auf dich hat.

Ein weiterer Weg der Manipulation: Man bietet etwas an, worauf jemand bereits seine Aufmerksamkeit gerichtet hat: Jemand sieht, dass ein anderer gerade seine Aufmerksamkeit auf etwas richtet und bietet ihm dieses dann an (oder verhält sich so, als ob er oder sie es an anbieten könnte). Beispiel: Ein Verkäufer beutet Menschen aus, die etwas unbedingt brauchen. Ein Flirter nimmt wahr, wofür sich die gewünschte Person interessiert und tut so, als ob er auch daran interessiert ist.

Und noch einmal: Du musst dich nicht vor diesen Methoden schützen, solange du bewusst lebst und dessen gewahr bist. Manchmal wirst du dir sogar erlauben, manipuliert zu werden – von einem lieben Menschen des anderen Geschlechts zum Beispiel. Schutz zu brauchen impliziert, dass du nicht die Quelle von Realität, sondern ein Opfer bist – aber du bist kein Opfer. Es kann jedoch interessant sein zu beobachten, wie sich andere Menschen manipulieren lassen.

Tägliche Intention

Wenn es nur eine Übung gibt, die du dir auswählst, um sie regelmäßig auszuführen, nimm die folgende. Es ist eine sehr einfache Übung mit dem Ziel, dass du dich daran gewöhnst, deine Aufmerksamkeit immer auf das, was du dir wünschst (anstelle was du dir nicht wünschst) zu richten. Für die Übung schreibst du auf, was du willst, was du beabsichtigst oder gern für dich geschehen lassen möchtest – und das für jeden Tag. Die Übung wird regelmäßig ausgeführt. Du schreibst große und kleine Dinge, realistische und unrealistische Dinge auf. Dinge, die du tun und haben möchtest. Es gibt eine Hauptregel: Lasse jede Erwartung los, dass diese Dinge wirklich passieren müssen. Lass los davon, wie oder wann oder ob sie geschehen. Du bestimmt lediglich, was schön wäre, nicht was unbedingt geschehen muss. Du gehst durch deinen Tag, ohne Beweise zu fordern. Viele dieser Dinge werden nicht geschehen, aber sie werden deine Schwingung anheben, weil du sie aufschreibst und darüber nachdenkst. Einige Dinge werden realisiert werden. Meist sind das die Punkte, die du leicht und spielerisch und ohne Druck aufgeschrieben hast. Diese Übung verwischt den Unterschied zwischen „realistisch" und „unrealistisch". Du schreibst Dinge auf, die sowieso passieren und Dinge, die ein bisschen ausgefallen und unkonventionell sind. Die Liste kann lang oder kurz sein, abhängig von deiner Stimmung. Du kannst diese Übung am Abend vor dem Tag oder am Morgen ausführen. Sie kann spezifische oder allgemeine Punkte enthalten. Schreibe deine Intentionen in der Vergangenheitsform.

Hier ist ein Beispiel für eine tägliche Intentionsliste:

- Habe das Auto in die Werkstatt gebracht.
- War beim Friseur.
- Habe jemand Interessantes getroffen.
- Gab Susan mehr Liebe, als sie es jemals bekommen hat.
- Habe überraschenderweise drei neue Kunden bekommen.
- Ich bekam überraschenderweise Geld.
- Ich hatte eine Menge Energie.
- Ich hatte eine außerkörperliche Erfahrung.
- Meine Katze ist gesund geworden.

Erinnere dich: Der einzige Grund, warum wir immer dieselben Dinge erleben ist, weil wir unsere Aufmerksamkeit immer auf dieselbe Weise einsetzen, weil wir wiederholt in dieselben Themen investieren. Wenn du alles neu erleben möchtest, lerne es, deine Aufmerksamkeit auf eine andere Art zu nutzen.

Der Zwanzig-Sekunden-Blick

Erinnerst du dich, wie du als Kind eine Hautirritation oder einen schlechten Zahn hattest und kontinuierlich daran rumgespielt hast, obwohl es besser gewesen wäre, es einfach in Ruhe zu lassen? Erinnerst du dich, wie du solange gerieben hast, bis es noch mehr wehtat? Es ist erstaunlicherweise sehr verlockend, nicht wahr? Es ist ähnlich, wie wenn du einen Daumen über Sandpapier reibst. Es beginnt damit, sich angenehm und interessant anzufühlen, deshalb reibst du noch mehr und mehr, bis du den Punkt, an dem du besser aufgehört hättest, überschreitest. Die Hand blutet schon, aber du machst weiter. Auf dieselbe Weise benutzen viele Menschen ihre Aufmerksamkeit. Sie sagen, dass sie weniger Leiden und stattdessen mehr Freude wollen, aber reiben immer weiter, indem sie ihren Blick und ihr Interesse auf den Schmerz fixiert halten.

Der Zwanzig-Sekunden-Blick ist sehr einfach auszuführen und führt einen schnellen Wechsel herbei.

Der Zwanzig-Sekunden-Blick geht so: Für jeweils zwanzig Sekunden schaust du auf unterschiedliche Objekte – schöne Dinge da draußen und schöne Dinge drinnen. Schöne Gebäude, Autos, Menschen, Natur, Bilder, schöne Gedanken, Fantasien. Warum zwanzig Sekunden? Weil es zwanzig Sekunden braucht, um in schwingungsmäßige Resonanz mit etwas zu kommen und es zu fühlen. Und zwanzig Sekunden sind zu kurz, um Zweifel oder zweite Gedanken über das Angeschaute aufkommen zu lassen. Manche Menschen werden merken, dass eine zu lange Beobachtung und Fokussierung weitere Gedanken (Zweifel) hervorbringt. Der Zwanzig-Sekunden-Quickie verhindert das. Schau etwa zwanzig Sekunden lang auf etwas (du brauchst dafür keine Stoppuhr) und lasse dann los. Dann schaust du entweder auf das nächste Objekt für zwanzig Sekunden, und das nächste und das nächste – bis du in einen positiven Flow kommst – oder du machst eine Pause und erfreust dich an der schnellen positiven Veränderung. Es braucht nur zwanzig Sekunden, um einen Wechsel herbeizuführen. Auch wenn diese Verschiebung nur klein ist, findet sie doch fast unmittelbar statt.

Wenn du diese Übung in einem ganz miserablen Zustand beginnst, kann es sein, dass du einige Runden brauchst, bis du wieder mit deinem höheren Selbst in Einklang bist.

Wenn du diese kleine Übung wöchentlich praktizierst, wirst du aufhören, nach negativen Gedanken zu suchen und dich mehr auf das, was schön und gut ist, fokussieren können. Tatsächlich lehrt RC, dass du dich mit nichts, was du nicht willst, beschäftigen musst (es gibt eine Ausnahmen: Dinge, die sich immer wieder selbst in deinen Blickwinkel schieben, benötigen deine Aufmerksamkeit).

Das, worauf du dich ausrichtest, wächst. Das erklärt, warum die Reichen immer reicher werden und warum die zweite Million leichter gemacht ist als die erste. Wenn jemand seine erste Million gemacht hat, umgibt er sich mit schönen Dingen und muss sich nicht bemühen, diese wahrzunehmen. Wenn du noch keine Million hast, bist du wahrscheinlich von Dingen, die du nicht magst und glaubst, dass du gezwungen bist sie anzuschauen, umgeben. Erkenne, dass es überall Schönheit für dich gibt, die du sehen kannst. Beschreibe deine aktuelle Umgebung etwas freundlicher und verwende deine Vorstellungskraft, um die Lücken auszufüllen. Wenn dich nicht gerade Schönheit umgibt, kannst du immer noch deine Imagination einsetzen und dich dort damit synchronisieren.

Wenn du darin etwas Selbstvertrauen gewonnen hast, deine Aufmerksamkeit weg von den negativen Dingen und die Aufmerksamkeit stattdessen auf die Schönheit hin richten kannst, dann kannst du zum nächsten Schritt übergehen: Nimm denjenigen wahr, der schaut. Das ist die Ebene der Identität, von welcher die Aufmerksamkeit kommt. Eine Identität zu verschieben geht noch tiefer, als Aufmerksamkeit zu verschieben. Ist die Identität ideal, dann fließt die Aufmerksamkeit automatisch an die richtigen Stellen, ohne diese Verschiebung notwendigerweise bewusst vornehmen zu müssen.

Scripting (Skripte erstellen)

Scripting ist die Methode, bei der du ein Film-Skript über eine Situation, die du manifestieren möchtest, schreibst. Du hast die Gewohnheit, auf das, was war und das, was jetzt ist, zu schauen. Die Methode des Scripting hilft dir, dich auf das, was du willst zu fokussieren und die Details deiner Wünsche zu visualisieren. Es wird dir helfen, die Effekte von „fokussieren ohne Widerstand" auszutesten.
Scripting manifestiert Realität, während du nicht mit dem Manifestieren, sondern mit dem Schreiben des Skriptes beschäftigt bist. Du schreibst dein Skript nicht in einem Zustand von Anspannung, Stress, „muss ich haben" oder „muss ich bekommen". Du schreibst einfach, weil es Spaß macht, mit Leichtigkeit und Kreativität. Du wählst dir ein Thema aus, das du in der Realität erleben möchtest und schreibst das als Geschichte mit Dialogen und Szenerien auf. Das Skript wird in der Vergangenheitsform geschrieben und zwar so, als ob es selbstverständlich, real, passiert ist. Nimm dazu folgenden Blickwinkel ein: Du bist ein Skriptschreiber und alles, was du aufschreibst, manifestiert sich (also bedenke, was du schreibst). Wenn du Freude an dem Schreiben hast und es dir leichter fällt als Visualisieren, kannst du dein ganzes Leben, spezifische Situationen oder Themen als Skript schreiben. Du kannst die Methode des Scripting anstelle deines Tagesbuchs (Vergangenheit) oder der Wochenplanung (Gegenwart) einsetzen. Deine Aufgabe ist es, Spaß zu haben. Der Rest wird von Produzenten, Direktoren und Schauspielern (Unendlichkeit) übernommen. Wenn du dich sanft auf Dinge fokussierst (ohne sie zu brauchen und ohne Widerstand gegen Negatives) und wenn du dir klar über deine Wünsche bist, dann kommt es einfach zu dir. Die Magie der Realitätsgestaltung ist spielerisch, nicht ernst. Ernsthaftigkeit aktiviert die dunklen und unerwünschten Glaubenssätze. Du kannst Dinge, die sowieso passieren, oder die du sowieso tun wirst, integrieren und diese kreativ ergänzen. Oder du denkst dir die ganze Geschichte aus. Du siehst das Ganze nicht als bloße Spinnerei, sondern du erlaubst, dass die Tasten auf deinem Klavier bzw. dass die Spitze deines Stiftes magisch sind.
Scripting berührt viele Themen, einige werde ich nur kurz erwähnen. Scripting wird dir zeigen, wie starr, immer wiederholend und unkreativ das eigene Denken (und die gelebten Tage) waren. Es wird dir auch zeigen, wie das Schreiben über die eigenen Wünsche, ein effektiver Weg ist, den Geist zu klären und zu reinigen. Je mehr du dich auf ein Thema fokussierst, desto mehr Details kannst du hinzufügen, desto schneller bewegt sich die Energie. Mit einiger Übung wirst du ein Gefühl dafür bekommen, wie du Energie bewegst und welche Art des Schreibens dabei hilft. Du wirst begeistert sein zu sehen, wie die Dinge, die du aufgeschrieben hast, sich materialisieren – manchmal sogar exakt im Detail. Du bist der Autor deines Lebens.

10. Überzeugungen und Realität

Überzeugungen ziehen Realität an. Du kannst dir auswählen, von welchem Standpunkt (Identität, Aufmerksamkeit, Emotion oder Überzeugung) du die Realitätserschaffung angehen möchtest, oder du kannst alle Methoden kombinieren. Glaubenssätze (Überzeugungen) sind mächtiger als Gefühle, weil sie bestimmen, wie du etwas fühlst. In diesem Sinne erzeugen sie also Gefühle. Überzeugungen lenken auch, wohin deine Aufmerksamkeit geht oder nicht geht. Du kannst es auch von der anderen Seite sehen: Aufmerksamkeit und Gefühle verursachen bzw. kreieren eine Überzeugung und je mehr Aufmerksamkeit und Gefühl du einem Gedanken gibst, desto mehr wird er zu einer Überzeugung. Die Entstehung von Überzeugungen ist keine Einbahnstraße, sondern geht in beide Richtungen. Das soll dich nicht verwirren. Du wirst noch erkennen, wie diese Elemente zusammenhängen und wie sie im *Surfen in parallelen Welten* verwendet werden.

Was ist eine Überzeugung überhaupt? Eine Überzeugung ist ein Gedanke, den du immer wieder denkst, ob du dir dessen nun bewusst bist oder nicht. Viele Lehrer sagen, dass die unterbewussten und unbewussten Überzeugungen am kraftvollsten wirken, weil du dir dieser nicht gewahr bist. Du bist dir dieser Überzeugungen nicht nur nicht bewusst, sondern du hältst sie für so wahr und wirklich, dass du sie nicht einmal als Überzeugung erkennst. In diesem Sinne gibt es nicht wirklich so etwas wie einen unterbewussten Gedanken, Sub-Level-Bewusstsein oder unbewusste Glaubenssätze, sondern nur Dinge, die für dich so real sind, dass du gar nicht auf den Gedanken kommst, dass sie nur eine Überzeugung (eine Möglichkeit Realität zu sehen) sind. Stell dir vor, Überzeugungen sind wie eine Sonnenbrille. Du schaust selten auf die Brille selbst, sondern du schaust durch die Gläser hindurch auf die Welt. Während die Sonnenbrille, die du trägst, für andere offensichtlich ist, ist sie für dich doch nur halbsichtbar. Du sagst, „so sieht die Realität aus", und „das ist real", ohne zu bemerken, dass es nur durch die Brille so aussieht. Aber es gibt noch mehr dazu zu sagen: Du trägst eine magnetische Sonnenbrille, welche die Ereignisse anzieht, die zu deiner Überzeugung passen. Eine Überzeugung ist nicht mehr als ein Gedanke. Du denkst einen Gedanken. Und wenn du diesen immer wieder denkst, zieht er andere Gedanken an, die auf einer ähnlichen Ebene vibrieren. Wenn ein Gedanke groß genug wird, nennen wir das eine Überzeugung. Wenn ein Gedanke auf Autopilot läuft und die bewusste Wahrnehmung verlässt, nennen wir das eine unbewusste Überzeugung. Eine Grundüberzeugung ist eine grundlegende Definition, eine Vorannahme über die Realität, etwas, das du als „Wissen" oder „Wahrheit" bezeichnest – etwas von dem du so überzeugt bist, dass du es nie in Frage stellst. Ein Glaube ist ein Gedanke, eine Aussage (verbalisierter Gedanke), ein mentales Bild oder Definition über das, was ist und was nicht ist. In diesem Sinn ist alles, was du denkst und sagst, ein Glaube, der auf anderen Glaubenssätzen basiert. Viele Gedanken basieren auf einer Grundüberzeugung. RC beinhaltet, dass wir uns dessen, was wir als Fakt angenommen haben, bewusst werden und erkennen, dass jeder Glaube nur ein Gedanke ist, den wir für wahr halten und nach außen projizieren – und dass wir dann diesen Glauben in einen erwünschten Glaubenssatz verwandeln.

Es ist allgemein bekannt, dass unser Verhalten und unser Tun von Gefühlen gesteuert werden. Was aber weniger bekannt ist (aber immer mehr ins Bewusstsein dieses Planeten tritt): Unsere Gefühle werden durch Glaubenssätze gelenkt. Glaubenssätze, Gefühle und Handeln formen ein Dreieck – sie beeinflussen und bestätigen sich gegenseitig. Du glaubst etwas Bestimmtes und das kreiert ein Gefühl. Du fühlst etwas, und das führt zu einer Handlung. Du tust etwas, erlebst dieses Ereignis und das bestätigt deinen Glauben.

Die meisten Menschen glauben: Sehen ist das gleiche wie Glauben. Sie sagen: „Ich glaube es, wenn ich es mit eigenen Augen sehe." Oder: „Ich glaube das, weil ich es erlebt habe." Oder: „Ich bin so wie ich bin, weil mir das passiert ist." Aus Sicht der RC ist es aber anders herum. Unserer Ansicht nach ist glauben gleich sehen. Das bedeutet: Du musst erst etwas glauben und dann wirst du es sehen und erleben. Weil du an etwas glaubst, erfährst du es. Die meisten Menschen werden dem nicht zustimmen, aber das ändert nicht den nachweisbaren Fakt, dass diese Sichtweise praktikabler und effektiver ist. Wenn du etwas Negatives erlebst, gab es einen Gedanken, ein Misstrauen oder eine Bewertung, die vor dem Erlebnis kam. Oder es gab eine Beurteilung, während es passierte, die das Erlebte in ein schlechtes Licht tauchte und eine schlechte Erfahrung daraus machte. Aber es wird nie zwei Menschen geben, die in derselben Situation dasselbe auf gleiche Art erleben. Sie werden alles entsprechend ihrer Glaubenssätze, Überzeugungen und Bewertungen erleben. Die Art, wie sie ein Ereignis bewerten wird bestimmen, wie sich das Ereignis für sie auswirkt. Da alles Energie ist, ist alles grundsätzlich neutral, weder gut noch schlecht. Die Art, wie du etwas bewertest, wird bestimmen, wie sich das Ereignis für dich auswirkt, egal wie es für andere ausgeht. In vielen verschiedenen Situationen habe ich gesehen, wie ich selbst und andere in Katastrophen und Unfällen verwickelt waren, ohne dass wir eine negative Auswirkung hatten, weil wir die Ereignisse nicht negativ bewerteten und nicht daran dachten, dass sie schlimm sind.

Was du als „Gedanke", „Idee", „Meinung", „Wissen", „Fakt", „Konzept" oder „Paradigma" bezeichnest, ist alles nur eine Überzeugung. Das sind alles nur verschiedene Bezeichnungen für Glaubenssätze. Diese verschiedenen Bezeichnungen maskieren nur den Fakt, dass es einfach ein Glaube ist. Die Methode von Realitätserschaffung (RC) bestätigt einige fundamentale Paradigmen des Lebens, aber nichts destotrotz sind auch das nur Glaubenssätze. Und Glaubenssätze können geändert werden. In RC sind Überzeugungen wie Autos. Sie bringen dich von einem Ort zum anderen, aber wenn du das Auto nicht mehr magst oder es nicht mehr richtig funktioniert, kannst du es einfach austauschen. Du bist nicht gezwungen, dasselbe Auto für den Rest deines Lebens zu fahren.

Bevor wir weiter darüber sprechen, wie Überzeugungen erschaffen werden (um das was du dir wünschst anzuziehen), reden wir erst einmal darüber, wie wir unerwünschte Überzeugungen aufdecken und auflösen können. Ein wichtiger Hinweis: Wenn wir über Glaubenssätze und Überzeugungen sprechen, meine ich nicht das, was du denkst, das du glaubst oder das, was du gerne glauben möchtest. Sondern ich meine das, was du wirklich glaubst. Zwischen diesen beiden gibt es meist riesige Unterschiede. Es ist oftmals einfacher herauszufinden, was jemand wirklich glaubt, wenn man beobachtet, was dieser Mensch erlebt, anstatt ihn zu fragen, was seine Glaubenssätze sind.

Das Aufdecken von unerwünschten Überzeugungen ist keine Hexenjagd. Manchmal werden limitierende Glaubenssätze überhaupt erst kreiert, weil man nach ihnen sucht. Viele Lehrer vergessen es, diesen Fakt zu erwähnen. Erschaffe dir nicht den Glaubenssatz: „Ich habe eine Menge begrenzender Überzeugungen, die ich erst aufdecken muss, bevor ich sein kann wie ich bin." Du brauchst nur nach limitierenden Glaubenssätzen Ausschau halten, wenn du gerade in einer schwierigen Lage bist oder ein immer wiederkehrendes Problem erlebst. Wie wir schon erwähnt haben, schaust du meistens nicht *auf* deine Überzeugungen, sondern *durch* deine Überzeugungen. Deshalb ist es hilfreich, diese aufzuschreiben. Wenn du sie aufschreibst, kannst du sie leichter betrachten und erkennen. Da das, was du glaubst durch deine erlebte Realität reflektiert wird, kannst du deine äußere Realität dafür nutzen, deine Überzeugungen zu untersuchen. Du brauchst nicht in deiner frühen Vergangenheit zu graben, um sie zu finden. Schaue auf das, was du erlebst – und es ist offensichtlich, was du glaubst. Von vornerein anzunehmen, dass du eine Menge tiefer, super-unbewusster Glaubenssätze hättest, die du zuerst erkennen und loslassen musst, um voranzukommen, ist in sich schon eine begrenzende Überzeugung. Zu glauben, dass du erst etwas, das du noch nicht weißt, aufdecken musst, ist auch eine begrenzende Überzeugung. Verwende die Techniken für Glaubenssätze in dem Bewusstsein, dass das, was du wirklich glaubst in deinem täglichen Leben reflektiert wird und du nicht lange danach suchen musst.

Ein weiteres Prinzip, das viele Lehren nicht erwähnen, ist:

So etwas wie sabotierende Glaubenssätze gibt es nicht.

Jede Überzeugung wird mit einer positiven Intention übernommen – Glaubenssätze sollen dich beschützen, dein Überleben sichern oder dir helfen etwas Bestimmtes zu erleben. Anzunehmen, dass jemand sich heimlich selbst sabotiert, so wie es viele Therapien oder New-Age-Lehren sagen, ist unsinnig.

Jeder Glaubenssatz hat seinen Nutzen und Gewinn, und jede Überzeugung dient dir auf eine bestimmte Weise.

Wenn du herausfindest, wie ein negativ bewerteter Glaubenssatz dir tatsächlich hilfreich ist, hilft dir das dabei, diesen Glaubenssatz loszulassen. Widerstand dagegen zeigt, dass du annimmst, dass nicht du diese Überzeugung kreiert hast. Du denkst dann, dass sie keinen Nutzen für dich hat. Aber wenn du nicht erkennst, dass du den Glauben erschaffen hast, wirst du nicht in der Lage oder willens sein, ihn zu entkreieren. Hier kommt die Verantwortung ins Spiel.

Du hast die Fähigkeit, alles zu ent-kreieren, bei dem du zugibst (die Verantwortung übernimmst), dass du diese Überzeugung selbst erschaffen und aus einem guten Grund einmal übernommen hast.

Überzeugungen loslassen

Wenn du eine unerwünschte Erfahrung nicht mehr machen möchtest, musst du herausfinden, was du stattdessen erleben willst – und dann wendest du die PURE-Technik dafür an. Wenn das für dich zu einfach ist oder dir zu schnell geht, kannst du den langsamen Weg gehen und erst die Überzeugungen aufdecken, welche die unerwünschte Erfahrung kreieren.

Übung: Überzeugungen erkennen
Wähle dir ein Thema aus, für welches du deine Überzeugungen aufdecken möchtest. Dann schreibe deine Überzeugungen auf, in dem du auf die folgenden Fragen antwortest:

Frage 1: Was muss jemand glauben, um diese Erfahrung zu machen?
Frage 2: Was würde jemand, der das glaubt, tun?
Frage 3: Was würde jemand fühlen, der das glaubt?
Frage 4: Was sind meine Gedanken über dieses Thema?
Frage 5: Wobei will ich unbedingt Recht haben? In welchen Sachen irren sich die anderen meiner Meinung nach?

Während du auf diese Fragen antwortest, schreibst du eine Liste mit Überzeugungen auf. Etwas aufzuschreiben ist kraftvoller, als sich nur aufs Denken zu fokussieren. Gedanken sind vage und ändern sich. Du musst alles aufs Papier bringen.

Als nächstes vertiefst du die Untersuchung deiner Überzeugungen und beginnst, sie zu entwirren und zu neutralisieren. Dafür stellst du zu jeder Überzeugung auf deiner Liste folgende Fragen (schreibe deine Antworten als Ergänzung zu deiner Liste auf):

Frage 1: Wie kann ich beweisen, dass diese Aussage wahr ist? (Diese Frage wird möglicherweise zu einer tiefen, grundlegenden Überzeugung führen.)

Frage 2: Was hat diese Überzeugung für einen Nutzen? Welchen Vorteil gewinne ich, wenn ich das glaube? Wie dient mir diese Überzeugung? Worin kann ich Recht behalten, wenn ich das weiterhin kreiere?

Wenn du die ganze Liste durchgegangen bist, können wir beginnen damit zu spielen. Ich schreibe meine Überzeugungen gern als unterschiedliche Kreise oder Blasen, anstelle einer Liste, um die Gedankenformen zu kennzeichnen. Von diesen Kreisen aus assoziiere ich damit verbundene Glaubenssätze. Jede Bewertung oder Assoziation zu einer Überzeugung ist nur ein weiterer Glaubenssatz, der den ursprünglichen Gedanken unterstützt. Auf dieser Liste oder Sammlung von Kreisen wirst du nun Aussagen finden, die in dir eine emotionale Reaktion hervorrufen. Manchmal entstehen diese Reaktionen auch erst, wenn du eine Aussage umformulierst. Jedenfalls zeigen die Aussagen, auf die du am meisten reagierst, auf deine tieferliegenden, grundlegenden Überzeugungen hin. Wenn du sensitiv genug bist, kannst du sogar fühlen, wie manche Glaubenssätze mehr Gewichtung für dich haben als andere. Diese Überzeugungen müssen (in Bezug auf ihren Nutzen) erkannt und dann ersetzt werden. Wenn du deine Arbeit vollständig machen möchtest, wirst du alle Überzeugungen anerkennen, bearbeiten und ersetzen. Markiere dir mindestens die Aussagen, bei denen du das Gefühl hast, dass sie die meiste Gewichtung in deiner Realitätsgestaltung haben. Du kannst dich auch fragen, welche dieser Überzeugungen du freiwillig übernommen hast und welche dir von einer äußeren Quelle eingetrichtert worden sind. Wenn du ein bisschen mehr machen möchtest, kannst du die Glaubenssätze nach dem Grad der Überzeugung nummerieren. „10“ bedeutet, dass du vollkommen von der Wahrheit überzeugt bist. „1“ bedeutet, dass du absolut an der Wahrheit zweifelst. Diese zusätzliche Übung wird dir noch mehr helfen, die Glaubenssätze zu desensibilisieren.

Nachdem du jede Überzeugung auseinandergenommen und die Verbindungen, die Widersprüche und Beziehungen zwischen ihnen erkannt hast, ist es an der Zeit, diese auszutauschen. Auf einem weiteren Blatt Papier schreibe nun für jede Grundüberzeugung (oder für die lange Version dieser Übung: für jeden einzelnen Glaubenssatz), was du stattdessen denken und glauben möchtest. Schreibe neue Gedanken auf, die die alten ersetzen sollen. Und wenn du möchtest, dass die neuen Überzeugungen von Dauer sind, dann schreibst du positive Gedanken auf, welche realistisch und authentisch sind und an die du leicht glauben kannst.

Neue Überzeugungen kreieren

Wenn du die vorherigen Übungen beendet hast, ist der nächste Schritt: Erschaffe dir aus den wichtigsten neuen Überzeugungen mentale Bilder, Visualisationen, Tagträume und Fantasien – erschaffe dir eine visuelle Repräsentation deiner neuen Überzeugungen. Stelle dir vor, wie dein Leben sein wird und was du tust, wenn diese Überzeugungen wahr werden. Deine Visualisation soll nicht anstrengend sein. Erlaube, dass die Bilder, die dein neues Leben darstellen, von allein auftauchen. Wenn du dir die Bilder vorgestellt hast, trittst du in die Verkörperung der Person, die diese Realität erlebt, ein.

Der nächste Schritt ist: Fülle diese neuen Gedanken mit Gefühlen. Sich auf einen Gedanken zu fokussieren, erschafft eine neue Überzeugung. Gefühle aktivieren diese und Aktionen verfestigen die neue Überzeugung. Tue, was immer du tun musst, um Freude, Enthusiasmus, Dankbarkeit oder Begeisterung zu fühlen, während du die neue Überzeugung visualisierst. Erzwinge die Gefühle nicht. Erlaube, dass die Gefühle von allein entstehen, während du das, was du dir vorstellst (deine Wünsche), erlebst.

Der letzte Schritt im Erschaffen neuer Überzeugungen hat zwei Variationen: Eine Variation für den fortgeschrittenen Realitätserschaffer, eine für den Anfänger. Wenn du als fortgeschrittener Realitätserschaffer ein tiefgehendes Körpergefühl für deine neue Überzeugung hast, ruhe darin – lasse von dem Wunsch und von der ganzen Übung los. Du bist fertig. Noch mehr zu tun, um die Überzeugung zu erschaffen, wäre ein Zeichen dafür, dass du noch nicht glaubst, dass die Überzeugung erschaffen wurde. Wenn du dir der neuen Kreation sicher bist, wirst du die Übung hier beenden, deinem normalen Leben nachgehen und dich nicht mehr mit der neuen Überzeugung beschäftigen. Du wirst nicht wieder und wieder affirmieren und wiederholen. Du wirst auch nicht nach Beweisen suchen. Du richtest deine Aufmerksamkeit auf andere

Themen. Es würde für dich selbstverständlich sein, dass die neue Überzeugung erschaffen ist.

Wenn du ein Anfänger in den Methoden der bewussten Realitätserschaffung bist, wenn du einen starken Glauben in die physische Realität hast oder wenn du glaubst, dass Imagination nicht real ist (was eines der am meisten limitierenden Überzeugungen ist), musst du deinen neuen Glaubenssatz in der physischen Realität erden. Du musst der ätherischen Energie bei der Geburt in die materielle Form helfen. In diesem Fall nutzen wir den Glauben in die physische Realität nicht als Begrenzung, sondern als Ressource. Du tust das, indem du eine physische Handlung ausführst, die deine neue Überzeugung repräsentiert, symbolisiert oder demonstriert. Um diesen Schritt wirklich gründlich zu machen, nimm ein Blatt Papier und antworte auf die folgenden Fragen:

1. Was würde jemand tun, der wirklich glaubt, dass das bereits wahr ist?
2. Was würde jemand tun, der sich sicher ist, dass dieser Wunsch bereits Realität ist?
3. Was würde jemand tun, der bereits diese Realität auslebt?
4. Welche Handlungen hast du in deiner Vorstellung dich selbst ausführen zu sehen, und wie kannst du diese in die Realität umsetzen?
5. Welche Wünsche wirst du anschließend haben, wenn dieser Wunsch erfüllt ist?

Indem du so tust, als ob etwas bereits wahr ist (z. B.: du kleidest dich dementsprechend; du gehst an entsprechende Orte, zu denen du gehen würdest; du kaufst Dinge, die dazu passen; du gehst auf Events, auf die du gehen würdest, wenn die Realität bereits wahr wäre), indem du die Überzeugung zu deiner eigenen machst, verfestigst du sie in der Realität.

Du musst so nah wie möglich an die Realität kommen, um es real zu manifestieren. Sogar, wenn du nur in eine Rolle schlüpfst, trainierst du deinen Körper und dein Bewusstsein, um die neue Realität zu empfangen. So wird es dich nicht in einen Schock versetzen, wenn es sich tatsächlich manifestiert. Jedoch ist das Konzept von „so tun als ob“ noch einen Schritt von der Realität entfernt. Agiere nicht „als ob“, sondern aus der neuen Überzeugung bzw. aus der neuen Realität heraus.

Das ist der Prozess, mit welchem du alte Überzeugungen loslässt und dir neue Glaubenssätze erschaffst:

1. Du wirst dir der alten Überzeugungen bewusst.
2. Dann erkennst du die Überzeugungen hinter den Überzeugungen.
3. Du desensibilisierst diese Glaubenssätze und wählst dir aus, was du stattdessen glauben möchtest.
4. Du aktivierst die neuen Überzeugungen durch deine Aufmerksamkeit und Vorstellungskraft, und
5. dann verankerst und erdest du sie durch physische Handlungen.

In deinen neuen Gefühlen und Verhaltensweisen wirst du physische, reale Beweise innerhalb von nur drei Tagen erfahren. Wenn du die neuen Vibrationen halten kannst, wirst du eine komplette Verschiebung deiner Realität innerhalb von nur drei Wochen erleben.

Ich könnte dir viele Beispiele geben, wie andere diesen wunderbaren Prozess auf ihre Themen anwendeten und sie erfolgreich transformierten. Ich könnte dir Beispiele geben für verbesserte finanzielle Situationen, bessere Gesundheit, verbesserte Beziehungen, verbesserte Wahrnehmung und verbesserte Lebensqualität allgemein. Aber das werde ich nicht tun, weil diese Geschichten nicht deine Geschichten sind. Ich möchte, dass du es für dich selbst herausfindest. Ich möchte dich nicht vorprogrammieren oder in der Art, wie du diese Übungen anwenden kannst, limitieren oder dir sagen, was passieren müsste. Gebrauche die Methoden auf deine eigene Weise. Das Material dafür findest du nicht in diesem Buch, sondern in deinem eigenen Bewusstsein. Ohne dich, ohne deine Erfahrungen, Gefühle und Erinnerungen haben diese Werkzeuge keine Bedeutung. Sie bekommen ihre Energie von dir.

Nachdem deine Überzeugung sich manifestiert hat, nachdem die ersten Anzeichen sich nach drei Tagen zeigen und nachdem die konkrete Manifestation innerhalb von drei Wochen auftaucht, kannst du entscheiden, ob das, was du erhältst wirklich das ist, was du willst. Ich empfehle dir, die Realität nicht noch einmal zu affirmieren oder wieder zu kreieren, ohne ihr einige Wochen zu geben, um sich zu entwickeln. Wenn die drei Wochen um sind, kannst du die Übung verfeinern und präzisieren, je nachdem, was aufgetaucht ist. Wenn du den Wunsch geäußert hast: „Ich treffe einen attraktiven Partner", und dieser attraktive Partner ist tatsächlich aufgetaucht, nur ist er oder sie nicht besonders schlau, ohne intellektuellen Anspruch und ohne das gewisse Extra, dann möchtest du die Überzeugung präzisieren, z. B. in: „Ich treffe einen attraktiven und intelligenten Partner." Wenn du diese Glaubenssätze-Übungen auf spielerische und erforschende Art ausführst, wirst du einige interessante Situationen und spaßige Zeiten erleben. Wenn du zu ernst oder zu bedürftig dabei bist, beginne gar nicht erst. Bedürftigkeit ist das Gegenteil von kreativem Flow. Wenn du etwas oder jemanden benötigst, um glücklich zu sein, wirst du es nicht bekommen. Anstatt dass du *es* bauchst, liebe *es* einfach.

In Wahrheit gibt es keine andere Realität als die, welche du definierst. Einige Menschen sagen, dass du realistisch bleiben musst. Sie sagen damit aus, dass sie den Dingen, die bereits kreiert wurden, mehr Wichtigkeit, Macht und Einfluss geben, als den Dingen, die gewünscht werden. Sie wurden zu Beobachtern der Vergangenheit und sehen nur das, was schon erschaffen worden ist. Wenn du möchtest, dass RC für dich funktioniert, dann beurteile deine Erfahrungen nicht aus dem Blickwinkel von dem, was war oder gerade ist, sondern von dem Standpunkt der Möglichkeiten aus. Urteile über deinen Tag nicht über das was du geerntet hast, sondern über das was du gesät hast. Urteile nicht nach dem, was du bekommen hast, sondern nach dem, was du gegeben hast und welche Vibrationen du ausgesendet hast.

Ich möchte dieses Kapitel mit drei sehr kraftvollen Übungen beenden, die dich unmittelbar in den Standpunkt des Erschaffers versetzen und dir erlauben, unerwünschte Überzeugungen loszulassen.

Wie dient es mir so, wie es gerade ist?

Nimm etwas Unerwünschtes wahr und frage dich „Wie dient mir diese Sache so, wie sie gerade ist?“ Bleibe bei der Frage, bis du eine zufriedenstellende Antwort gefunden hast.

Was wird Schlimmes passieren, wenn das Gute geschehen würde?

Nimm einen Wunsch wahr, der sich nicht erfüllt hat. Frage dich „Was würde Schlimmes passieren, wenn sich dieser Wunsch erfüllen würde?“ Bleibe bei der Frage, bis dein Herz geantwortet hat.

Dieses Werkzeug wird verwendet, wenn du davon überzeugt bist, etwas, das du dir wünschst, nicht manifestieren zu können. Diese Frage wird nicht wirklich durch den Verstand oder das Ego-Selbst beantwortet. Der Verstand kann sich nicht vorstellen, dass es irgendeinen Vorteil gibt, einen bestimmten Wunsch nicht zu manifestieren. Die Frage stellst du deinem Herzen, deshalb kommst du erst einmal in die Stille und öffnest dich innerlich, bevor du die Frage stellst. Sei aufnahmebereit, nachdem du sie gestellt hast. Mit dieser Frage setzt du voraus, dass die Nicht-Erfüllung deines Wunsches einen Vorteil hat, dich vor etwas beschützt, dein Überleben sichert oder eine andere Kreation von dir behütet. Verändere die Wortfolge der Frage nicht in „was würde Schlimmes passieren“ oder „was könnte Schlimmes passieren“, sei direkt und eindeutig.

Diese Frage allein kann dich mit dem, was du willst, in schwingungsmäßige Resonanz bringen. Es erfordert Ehrlichkeit und Verletzlichkeit und wird deshalb nicht oft eingesetzt. Verwende dieses Werkzeug auch nicht, wenn du kein wirkliches Problem hast, denn die Verwendung dieses oder einer anderen Überzeugungs-Übung setzt voraus, dass du nicht in deiner auserwählten Identität ruhst.

In manchen Fällen kann es sinnvoll sein, die Frage umzudrehen: „Welche guten Dinge geschehen, wenn… (unerwünschte Realität) weiter bestehen bleibt?“ Diese Frage deckt auf, dass scheinbar unerwünschte Realitäten tatsächlich einen geheimen Vorteil mit sich bringen. Wenn es nicht so wäre, würde die Person diese Dinge nicht erleben.

Getarnter Segen

Sollten Probleme oder Herausforderungen in der Zeit, nachdem du dich mit deiner neuen Identität synchronisiert hast, auftauchen, bewerte diese nicht als Störung gegen dein ausgewähltes neues Leben, sondern als Teil des Prozesses. Bezeichne sie als vorteilhafte Werkzeuge, Diener, und Dinge mit verstecktem Nutzen und Ressourcen. Gebrauche sie für deine ausgewählte Identität, nutze sie zu deinem Vorteil, sehe sie als Segen (in Tarnung), und sieh sie als hervorragende Möglichkeit, deine neue Identität/deinen neuen Standpunkt auszuprobieren.

Grenze der Glaubwürdigkeit

Mit dieser kraftvollen Übung kannst du tiefliegende Überzeugungen verändern. Wähle dir eine Realität aus, die du dir wünschst und definiere eine Zeitspanne, bei welcher du dir zu 100 % sicher bist (Überzeugung), dass diese Realität sich manifestiert. Sind zehn Jahre ausreichend dafür? Dann sage zehn Jahre. Arbeite dich von dieser definierten Zeitspanne zurück und finde die „Grenze der Glaubwürdigkeit". Wie wäre es mit neun Jahren? Würdest du auch in der Lage sein, diese Realität innerhalb von neun Jahren zu erleben? Ja? Sicher? Gut. Wie wäre es mit sechs Jahren? Ja? Bist du dir sicher? Gut, lass uns weiter vorarbeiten, bis wir den Zeitpunkt finden, an dem die ersten Zweifel auftauchen. Wie wäre es mit drei Jahren? Vielleicht? Aha, wir kommen der Sache näher. Wir haben den Zeitpunkt gefunden, an welchem die Sicherheit sich in Unsicherheit verwandelt. Lass uns die Zeitspanne wieder etwas erweitern. Vier Jahre? Ja? Okay, lass uns bei den drei Jahren bleiben. Drei Jahre ist die Grenze. Definiere nun, warum du nicht sicher bist, dass sich dein Wunsch nicht innerhalb dieser drei Jahre manifestieren kann. Decke die Überzeugung auf. Wenn du den Grund (Überzeugung) aufgedeckt hast, warum du dein Ziel „vielleicht" nicht innerhalb dieser Zeit erreichen kannst, formuliere eine Überzeugung (an die du leicht glauben kannst), und erkläre, warum du es doch in drei Jahren schaffen kannst. Wenn du das erkannt und festgelegt hast und dir 100 % sicher bist, dass du es in drei Jahren schaffen wirst, kannst du das Thema an diesem Punkt loslassen und deine Transformation von zehn auf drei Jahre bis zur Manifestation genießen. Du kannst aber auch von diesem Punkt noch weiter arbeiten und zurückgehen, bis du eine neue Grenze der Glaubwürdigkeit erreichst. Kannst du mit deiner neuen Überzeugung daran glauben, es in zwei Jahren zu erreichen? Gut. Ein Jahr? Du bist dir nicht sicher? Okay. Warum? Gut. Was kannst du und was möchtest du stattdessen glauben?

Recht haben wollen

Das Bedürfnis, Recht behalten zu müssen, ist eine Form intensiver Überzeugung in Bezug auf eine unerwünschte Realität. Die Frage ist: Würdest du lieber Recht behalten wollen oder möchtest du lieber erfüllt leben?

Schreibe einen deiner Wünsche auf. Schreibe dazu deinen stärksten Zweifel oder die stärkste entgegengesetzte Überzeugung auf. Dann schreibe auf, warum das so ist. Wie kannst du beweisen, dass das so ist? Das nennt man „falsch kreieren".

Schreibe nun das Gegenteil deines Wunsches auf. Wie sieht es aus, wenn du Misserfolg in dieser Sache hast? Zähle die stärksten Zweifel auf, die du hast. Schreibe auf, warum du Recht hast oder wie du beweisen kannst, dass diese Zweifel oder Bedenken wahr sind. Das nennt man kreieren.

Eindringen und Loslassen von typischen tiefen Grundüberzeugungen

Werde zu dem (dringe ein) und dann trenne dich von den folgenden Überzeugungen (in dieser Reihenfolge):

- Was du gerade fühlst.
- Was du über diese Übung denkst.
- Eine Überzeugung, für welche diese Übung nicht funktioniert.
- Etwas, bei dem du denkst, dass du es nicht loslassen kannst.

- Dein Konzept von „Zukunft“.
- Dein Konzept von „Vergangenheit“.
- Dein Konzept von „Gegenwart“.
- Dein Konzept von dem Ort, an dem du dich gerade befindest (der lokale Schauplatz).
- Dein Konzept von einem Körper.
- Dein Konzept von Verstand.
- Dein Konzept über das, wer du bist (Identität).
- Dein Konzept darüber, was Spirit ist.
- Dein Konzept darüber, was das höhere Selbst ist.
- Dein Konzept von der Erde.
- Dein Konzept von der physischen Realität.
- Dein Konzept von Geburt.
- Dein Konzept von einem menschlichen Wesen.
- Dein Konzept darüber, wie du eigentlich fühlen solltest.
- Dein Konzept, dass es etwas gibt, das du nicht kennst.
- Dein Konzept darüber, dass es etwas gibt, das du nicht tun kannst.
- Dein Konzept darüber, dass du etwas nicht haben kannst.
- Dein Konzept darüber, dass es etwas gibt, das du nicht sein kannst.
- Dein Konzept über das, was existiert.
- Dein Konzept darüber, was noch übrig ist.

Was ist keine Überzeugung?

Alles ist eine Überzeugung, sogar der Glaube, dass manche Dinge keine Überzeugungen, sondern Fakten sind. Es gibt verschiedene Anordnungen von Glaubenssätzen, die sachlicher sind als andere. Das sind Überzeugungen, die du nicht als Glaubenssatz ansehen oder loslassen möchtest, weil sie Teil des Paketes sind, mit dem du dich einverstanden erklärt hast, als du auf diesen Planeten inkarniert bist. Sie stellen sicher, dass du in dieser Zeit und diesem Raum innerhalb einer organisierten Gesellschaft funktionieren kannst. Die Realität „ich kann mit meinem Körper fliegen“ zu kreieren, wird wahrscheinlich in starkem Konflikt mit anderen Überzeugungen stehen, mit denen du dich bei deiner Ankunft hier bereiterklärt hast. Solche Dinge zu kreieren kann große Störungen erzeugen.

Die gesamte Welt besteht aus Glaubenssätzen oder Definitionen über Realität. Sie sind der Baustoff, auf dem jede Realität aufgebaut ist. Dinge passieren nicht einfach so; sie funktionieren nur, weil du mit ihnen einverstanden bist, an sie glaubst oder es dir vorstellst. Wenn es irgendeine höhere Ordnung von Überzeugungen gibt, könnte man es die „Gesetze des Universums“ oder „die Gesetze der Unendlichkeit“ oder „die Natur der Dinge“ nennen. Man könnte sagen, sie sind immer aktiv, egal was jemand glaubt. Hier einige solcher Überzeugungen: Du existierst, also heißt das, dass Nicht-Existenz keine Option ist. Alles ändert sich (außer die Gesetze des Universums). Die Realität korrespondiert mit deinen Glaubenssätzen. Gleiches zieht Gleiches an. Niemand kann für einen anderen erschaffen. Du bist für das verantwortlich, was du kreierst, sogar wenn du dir dessen nicht bewusst bist. Du kannst keine Überzeugung annehmen, die den universellen Gesetzen entgegensteht. Wenn du nicht an sie glaubst, korrespondieren die Gesetze mit deinem Unglauben, deinen Zweifeln. Die Unendlichkeit ist ein reiner, positiver Fluss von Energie, jederzeit und für immer für dich zugänglich. Deine Intentionen für jemand anderen sind nur effektiv und wirksam, wenn die Person damit einverstanden ist. Die Intentionen, die jemand anderer für dich hat, sind nur in dem Maße wirksam, wie du es erlaubst. Was du für andere beabsichtigst, beabsichtigst du auch für dich selbst (da die Unendlichkeit mit allem eins ist). Dies sind einige der Überzeugungen von höherer Ordnung, die (zumindest in unserem Kontext) nicht durch deine Glaubenssätze geändert werden können.

Abgesehen von diesen universellen Gesetzen gibt es eine Sammlung von Überzeugungen über die Struktur von Natur und physischer Realität, mit denen nicht rumgespielt werden sollte. Diese manipulieren zu wollen, wäre als ob du das Betriebssystem deines Computers manipulieren wolltest. Beispiel: So lange, wie du auf der Erde lebst, wirst du einen Baum als einen Baum ansehen. Und wenn der Baum während eines Sturmes umfällt, siehst du es als „ein Baum, der in einem Sturm umgefallen ist". Alles andere zu dieser offensichtlichen Erscheinung kannst du selbst wählen (z. B. „das ist gut", „das ist schlecht", „es ist ein schöner Baum gewesen", „ich kann mit dem Baum kommunizieren" etc.). Natürlich kannst du erkennen: „Es ist nur mein Glaube, dass es ein Baum ist", und du kannst versuchen, diesen Glauben zu entkreieren. Aber warum solltest du das tun? Du würdest damit die Umgebung deiner planetarischen Inkarnation umgestalten, deine Menschlichkeit und deinen Körper dekonstruieren. Das könnte eine zweckmäßige Praxis für einen ungewöhnlichen Schamanen sein, aber es ist nicht das Ziel, wofür du hierhergekommen bist – du bist gekommen, um dein Leben in den verschiedenen Versionen zu genießen.

Glaubenssätze über Reality Creation (RC)

Dies ist eine besondere Klasse von Überzeugungen über RC und deren Funktionsweise, die häufig übersehen wird. Mit diesen Formen von Überzeugungen zu spielen und sie zu verschieben, kann die Effektivität, mit der RC für dich funktioniert, verändern. Dieses Buch ist voll von Glaubenssätzen dieser Art. Einige von diesen Überzeugungen verändern radikal, was Menschen in anderen New-Age-Quellen beigebracht wurde. Es können – von deinem Standpunkt aus – sogar manche Glaubenssätze in diesem Buch limitierend sein. Wenn das so ist, kannst du für dich neue Parameter über RC bestimmen. Es liegt alles in deiner Hand. Als das verantwortungsbewusste und multidimensionale Wesen, das du bist, vermute ich, dass du dir deine eigenen Wahrheiten, Techniken und Wege, mit den Mysterien des Lebens umzugehen, kreierst. Glaubenssätze über RC können vertieft oder losgelassen werden. Hier zwei Beispiele für solche Überzeugungen:

- „Ich muss erst meine alten Glaubenssätze loslassen, bevor ich mir neue kreieren kann."

Für einige wird diese Überzeugung hilfreich sein – für andere nicht. Jede Überzeugung kann entweder nützlich oder ungünstig sein. Es gab eine Zeit, da habe ich diesen

Glaubenssatz als tiefe Überzeugung gehabt, weil mir das auf diversen Seminaren und Workshops so beigebracht worden ist. Aber über die Zeit lockerte ich den festen Glauben daran und erkannte, dass es nicht nötig ist, zuerst das Alte zu verschieben, bevor ich in das Neue eintauchen kann. Ich erkannte, dass wenn ich wirklich in das Neue eintauche, die alten Glaubenssätze von ganz allein überholt und veraltet sind.

- „Meine auserwählten Kreationen brauchen eine lange Zeit, um wahr und real zu werden." versus „Meine auserwählten Kreationen verwirklichen sich genau zur richtigen Zeit."

Die erste Aussage ist ein nützlicher Glaubenssatz, wenn du möchtest, dass die Manifestation eine lange Zeit braucht – aber er steht entgegen deiner Intention, wenn du schnell manifestieren möchtest. Die zweite Aussage ist ein bisschen besser – ein bisschen gelöster und idealer für viele. Aber sogar sie kann zu einer Begrenzung werden, wenn sie deine Aufmerksamkeit auf äußere Manifestation lenkt, anstatt auf deine innere Ausrichtung.

Deine Glaubenssätze über RC zu erkennen – viele von ihnen hast du in Büchern wie diesem aufgeschnappt – und diese dann so umzuwandeln, dass sie für dich passend sind, kann eine sehr befriedigende Forschungsarbeit sein. Bücher, Seminare und CDs über dieses Thema geben dir einen Anker und sind Mittelsmänner, um an die Methoden der Realitätserschaffung zu glauben. Aber was gelehrt wird, muss nicht als gegebener Fakt genommen werden. Das absolute Vertrauen in eine Autorität außerhalb von dir, ist etwas unverantwortlich, vor allem weil viele Lehren immer noch von begrenzten Standpunkten gefärbt sind. Es gibt kein Limit für deine Imagination. Du kannst dir sogar noch bessere Techniken und Überzeugungen ausdenken und für dich in Anspruch nehmen.

In meiner Coaching-Arbeit stellten mir Menschen über das Innenleben von RC viele Fragen. Aber der gereifte Magier braucht nicht zu fragen – seine eigene innere Autorität bestimmt, wie die Dinge funktionieren. Wenn dir jemand gesagt hat, dass du hunderte Affirmationen am Tag machen musst – und du glaubst das, dann wird diese Methode zum Teil funktionieren. Aber willst du das wirklich tun? Wenn ja, prima. Wenn nicht, dann kannst du entscheiden und es fühlen, dass drei Affirmationen am Tag ausreichen. Du kannst dir sogar beibringen, dass du überhaupt keine Affirmationen brauchst, weil du den Mittelsmann „Affirmation" eliminierst und direkt zu dem gehst, was du willst, indem du dich damit identifizierst. Eine meiner Intentionen mit diesem Buch ist es, die Vorannahmen darüber, wie die Erschaffung von Realität funktioniert zu verändern. Ich lehre, dass Intention und Überzeugung Synonyme sind. Warum? Weil viele Menschen sich nicht für ihre Überzeugungen verantwortlich fühlen („ich glaube dies und das") – aber wenn sie sagen „ich habe die und die Intention", dann fühlen sie sich dafür verantwortlich. Die unerwünschte Realität als deine Intention anzusehen, gibt dir automatisch die Vorannahme, dass du als Erschaffer verantwortlich bist – und das hilft beim Loslassen. Im Gegensatz dazu ist es sehr schwer, etwas loszulassen, bei dem man nicht zugibt, es kreiert zu haben.

Skepsis: Ein Segen und ein Fluch

Skepsis ist ein Segen in dem Sinne, dass nur ein Idiot widerspruchslos grinsen und vom Balkon springen würde in der irrtümlichen Annahme, er könne fliegen. Ohne Skepsis würden wir unsere Glaubenssätze und unsere Entwicklung nicht in Frage stellen. Skepsis kann aber auch ein Fluch sein in dem Sinne, dass jedwede Skepsis losgelassen werden muss, um eine neue Realität zu kreieren. Jemand muss für die Realitätserschaffung vollständig und voller Überzeugung eintauchen und sich verbinden. Also anstatt zu sagen, Skepsis wäre gut oder schlecht, lass sie uns zu unserem Vorteil nutzen. In Bezug auf deine Träume und Wünsche gibst du deine ganze Skepsis, intellektuelle Schlussfolgerungen und Unentschlossenheit auf. Sei skeptisch in Bezug auf unerwünschte Glaubenssätze, Gedanken, die deine Wünsche ausbremsen, limitierende oder unglückliche Situationen und zweifele daran.

Grundüberzeugungen

Deine Realität erwächst aus deinen tiefliegenden Intentionen und nicht aus oberflächlichem Nachdenken. Diese tiefsitzenden und sehr kraftvollen Intentionen sind aber nicht schwer aufzudecken. Deine tiefsten Glaubenssätze kannst du leicht erkennen, wenn du das Folgende verstehst:

Bewusstsein ist ganzheitlich. Daraus folgt, dass eine Grundüberzeugung sich auf mehr als einem Gebiet in deinem Leben manifestiert. Indem du auf einen kleinen Teil deines Lebens schaust, kannst du herausfinden, welche Grundüberzeugungen große Teile deines Lebens beeinflussen, und umgekehrt. Dieses Wissen ist extrem nützlich, wenn es einen Teil in deinem Leben gibt, der emotional so aufgeladen ist, dass du gerade nicht daran arbeiten kannst. Manche Dinge können so aufgeladen sein, dass du nicht einmal Willens bist, die Realität als Überzeugung anzuerkennen, oder du fühlst gar nichts, wenn du versuchst, dich mit einer neuen Version deines Selbst zu verbinden. Aber das ist nicht länger ein Problem. Alles was du tun musst ist: Du schaust dir ein Thema an, das weniger emotional geladen ist, in welchem du aber ähnlich fühlst. Wenn du also in einem Bereich feststeckst, guckst du dir ein kleineres Thema an, in welchem du ähnlich feststeckst. Die Dinge, in denen du feststeckst, basieren auf Grundüberzeugungen und eine Haupteigenschaft dieser ist, dass sie sich in mehr als einem Bereich in deinem Leben äußern. Du musst nur auf die weniger geladenen Bereiche schauen, und von dort aus bearbeitest du die Grundüberzeugung. Wenn du die Überzeugung aufgelöst hast, erlöse auch alle anderen Bereiche, in welchen sie dich beeinflusst hat. Du kannst emotional aufgeladene Themen auflösen, ohne darin rumzuwühlen. Löse etwas anderes, ein kleineres Thema auf – das wird automatisch die anderen Bereiche befreien.

Ein Beispiel: Sagen wir mal, du steckst in deiner beruflichen Karriere fest. Wenn wir die Technik für Grundüberzeugungen anwenden, dann schauen wir nach einem ähnlichen Gefühl in einem anderen Bereich deines Lebens – z. B. in Beziehung zu deinem Partner. Wenn du ein ähnliches Thema gefunden hast, legst du fest, welches davon weniger geladen ist. Du entdeckst vielleicht, dass das Partnerschaftsthema mehr geladen ist, weil du immer erschöpft bist, wenn du versuchst, dich mit der neuen Version von dir zu identifizieren. Und du entdeckst, dass es dir leichter fällt, dich in Bezug auf deine Karriere mit der neuen Version von dir auszurichten. In dem du etwas Neues für deinen Beruf erschaffst, veränderst du auch direkt oder indirekt Gebiete, in welchen dieselbe Grundüberzeugung gewirkt hat. Es würde sich also nicht nur deine Karriere verbessern, sondern gleichzeitig würde auch deine Partnerschaft dieses Loslassen reflektieren.

Das sind gute Nachrichten für alle, die sich schon lange mit Grundüberzeugen herumschlagen, denn wenn ein Gebiet unlösbar erscheint, kannst du trotzdem Resultate erreichen, indem du ein ähnliches (aber weniger geladenes) Problem angehst. In dem du das einfachere Thema auswählst und hier eine neue Version von dir erschaffst, lässt du die alte Grundüberzeugung hinter dir. Die Teile deines Lebens sind untereinander verbunden und das Gesetz der Korrespondenz zieht keinen Teil vor, sondern durchdringt das ganze Sein. Verändere eine Grundüberzeugung – und plötzlich hast du Zugang zu ganz neuen Informationen, neuen Erfahrungen und Menschen, die dir helfen.

Jedes Problem ist eine Lösung für etwas anderes

Der Surfer der Realitäten geht Probleme folgendermaßen an:

- Er nutzt sie zu seinem Vorteil.
- Er missbraucht sie für seine Ziele.
- Er verwendet sie für das Positive.
- Er nimmt den Bullen nicht nur bei den Hörnern, sondern reitet ihn zu besseren Plätzen.
- Er erlaubt, dass das Problem ihm dient.

Diese Herangehensweise ist radikal anders, als die der weinerlichen Opfer, die wir jeden Tag auf der ersten Seite in der Regenbogenpresse sehen. Dieser Typ Mensch sieht jede interessante Herausforderung als negativ an und macht alles herunter, was ihm eigentlich dienen könnte, anstatt es wertzuschätzen. Ein spezielles Beispiel: Tim hat heute seinen Job verloren. Und das ist super! Jetzt hat er endlich die Zeit, an den Dingen zu arbeiten, die ihm Spaß machen und er kann Wohlstand in sein Leben lassen! Oder: Es gab ein Erdbeben oder einen Schneesturm. Das ist die perfekte Zeit, um gegenseitige Unterstützung und Wertschätzung des Lebens zu kultivieren und gleichzeitig die Welt zu einem besseren Ort zu machen. Oder: Ich habe gerade eine Million Dollar verloren. Was für eine tolle Möglichkeit zu beweisen, dass ich das, was verloren wurde, wiedererlangen kann. (Damit zeige ich, dass die Million wirklich zu mir gehört). Oder: Ich habe Kopfschmerzen. Was für ein tolles Ding – nun kann ich das Verhalten meines Körpers studieren, rumliegen und bekomme die Gelegenheit, bewusst meine Selbstheilungsfähigkeiten auszuprobieren. Oder: Seine Frau hat ihn verlassen. Exzellent! Nun kann er sich dem widmen, ein besserer Mensch zu werden! Oder: Ich starb. Wow. Perfekt. Das ist die Gelegenheit, andere Ebenen der Existenz zu erkunden.

Wie dient dir das Problem, wie es gerade ist? Wofür ist das Problem die Lösung? Wie kannst du es für das Gute für alle Beteiligten einsetzen?

Das Problem ist die Lösung

Hier ist ein weiterer ganzheitlicher Blickwinkel, Probleme zu sehen. Ein Problem ist nichts weiter als der Widerstand gegen eine Situation. Das Objekt oder die Situation ist nicht das Problem, sondern deine Art darauf zu schauen. Wenn du Widerstand gegen die Situation hast, wird sie zum Problem und es tauchen noch mehr Schwierigkeiten auf. Wenn du die Situation einfach akzeptierst, verwandelt das Problem sich in seine Lösung und noch mehr Lösungen tauchen auf. Beide Seiten sind in der Situation enthalten; der Unterschied ist dein Standpunkt. Widerstand bindet dich an das Thema und lässt es weiter bestehen. Akzeptanz löst dich von der Situation und erlaubt, dass die Lösung auftaucht. Solange wie du Widerstand gegen das Problem hast, solange hast du auch Widerstand gegen die Lösung.

Etwas zu akzeptieren bedeutet nicht, dass du es dir wünschst, oder dass es weiter bestehen soll. Es bedeutet, dass du aufhörst, weiter Energie hinein zu schicken. Nimm dir eins deiner Problem und setz dich damit hin. Nur für jetzt gibst du alle Kritik, alle Entwertung, Bewertung und Schlussfolgerungen auf. Werde still. Tritt in Kommunikation mit dem Feind; mache ihn zum Freund. Gib alle limitierenden Standpunkte des Ego-Selbst auf und verwandele sie in ehrliches Interesse, so als ob der Feind ein Bote ist. Höre auf das, was er zu sagen hat. Verstehe die Botschaft. Wenn du ein bisschen aufmerksam bist, erkennst du, dass das Problem die Lösung für etwas anderes ist. Ein Beispiel: Wenn Rauchen das Problem ist, wird die Akzeptanz dessen dich erkennen lassen, dass Rauchen die Lösung für deine Angespanntheit ist. Dann erkennst du, dass nicht Rauchen das wirkliche Thema ist, sondern deine Anspannung. Entspannung ist die Lösung, die du dir wünschst. Diese Information war in dem Problem enthalten. Jedes Problem dient dir, sonst würdest du es nicht erschaffen. Ein Problem zu haben bedeutet, dass du nicht ordentlich hingehört hast, als das Leben versucht hat, dir etwas mitzuteilen. Wenn du dein bevorzugtes Selbst bewusst erschaffst, ist das Problem nicht länger ein Problem. Ohne Widerstand ist ein Problem nur der Weckruf für eine bessere Version von dir – es ist so einfach. Folge dem Weckruf und die Lösung wird sich dir von selbst zeigen.

Sinn und Bedeutung

Was ist der Sinn des Lebens? Das Leben bekommt die Bedeutung, die du ihm gibst. Ansonsten gibt es keine Bedeutung. Alles was ist (Energie), ist neutral und verhält sich entsprechend der Bedeutung, die du dem gibst. Welchen Sinn, Label, welche Wichtigkeit oder Bewertung du etwas zuschreibst (willentlich oder unbewusst), bestimmt, was sich aus der Sache entwickelt – ob es zu deinem Vorteil oder Nachteil wird. Nichts was existiert, hat eine eingebaute angeborene Bedeutung. Die Unendlichkeit ist eine neutrale, leere, unpersönliche Weite (nicht zu verwechseln mit Hoffnungslosigkeit, Sinnlosigkeit oder Kälte), mit der wir spielen können. Alles, was im Feld deiner Wahrnehmung existiert, alles was du siehst, hörst, fühlst oder erlebst, ist wie ein Filmrequisit. Du kannst dieses Requisit für verschiedene Szenen und Dramen in deinem Leben einsetzen. Alles kann von Nutzen und Service für dich sein. Alles kann gut ausgehen, wenn du es erlaubst. Jeder Mensch, jedes Objekt oder Event kann

von positivem Wert sein. Die Dinge enthalten keine angeborenen Qualitäten von positiv oder negativ. Sie sind weder gut noch schlecht – sie sind einfach. Wenn du das verstehst, wird dein Leben noch magischer.
Etwas eine Bedeutung zu verleihen, ist eine weitere Variation von Überzeugung/Intention. Betrachte ein Event, irgendein Erlebnis. Dieses Ereignis hat Trillionen von Versionen. In dem Moment, indem du es bewertest, filterst du eine Version heraus. Bewerte einen Jobverlust als Katastrophe, und es wird zu einer Katastrophe. Bezeichne den Jobverlust als eine Chance, um etwas Besseres zu bekommen, und es wird dazu. Niemand zwingt dich dazu, Dinge genauso zu bewerten, wie andere es tun oder wie du es bisher getan hast. Bewertungen sind erlernt und können verlernt werden.
Durch die Konditionierungen und Indoktrination, die wir alle durchlaufen, kann es scheinen, als ob manche Dinge eine angeborene nicht-beliebige Bedeutung haben. Dieses Phänomen kann noch stärker sein, wenn große Menschenmassen mit einer Bedeutung oder Definition übereinstimmen. Beispiel: Das ist ein Haus. Seine Aufgabe ist es, uns Unterkunft und Schutz zu bieten. Ich möchte nicht zu abstrakt werden und in Frage stellen, ob ein Haus ein Haus ist und welche Aufgabe es hat. Es könnte möglich sein, diese Definition aufzugeben und du könntest dich in einer neuen Realität wiederfinden, in welcher diese Strukturen überhaupt keine Häuser sind, sondern etwas ganz anderes. Wir ergänzen hier das Leben mit einer schöneren, angenehmeren und flexibleren Dimension, indem du lernst, dass nichts festgelegt ist, außer durch deine Urteile, Definitionen und wer du bist.
Suche dir ein Ereignis aus, das vor einer Weile passiert ist. Werde nun spielerisch und kreativ und interpretiere das Erlebnis aus dem Blickwinkel einer schlecht gelaunten Person. Als nächstes interpretiere das Erlebnis von dem Standpunkt einer Person aus, die sich neutral fühlt. Und als letztes interpretiere das Ereignis aus dem Standpunkt einer super gut gelaunten Person. Erkennst du, wie sich das Erlebte verändert? Wenn du Schwierigkeiten hast, von einem negativen Standpunkt sofort in einen positiven Blickwinkel zu wechseln, kann dir der dazwischenliegende neutrale Standpunkt dabei helfen.

Betrachte nun ein Event oder eine Sache, die du automatisch als negativ bewertest und frage dich: „Auf welche Weise dient mir diese Sache? Wie kann es nützlich sein?“ Wenn du etwas mutiger bist, frage: „Auf welche Weise ist dieses Ereignis Beweis dafür, dass mein Leben funktioniert und sich meine Wünsche erfüllen?“
Elektrizität ist neutral. Sie kann einerseits dafür verwendet werden, jemanden in einen elektrischen Stuhl zu setzen oder andererseits mit einer elektrischen Wärmedecke auszustatten. Es hängt alles von der Interpretation des Beobachters ab.

Wir vertiefen das Konzept noch, indem du einige Erfahrungen aus erster Hand machst: Betrachte irgendein Objekt in deiner Nähe. Entspanne dich. Bezeichne dieses Objekt jetzt als hässlich, negativ, schlecht, dumm und gefährlich. Bleibe mit deiner Aufmerksamkeit auf dem Objekt und fühle einfach. Welche Aspekte des Objektes nimmst du am meisten wahr? Als nächstes bezeichnest du dasselbe Objekt als positiv, schön, interessant, nützlich, angenehm. Bleibe mit deiner Aufmerksamkeit auf dem

Objekt und fühle wieder. Welche Aspekte nimmst du jetzt wahr? Als nächstes beschreibst du das Objekt einfach als das, was es ist, ganz neutral. Betrachte das Objekt, ohne es zu bewerten. Wiederhole diese Abfolge mit mehreren Objekten. Du kannst diese Übung zu deiner nächsten meditativen Erfahrung werden lassen. Einige Erkenntnisse in dieser Übung gehen über das, was eben beschrieben wurde hinaus. In dieser Übung sind vier Grundzustände enthalten, und jeder davon ist nützlich: Widerstand (durch negative Bezeichnung), Wertschätzung (durch positive Bewertung), neutral (beschreiben wie es ist) und ohne Bezeichnung (Stille).
Wenn du die Tragweite dieses Konzepts demonstrieren möchtest, probiere das folgende aus: Nimm zwei Gläser voll Wasser, die gleich aussehen und gleich schmecken. Nun lasse eine Gruppe von Menschen das eine Glas eine oder zwei Minuten lang als negativ, eklig, widerlich, giftig, schlecht, alt, böse und schmutzig bezeichnen. Einer soll das Glas mit einem Stift einer bestimmten Farbe markieren. Dann lässt du die Gruppe das andere Glas eine oder zwei Minuten lang als positiv, frisch, gesund, gut, klar, wunderschön, schmackhaft und köstlich bezeichnen. Das Glas wird mit einer anderen Farbe markiert. Schreibe auf ein Blatt Papier, welche Farbe für welches Glas steht. Dann lasse eine Testperson jeweils von beiden Gläsern kosten, sie soll feststellen, welches Wasser besser schmeckt. In phänomenalen 80 % der Fälle wird die Testperson es „richtig schmecken“ – ein Zahl, die höher ist als der Zufall.

Lass uns dein Bewusstsein noch mehr für die Magie der Bewertung schärfen. Schaue auf einen Gegentand (z. B. ein Buch) und bezeichne ihn als wichtig. Zähle Gründe auf, warum der Gegenstand wichtig ist. Anschließend bezeichnest du den Gegenstand als unwichtig und zählst auch hier Gründe dafür auf. Spiele diese Übung mit verschiedenen Gegenständen, Gedanken und Ideen durch. Erkenne, wie wir alle jeden Tag Wichtigkeit oder Unwichtigkeit erschaffen und wie die Wichtigkeit, der wir etwas zuschreiben, bestimmt, wohin unsere oder die Aufmerksamkeit anderer Menschen geht. Denke darüber nach, wie deine Angelegenheiten und Aufgaben davon profitieren können.

Möchtest du noch mehr? Es gibt eine unendliche Fülle von Anwendungsmöglichkeiten für dieses Wissen. Betrachte etwas, das du diese Woche unbedingt erledigen musst, eine Sache, bei der du sagst „diese Aufgabe hat nichts mit meinen Herzenswünschen zu tun“. Bestimme nun, dass diese Erledigung sehr wohl etwas mit deinen Herzenswünschen zu tun hat, und dass sie dich dabei sogar unterstützen wird. Bezeichne sie als etwas, „das dazugehört“. Dann beobachte, was aus der Erledigung wird.

Menschen fragen immer wieder danach, was die Dinge für einen Sinn haben. Schau mal, ob du eine Woche deines Lebens damit verbringen kannst, ohne eine Frage zu stellen; stattdessen gibst du die Antworten. Wenn du bemerkst, dass du Fragen stellst wie z. B. „was ist das?“ oder „warum passiert das?“ oder „was bedeutet das?“, stoppe dich. Stattdessen verwendest du Aussagen, die mit „das ist…“ und „der Sinn davon ist…“. Für jedes „warum“, das du von jemandem hörst, antwortest du prompt mit einem „weil“. Das Ziel dieser Übung ist es, deine Abhängigkeit von äußeren Antworten zu lösen und dir zu helfen, zu deiner Selbstbestimmung zurückzufinden. Entwickele

wieder die Fähigkeit selbst zu erkennen, welche Bedeutung etwas für dich hat. Während du diese Übung ausführst, bist du nicht länger der bedürftige Sucher, sondern derjenige, der selbst definiert, was Realität ist.
Fragst du dich, was der Unterschied zwischen „lügen" und „etwas eine neue Bezeichnung zu geben" ist? Hier ist die Antwort: Nehmen wir an, jemand hatte einen Unfall und geht jetzt auf Krücken. Eine Lüge wäre es, jetzt zu sagen: „Er hatte gar keinen Unfall, er geht nicht auf Krücken. Alles ist gut." Dem eine neue Bezeichnung zu geben wäre: „Nun hat er endlich Zeit für andere Dinge, außer Fußball. Ist das nicht toll?"

Die Welt ist voller Requisiten. Vielen Requisiten kannst du eine eigene Bedeutung verleihen, zusätzlich gibt es bereits viele Requisiten (Gegenstände und Symbole), denen bereits durch das Massenbewusstsein eine hohe Bedeutung und Signifikanz zugeordnet wurde. Du kannst von diesen bereits aufgeladenen Dingen profitieren. Das ist das Geheimnis hinter einem Talisman – und die Manipulation der Menschen durch Symbole mit bestimmter Bedeutung.
Jeder hat bereits vielen Dingen bestimmte persönliche Bedeutungen zugewiesen. Diese entwickelten ein Eigenleben und es sieht nun so aus, als ob das ihre angeborene Bedeutung ist. Meistens bringt uns das Freude. Wir verbinden eine gute Stimmung mit Sonnenschein und wenn die Sonne rauskommt, bekommen wir automatisch bessere Laune. Dieser Automatismus kann uns aber auch ernsthaft einschränken – jedoch muss das nicht so sein. Nehmen wir die Frage „wie spät ist es?" als ein Beispiel. Was für eine Bedeutung hat es für dich, wenn es sieben Uhr abends ist und du hast noch kein Essen gehabt? Welche Bedeutung hat es, wenn es Mitternacht ist? Was, wenn es mittags zwölf Uhr ist? Welche Bedeutung geben wir bestimmen Tageszeiten? Auf welche Weise können uns diese Assoziationen einschränken? Auf welche Weise dienen sie uns?

Unsere Realität besteht aus mehreren Ketten von Definitionen. Krankheit hat soundso eine Bedeutung, und wenn ich krank bin, hat das jenen Sinn; und dies und das muss getan werden, und danach jenes. Verändere eine Definition und du veränderst die Realität. Wenn du alle Konzepte loslässt und in die Stille gehst, ohne zu reagieren, dann bist du ohne Definitionen. Wenn du in die Stille gehst, hörst du auf, Bedeutungen zu verteilen. Wenn du nichts mehr bewertest und definierst, wird auch nichts kreiert. Wenn nichts kreiert wird, wirst du zu dem, was hinter der Kreation steht: Unendlichkeit. Aus diesem Standpunkt heraus ist es sehr einfach, etwas Neues zu erschaffen.
Wenn du ein wunderschönes Hochgefühl erleben möchtest, gehe spazieren und bewerte alles, was du siehst, als genau das, was es ist – ohne eine Interpretation hinzuzufügen. Bezeichne ein Haus als ein Haus und einen Baum als einen Baum. Nach einer Weile wirst du dich ziemlich leicht fühlen. Weißt du warum?

Du kommst nach Hause und dein Haus steht in Flammen. Die negative Bezeichnung wäre: „Das ist eine Tragödie. Mein Leben ist vorbei. Ich werde mich niemals davon erholen. Warum passieren mir diese Dinge?" (Nebenbei bemerkt: Es würde noch nachteiliger sein, wenn du das Ereignis so bewertest, es aber unterdrücken würdest.) Die neutral Bewertung wäre: „Mein Haus ist abgebrannt. Das bringt einige Umstände mit sich." Die positive Bezeichnung wäre: „Mein Haus ist abgebrannt. Das ist super, weil ich mich dort irgendwie eingesperrt gefühlt habe. Ich habe mich gelangweilt und war ohne Lebenslust mit den ganzen Sachen da, die ich über die Jahre angesammelt habe (wenn es so war). Ich bin nun frei von dieser Last und kann das erschaffen, was wirklich zu mir gehört. Ich danke Gott für diese Erleichterung."

Wenn ein Mensch begreift, dass die Bedeutung die er vergibt, bestimmt, welche Realität er in einer Situation erlebt (und es gibt Millionen Versionen von jedem Ereignis), kann er beginnen, mit diesen Bedeutungen zu spielen, anstatt sich nur an einer Version der Realität festzuhalten. Je weniger jemand an sich glaubt, desto eher wird er eine Situation so bewerten, dass er das Opfer ist. Beobachte, wie die Bedeutung von etwas automatisch auftaucht. Wenn eine negative Bewertung deine erste, ehrliche Reaktion ist, dann erlaube ihr erst einmal sich auszuspielen. Verbalisiere sie, anstatt sie zu unterdrücken. Übertreibe, wenn du willst. Gib der Situation dann bewusst eine neue Bedeutung, so dass sie neutral wird, und dann springe über zu einer Bewertung, die dich noch mehr befriedigt.

Wenn du Bewertungen und Bezeichnungen loslässt (wie es automatisch in meditativer Stille passiert), kannst du das Leben direkt erfahren – ohne Vorannahmen und Definitionen. Das Leben ganz ohne Filter zu leben, kann beglückender sein, als das Leben durch positive Filter zu betrachten. Unsere kontinuierlichen Definitionen und Bewertungen über die Welt zeigen an, dass wir die Wahrnehmung von *Realität als Energie* verlieren. Automatische negative Bewertungen sind jedoch sehr nachteilig für unsere Realität. Nehmen wir an, du hast dir einen Job erschaffen, der genau richtig für dich ist und du ruhst nun in diesem Energiefeld. Der Tag des Vorstellungsgespräches kommt und der Personalverantwortliche sagt dir, dass du den Job nicht haben kannst, sie sind nicht an dir interessiert. Wenn du nun betrübt bist und diese Situation mit „ich habe versagt. Ich bekomme einfach nicht den Job, den ich will", bewertest, wird sich deine Realität tatsächlich dementsprechend entwickeln. Aber wenn du in derselben Situation ruhig und gelassen bleibst und überzeugt davon bist, dass der Job dir gehört, wird die Person dir gegenüber plötzlich entweder ihre Meinung ändern oder dir eine andere Möglichkeit anbieten. Es liegt alles in deiner Hand: Du entscheidest!

Negatives gibt es nicht

Etwas als negativ zu bewerten ist eine gewohnheitsmäßige Vereinbarung. Alles ist neutrale Energie. In was sich diese Energie transformiert, hängt von deiner Bewertung ab. Als Anfänger der Methoden von RC lernst du erst einmal, deine Aufmerksamkeit auf Dinge zu richten, die du magst – die Dinge, die du als positiv bewertest. In einem fortgeschrittenen Stadium von RC gehst du einen Schritt weiter und lernst das Juwel in dem Negativen zu finden. Das ist das Gegenteil eines Opferbewusstseins. Dieses Bewusstsein ist radikal selbstverantwortlich, ist absolut die Quelle und völlig positiv. Kreative Verleugnung bedeutet nicht, Negatives zu unterdrücken oder zu ignorieren, wenn man doch insgeheim daran glaubt – das ist psychologisches Lügen. Kreative Verleugnung konfrontiert und verändert es in etwas Nützliches, etwas das dir dient, etwas bei dem es einen Vorteil gibt. Alles, was deine Seele erfährt, erlebt es aus einem guten Grund. Wenn du anders darüber denken würdest, wäre es ein Zeichen dafür, dass du glaubst, dass es eine böse Macht gibt, die hinter dir her ist. Etwas als „schlecht“ zu bewerten impliziert, dass du es nicht kreiert hast – du würdest wahrscheinlich nicht zugeben wollen, dass du etwas Schlechtes oder Unnützes erschaffen hast. Es gibt einen Grund dafür, warum viele Menschen nicht daran glauben wollen, dass sie ihre Realität selbst erschaffen: Sie müssten ihre Fehler zugeben. Sie bewerten viele ihrer Erfahrungen als negativ und fragen dann „warum würde ich so etwas erschaffen?“ Wenn du erkennst, dass die Ereignisse, die du als schlecht bezeichnest, für einen guten Grund erschaffen und erfahren wurden, z. B. für dein Wachstum, Erfahrung und das Lernen – wirst du es einfacher finden, die Verantwortung dafür zu übernehmen und sogar Nutzen daraus zu ziehen. Es liegt an deiner Sicht darauf, dass sie negativ sind und keinen Sinn haben. Schlecht über einen Ex-Partner, einen Job oder eine frühere Erfahrung zu sprechen, zeigt, dass du die Lernerfahrung nicht wertschätzt. Und das wiederum ist der Grund dafür, dass sich bestimmte Themen immer wieder wiederholen.

Gut und schlecht

Diese wunderschöne Parabel aus dem alten China macht das Prinzip noch klarer:
Ein armer Bauer und sein Sohn lebten auf einer Farm zu einer Zeit, als der Besitz eines Pferdes großes Glück war. Eines Tages kam ein Pferd und graste auf dem Besitz des Bauern. Das Gesetz damals besagte, dass das Pferd nun ihm gehörte. Sein Sohn freute sich sehr. Die Bewohner des Dorfes riefen: „Was für ein Glück!“ Aber der Bauer blieb ruhig und sagte: „Wer weiß schon, was gut und schlecht ist.“
Einige Tage später verschwand das Pferd und der Bauernsohn war ganz traurig. Die Dorfbewohner schauten mitleidig auf den Bauer, doch der blieb ganz gelassen und sagte: „Wer weiß schon, was gut und schlecht ist.“
Am nächsten Tag kam das Pferd zurück und brachte ein Dutzend anderer Pferde mit. Der Sohn konnte sein Glück kaum glauben; die Dorfbewohner staunten und gratulierten dem Bauern für sein großes Glück. Aber der Bauer blieb ruhig und sagte: „Wer weiß schon, was gut und schlecht ist.“
Es vergingen einige Tage. Der Bauernsohn ritt auf einem der wilden Pferde, doch das Pferd warf ihn ab und er brach sich ein Bein. Er quälte sich und verfluchte die Pferde, weil sie hier aufgetaucht sind. Der Vater brachte einen Arzt und neigte sich zu seinem Sohn. Er hielt ihn, schaute ihm tief in die Augen und sagte: „Mein lieber Sohn. Wer weiß schon, was gut und schlecht ist.“
Nur eine Woche später kam die Armee durch das Dorf, um alle jungen Männer als Soldaten zu rekrutieren. Den einzigen, den sie nicht mitnahmen, war der Sohn des Bauern – weil er ein gebrochenes Bein hatte.
Der Sohn repräsentiert unser reaktives Selbst, welches von Wünschen und Widerständen hin- und hergetrieben ist, immer auf Umstände reagierend. Der Vater repräsentiert den Standpunkt des Beobachters – die Quelle von Bewusstsein, die bestimmt, ob etwas gut oder schlecht ist oder die gar keine Unterscheidung trifft.

11. Imagination und Realität

Unsere Vorstellungskraft hätte das Potential, Realität zu erschaffen, wären da nicht die Bewertungen und Annahmen über Imagination (was wir darüber glauben). Sehr früh wird uns beigebracht, dass unsere Phantasie nur Einbildung ist und dass sie keinen großen Nutzen oder Wert hat. Gut, einige werden zugeben, dass die Imagination für Kunst, ökonomische Erfindungen und Kreativität wichtig ist. Aber im Vergleich dazu, wozu unsere Vorstellungskraft noch fähig ist, sind das Nichtigkeiten.

Das Problem ist, dass uns beigebracht wurde, zwischen Imagination und Realität zu unterscheiden. Imagination wurde zu einem Synonym für „unreal". Darin liegt die Tragik, denn Imagination ist nicht nur real, sondern es ist die *Quelle* von dem, was die meisten Menschen Realität nennen. Der einzige Grund, warum unsere Imagination ihre Kraft verloren hat ist, weil wir der physischen Welt mehr Festigkeit, Realität, Wichtigkeit, Signifikanz und Gültigkeit zuschreiben. Und weil wir der physischen Welt diese Bedeutung zuschreiben, scheint sie solider und realer als unsere Phantasie.

Warum haben wir uns das beigebracht? Um uns besser auf diese Welt fokussieren zu können. Um uns davor zu schützen, unseren Fokus zu verlieren. Um uns davor zu schützen, dass jeder Gedanke sofort zur Realität wird. Dieser Schutz hat auch seinen Wert. Wir wollen ihn einfach ein bisschen auflockern, damit neue Erfahrungen in unser Leben fließen können.

Es gibt keinen Unterschied zwischen der physischen Materie, die dich umgibt, und deiner Imagination. Es gibt keinen Unterschied zwischen der Rose in deiner Vorstellung und einer realen Rose, außer in deiner Definition darüber. Diese Definition nimmt Imagination als subtile Energie wahr und Materie als feste Energie. Alles, was du dir vorstellst, ist in gewissem Sinne auf einer bestimmten Ebene real. So lange, wie du deine Definitionen über Realität beibehältst, wird sich deine Imagination auf einer anderen Ebene manifestieren. Wenn du deine Vorstellungskraft aber richtig einsetzt, hat sie die Kraft, dein alltägliches Leben auf ganz besondere Weise zu beeinflussen.

Die Vorstellungskraft ist nicht nur ein Werkzeug in der Realitätserschaffung, sie ist viel mehr als das. Sie kann sehr viel über deine Persönlichkeit offenbaren, über deine Fähigkeiten und über die nächsten Schritte, die getan werden sollen. Die Existenz deiner Vorstellungskraft hat einen Grund. Die Bilder in deinem Kopf tauchen nicht einfach so ohne Grund auf.

Benutze dieses wunderbare Werkzeug, das dir gegeben wurde. Benutze deine Vorstellungskraft als Anleitung. Was versucht dir deine Phantasie mitzuteilen?

Handele danach. Was zeigt sie dir? Lerne davon. Je einfacher es dir fällt, dir etwas vorzustellen, desto näher ist es an deinem momentanen Schwingungszustand dran. Je schwieriger es dir fällt, dir etwas vorzustellen, desto weiter weg von deinem momentanen Zustand ist es. Du kannst viel aus diesen letzten beiden Aussagen lernen. Gehe auf eine Entdeckungsreise. Lerne es, dir alles im Detail vorzustellen. Finde es für dich selbst heraus. Wir haben bereits darüber gesprochen, wie Imagination zu anderen Funktionen des Bewusstseins in Beziehung steht:

Gefühle: Die Vorstellungskraft kann leicht emotionale Energie erschaffen. Umgekehrt werden auch bestimmte Bilder durch eine aktivierte Emotion hervorgerufen. Praktisch bedeutet das: Wenn du nicht möchtest, dass sich ein imaginiertes Bild physisch manifestiert, fühle nichts dabei während du es dir vorstellst. Reduziere deine emotionalen Reaktionen. Wenn du es beschleunigen möchtest, dass sich ein imaginiertes Bild physisch manifestiert, nimm Gefühle wie Dankbarkeit, Vorfreude, Euphorie und Liebe dazu.

Aufmerksamkeit: Je mehr Aufmerksamkeit du einem imaginierten Bild schenkst, desto mehr Wichtigkeit, Stabilität und Realität gewinnt es. Je weniger Aufmerksamkeit du diesem Bild gibst, desto weniger Realität erhält es.

Überzeugungen: Überzeugungen und Glaubenssätze entstehen, wenn man Aufmerksamkeit, Emotionen und körperliche Gefühle auf ein mentales Bild richtet.

Aktionen: Indem du das, was du dir in deiner Imagination vorstellst, physisch ausführst, kann sich physische Realität schneller manifestieren.

Wie wäre es, wenn du eine Woche lang Urlaub von den Fakten nimmst, und einfach deiner Imagination als real vertraust? Wie wäre es, einfach dankbar für etwas zu sein, bevor es geschieht? Was würde sich in deinem Leben verändern, wenn du die innere Autorität deiner Tagträume wichtiger nimmst, als die Autorität der faktischen Umstände? Wäre das eine realitätsferne Einstellung? Nein, wäre es nicht, außer wenn du es so bewertest und definierst. Wenn du gegen nichts einen Widerstand hast, dann gibt es auch nichts, vor dem du flüchten oder womit du dich ablenken musst. Wenn du an deine Träume glaubst, überlappen sie schnell deine äußeren Umstände und werden zur physischen Realität.

Imagination intensivieren

Stelle dir eine angenehme Szene vor, z. B. an einem Meeresstrand. Erlaube, dass sich dieses Bild auf folgende Weise intensiviert:

Visuell: Lasse dein inneres Bild noch farbiger werden, nimm noch mehr visuelle Details wahr. Lass den Ozean noch blauer werden. Nimm die Palmen in der Nähe wahr.

Auditiv: Füge Geräusche hinzu. Höre das Wellenrauschen. Lass die Geräusche lauter werden.

Realität: Lass die Vorstellung realer werden, indem du mehr räumliche Tiefe hinzufügst. Intensiviere deine Überzeugung, dass es real ist, indem du riechst, schmeckst und auch die Objekte berührst und fühlst. Lasse den Sand durch deine Finger rieseln.

Gefühle: Zum Schluss erlaube dir, dass positive Gefühle durch dich fließen, während du deine innere Vorstellung erlebst.
Der Sinn dieser Übung ist, mit deiner Imagination zu spielen und zu experimentieren. Lerne sie kennen, baue eine Beziehung mit deiner Imagination auf.

Würde es nicht schön sein, wenn… Dies ist eine wunderbare Technik, deinen Geist zu trainieren, höher-schwingende Gedanken zu finden. Nimm dir ein paar Minuten oder mehr Zeit, und beginne jeden Satz mit den Worten: „Wäre es nicht schön, wenn…“ Hier spekulierst du einfach, was schön wäre, ohne Erwartungen daran, dass es wirklich geschehen muss. Du benutzt diese Technik nicht dafür, um etwas in der Außenwelt zu erschaffen, sondern um dich im Hier und Jetzt spielerisch zu fühlen.

Klein und groß

Das Unendliche differenziert nicht zwischen kleinen und großen Dingen – nur das weltliche Selbst tut das. Wenn du denkst, dass man etwas Kleines einfacher manifestieren kann, als eine große Sache, dann ist das eine weitere Vorannahme von dir.

Es ist nur ein Glaubenssatz darüber, wie die Erschaffung von Realität funktioniert, und du möchtest das vielleicht loslassen, da es nicht besonders hilfreich ist. Kleine Dinge scheinen sich leichter manifestieren zu lassen. Das liegt daran, weil wir nicht verzweifelt handeln und bedürftig darauf warten, dass es passiert, sondern weil wir diese kleinen Dinge unbeschwert und spielerisch angehen.

Es ist sehr wahrscheinlich, dass du diese Überzeugung von „klein“ und „groß“ hast. Versuche folgendes: Wenn du eine Zeit lang versucht hast, etwas Großes zu manifestieren, aber es hat sich noch nicht verwirklicht, verwende die RC-Technik, um etwas, dass du als kleine Sache bezeichnest, zu erschaffen. Sieh, wie schnell es sich in deinem Leben verwirklicht. Das ist mit Sicherheit erfreulich, aber es zeigt auch, dass du einen Unterschied zwischen „klein“ und „groß“ machst. Die gleiche schnelle Erfüllung kannst du auch bei einer großen Sache erreichen.

Das Leben ist ein Traum

RC lehrt, dass die Welt da draußen nur eine Reflektion der inneren Welt und damit ein Traum ist, genauso wie deine Träume in der Nacht oder deine imaginierten Träume. Wenn du in der Nacht träumst, nimmst du oft an, dass die Ereignisse, die Landschaften, die Dinge und Menschen von dir (dem Träumer) getrennt sind. Außer wenn du luzide Träume hast (in welchen du nicht nur weißt, dass du träumst, sondern auch dass du deinen Traum selbst gestalten kannst), scheint es, als ob der Traum nicht willentlich von dir gestaltet wird. Nachdem du dann morgens aufwachst, erkennst du „oh, es war alles nur ein Traum“. Und du erkennst, dass alles in deinem Traum nur in dir, in deiner Psyche stattgefunden hat. Während du in den Traum verwickelt bist, sieht das träumende „Ich“ alle Dinge und Ereignisse getrennt von sich. Das erwachte „Ich“ erkennt, dass der gesamte Traum mit allen Inhalten im eigenen Bewusstsein erschaffen wurde. Was getrennt erschien, war alles „in mir“. Nachdem du erwacht bist, kannst du dir die Symbole des Traumes anschauen und ihre Bedeutung herausfinden, kannst dich fragen, was du dir selbst mitteilen wolltest. Ein Teil des Selbst ist in die Traumaktionen verwickelt und verliert die Wahrnehmung des ganzen Selbst. Ein höherer Teil weiß aber, dass alles ein Traum ist und beobachtet die Aktionen außerhalb des Traumkörpers. Aber beide – das vertiefte Selbst und das beobachtende Selbst – sind zu jeder Zeit präsent. Die eine Version ist das eingetauchte Selbst, welches als Traumfigur agiert, und die andere Version ist das beobachtende Selbst, welches das träumende Selbst betrachtet (luzider Träumer).

Und nun kommt die Offenbarung: Dasselbe Konzept trifft auf dein waches Leben zu. Das bedeutet, dass du wertvollen Nutzen daraus ziehen kannst, dein „waches" Leben als einen weiteren Traum anzunehmen. Von der Perspektive deines träumenden Selbst aus ist es das auch. Von dieser Perspektive aus ist das wache Leben ein Traum, und das Traum-Leben ist real.

Aber beides ist dieselbe Illusion auf verschiedenen Ebenen von schwingungsmäßiger Intensität und Dichte.

In der alltäglichen Realität haben wir einen eingetauchten Standpunkt, der sich mit der Erfahrung identifiziert. Und dann gibt es den beobachtenden Teil, welcher nicht mit dem Körper identifiziert und durch ihn limitiert ist – ein Teil, der nicht aus einer Identität heraus sieht.

Der verkörperte Standpunkt bewegt sich durch die Welt der Dinge, Menschen und Umstände, die getrennt von ihm erscheinen. Aber genauso, wie du in einem nächtlichen Traum aufwachen kannst, kannst du auch in deinem wachen Leben erwachen und erkennen „es findet alles in mir selbst statt".

Du kannst die Dinge in deinem wachen Leben genauso ansehen, wie die Ereignisse in deinen Träumen: als Symbole oder Spiegel des Bewusstseins. Jede Erfahrung die du machst, vor allem die, welche deine volle Aufmerksamkeit ziehen oder emotional aufgeladen sind, sind Werkzeuge für Selbstreflektion und tiefere Erfüllung und Ausrichtung der erwünschten Version von dir. Du kannst dein waches Leben als einen Traum wahrnehmen.

Das erfordert, dass du in deinem „realen" Leben luzid (klar, erwacht) bist, dass du aus der Vertiefung auftauchst, dass du eine neue Perspektive gewinnst, dass du Zeuge wirst und die Bedeutung von den Ereignissen und deren Korrespondent mit deinem inneren Selbst erkennst. RC ist keine Einbahnstraße. Wenn du etwas in dir erschaffen und in Anspruch genommen hast, wird die Unendlichkeit mit dir kommunizieren und dir in deinem Leben Symbole und Zufälle zeigen. Unsere Überzeugungen/Identitäten zeigen darauf hin, wie wir mit der Unendlichkeit kommunizieren.

Die Geschehnisse im wachen Traum (die Ereignisse im täglichen Leben) sind die Zeichen, wie die Unendlichkeit mit uns spricht. Intuitive Führung, Fingerzeige, Impulse, Information – es ist alles da, wenn du deine Augen öffnest. Ignoriere oder trivialisiere diese Zeichen der Führung nicht. In RC geht es nicht nur darum, Wunschlisten ans Universum zu senden. Es geht darum, in einen lebenslangen Dialog mit dem Universum und der Unendlichkeit zu treten.

Hier zeigt sich wieder der Nutzen der Stille. Während du in eine Flut von Ereignissen verwickelt bist, kannst du deren tiefere Bedeutungen nicht erkennen. Das Leben ist wie ein Brief, welches das Höhere Selbst dir sendet. Bei allem was du erlebst, geht es um dich. Wache auf! Nichts passiert unabhängig von dir.

Realitätserschaffung ist tatsächlich eine Co-Kreation. Beginne darauf zu hören, was dein unendliches Selbst dir in Bezug auf deine Kreationen mitzuteilen versucht.

Imagination und parallele Universen

Das Konzept der parallelen Universen zu verstehen bedeutet, die Imagination als etwas ganz anderes zu erkennen, als das, was uns beigebracht wurde. Das neue Verständnis darüber, was Imagination ist, wird dir Türen und Tore öffnen.

In RC wird keine Unterscheidung zwischen real und nicht-real gemacht. Die einzige Unterscheidung gibt es zwischen real und manifestiert. Nur weil du etwas nicht siehst, heißt das nicht, dass es nicht real ist. Es finden gerade jetzt auf dieser Welt viele Ereignisse statt, denen du dir nicht bewusst bist. Das bedeutet aber nicht, dass sie nicht real sind. Es gibt viele TV-Programme, die du nicht siehst. Das bedeutet aber nicht, dass sie nicht gezeigt werden.

Etwas als unreal anzunehmen, nur weil dein spezifischer Standpunkt es nicht sehen kann, ist ignorant. Dein weltliches Selbst erlebt nur einen winzig kleinen Prozentsatz von dem, was zu einer gewissen Zeit stattfindet. Imagination und Wünsche sind durchscheinende Ereignisse von einer parallelen Realität, einer anderen Version von dir, welche das gerade tatsächlich real erlebt. Jemand anderer hat gerade diese Erfahrung, und du fühlst das als einen Wunsch. Du kannst dir nur etwas wünschen, was dir bereits gehört. Wenn das nicht so wäre, würdest du es nicht fühlen, es dir nicht vorstellen oder überhaupt wahrnehmen können. Das einzige, was jetzt noch fehlt, ist deine Korrespondenz damit. Vibriere in derselben Schwingung (sei es), anstatt es von außen zu betrachten (einen Wunsch haben) – man könnte sagen, du bist noch leicht phasenverschoben mit einer bestimmten Realität. Wenn du noch zu weit von dieser Realität entfernt sein würdest, würdest du keinen Wunsch danach verspüren.

Sogar das kleinste Basiswissen über das Viele-Welt-Model kann dich mit Wertschätzung und Erstaunen für die unendliche Kreativität des Seins erfüllen. Jede abgespaltene Realität erscheint mit einer eigenen Geschichte, Zeitlinie und Stimmung und jede dieser Realitäten spaltet sich wieder – von Ewigkeit zu Ewigkeit. Weißt du warum dieses Konzept so viel Begeisterung und Interesse entzündet? Weil es das „nächste große Ding“ ist. Aus unserer Perspektive heraus ist es eine der Wissenschaften der Zukunft. Nachdem die Menschheit durch Wirren und Spiele gegangen ist und sich abgerackert hat, wird die Menschheit ihre Aufmerksamkeit auf die Freude und Unermesslichkeit des Seins richten.

Wenn du RC praktizierst, wechselst du in parallele Realitäten. Der Grund, warum dein Umfeld immer gleich aussieht ist, weil du so etwas wie ein eingebautes „Anti-Schock-System“ hast, das dich beschützt. Es würde möglich sein, dass du nach dem Ausführen der PURE-Technik deine Augen öffnest und eine völlig neue Umgebung siehst, aber das wäre für den größten Teil der Menschen zu viel – es würde sie schockieren. Das Schutzsystem erlaubt der neuen Realität, sich langsam und sanft um dich herum aufzubauen – um keinen Kurzschluss in deinem Nervensystem auszulösen. Einige Menschen erleben beim Anwenden von PURE-kurzes unkontrollierbares Muskelzucken – dieselben Zuckungen, die man manchmal kurz vor dem Einschlafen hat. Was bedeuten diese? Die zeigen eine abrupte plötzliche Verschiebung der Schwingung/Energie, ein plötzliches Verschieben des Sein-Zustandes. Aus meiner

Erfahrung heraus ist das ungefährlich, aber wenn du diese Symptome nicht haben möchtest, gehe es langsamer an. Begreife, dass nachdem du in eine neue Identität eingetaucht bist und du deine Augen wieder öffnest, du dich in einem anderen Universum befindest. Wenn du die Schwingung hältst, wird dieses neue Universum zu deinem Hauptuniversum.

Es gibt eine Menge wissenschaftlicher Indikatoren, dass ein Verschieben der Identität ein Verschieben der Realität nach sich zieht, aber hier gebe ich dir ein noch extremeres Beispiel: In Forschungsarbeiten über multiple Persönlichkeitsstörungen hat sich gezeigt, dass extreme Veränderungen auftauchen können, wenn die Identität gewechselt wird. In klinischen Studien über multiple Persönlichkeitsstörungen wurde gesehen, dass Menschen innerhalb von einigen Tagen zwanzig Pfund verloren, dass Gesichtsfalten plötzlich komplett verschwanden, als ob sie nie da waren (und wieder auftauchten, wenn die Persönlichkeit sich wieder verschob). Die Stimme, Erinnerungen und das Aussehen transformierten sich innerhalb weniger Minuten, und vieles mehr. Aber ein Identitätswechsel verändert nicht nur den Körper, es verändert auch die Erfahrungen – und die Wissenschaft wird eines Tages den Mut haben, das zuzugeben. Da die äußere Welt nicht getrennt von unserem Bewusstsein ist, bedeutet eine Änderung im Selbst auch eine Änderung der äußeren Welt. In diesem Licht erkennst du sicher, wie überflüssig und unnötig Affirmationen und Visualisation sind, um etwas da draußen geschehen zu lassen.

Du stehst immer am Übergang zwischen vielen Realitäten. Welche Richtung du einschlägst, entscheidest du selbst. Die nächste, bessere Version von dir ist bereits real und für dich zugänglich. Was, wenn du in die falsche Richtung gehst? Das ist in Ordnung, weil du das sofort erkennen und verändern kannst. Genauso, wie du nicht mehr zwischen real und nicht-real zu unterscheiden brauchst, brauchst du auch nicht zwischen wahr und falsch unterscheiden. Stattdessen unterscheide zwischen wahr (real) und Fakt (manifestiert). Alles ist wahr, aber nur manches davon manifestiert sich in deinem Leben.

Die Wahrheit in RC ist nicht dieselbe Wahrheit wie aus einer Religion. Religionen versuchen nicht nur etwas Absolutes (dem du gehorchen musst) festzulegen, sondern sie erklären auch jeden, der nicht gehorcht, für falsch. Die Wahrheit aus RC ist auch nicht dieselbe Wahrheit der empirischen Wissenschaft, welche uns lehrt, uns nur mit dem, was bereits manifestiert ist, zu beschäftigen. Die Wahrheit in RC ist die Wahrheit der Identität, die Wahrheit über das, was du gerade fühlst. Mit der Zeit beginnen die Fakten sich nach deinen tiefen Überzeugungen auszurichten. Ungeduld und Eile in Bezug auf eine Manifestation zeigen den Grad auf, mit welchem du noch nicht wirklich identifiziert bist. Das Selbst und die Imagination sind die Tore zu allen Welten.

Erinnere dich: Wann immer du den Wunsch hast, etwas zu erschaffen, existiert es bereits. Worauf du eigentlich wartest, das bist du selbst. Wenn du nicht länger auf die Manifestierung wartest, sondern sie fühlst, kommt sie zu dir. Das ist ähnlich wie flirten. Wenn du einer Frau/einem Mann Aufmerksamkeit schenkst und diese dann wegnimmst, wird sie/er sich näher zu dir hingezogen fühlen. Dasselbe Prinzip wird in

New-Age-Techniken als „Wunsch und loslassen davon" gelehrt. Der Wunsch verwandelt sich in die Dankbarkeit, dass man das Gewünschte bereits empfangen hat.

Das kann auch mit „ohne Anhaftung/ohne Desinteresse" bezeichnet werden. Du bist an der Manifestation und den Beweisen dafür interessiert, aber du hängst dich nicht daran, als ob du davon abhängig wärest. Und wieder: Das ist ähnlich wie flirten. Du möchtest, dass sich das Gewünschte manifestiert, aber du bindest dich nicht daran. Du triffst jemanden, den du magst. Du möchtest dich der Person annähern. Ihr tauscht Telefonnummern aus. Die Aufgeregtheit steigt. Du rufst aber nicht sofort an (Anhaftung, Eile, Mangel), sondern wartest etwas – du lässt für ein paar Tage los. Vielleicht kann auch die andere Person die Spannung nicht aushalten und ruft dich vorher an. Anderenfalls rufst du nach drei oder vier Tagen an. Und die andere Person wird daran interessiert sein, dich wiederzusehen. Wenn du zu lange wartest – sagen wir einen Monat – würde es wie Desinteresse aussehen und die Person wird dich vergessen haben.

12. Handeln und Realität

Der Glaube „Handlung erschafft Realität“ ist nicht wirklich wahr, aber das ist das, woran die Menschen am meisten glauben. Und indem sie mit so einer Intensität daran glauben, machen sie es wahr. Einige sagen vielleicht: „Ich werde ins Fitness-Studio gehen und Gewichte stemmen. Das werde ich acht Monate lang dreimal die Woche tun, und dann habe ich Muskeln.“ Fast jeder würde das für richtig halten und denken, dass die Handlung von drei Mal Training pro Woche über mehrere Monate die Muskeln aufbaut. Und von einem rein physischen Standpunkt aus scheint das wahr zu sein. Aber was wirklich die Muskeln wachsen lässt, ist der Glaube dieses Menschen an den Prozess und die Entscheidung, zu dieser Version von sich selbst zu werden. Um über eine bestimmte Zeit hinweg einen Fortschritt zu sehen, ist die Erfahrung von „ich habe Muskeln“ für diesen Menschen an eine Handlung gebunden. Ohne diese Handlungen würde die Person wahrscheinlich nicht daran glauben wollen, dass es funktioniert. Wenn die Person aber glauben könnte, dass sie Muskeln hat, ohne irgendetwas zu tun, dann würde sie Muskeln haben, und zwar ohne etwas dafür tun zu müssen. So unwahrscheinlich wie es auch für manche Leser scheinen mag: Es ist möglich, nichts zu tun und trotzdem alles zu erreichen. Handlungen sind nur für die Menschen notwendig, die nicht daran glauben, dass eine Überzeugung vor der Handlung steht. Doch diese Überzeugung (dass Aktivität die Quelle der Realität ist) muss keine Begrenzung für deine kreative Kraft sein – so tief wie sie im Massenbewusstsein auch eingepflanzt sein mag; im Gegenteil: Du kannst diese Überzeugung zu deinem kreativen Nutzen einsetzen. Da du auf diesen Planeten gekommen bist, um das Leben eines physischen Wesens in einer physischen Welt zu erfahren, kannst du die Bedingungen von Handlungen, Bewegungen, Tun, Tätigkeiten und Verhaltensformen zur Erschaffung von Realität nutzen. Die Wahrheit ist: Aufmerksamkeit und Intention erschaffen Realität. Aber weil viele daran glauben, dass Handlungen die Realität kreieren (und dass es nicht ausreicht, seine Träume nur zu visualisieren), werden wir damit einverstanden sein. Die Intention hinter einer Handlung bestimmt das Resultat. Die Handlung kanalisiert die Energie der Intention in physische Form. Im folgenden Abschnitt möchte ich drei Haupttypen von Handlungen darstellen:

1. **Handlung, die auf Angst oder Eile basiert.** Viele Menschen glauben, dass diese Form sie zum Handeln motiviert. Aber diese Ansicht ist sehr weit weg von dem Standpunkt von RC. Bei diesem Handlungstyp wird nicht nur die Handlung als notwendig erachtet, sondern es werden auch negative Konsequenzen folgen, wenn jemand hier nicht handelt. Diese Art von Handlung ist mehr reaktiv als aktiv und zeigt sich wie in den folgenden Beispielen: Du wirst mit einem Problem konfrontiert und reagierst reaktiv darauf. Oder du arbeitest unter Geld- und Zeitdruck, anstelle dass du deiner Seele folgst. Oder du versuchst Dinge, die kaputt sind, zu reparieren, anstatt dich auf das zu konzentrieren, was gut für dich ist. Angst wird häufig als Motivation für Handlungen genutzt. Viele Menschen glauben, dass ein Mensch nicht handelt, wenn es keinen Angstfaktor gibt. Während das auf einem niedrig entwickelten spirituellen Level vielleicht wahr ist, ist diese Ansicht nicht

hilfreich, wenn du ein bewusstes, freies und spirituell entwickeltes Leben erfahren möchtest. Ein Zeitpunkt, bei dem diese Form von Handlung hilfreich ist, ist in Apathie oder Depression, wenn man einen Weckruf braucht, oder wenn jemand Dutzende unfertiger Erledigungen aufbaut, weil er vieles vernachlässigt. In diesen seltenen Fällen ist Handlung, die auf Angst und Dringlichkeit aufbaut, hilfreich. In allen anderen Fällen ist es nur Kompensation. Durch kompensierende Handlungen versuchst du, negatives Denken, negatives Fühlen und schlechte Realitätsgestaltung auszugleichen. Durch negatives Denken und Fühlen ziehst du ungewollte Dinge an, und dann reagierst du, um es wieder auszugleichen, es wieder gutzumachen. Das ist nicht sehr effektiv und es wird in den meisten Fällen noch mehr Negatives nach sich ziehen. Aus Angst oder Eile heraus wichtige Entscheidungen zu treffen, wichtige Schritte zu unternehmen oder überhaupt zu handeln, wird noch mehr Ereignisse erschaffen, die Angst und Eile hervorrufen. Gleiches zieht Gleiches an. Je inkompetenter ein Politiker oder ein Geschäftsführer ist, desto weniger werden ihre Handlungen auf Visionen beruhen und desto mehr wird die Angst (z. B. vor einem Feind oder Jobverlust) ihre Quelle und Basis von Handlung sein.

2. **Inspirierte Handlungen bzw. Handlungen, die zu deinen Wünschen führen.** Diese Handlungen erschaffen das, was du dir vom Leben wünschst. Sie gehen von einem positiven Zustand und einem schönen Standpunkt aus – Handlungen die aus einem Wohlgefühl erwachsen. Das können geplante, koordinierte Aktionen sein, die du triffst, nachdem du dir einen spezifischen Plan mit Zeitablauf aufgeschrieben hast. Es kann aber auch bedeuten, dass du spontan auf Gelegenheiten reagierst, die sich dir anbieten, nachdem du positive Energie ausgestrahlt hast. Im ersten Fall setzt du dir ein Ziel, schreibst einen Plan und folgst diesem. Das ist der zeitgemäße Weg der Realitätserschaffung, mit dem die Masse übereinstimmt. In der zweiten Variation setzt du dein Ziel, schickst die Energie ins Universum, entspannst einfach und wartest auf die Gelegenheiten, die sich von selbst offenbaren – und dann reagierst du auf diese. Auf jeden Fall handelst du nicht aus Angst, sondern aus Freude und Inspiration heraus, aus der positiven Erwartung heraus, dass du dich auf deinen Wunsch zubewegst. In dieser Art von Handlungen arbeitest und handelst du eher wenig. Je mehr Energie du hast, desto weniger brauchst du zu tun. Und wenn du energetisiert bist, fühlen sich deine Aktionen nicht wie Arbeit oder Anstrengung an. Außenstehenden scheint es vielleicht, dass du richtig viel arbeitest, aber von dir aus gesehen hast du einen Riesenspaß. Meistens macht Arbeit Spaß, wenn du sie mit persönlichen Vorteilen verbindest. Vielleicht erinnerst du dich an eine Zeit, in der du nicht zur Schule oder zur Arbeit gehen wolltest. Du hast dich träge gefühlt und eine Menge Kaffee gebraucht, um dich dahin zu schleppen. Dann änderte sich plötzlich etwas: Du hast dich in der Schule oder an deinem Arbeitsplatz in jemanden verliebt und konntest es kaum erwarten, hinzugehen. Du hast dich energetisiert gefühlt und sogar den Kaffee vergessen, weil du so in Eile warst zur Schule oder Arbeit zu kommen. Das ist ein fühlbarer Unterschied zwischen inspirierter und erzwungener Handlung.
3. **Handlung aus dem Standpunkt heraus, dass es bereits real ist** (nicht fälschlicherweise zu verwechseln mit „so tun als ob"). Dies ist bei weitem die Handlungs-

form mit der meisten Magie. In dieser Form übernimmst du das Leben einer erwünschten Realität. Du bemühst dich nicht um die neue Realität oder dein Ziel. Du agierst stattdessen aus der Realität heraus. Du tust Dinge, die du tun würdest, wenn es bereits wahr wäre. Du gehst an Plätze, an die du gehen würdest, wenn es bereits real wäre. Du triffst Menschen, die du treffen würdest und du benimmst dich so, wie du dich verhalten würdest, wenn die Realität bereits erschaffen wäre. Da das Universum der Energie eine Kopiermaschine ist (welche deine Schwingungen reflektiert), zeigst du dem Universum, wer du bist und das Universum wird Ereignisse reflektieren, die dazu passen. Einen Wunsch in die physische Realität zu bringen bedeutet, so nah wie möglich an die Wirklichkeit zu kommen, die Realität in das Hier und Jetzt und Heute zu bringen – handele und spiele die Rollen so echt wie möglich. Ein überzeugendes Rollenspiel ist nicht weit weg von der Realität. Handlungen aus dem Standpunkt heraus, dass es bereits wahr ist, sind ein Weg, um sich darauf einzustellen.

Aus einer bestimmten Perspektive heraus braucht man für diesen dritten Typ von Handlung etwas Mut. Aber wenn du einmal die magischen Resultate, die daraus resultieren erkennst und dich daran gewöhnst, wirst du diese Form mit Freude einsetzen. Mit dieser Technik nimmst du den direkten Weg zu deinem Ziel. Wenn du heute etwas sein kannst, dann brauchst du keine Übungen, keine Geduld oder Beweise – du repräsentierst, du lebst und du demonstrierst die Realität, die du haben möchtest. Du erlebst sie bereits und musst nicht länger etwas erreichen oder etwas erschaffen. Um dir nun zu helfen, zwischen diesen drei Handlungsweisen zu unterscheiden, gebe ich dir einige Beispiele:

Handlungsform 1 (welche auf Angst basiert) wird selten positive Ergebnisse einbringen. *Handlungsform 2* (inspirierte Handlung) wird irgendwann positive Resultate bringen. *Handlungsform 3* (handeln, als ob es bereits real ist) wird sehr schnell positive Resultate erschaffen. Der Unterschied zwischen Handlungsform 2 und 3 ist folgender: Wenn du auf ein Ziel hinarbeitest, sagst du „okay, ich werde das tun, dann das, dann jenes, dann dies und dann noch das, und dann kann ich es erleben". Das ist das Erschaffen von Realität an einer Zeitlinie entlang. In Handlungsform 3 arbeitest du aus dem Ziel heraus, du machst das Ende zum Startpunkt und sagst: „Heute bin ich das, und aus diesem Sein heraus werde ich dies und jenes tun und erleben."

Wir werden uns Michael, Tom und Susan anschauen. Michael wendet immer die Handlungsform 1 an, Tom immer Handlungsform 2 und Susan immer Handlungsform 3.

Der erste Wunsch, den diese drei manifestieren wollen ist: Mehr Geld.

Michael kauft sich dafür ein Buch mit dem Titel „Wie man seine Angst überwindet".

Tom kauft sich das Buch „So werden Sie reich".

Susan kauft sich das Buch von jemandem, der reich ist.

Michael arbeitet nun noch mehr, macht Überstunden und redet schlecht über andere Angestellte hinter ihrem Rücken – Michael denkt, dass ihn das beim Chef beliebter macht.

Tom setzt Prioritäten und plant seine Arbeitszeit, um effektiver zu werden. Er redet gut über seinen Chef – und denkt, dass ihm das eine Gehaltserhöhung einbringen wird.

Susan kündigt ihren alten Job und beginnt eine kreative, freiberufliche Tätigkeit (mit etwas, was sie schon immer machen wollte) – weil das etwas wäre, was sie tun würde, wenn sie bereits reich wäre.

Der zweite Wunsch, den alle drei haben ist: Sie wünschen sich den richtigen Partner fürs Leben.

Michael beginnt nun, einem Mädchen aus dem Büro hinterherzulaufen. Er mag sie eigentlich nicht richtig, aber er würde das „Zweitbeste“ für jetzt akzeptieren, da sein Selbstbewusstsein nicht ausgebildet ist.

Tom dagegen spezifiziert seinen Wunsch und setzt einige Anzeigen in Dating-Foren im Internet.

Susan räumt ihre Wohnung so auf, als ob sie einen besonderen Besucher erwartet, sie öffnet eine Flasche Wein und gießt ihn in zwei Gläser. Sie macht sich für ihn hübsch. Sie durchlebt die Gefühle, als ob er da wäre und spielt einen Tanz mit ihm durch. Für einen Außenstehenden mag das komisch aussehen, aber sie hat ihren Traum in die physische Realität gebracht.

Der dritte Wunsch ist: Vor großen Gruppen einen Vortrag halten.

Michael tut nichts dafür – er hat Angst.

Tom fährt auf Workshops, um zu lernen, wie man gute Vorträge hält.

Susan besucht gute Vorträge. Sie begibt sich in das Energiefeld von dem, was sie sich wünscht. Später bucht sie einen Raum mit vielen Stühlen. Vielleicht setzt sie sogar Schaumstoffpuppen in die Stühle. Nachdem sie ihr Material vorbereitet hat, hält sie in diesem Raum einen langen Vortrag, als ob sie es wirklich tun würde und als ob sie wirklich Zuhörer hätte.

Diese Beispiele sollten genügen. Michael wird wenige gute Resultate erreichen. Tom wird irgendwann positive Ergebnisse erzielen. Susan wird – einige Tage nachdem sie ihren Wunsch ritualisiert hat – sehr schnelle (und oft überraschende) Resultate erfahren.

Um deine Glaubenssysteme nicht zu überfordern, empfehle ich dir einen gesunden Mix aus Handlungsform 2 (inspiriert) und 3 (als ob es schon real ist) anzuwenden.

Auch wenn Handlungen an und für sich nicht die Quelle von Realität sind, ist es ratsam, in allen Disziplinen versiert zu sein. Übe deine Fähigkeit in Aktion zu treten. Das ist vor allem für Menschen empfehlenswert, die ungern an viele Ansätze in diesem Buch glauben wollen. Wenn du nicht willens oder in der Lage bist, an die Kraft des Bewusstseins zu glauben, dann ist Handlung deine einzige Option. Baue deine Handlungs-Muskeln auf. In einigen Wörterbüchern wird das Wort „Power“ als „die Fähigkeit, in Aktion zu treten“ definiert. Wenn deine Aktions-Muskeln schwach sind und du negative Überzeugungen über das, was Handlungen bedeuten, hast (z. B. den

Glaubenssatz „etwas zu tun bedeutet harte Arbeit"), oder wenn du dich vor herausfordernden Aktionen fürchtest, kannst du durch Training diese Fähigkeit wiedergewinnen. Etwas Anspruchsvolles oder Schwieriges zu tun bedeutet nicht, aus Angst heraus zu handeln. Herausforderungen können auch mit Freude gehandhabt werden. Nimm den Bullen bei den Hörnern und tue einfach, was getan werden muss, anstatt davonzulaufen – das kann eine sehr befreiende Erfahrung sein.

Sofortiges Ende von Zögern und Aufschub

Denke an Dinge (du kannst sie auch schriftlich auflisten), die du vor dir herschiebst, verzögerst oder nicht konfrontierst. Etwas, das du noch nicht beendet hast, das aber erledigt werden müsste, da es deine Aufmerksamkeit oder Stimmung dominiert. Denke an das Gefühl der Erleichterung, das du haben wirst, wenn es erledigt ist. Stelle dir vor, wie es wäre, wenn du diese Sache hinter dir gelassen hast, anstatt dass es noch vor dir liegt. Und dann – sofort – beende dein Zögern und kümmere dich darum. Beende es. Tue es. Nimm anschließend wahr, wie viel Aufmerksamkeit du damit befreit hast. Unvollendete Dinge und Verpflichtungen saugen wie ein Schwamm Aufmerksamkeits-Energie auf. Wenn alles, wozu du dich verpflichtet hast erledigt ist, bist du in einem Zustand befreiter Aufmerksamkeit, mit der Möglichkeit für einen Neuanfang mit freier Projektionsfläche (Tabula rasa). Aus diesem Zustand heraus ist es viel einfacher, dich auf das, was du dir wünschst, zu fokussieren.

Bewusste und willentliche Handlung

Diese Übung ist dazu da, deinen Bewusstseinszustand und deine Stimmung zu verbessern. Sie wurde erschaffen, um den Zustand von vollständiger bewusster Wahrnehmung und kompletter selbstbestimmter Handlung zu überspitzen. Die Übung geht so: Zu Beginn verkündest du, was du als nächstes tun wirst. Nachdem du es verkündet hast, tust du es. Nachdem das getan ist, sagst du, was du als nächstes tun wirst. Nachdem du es gesagt hast, tust du es. Mache so für eine Weile weiter: Erst erklärst du, was du tun wirst und dann tust du es. Ansage – Tun. Ansage – Tun. Ansage – Tun. Tue nur das, was du vorher laut angekündigt hast. Ich sage z. B. „ich gehe rüber zum Fenster" und ich gehe rüber zum Fenster. Dann sage ich „ich werde das Fenster berühren" und berühre anschließend das Fenster. „Ich drehe mich um" und drehe mich um. „Ich werde mich setzen", dann setze ich mich. „Ich spiele mit dem Wecker" und tue es. Diese Übung wird zunächst mit kleinen Dingen, die nicht lange brauchen, hintereinander ausgeführt – für mindestens fünfzehn Minuten. Die fortlaufende Wiederholung erlaubt dir, einen Zustand von Selbstbestimmung, Willenskraft und Bewusstheit zu erfahren. Du tust nur das, was du vorher angekündigt hast. Du sagst es. Du tust es. Du entscheidest, dann tust du es. Diese Übung wird deine Fähigkeit entscheiden und dich fokussieren zu können trainieren.

Die fortgeschrittene Variation dieser Übung geht genauso – du sagst, was du tun wirst und tust es –, aber zusätzlich achtest du auf Momente von Unsicherheit und unbewussten oder unabsichtlichen Verhaltensweisen und Handlungen – und dass du sie bewusst kreierst. So würde ich z. B. sagen „ich gehe zum Fenster". Auf dem Weg zum Fenster bemerke ich, dass ich meine Hose hochziehe. Diese automatische Aktion habe ich nicht angekündigt. Also halte ich an und sage diese Handlung bewusst und absichtlich an „ich werde nun meine Hose hochziehen“. Dann mache ich das willentlich. Diese Vorgehensweise befreit unbewusstes Verhalten. Dann erkläre ich noch einmal „ich werde jetzt zum Fenster gehen“. Ich gehe also zum Fenster, aber als ich da ankomme erkenne ich vielleicht, dass ich es schon berühre, ohne es angesagt zu haben. Also sage ich es willentlich noch einmal an und tue es. Ich fahre so fort, bis es keine unbewussten automatischen Aktionen, Reaktionen oder Verhaltensweisen in der Übung mehr gibt und ich mich unter vollständiger bewusster Kontrolle befinde. Es wird auch Phasen geben, in welchen du dir unsicher bist, was du als nächstes tun willst. Entspanne dich dann, bis du eine Entscheidung getroffen hast.

Bei der sehr fortgeschrittenen Version dieser Übung wählst du eine automatische Gewohnheit von dir aus, eine Gewohnheit, die du aufgeben möchtest. Definiere, was das Gegenteil davon wäre, was du anstelle dieser Gewohnheit haben möchtest. Wenn du dann beide Seiten der Medaille hast – die schlechte Gewohnheit und das, was du anstelle dessen haben möchtest – wechselst du willentlich und bewusst zwischen der alten Gewohnheit und der neuen bevorzugten Handlungsweise. Du wiederholst beide Seiten, bis du die volle bewusste Kontrolle erreichst und ganz leicht entscheiden kannst, welches Verhalten du ausführen möchtest. Diese kleine Technik wird schlussendlich unerwünschte Gewohnheiten brechen. Nehmen wir an, dass du jedes Mal mit deiner Brille rumspielst, wenn du in der Öffentlichkeit sprichst. Anstelle dessen möchtest du eine tolle Körperhaltung annehmen. Du musst etwas an die Stelle der alten Gewohnheit setzen. In dieser Übung hältst du einen Vortrag (allein oder real vor einer Gruppe) und spielst abwechselnd (willentlich und absichtlich) mit deiner Brille herum und nimmst dann eine gute Körperhaltung ein. Während deiner Rede machst du beides einige Male hintereinander – willentlich und absichtlich. Wenn du wahrnimmst, dass du deine Brille automatisch anfasst, tust du es noch einmal – dieses Mal willentlich – und wechselst dann sofort in eine aufrechte Haltung. Die Gewohnheit wird nach einigen Wiederholungen gebrochen sein. Der Grund, warum die Technik so fantastisch funktioniert, ist: Unerwünschte Verhaltensweisen können nur aufrechterhalten werden, wenn du dir dieser nicht voll bewusst bist. Nehmen wir ein anderes Beispiel. Nehmen wir an, du schaltest jedes Mal den Fernseher ein, wenn du dich müde fühlst. Frage dich, was du stattdessen lieber machen würdest. Deine Idee dazu ist: „Wenn ich mich müde fühle, möchte ich lieber meine Augen für fünf Minuten schließen und einige Male tief ein- und ausatmen“, oder „okay, wenn ich müde werde, möchte ich lieber spazieren gehen“, oder „jedes Mal, wenn das passiert, möchte ich ein Buch lesen“. In den folgenden Tagen wechselst du, wenn du müde wirst, zwischen dem absichtlichen Anschalten des Fernsehers und dem willentlichen Ausführen der anderen Tätigkeit hin und her. Es wird nicht lange dauern, und beide Verhaltensweisen unterliegen deiner bewussten Kontrolle. Du kannst nun einfach wählen, was du das nächste Mal, wenn du müde wirst, tust. Als nächstes kannst du die Technik auf das „müde werden“ an sich anwenden. Du erkennst „ah, immer dann, wenn ich über dieses Thema rede, werde ich müde“, und so weiter.

Sein und Tun

Ein Freund sagte einmal zu mir: „Wenn etwas passiert, tue nichts. Wenn nichts passiert, tue etwas.“ Ich liebe diese Aussage, weil sie die Balance zwischen Sein und Tun reflektiert. Ein Anderer sagte mir: „Die Basis für dynamische Aktion ist Entspannung und die Basis für Entspannung sind dynamische Aktionen.“ Das ist so wahr. Wenn du nicht richtig entspannen kannst, kannst du auch nicht richtig arbeiten – und wenn du nicht richtig arbeiten kannst, kannst du auch nicht richtig entspannen. Und weil viele Menschen nicht mehr in der Lage sind, sich vollständig mit Sein oder Tun zu identifizieren, fühlen sie sich schuldig, wenn sie mal faul sind oder sich entspannen. Sie denken dann „oh, ich habe noch so viel zu tun; ich kann nicht einfach so rumliegen“. Und wenn sie arbeiten, träumen sie von Entspannung und Urlaub. Jemand, der so denkt, kann sich nicht vollständig entspannen, noch kann er wirklich arbeiten. Ich glaube fest daran, dass du deine Produktivität und Fähigkeiten verbesserst, wenn du lernst, dich wirklich zu entspannen und wirklich zu arbeiten. Sich wirklich zu entspannen bedeutet tiefe Entspannung. Ein Saunagang, eine Beautybehandlung, ein kleiner Spaziergang, eine kurze Meditation oder ein Film können dich ein bisschen entspannen. Tiefe Entspannung kannst du erreichen, wenn du z. B. einen ganzen Tag lang wanderst, in einen Floating Tank steigst, mehrere Stunden meditierst, dich stundenlang massieren lässt oder eine sehr lange Zeit faulenzt. Lerne es, dich tief zu entspannen, ohne Vorbehalt und ohne zu zögern. Wenn du wirklich aufhörst „zu tun“, wirst du spüren, wie das Gummiband, das von einer Seite an dir gezogen hat, nun zur anderen Seite zieht. Du wirst es kaum erwarten können, in Aktion zu treten, zu arbeiten, dich zu bewegen. Und wenn du dann arbeitest: Wie wäre es, wenn du das mit voller Konzentration und Engagement tun würdest? Mache dir einen Tagesplan und arbeite so viel, dass du am Abend angenehm erschöpft bist, sodass du einfach ins Bett fällst und sofort einschläfst. Kleine Kinder machen es so. Wenn sie sich am Abend entspannen, schlafen sie tief und fest. Wenn sie sich für etwas begeistern, können sie sehr intensiv aktiv sein. Erlerne beide Seiten der Medaille.

Dinge, die du nicht tun musst

Ein allgemeines Missverständnis vieler Menschen ist, dass sie glauben, sie müssten alles tun und sich um alles kümmern, alles kontrollieren, alles bis ins kleinste Details managen. Dieses Konzept basiert auf Angst. Es besagt, dass das Leben außer Kontrolle gerät, wenn sie sich nicht kümmern. Diese Menschen glauben nicht daran, dass man einfach vertrauen kann, dass Dinge einfach so passieren. Erkenne, dass das Leben auch ohne dich prima weiter funktionieren wird. Viele Dinge in deinem Leben passieren von allein – natürlich und automatisch. Du musst nicht alles tun oder kontrollieren. Du kannst darauf vertrauen, dass andere für dich Dinge erledigen. Du kannst dem Leben vertrauen, dass es sich um Dinge kümmert. Du kannst der Synchronizität (welches ein Wort für „bedeutungsvoller, universeller, zusammengeführter Zufall“ ist) vertrauen, dass sie Dinge erledigt. Es gibt eine unsichtbare Energie, welche Dinge organisiert und es gibt einen höheren unsichtbaren Teil von dir, der Dinge in dein Leben zieht – ein universeller Manager, an welchen du deine Wünsche weiterleiten kannst. Das mag vielleicht ein neues Konzept sein, aber ich empfehle dir, es auszuprobieren. Nimm ein Blatt Papier und unterteile zwei Kategorien: 1. „Dinge, die ich nicht tun muss, weil das Universum sie für mich erledigt." Und 2. „Dinge, die ich tun möchte." Nun fülle diese beiden Listen aus, aber erlaube, dass die erste Liste länger ist als die zweite. Dann legst du die Listen beiseite. Je mehr du dich an diese Art des Fokussierens gewöhnst, desto mehr Vertrauen entwickelst du, dass viele Dinge sich von allein erledigen, einfach weil du es ihnen erlaubst – und desto mehr wirst du auch Beweise dafür in deinem Leben sehen.

Geplante Handlungen

1. Schreibe einige Dinge auf, die du dir diese Woche wünschst bzw. erledigt haben möchtest. (Schreibe nicht Dinge auf, die du *tun* willst, sondern *Resultate*, die du erreichen willst.)
2. Schreibe auf, warum du möchtest, dass diese Dinge passieren. Was ist der emotionale Motivator dahinter?
3. Schreibe auf, was du dafür tun wirst, dass diese Dinge geschehen. Das ist dein Aktionsplan.
4. Schreibe auf, wann genau du die Aktionen ausführen wirst; bestimme genaue Zeiten dafür.

Wenn du diese Technik für ein Team, eine Gruppe oder Unternehmen einsetzt, gib jeden Punkt an eine bestimmte Person ab.

Nun hast du einen Aktionsplan, dem du folgen kannst. Dieser Plan ist kein Korsett. Du kannst die Zeiten für bestimmte Handlungen jederzeit verschieben. Du kannst jederzeit die Ziele ändern. Du kannst jederzeit auf neue Gelegenheiten eingehen. Dieser Plan dient deiner fokussierten Orientierung. Werde nicht ein Sklave dieser Orientierung, indem du denkst, dass du immer genau nach Plan vorgehen musst. Diese Denkweise hält viele Leute davon ab, überhaupt erst bewusst einen Plan aufzustellen. Sie glauben, dass sie gescheitert sind, wenn sie nicht genau diesem Plan folgen. Also ist es besser, gar nicht erst zu planen. Ein Plan ist dazu da, eine generelle Richtung vorzugeben. Er hilft dir, dich zu fokussieren, wenn du gerade nicht weißt, was als nächstes dran ist. Ein Plan ist nicht etwas, das genauso durchgesetzt werden muss. Viele Menschen finden diese Form von Handlungsplanung sehr hilfreich. Diese Übung korrespondiert mit der vorher erwähnten Handlungsweise 2 (inspirierte Handlung).

Magisches Handeln

Diese Übung korrespondiert mit der Handlungsweise 3 – eine Handlung von dem Standpunkt heraus, dass es bereits real ist.

Nimm ein Blatt Papier und definiere darauf eine Realität, die du liebend gern erfahren möchtest. Dann antworte schriftlich auf die folgenden Fragen.

Wenn diese Realität bereits wahr wäre:

1. An welchen Orten würde die Realität stattfinden?
2. Welche Art von Menschen würde ich treffen?

3. Wie würde ich mich kleiden?
4. Welche Körperbewegungen würde ich machen?
5. Welche Objekte und welches Equipment würde ich anfassen und bedienen?
6. Worüber würde ich mich unterhalten, über was würde ich reden?
7. Welche Interessen würde ich haben?
8. Was würde ich tun?
9. Welche Symbole, welche Dinge korrespondieren mit dieser Realität?

Wenn du diese Fragen beantwortet hast, weißt du ziemlich genau, was du tun musst, um deine Energie mit der neuen Realität, die du dir wünschst, zu synchronisieren. Sei mutig und zeige dir selbst, anderen und dem Universum, wer du bist. Das Leben reflektiert dich.

Imagination in die Realität kopieren

Dies ist eine kraftvolle Übung, wenn du unsicher darüber bist, was die nächsten Schritte sein sollen oder wenn du dir Führung und Inspiration wünschst, die dir zeigt, welche Richtung du einschlagen sollst. Es ist außerdem ein Weg, um neue Informationen aus deinem Unterbewusstsein zu angeln.

Setze oder lege dich hin, schließe deine Augen und komme zur Ruhe. Lasse in dir ein Gefühl von Frieden, Freude oder Begeisterung entstehen. Du brauchst keinen Grund dafür, diese Freude zu empfinden; lasse einfach innerlich dieses Lächeln entstehen, ohne zu viele Anker oder Gedanken darauf aufzuwenden. Dann, wenn du diese Freude und positive Erregung spürst, warte und beobachte einfach welche Gedanken auftauchen. Welche Fantasien, Bilder und Gedanken werden von diesem Zustand angezogen? Nimm dir Zeit zum Träumen. Beobachte, welche Handlungen du dich in deiner Vorstellung ausführen siehst. Deine Phantasie ist nicht nur ein vager Tagtraum; sie ist ein Werkzeug, das dich unterstützt, deinen wahren Weg im Leben zu finden. Im Anschluss an diese Meditation schreibst du alles auf, was du dich in deiner Fantasie tun sehen hast. Du kannst diese Handlungen in das reale Leben kopieren, um auf schnellstmöglichem Wege die positivsten Resultate zu erhalten. Frage dich, wie du diese Aktionen in der Realität imitieren kannst. Sagen wir mal, dass auf dem Höhepunkt deiner Begeisterung in deiner Imagination vage eine Person von früher auftauchte, die du schon lange nicht gesehen hast. Du weißt nicht warum, aber das kam hoch, als du in der Vibration von Freude warst. Du könntest jetzt diese Person kontaktieren, auch wenn du noch nicht weißt warum. Wenn deine inneren Bilder dir das geliefert haben und es sich gut angefühlt hat, dann ist das jetzt der nächste Schritt. Vertraue darauf, dass dein Höheres Selbst weiß, was gut für dich ist, weil es den Überblick über viele Leben und Existenzen und den Überblick für deinen Lebensplan hat. Es wird dich mit Informationen füttern, deren du dir in der Meditation noch nicht bewusst bist. Sieh, was passiert, wenn du tust, was deine freudigen Gefühle dir vorschlagen. Ich habe das Vertrauen, dass diese Information, die Anwendung und die Wiederholung dieser Übung dir dein ganzes Leben und darüber hinaus nützlich sein werden. Erinnere dich: Wiederholung ist die Mutter einer Fähigkeit. Wenn du eine neue Philosophie oder Fähigkeit integrieren möchtest, wiederhole und übe sie.

Kreativität

- Tue etwas, dass du schon oft getan hast – aber diesmal auf eine neue, andere Weise.
- Zeige vier verschiedene Arten zu gehen.
- Schreibe vier verschiedene Wege auf, ein bestimmtes Ziel zu erreichen.
- Schreibe vier verschiedene Wege auf, eine Beziehung zu führen.
- Schreibe vier verschiedene Wege auf, deinen Job zu erledigen.

Tue etwas, das du nicht tun kannst

Beispiele:

- „Ich kann meinen Körper nicht im Spiegel ansehen und ihn lieben." – Tue es.
- „Ich kann mich nicht an der schlechten Bilanz erfreuen." – Tue es.
- „Ich kann nicht jeden anlächeln." – Tue es.
- „Ich kann mich nicht wach fühlen, wenn ich nur drei Stunden geschlafen habe." – Tue es.
- „Ich kann nicht an einem Tag gleichzeitig arbeiten, auf die Kinder aufpassen, einkaufen und dieses Buch schreiben."– Tue es.
- „Ich kann dir nicht helfen." – Tue es.
- „Ich schaffe es nicht, regelmäßig zu meditieren." – Tue es.
- „Ich kann mit ihm nicht darüber reden." – Tue es.

Die Umgebung ändern

Es ist wahr: Wo immer du auch hingehst, du nimmst dich immer mit. Deshalb ist es ratsam, sich selbst zuerst zu verändern, bevor du deine Umgebung veränderst. Es geht nicht darum, wo du bist, sondern wer du bist. Du kannst überall unglücklich oder glücklich sein. Aber es ist nicht gänzlich unnütz, seine Umgebung anzupassen, um sich selbst zu verändern. Natürlich ändert sich dein Zustand nicht, weil du dein Umfeld veränderst; er verändert sich, weil du daran glaubst, dass deine Umgebung dich beeinflusst. Wie wir schon mehrmals wiederholt haben: Zuerst kommt die Identität mit ihren Überzeugungen, dann kommt die Welt mit ihren Fakten und dem Umfeld. Deine Umgebung zu verändern, um eine neue Perspektive zu gewinnen und in eine bessere Stimmung zu kommen, ist etwas umständlicher, aber es funktioniert, solange du noch den Glauben an eine Welt, außerhalb und getrennt von dir, hast. In diesem Sinn kann es ganz nützlich sein, ab und zu die Stadt zu verlassen.

Vollständig bewusstes Verhalten

Die Übungen aus diesem Buch mit Intention auszuführen, ist ein bewusster, nichtautomatischer und selbstbestimmter Akt. Es ist natürlich und gut so, dass viele Dinge außerhalb deiner bewussten Kontrolle automatisch ablaufen. Aber wenn die Automatismen überhandnehmen, bist du nicht mehr ein Spieler, sondern eine Schachfigur – du bist dann nicht länger die Quelle oder Ursache der Geschehnisse. Die folgenden

Übungen erinnern dich daran, was es heißt, reines Bewusstsein oder bewusste Ursache zu sein. Du kannst sie ab und zu ausführen.

Bewusstes Handeln 1

a. Verkünde, was du als nächstes tun wirst.
b. Tue genau das.
c. Fahre mit a) und b) fort, bist du die 100%ige bewusste Ursache eines jeden Aktes bist und du den Beweis für deine freie Wahl und deinen freien Willen fühlst. Wenn du während dieser Übung bemerkst, dass du etwas tust, was du nicht vorher angekündigt hast, halte an, gehe zurück und sage bewusst an, was du getan hast (z. B. mit der Hand durchs Haar streichen), bevor du mit dem Prozess weitermachst.

Bewusstes Handeln 2

a. Schreibe einen Tagesplan. Schreibe aber nur Dinge auf, die du wirklich tun wirst.
b. Tue diese Dinge.
c. Wie fühlt es sich an, Dinge zu manifestieren, die du dir vorgenommen hast?

Bewusster Gedanke

a. Wähle aus, was du als nächstes denken wirst.
b. Denke das.
c. Mache weiter damit, bis du die volle bewusste Wahrnehmung zurückgewonnen hast (das kann nach kurzer Zeit passieren) und erkenne, dass du die Ursache deines Denkens sein könntest, wenn du wolltest. Hinweis: Versuche nicht, immer die Ursache für dein Denken zu sein. Das Leben ist viel einfacher, wenn du es einfach fließen lässt. Setze diese Übung nur ein, wenn dein Denken zu zügellos oder automatisiert abläuft.

Bewusstes Reden

a. Halte an, bevor du etwas sagst und denke darüber nach, was du wirklich sagen möchtest.
b. Sage es.
c. Mache damit weiter, bis du 100%ig die Macht (und damit die Ursache) für dein Sprechen wieder gewonnen hast. Erkenne, dass du die Hauptquelle für deine verbalen Äußerungen bist.

Bewusstes Fühlen

Nimm dir einen Zeitplaner und schreibe auf, welchen emotionalen Zustand du gern an jedem einzelnen Tag der Woche priorisieren möchtest.

- Montag: Humor.
- Dienstag: Wertschätzung.
- Mittwoch: Aufmerksamkeit.
- Donnerstag: Innerer Frieden.
- Freitag: Stabilität…

Du kannst dir auch einen Tag auswählen, an welchem du bewusst eine negative Emotion trainierst.

Tätigkeiten für das Überleben

Um in der physischen Realität überleben zu können, sind einige Tätigkeiten erforderlich – atmen, trinken, essen, verdauen, schlafen, gesunde Lebensweise, träumen. Um in der physischen Realität zu funktionieren und eine gute Zeit zu haben, sind die meisten der folgenden Tätigkeiten erforderlich: sehen, hören, riechen, tasten, berühren, denken, fühlen, handeln, bewegen, kommunizieren, kreieren, lieben.

Das scheint für dich wahrscheinlich offensichtlich zu sein. Sei dir aber bewusst: Alle diese Dinge sind dir gegeben worden, ohne dass du etwas dafür tun musstest. (Ausgenommen sind die Seelen, die ohne ein oder zwei dieser Dinge inkarniert sind. Die Gesellschaft entwertet Behinderungen, obwohl diese ein Training sind, das sich die Seele selbst gibt. Andere legen sich selbst absichtlich Beschränkungen auf, z. B. indem sie nicht essen. Das funktioniert aber nur, wenn der Körper so leicht und ätherisch geworden ist, dass er die physische Realität anders erlebt. Aber für die meisten Menschen sind das die gegebenen Fähigkeiten.) In deinem natürlichen und widerstandsfreien Zustand kommen all diese Dinge mühelos zu dir. Ist es nicht erstaunlich, dass die wichtigsten Dinge bereits manifestiert sind? Jeder Zusatz wird durch unsere Überzeugungen kreiert. Was du siehst, hörst, sagst etc. basiert auf deinen Glaubenssätzen darüber, wie Realität funktioniert – die Werkzeuge an sich sind jedoch dein Geburtsrecht.

13. Persönliche magische Erfahrungen

Ich habe viele Berichte über magische Erfahrungen gelesen und gehört, die über das Konzept von Realität, mit dem die meisten Menschen übereinstimmen, hinausgeht. Für mich war es immer am wichtigsten, dass ich nicht nur aus zweiter Hand darüber erfahre, sondern dass ich es selbst erlebe.

In diesem Kapitel werde ich einige meiner persönlichen Erfahrungen mit dir teilen. Ich tue das nicht, weil ich von dir als Leser dasselbe erwarte, sondern einfach als Beispiel für die Trillionen von Erfahrungen, die jemand haben kann.

Ich möchte dich inspirieren, deine eigenen Erfahrungen zu machen. Meine Schilderungen werden dir helfen. Ich habe hunderte magische Erfahrungen in meinem Leben gemacht, doch ich wähle für jetzt einige wenige signifikante Erlebnisse aus, die mir für dieses Buch angemessen erscheinen.

Meine Erfahrungen in spirituellem Wachstum fanden nicht in einer linearen Weise statt, in der ich mehr und mehr an Spiritualität gewann oder mich kontinuierlich entwickelte.

Geradliniges Denken ist nicht unbedingt die Art und Weise, mit welcher Magie funktioniert. Wir sind bereits unendliche, multidimensionale und allwissende Wesen; Wachstum oder Fortschritt ist deshalb nur eine Erscheinung. So schnell, wie ich ein hohes Level oder einen hohen Zustand von Bewusstsein erreichen mag, so schnell kann ich ihn auch wieder verlieren. So schnell, wie ich diesen Zustand verliere, so schnell kann ich ihn wiedergewinnen.

Meine intensivsten Erfahrungen machte ich z. B. nicht in meinem erwachsenen Leben, nach dem ich all diese Techniken gelernt und angewendet hatte, sondern in meiner Kindheit und Jugendzeit. Einige dieser Erfahrungen machte ich in Zeiten, in denen ich regelmäßig meditierte; andere wiederrum, als ich ein normales Leben lebte. Nicht mein ganzes Leben ist magisch (im Sinne von außergewöhnlichen Erlebnissen und Phänomenen, die die Vorstellungskraft sprengen). Tatsächlich wären meine Erfahrungen lange nicht so aufregend, wenn ich nicht auch ein normales Leben führen würde. Ich habe manchmal Jahre verstreichen lassen, bevor ich bereit war, das nächste „große Ding" zu empfangen. Ich habe erkannt, dass die Bezeichnung dieser Erfahrungen als „ungewöhnlich, übersinnlich, höher, wundersam, magisch" etc. sie zu dem machte – seltene Juwelen von Überraschungen. Wenn du also mehr magische Erfahrungen in deinem Leben machen möchtest, möchtest du vielleicht die Überzeugung, dass du nur ein kleines Wesen bist, das etwas Großes, Ungewöhnliches oder Merkwürdiges erlebt, etwas lockern. Hast du jemals wahrgenommen, wie Menschen diese Dinge mit „ungewöhnlich" oder „unglaublich" bezeichnen? Wenn du diese Erlebnisse als „Fremde" anstatt als „Freunde" bezeichnest, trägt das dazu bei, dass sie eher selten auftreten.

Wenn du die Wunder aber als allgemeine Erscheinungen ansiehst, machst du sie damit auch zu einer alltäglichen Erscheinung.

Die blauhäutigen Wesen

Die magischsten Momente in meiner Kindheit hatte ich in Nachtträumen, die realer und intensiver waren als die so genannte Realität. Wenn deine Träume in der Nacht lebendiger, emotionaler und realer als alles andere in deinem wachen Leben erscheinen, ist das eine wirkliche Bewusstseins-umstrukturierende Erfahrung. Tatsächlich habe ich mich in meinen Träumen an mein waches Leben so erinnert, als hätte es eine traumähnliche Qualität – und nicht anders herum.

In meinen Träumen tauchten meist Aliens von anderen Planeten und Dimensionen auf. In meiner frühen Kindheit hatte ich Albträume, in denen ich von Aliens entführt und missbraucht wurde. Aber im Alter von ungefähr sieben bis zwölf Jahren erlebte ich die wunderbarsten Begegnungen mit einer blauhäutigen Rasse, welche nicht nur aus einem anderen Sternsystem kam, sondern auch aus einer anderen Dimension und Vibrationsebene. Diese blauhäutigen Wesen sahen dem Menschen recht ähnlich. Viele von ihnen hatten negroide Merkmale (Lippen und Haare), aber ihre Haut hatte eine schönc indigo-blauc Farbc. Sic warcn humorvoll, geistreich und mittfühlend. Ich traf mich regelmäßig mit ihnen; sie empfingen mich auf ihrem Planeten, welcher – wie ich mich erinnere – eine Überdosis an Sauerstoff hatte. Der hohe Gehalt an Sauerstoff lies alles komisch aussehen. Sie empfingen mich als einen der ihren, die irgendwie verlorengegangen sind. In den ersten hunderten Treffen machten sie sich über mich lustig, weil ich so ernst, traurig, wütend oder langweilig war. Ich wachte danach jedes Mal beschwingt, kraftvoll und mit Tränen der Freude auf. Der hohe Entwicklungsgrad der Anleitungen und Richtlinien ging über alles hinaus, was ich auf der Erde gelernt hatte, aber ich war kaum in der Lage, diese Informationen in mein waches Leben mitzunehmen. Während die Beschwingtheit und Erinnerung an die blauen Wesen durch den Tag anhielten, blieb doch das Wissen, das ich mit ihnen diskutierte, in meinem Unterbewusstsein verborgen. Die Dinge, an die ich mich erinnern konnte, haben mich als Achtjährigen dazu bewegt, in Bibliotheken nach Literatur über Science Fiction zu suchen. Ich suchte nach einer Erklärung, was mit mir passierte, und als ich das erste Mal ein Buch dazu fand, konnte ich nicht aufhören zu lesen. Im Alter von zwölf Jahren las ich Bücher, die darüber theoretisierten, dass die Götter Aliens sind. Obwohl diese Information für mich bestätigte, was ich bereits wusste, kam es nicht annähernd an das Wissen aus meinen Träumen heran. Mir wurde beigebracht, dass ich niemals auf der Erde inkarnierte, etwas das ich als Kind nicht verstand, was mir heute aber absolut klar ist; es erklärt, warum ich mich als Kind immer fremd fühlte. Die blauhäutigen Wesen sagten mir, dass die Offenbarung dieser Information nach irdischem Standard „Mogeln" bedeutet. Mir wurde vieles über verschiedene Rassen und Wesen und verschiedenen Arten von Existenzen gelehrt. Einiges von dem, was mir meine blauen Freunde mitgeteilt haben, findet sich auch in diesem Buch wieder. Der Kontrast zwischen dem, was ich auf jener Ebene gelernt und was mir in der Schule beigebracht wurde, verursachte arge Probleme. Auch wenn ich niemals über meine Begegnungen gesprochen habe, konnte ich die Bildung in der Schule nicht ernstnehmen. Ich begann, meinen Lehrern Fragen zu stellen, und den Lehrplan in Frage zu stellen. Nachdem ich unsanfte Antworten bekam, habe ich nicht mehr zugehört. Schlussendlich wurde ich aus mehreren Schulen wegen Ungehorsam rausgeschmissen. Heute verstehe ich, dass meine Rebellion unnötig war, eine Realität die ich selbst erschaffte. Aber ohne dem würde ich heute nicht da sein, wo ich bin – mit mehr Geld, Wissen und Freude als jene, die nicht der Schule verwiesen worden sind. Nur weil ich rausgeschmissen worden bin, heißt das nicht, dass ich ungebildet bin. Mein Zimmer im Haus meiner Eltern enthielt mehr Bücher als die lokale Bibliothek. Meine Freunde machten sich darüber lustig, dass ich so viele Bücher besaß, aber ich entschied mich dafür, mich selbst zu bilden, anstatt dass ich mir von sogenannten Autoritäten etwas über Realität erzählen lasse. Die Realität ist nicht annähernd so, wie es Lehrer, Eltern oder die Medien erzählen. Ich danke meinen blauhäutigen Freunden, die seit meiner Kindheit unsichtbar blieben, für die alternative Bildung, die ich von ihnen erhielt.

Erleuchtung

Im Alter von vierzehn Jahren durchlebte ich einen Zustand, von dem ich eine Dekade später lernte, dass es der Zustand von Erleuchtung war. Es war wieder in einem schlafenden Traumzustand. Ich hatte damals über luzides Träumen (träumen, während man bewusst wahrnimmt, dass man träumt) gelesen und damit herum experimentiert.

An einem Abend legte ich mich hin und fokussierte mich auf ein Bild. Ich war entschlossen, mich stundenlang darauf zu fokussieren – oder so lange, bis ich einschlafe. Es endete damit, dass ich mich tatsächlich stundenlang darauf (einen weißen Stern) fokussierte, ohne einzuschlafen, jedenfalls nicht im traditionellen Sinne: Ich fiel in meine Erfahrung der Erleuchtung. Ich trat in einen unglaublich weiten Raum ein, einen Raum voller Sterne. Einerseits war ich im Universum, gleichzeitig fühlte ich mich als das Universum. Mein vierzehn Jahre altes Gehirn war intakt, aber ich hatte Schwierigkeiten, diese Erfahrung in ein Konzept zu bringen. „Oh mein Gott", flüsterte ich. „Ich bin Gott!" Ich meinte es nicht als Gotteslästerung; ich war schockiert. „Ich bin Gott", flüsterte das vierzehn Jahre alte Ich immer wieder. Plötzlich fingen die weltlichen Konditionen an, einzugreifen. „Naja, nicht DER Gott, sondern ein Gott", eine Phase, die mir Jahre später in dem Film „Groundhog Day" wieder begegnete. Ich schwebte durch diesen Raum und Polaritäten verschmolzen miteinander. Ich wusste nicht, wer oder wo ich war, aber ich fühlte mich glückseliger und zufriedener als jemals zuvor. Das Gefühl von Glück wuchs so intensiv, dass ich das Gefühl hatte, ich explodiere gleich. Es war die unvorstellbarste intensive Erfahrung, die ich jemals machte.

Ich erwachte am nächsten Morgen, aber sogar in meinem wachen Leben waren die Dinge anders. Alles erschien flüssiger und heller und ich hatte Schwierigkeiten damit, zu artikulieren wer ich bin. Für ein paar Tage blieb ich in einem nahezu identitätslosen Zustand – hoch wie ein Drache. Obwohl ich keine Drogen genommen hatte, fühlte ich mich wie unter Drogen. Ein Strom von Energie pulsierte durch meinen Körper, der mir tausende verschiedene Formen von Glück schenkte. Am dritten Tag meines Trips, legte ich die Hand auf den Kopf eines Mädchens und heilte damit ihre Kopfschmerzen. Ich wusste nicht, dass ich das tun konnte, ich tat es einfach aus einem Impuls heraus. Erst nach einer Woche begann ich, von diesem Zustand runterzukommen und meine Identität und Glaubenssätze wieder zusammenzusammeln. Ich wurde aus erster Hand Zeuge, wie Identitäten und Überzeugungen erschaffen wurden. Gedanken bewegten sich durch meinen Verstand, als wäre ich in einem lebendigen Zeitlupentempo. Auch wenn ich nicht wusste, was mit mir geschehen war, hatte ich doch ein intuitives Verständnis dafür, was vor sich ging. Ich fühlte mich nicht so fremd dabei, wie andere (die diese nicht-begrifflichen Erfahrungen beschrieben) sich gefühlt haben mögen. Nach dieser Erfahrung verlor ich viel von meiner Angst vor dem Tod und der Machtlosigkeit.

Heilung auf dem schweren Weg

Im Alter von vierundzwanzig Jahren habe ich bereits viel über Selbstheilung gelesen. Es ist nicht so, dass ich viele Erfahrungen mit schlechter Gesundheit gemacht hätte. Der letzte Arztbesuch, an den ich mich erinnere, liegt in meiner Kindheit. Auf einer Ebene habe ich immer daran geglaubt, dass der Körper sich um sich selbst kümmern und heilen kann (was er auch tut, wenn du nicht eingreifst). Aber es schien, als ob ich ein Sache nicht loswerden konnte – ein nahezu ununterbrochener Druck auf meiner Stirn. Manchmal manifestierte er sich als Kopfschmerzen, manchmal war es einfach ein dumpfer Druck um das dritte Auge herum. Oft habe ich es gar nicht bemerkt – nicht weil es verschwunden war, sondern weil es so ein normaler Teil meines Lebens war. Als ich immer bewusster wurde, erkannte ich, dass meine Sucht nach Zigaretten und Kaffee mit meinem Wunsch verbunden war, mich von diesem kontinuierlichen Druck zu befreien. Ich probierte verschiedene Methoden aus, aber sie funktionierten nicht. Das war neu für mich, denn „magische Techniken" haben mir viele Male vorher geholfen. Mein zweiter Versuch war der Weg zum Arzt, aber auch hier wurde mir nicht geholfen. Dann plante ich mit einer Freundin eine Reise zu einer karibischen Insel – aber ich hatte ein zweites Vorhaben. Ich würde nicht eher von der Reise zurückkehren, bis dieser Druck geheilt war. Ich gab mir selbst ein Gelöbnis. Egal, wie lange es brauchen würde, ich würde als geheilter Mann wieder kommen. Ich wendete dafür eine Willenskraft-Technik an, die ich nicht mehr gebrauche. Sie beinhaltet, eine erwünschte Realität als Affirmation immer und immer wieder zu wiederholen. Das wechselte ich mit der mündlichen Übertreibung meiner Zweifel, zweitrangigen Gedanken, Einwänden und Widersprüchen, ab. Ich hatte vor, diese Technik anzuwenden, bis sie wirkt. Heute würde ich diese Technik wohl nicht mehr verwenden, weil sie den Willen des Egos über den Willen des Unendlichen Selbst stellt. Es ist eher ein Überwältigen, anstatt ein Erlauben. Es bedeutet, auf dem harten Weg zu heilen. Ohne den Willen des Egos können effektivere Resultate erreicht werden. Aber in dringenden Fällen wird es immer funktionieren – mit genügend Wiederholung – nicht weil diese Methode besonders effektiv ist, sondern weil deine Entschlossenheit eine Überzeugung kreiert. Der Glaube an die Technik lässt sie funktionieren.

Am dritten Tag unserer Reise hatte ich mit meiner Reisepartnerin eine Auseinandersetzung, deshalb gingen wir einige Tage getrennte Wege (was natürlich kein Zufall war). Ich fühlte mich traurig und es tat mir leid, bis ich erkannte, dass das die Gelegenheit ist, um meine Heilung zu beginnen. Mehrere Stunden lang ging ich barfuß am

Strand entlang, sprach meine Affirmation und übertrieb die Zweifel, wie beschrieben. Ich hatte so etwas gesagt wie „meine Stirn fühlt sich frei, leicht und wunderbar an". Ich wiederholte diesen Satz mindestens tausend Male. Aber es änderte sich nicht viel, außer dass sich eine Stille einstellte, die eintritt, wenn Mantras wiederholt werden. Ich kam im Hotelzimmer an. Meine Freundin war nicht da, also legte ich mich schlafen. Am nächsten Morgen hatte sie das Zimmer verlassen, bevor ich aufgewacht war. Ich stand auf, frühstückte und war entschlossen, meine Übung ohne Pausen (außer Mittagessen und Toilettengang) fortzuführen. Bis zum Mittag hatte ich weitere tausende Male meine Affirmation wiederholt – immer noch ohne Verbesserung. Ich machte weiter, weil die ganze Technik auf der echten Beharrlichkeit durch Willenskraft beruht. Ich hatte mir geschworen zu gewinnen. Ich ignorierte die Bikini-Schönheiten, unerschütterlich fokussierte ich mich auf meine Heilung. Am Nachmittag wurden die Zweifel immer weniger, also machte ich mit der Affirmation weiter – die Widerstände wurden nur noch gelegentlich angesprochen. Der Druck auf meiner Stirn blieb – manchmal leichter, manchmal stärker – ich konnte mir nicht schönreden, dass der Druck verschwunden war, egal, wie oft ich es versuchte. Oft habe ich mich gefragt: „Funktioniert es jetzt? Passiert etwas?" Aber ich hatte keine bemerkenswerten Resultate. Ab und zu vergoss ich eine Träne wegen der Beziehung, die vielleicht bald nicht mehr Teil meiner Erfahrung ist. Nach dem Abendessen machte ich mit dem Affirmieren am Strand weiter – und spazierte außerhalb der Sicherheitszone nicht nur unseres Dorfes, sondern jedes Platzes, der noch sicher für Touristen schien. Die Hotellichter lagen weit hinter mir. Der Strand war wilder, der Dschungel dichter. Zu dieser Zeit begann sich etwas zu verschieben, aber zum Schlechteren. Ich trat in die dunkle Seite der Seele ein. Ich konnte nicht viel sehen, also projizierte mein Verstand die Angst vor riesigen Spinnen, Skorpionen und Krabben, die im Sand kriechen und farbige, bösartige Schlangen, die im Baum hängen – bereit, nach mir zu schnappen und mich zu töten – und Kannibalen, die mich zu meinem letzten Mahl einladen. Ich hatte kalte Schweißausbrüche. Meine Angst wurde immer größer, sie wurde so groß, dass ich einige Male meine Affirmation nicht mehr sprechen konnte. Meine Stimme wurde zittrig und schwach. Entsprechend der schamanischen uralten Technik für diese Übung gibt es kein Aufgeben. Alles, das innen oder außen auftaucht, sollte als Widerstand behandelt werden. Ich begann also die Angst zu übertreiben. Der Druck in der Stirn wurde größer und verwandelte sich in Schmerz. Es war ein pochender Schmerz, doch etwas in mir freute sich darüber. „Alles, was anders ist, ist gut", sagte ich mir selbst. „Bevor etwas besser wird, wird es schlechter." Als ich bemerkte, dass ich an ein Dorf kam, dass nicht wie eine Ortschaft für Touristen aussah, entschied ich mich, den Weg zurückzugehen. Als ich mich umdrehte, sah ich wieder die Lichter des Touristendorfes in der Ferne, und das beruhigte mich. Sechs Stunden später kam ich wieder im Hotel an und hatte die schlimmsten Kopfschmerzen meines Lebens. Die Kopfschmerzen schrien mich an, die Übung zu beenden, aber ich hatte vor, bis zum Schluss durchzuhalten. Ich bewertete den Schmerz als einen Test, um zu sehen, ob ich aufgeben würde. Meine Freundin lag im Bett und schlief. Sie hatte eine Notiz auf dem Tisch gelassen „Können wir am Morgen reden?" Ich schrieb zurück „natürlich" und legte mich neben sie. Ich beobachtete sie eine Weile, bevor ich zur Rezeption ging, um mir eine Aspirin zu holen. „Mogele ich jetzt?“, fragte mein diszipliniertes Selbst, während ich die Pille rausholte. Aber der Überlebenswille umfasst manchmal den Willen des Egos. Am Morgen wachten meine Freundin und ich Arm in Arm auf, als ob sich nichts zwischen uns geändert hätte. „Ich habe dich vermisst“, flüsterte sie. Wir hatten die schönste sexuelle Erfahrung zusammen, schöner als jemals zuvor. Merkwürdigerweise passierte danach folgendes: Nach unserem wundervollen Sex versuchten wir unsere Differenzen von vorher zu bereinigen, was zu demselben Streit führte. Sie verließ schlussendlich den Raum und knallte die Tür hinter sich zu. Am selben Tag machte ich mit meiner Session weiter und wiederholte mein Mantra. Der Schmerz wurde stärker. Dieses Mal würde ich kein Aspirin nehmen, sondern erlauben, dass der Schmerz Teil der Übung ist. Es fühlte sich an, als ob etwas in meiner Stirn auseinanderbrechen würde. Ich wehrte mich nicht dagegen. Und endlich, am Nachmittag des dritten Tages meiner Übung, brach wirklich etwas offensichtlich in meiner Stirn auf. Es fühlte sich an, als ob mein Schädel knackte. Etwas wurde befreit. Ich saß an einem Tisch in einem Café in stillem Erstaunen. Vor einigen Sekunden noch habe ich hier gesessen und meine Affirmationen geflüstert (damit ich keine Aufmerksamkeit auf mich ziehe) und plötzlich – ohne dass ich es erwartete – funktionierte es. Ein Gefühl, wie ich es noch nie vorher hatte, strömte durch meine Stirn. Eine Supernova von Leichtigkeit, Gelassenheit und Kühle entsprang meiner Stirn, als ob sich mein drittes Auge für eine andere Dimension öffnete. Ich saß da und beobachtete, wie sich der Prozess entfaltete. Ich hörte auf zu affirmieren und ließ es geschehen. Ich wusste, dass es nun vorbei ist. Ich wusste, dass ich geheilt bin. Der Druck brach an diesem Tag zusammen und kehrte nie wieder. Ich hatte etwas innerhalb von drei Tagen geheilt, das mich seit meiner Kindheit begleitete. Einige werden sich vielleicht über die Hartnäckigkeit wundern, mit der ich dran blieb, aber was sind drei Tage im Vergleich zu jahrelangem Leiden. Gar nichts. Mein Selbstbewusstsein und das Vertrauen in meine Kraft waren an diesem Tag und den darauffolgenden Wochen auf einem Maximum. Nach dieser Erfahrung habe ich nie darüber spekuliert oder Angst gehabt, dass das Thema zurückkehrt. Die Erfahrung, wie der Druck auseinanderbrach und der Energiestrahl, der von meiner Stirn ausging, waren zu offensichtlich, um die Erfahrung nicht als Heilung zu erkennen. Wären Zweifel aufgekommen, hätte ich einfach mit der Übung weitergemacht.

Heilung auf dem schnellen Weg

Am selben Abend hatte ich ein wichtiges Treffen in einem Unternehmen, das mich als Coach buchen wollte. Für mich würde das bedeuten, nur vier Wochen arbeiten zu müssen und für den Rest des Jahres ausgesorgt zu haben (wenn ich mich entscheiden würde, mit dem Arbeiten aufzuhören). Am selben Nachmittag fuhr ich mit dem Fahrrad zum Einkaufen in einen kleinen Laden. Auf meinem Weg dahin gingen meine Bremsen kaputt und ich fiel auf den Asphalt. Mein Ellbogen und meine rechte Hand bluteten. Der Knochen des kleinen Fingers meiner rechten Hand war offensichtlich gebrochen, der Knochen stand aus dem Fleisch heraus. Es war kein schöner Anblick und der Schmerz unerträglich. Ich weiß nicht, wie ich es gemacht habe, aber in mir protestierte etwas: „Das kann nicht wirklich passiert sein; ich habe ein wichtiges Treffen heute. Auf keinen Fall kann das passiert sein. Es ist nicht passiert.“ Ich stand auf, als ob nichts gewesen wäre, und ging nach Hause. Absichtlich fokussierte ich mich darauf, dass nichts passiert ist. Als ich zu Hause ankam, war mein kleiner Finger immer noch geschwollen, eingeschnitten und schmerzend. Aber der Knochen war nicht mehr gebrochen. Ich machte mit meinen Tätigkeiten weiter, bestellte etwas zu essen. Ich bestand immer noch darauf, dass nichts passiert sei. Ich pflegte die Wunden nicht, kümmerte mich um nichts, was mit dem Unfall zu tun hatte, weil ja „nichts passiert“ ist. „Ich werde heute Abend zu dem Treffen gehen und mich frisch und gut fühlen. Nichts ist jemals passiert.“ Fünfzehn Minuten später verschwanden die Schwellung und der Schnitt; es gab keine Zeichen mehr, dass etwas passiert sein könnte. Der Finger war nicht nur komplett geheilt, es sah auch so aus, als ob wirklich nichts passiert war. Ich hatte Ursache und Wirkung umgedreht.

Erfolgreich mit teuren Kursen

Zu jener Zeit, ich hatte gewöhnlich wenig Geld, war ich jedoch unglaublich erfolgreich mit teuren Seminaren über Themen wie Metaphysik oder Motivationscoaching. In diesem Zusammenhang passierten mir mehrere Glücksfälle. Im Jahr 2002 überlegte ich mir, an einem Seminar über „Lebens- und Unternehmens-Management“ mit dem weltbekannten Coach Anthony Robbins teilzunehmen. Der Kurs fand auf den Fidschi-Inseln statt und würde mich, inklusive Kurs, Flug von Europa und Unterkunft ungefähr 25.000 Dollar kosten. Unglücklicherweise war mein Konto zu der Zeit 1.000 Dollar im Minus. Nichtsdestotrotz schickte ich meine Absicht – dass ich gern an einem guten Kurs auf einer entfernten exotischen Insel teilnehmen möchte – an mein Höheres Selbst. Lustigerweise kam ich gerade von einem anderen metaphysischen Kurs wieder, welcher mich 14.000 Dollar gekostet hatte. Dieser Kurs nannte sich der „Avatar Wizard Course“ und er fand in Orlando, Florida statt. Da ich früher schon einmal durch magische Mittel die Möglichkeit hatte, Kurs- und Reisekosten aufzubringen, dachte ich mir, dass ich es noch einmal schaffen könnte. Als ich meine Absicht, den Kurs in Florida zu besuchen, aussendete, bekam ich das Angebot einer Firma, ihr Franchise-Buch von Deutsch auf Englisch zu übersetzen. Ich war einverstanden und um das Geld möglichst bald zu bekommen, schaffte ich die Übersetzung innerhalb von einer Woche – ich erhielt dafür 10.000 Dollar. Nicht schlecht für jemanden, der normalerweise 3.000 Dollar die Woche verdiente. Jedenfalls hatte ich direkt nach diesem Kurs die Idee, auf ein weiteres Seminar zu gehen. Eine Woche nachdem ich meine Intention gesetzt habe, hielt ich ein Englisch-Seminar. Ich fragte meine Studenten, warum sie Englisch lernen wollen und sie antworteten: „Weil wir demnächst ein Seminar mit Anthony Robbins auf den Fidschi-Inseln mitmachen wollen.“ Ich erkannte dieses Ereignis als genau das, wonach ich gerufen hatte. Am Ende der Woche baten mich meine Schüler, ob ich sie nicht auf das Seminar als Dolmetscher begleiten könnte. Ich würde den Kurs und die Unterkunft umsonst bekommen. Ich müsste nur für den Flug zahlen. Fantastisch! Das war es: Innerhalb einer Woche hatte ich es manifestiert. Ich ging zum Reisebüro, um herauszufinden, wie viel der Flug von München/Deutschland zu den Fidschi-Inseln kosten würde. Das Herz sank mir in die Hose: 6.000 bis 8.000 Dollar! Billigere Flüge wären angeblich nicht verfügbar. „Das gibt's doch gar nicht. Sind die verrückt?", dachte ich bei mir. Ich hatte meinen Wunsch (an dem Kurs teilzunehmen) manifestiert, ich würde ihn spendiert bekommen. Und nun stand ich hier und konnte meinen Flug nicht bezahlen, weil er so teuer war, wie das ganze Seminar?! Aber ich blieb bei meiner Absicht und wollte einen Weg finden. Kurz danach hatte ich die Idee, im Internet nach Flügen zu suchen. Ich könnte nach Los Angeles fliegen und von dort meinen Flug zu den Fidschi-Inseln buchen. Das funktionierte. Im Endeffekt zahlte ich 800 Dollar für ein Two-Way-Ticket nach L.A. und 1.000 Dollar für einen Last-Minute-Flug von L.A. zu den Inseln. Klingt das unglaublich? Nicht wenn das ganze Universum auf deiner Seite steht. Ich übersetzte am ersten Tag des Kurses für meine deutschen Studenten, doch am zweiten Tag sagten sie mir, dass sie die Übersetzung nicht mehr bräuchten und dass ich meinen Kurs einfach genießen solle. Das habe ich dann auch getan. Kostenlos.

Am Ende desselben Jahres hatte ich schon wieder den Wunsch, an einem metaphysischen Seminar teilzunehmen, diesmal auf Hawaii. Und wieder schien es, als ob ich nicht die finanziellen Mittel dafür hätte. Und wieder gab mir das Universum den Beweis dafür, dass man nicht reich sein muss, um seine Wünsche zu manifestieren. Ich bekam einen Anruf von jemandem, der mich für einen Englischkurs buchen wollte. Aber er wollte es nicht in München oder London (wo ich normalerweise meine Kurse anbiete) machen, sondern mit einer Reise nach Hawaii verbinden. Er wollte dort vier Wochen lang bleiben und ich sollte drei Wochen davon sein Lehrer sein. Was für ein Zufall! Ich konnte es so arrangieren, dass meine freie Woche die Woche war, in welcher das Seminar stattfand. Ich wurde praktisch für die Reise nach Hawaii (und für meine freie Woche) bezahlt. Die Seminarkosten waren nur ein Bruchteil von dem, was ich verdiente.

Diese Ereignisse fanden alle im Jahr 2002 statt, und sie alle beinhalteten, dass ich richtig teure Seminare kostenlos bekam. Ich bin heute in der glücklichen Lage, dass ich nicht mehr auf finanzielle Wunder warten muss, aber es war auch die Magie, welche mich in diese Lage versetzte.

Timeslip (Zeitverschiebung)

Ich erlebte viele Vorfälle, in denen sich die Zeit als flüssiger und formbarer zeigte, als unsere festen linearen Vorstellungen es zulassen. Das intensivste Ereignis von allen erlebte ich jedoch auf der Insel Malta. Ich hörte mir über Kopfhörer eine Aufnahme an, die mit extra niedrigen Frequenzwellen hinter einem Background von weißem Rauschen gespielt wurde. Ich sollte diese Aufnahme eine Stunde lang anhören, um die beiden Hemisphären meines Gehirns zu synchronisieren. Ich hatte den CD-Player auf Wiederholungsfunktion gestellt und während des Zuhörens schlief ich ein. Nach vielen Stunden des rauschenden Geräusches aus den Kopfhörern war ich in einem sonderbaren Zustand zwischen Wachen und Schlafen und hatte das ungewöhnliche Gefühl, dass sich mein Geist oder Energie dreht – schneller und schneller und schneller. Die Drehbewegung beschleunigte sich, verbunden mit einem hohen Ton. Ich hatte das Gefühl, meinen Körper zu verlassen bzw. nicht richtig mit meinem Körper verbunden zu sein. Ich nahm die Kopfhörer ab, schaltete den CD-Player aus und orientierte mich in meinem Hotelzimmer. Es war ein sonniger Tag. Das war ziemlich komisch, denn ich hatte meine Übung abends um zweiundzwanzig Uhr begonnen, als es bereits dunkel wurde. Hatte ich wirklich die ganze Nacht geschlafen? Ich fühlte mich desorientiert und ein bisschen high. Ich nahm eine Dusche, um mich wieder zu erden. Zu der Zeit trug ich keine Armbanduhr, aber der Wecker in meinem Zimmer zeigte drei Uhr an. Ich hätte erwartet, dass es wahrscheinlich drei Uhr am Morgen ist, aber es musste wohl drei Uhr am Nachmittag sein, da die Sonne schien und es ganz warm war. Ich ging nach unten zur Rezeption, um herauszufinden, wie spät es nun wirklich war. Und tatsächlich, es war drei Uhr nachmittags. Ich konnte kaum glauben, dass ich die ganze Nacht und fast den ganzen nächsten Tag geschlafen hatte, ohne es zu merken. Nach meinem Gefühl hatte ich nur drei Stunden gedöst. Ich konnte nicht glauben, dass ich meine Kopfhörer siebzehn Stunden lang aufhatte, und dass die Batterien solange durchhielten. Ich war sehr irritiert. Ich ging nach draußen, wo es heiß war, heißer als ich es gewohnt war. Das Thermometer zeigte vierzig Grad Celsius. Wie betäubt ging ich umher und versuchte zu akzeptieren, dass ich siebzehn Stunden lang geschlafen hatte. Plötzlich durchfuhr es mich: Ich hatte ein Treffen zum Mittagessen verpasst! Vor einigen Tagen lernte ich eine Französin kennen und hatte mich mit ihr für heute verabredet. Ich rief sie an und entschuldigte mich dafür, dass ich das Treffen verpasst hatte. „Oh no, no, no. Das ist ok. Unsere Verabredung ist erst morgen." Morgen? Ich akzeptierte, dass ich die Zeit missverstanden hatte. Später am Tag – ich trank einen Kaffee und las die Zeitung – bemerkte ich, dass es die Zeitung von gestern war. Ich fragte den Kellner, ob sie die Zeitung von heute hätten und der Kellner antwortete, dass ich sie bereits in der Hand hielte. Er sagte, dass Zeitungen vom Vortag immer entsorgt werden. Ich schaute auf den Tag – und es war Dienstag. Meinem Verstand nach müsste es aber Mittwoch sein. Ich habe meine CD (ELF Mediation) Dienstagabend um zehn Uhr eingelegt. Und nun war es schon wieder Dienstag? Bin ich in der Zeit gereist? Bin ich in der Zeit gereist!?! Ist mein Kindheitstraum wahrgeworden, ohne dass ich es bemerkt habe? Ich suchte in meinem Verstand nach einer anderen Möglichkeit. Vielleicht war es ja Montag gewesen und ich dachte nur, dass es Dienstag war. Es war sicher mein Fehler. Aber ich musste es genau wissen. Ich verfolgte meine Tage zurück. An Sonntag erinnerte ich mich auf jeden Fall, weil alle Geschäfte geschlossen waren und ich musste außerhalb der Minibar des Hotels etwas trinken. Und am Sonntag habe ich mir gesagt, dass ich Paragliding über dem Meer machen würde. Und am Sonntag war es auch, dass ich nach verschiedenen Angeboten für das Paragliding Ausschau hielt. Am Montag war es dann soweit und ich ging Paragliding. Ich wusste, dass es Montag war, denn die Geschäfte hatten wieder geöffnet. Ich ging mit einem Freund dahin, der große Angst vor der Höhe hatte, aber so tat, als wäre alles in Ordnung. Ja, das war am Montag. Ich weiß, es war Montag, weil es etwas Besonderes war, die Arbeitswoche nicht am Montag zu beginnen, sondern mit dem faulen Inselleben fortzufahren (die Woche davor hielt ich ein Seminar auf Malta). Ich ging in Gedanken den Montag bis zum Abend durch. Ich erinnerte mich, dass ich den Abend mit meiner französischen Bekannten am Strand verbrachte. Wir machten aus, uns am Mittwoch zum Essen zu treffen. An diesem Abend mit ihr entschied ich mich auch, am Dienstagabend zu meditieren. Ich habe am Montagabend nicht meditiert. Ich war ja mit ihr zusammen. Ich wachte am Dienstagmorgen auf und verbrachte die meiste Zeit des Tages untätig oder lesend am Hotelpool. Später ging ich zurück ins Hotelzimmer, um etwas Schreibarbeit auf meinem Laptop zu erledigen. Zirka zehn Uhr am Abend begann ich, meine Meditations-CD zu verwenden. Nach ca. vierzig Minuten schlief ich ein. Und dann wachte ich – wieder bei Tageslicht – auf, aber nicht am Mittwoch, sondern am Dienstag. Jetzt da es Dienstag ist, sollte ich nicht die andere Version von mir treffen? Aber das tat ich nicht. Der andere Dienstag fand in einem anderen parallelen Universum statt. Den Rest des Tages verbrachte ich in einer angenehmen Benommenheit darüber, dass ich eine Zeitreise vollbracht habe.

Split-Reality (Gesplittete Realität)

Eine ganz andere Art von Parallele-Realitäten-Erfahrung erlebte ich, als ich zwei Realitäten hatte, die offensichtlich nicht gleichzeitig existieren konnten, ohne sich gegenseitig zu stören. Anstatt diese zwei parallelen Realitäten getrennt zu erfahren, fanden sie beide zur selben Zeit am selben Ort statt. Es war verblüffend. Als ich noch jünger war verstand ich nichts von „was du anderen antust, tust du auch dir selbst an". Bei diesem Ereignis hatte ich Sex mit der Freundin des Jungen, zu welcher Party wir eingeladen waren. Ich wusste nicht viel über diesen Jungen, nur dass er sehr eifersüchtig war und mich wahrscheinlich verprügeln würde, wenn er mich im Bett mit seiner Freundin sieht. Ich wäre vermutlich nicht in dieser Situation gelandet, aber sie und ich hatten etwas getrunken und fanden uns auf der Party sehr anziehend. „Was ist mit deinem Freund? Er könnte jederzeit reinkommen", murmelte ich ein paar Male etwas halbherzig. „Wenn du keine Angst davor hast, wird es auch nicht passieren", sagte sie. Im Rückblick sagte sie mir etwas, das ich später anderen Menschen beibringen würde. Aber auf einer tieferen Ebene habe ich doch Angst gehabt. Als wir mitten im Akt waren, klopfte ihr Freund an die Tür. „Tammy, bis du da drin?" Mir sank das Herz in die Hose. Tamara (Tammy) war so erregt, dass sie es gar nicht bemerkte. „Dein Freund ist da", drängte ich. Sie ignorierte mich. Wenn ich so zurückschaue, weiß ich nicht, warum ich tat, was ich getan habe. Ich sagte mir „Ach was soll's, wenn ich keine Angst habe, wird nicht passieren. Wer sagt überhaupt, dass er in den Raum kommt? Wer sagt, dass er wütend sein wird? Wer sagt, dass sie immer noch seine Freundin ist?" Nicht charakteristisch für mich, ließ ich alle Sorgen los und gab mich der Erfahrung hin – Tamara. Ihr Freund kam tatsächlich rein, wir aber machten weiter, als ob er nicht da wäre. Es war ein magischer Moment, da er uns nicht bemerkte. „Oh Entschuldigung", stammelte er, als ob wir jemand anderer wären. Während Tamara und ich ineinander verschlungen lagen, sahen wir ihren Freund im Raum herumlaufen wie unter Hypnose. „Tam?" rief er. Er öffnete den Schrank, um darin nach ihr zu suchen. Es war, als ob er nicht glauben konnte, dass Tamara und ich zusammen im Bett waren, deshalb konnte er uns nicht sehen. Ein Freund von ihm trat ein und sah uns auch nicht, bzw. wenn er uns sah, erkannte er uns jedenfalls nicht. Aber es wurde noch gespenstischer. Tamaras Freund, uns nicht sehend, sagte zu seinem Freund an der Tür: „Ich habe ein mulmiges Gefühl hier. Ich glaube, sie war betrunken und ist mit einem Typen verschwunden.“ Tamara verhielt sich währenddessen auch sehr merkwürdig. Sie küsste und liebkoste mich einfach weiter, als ob wir alleine im Raum wären. Wenn ich so auf diesen Vorfall zurückschaue, verhielt sich Tamara wie eine Hexe, die etwas über das Spalten von Realitäten wusste, was mir nicht bewusst war. Die zwei Jungs verließen den Raum, um weiter nach Tamara zu suchen. Zwei Stunden später war die Party zu Ende und die Gäste machten sich auf den Heimweg. Ich zog mich an und ging wieder auf die Party, auch wenn ich etwas unsicher war. Würde ihr Freund zu mir kommen, wenn ich allein bin? Ich erwartete das fast. Aber ich wurde behandelt, als ob ich nie von der Party verschwunden wäre. Ihr Freund nahm mich kaum wahr, genau wie vor dem Ereignis. Soweit ich weiß, wurde Tamara niemals zu diesem Vorfall befragt.

Das Hollywood-Experiment

Vor nicht allzu langer Zeit hatte ich alles erreicht, was ich mir vorgenommen hatte. Mir gingen die Wünsche aus. Ich arbeitete als professioneller Coach zu den Themen, die ich mir wünschte. Ich hatte die Partnerschaft und die Art von Partner, wie ich es wollte. Ich verdiente mehr Geld, als ich brauchte. Ich hatte die spirituellen Erfahrungen, die ich wollte. Als ich all das im Alter von dreißig Jahren erreicht hatte, begann ich so etwas wie, „wenn das Alles möglich ist, was ist noch denkbar?“, zu denken. Ich wollte wissen, wie weit ich meine Techniken und mein Wissen einsetzen konnte. Ich begann mit dem Gedanken zu spielen, ein Filmstar zu werden. Bevor ich meinen Durchbruch hatte, brach ich das Projekt ab, da ich erkannte, dass Berühmtheit und Aufmerksamkeit nicht das ist, was ich wirklich will. Es war nur etwas, mit dem ich gespielt hatte, um zu sehen, wie weit meine Techniken zur Realitätserschaffung einsetzbar sind. Und es war ganz einfach, in die Vibration zu kommen. Ich weiß, dass viele Leser nicht glauben können, dass solche Dinge so einfach oder überhaupt möglich sind. Ich begann damit, meinen Wunsch in die physikalische Realität zu bringen. Ich fuhr mit meinem Auto jeden Tag zum nahegelegenen Filmstudio, als ob ich dort einen Job hätte. Ich begann Bücher zu lesen, die von Hollywood Insidern und Stars geschrieben worden sind. Ich begann selbst ein Buch darüber zu schreiben, wie man ein Star wird. Ich registrierte mich bei verschiedenen Casting-Agenturen. Zwei Wochen nach dem ich mein Hollywood-Projekt gestartet hatte, bekam ich drei Jobs – zwei für Werbung und eine Rolle in einem Film. Bei den Castings und im Warteraum am Filmset hörte ich die langweiligen Geschichten der Schauspieler, wie hart es doch sei, einen Job zu bekommen, wie sie es schon seit Jahren versuchen und wie wenig Geld sie verdienen. Sie glaubten an etwas, von dem ich naiver weise frei war – da ich in dieser Szene ein Anfänger war und wusste, wie man Realität erschafft. Später fand ich auch heraus, dass die Schauspieler weniger Honorar bekamen als ich. Es geht bei allem wirklich nur darum, was man glaubt und was man als Realität definiert.

Um mein Vorhaben noch mehr zu manifestieren, reiste ich über den Ozean nach Los Angeles und blieb dort für einige Wochen – und identifiziert mich dort immer mehr mit der Szene. Als ich zurückkam, entdeckte ich bei mir den Glaubenssatz: „Naja, hier in Europa wirst du nicht annähernd ein Star werden können." Ein Freund von mir bestätigte diesen Glauben auch noch: „Du musst mindestens innerhalb von fünfzig Meilen zu Los Angeles leben; ansonsten bist du draußen." Ich löste diesen limitierenden Glaubenssatz auf und konzentrierte mich wieder auf die gewünschte Version von mir. Eine Woche nachdem ich aus Los Angeles wiederkam, rief mich ein Fernsehmoderator an. Er sollte Hollywood-Stars interviewen, war sich mit seinem Englisch aber sehr unsicher – ob ich ihn nicht in der englischen Sprache coachen könne. Er frug mich, ob ich ihn auf seine Arbeit mit den Superstars vorbereiten könne. Ich sagte zu. Ich fand bald heraus, dass dieser Moderator mit Stars aus der Oberliga zu tun hatte – Steven Spielberg, Tom Cruise, Angelina Jolie. Das alles passierte nur drei Monate, nachdem ich mit meiner Hollywood-Kreation begann! Einige weitere Zufälle brachten mich immer höher auf der Leiter, aber aus Respekt vor der Privatsphäre, werde ich hier nicht weiter darauf eingehen. Ich steuerte mit wahnsinniger Geschwindigkeit auf meine erwünschte Realität zu und ich musste mich entscheiden, ob ich das wirklich wollte. Ich erkannte, dass ich nicht wirklich ein Star werden wollte. Ich liebe meine Anonymität – und eine Schauspielkarriere ist nicht sonderlich anonym. Ich ziehe es viel lieber vor, in einer friedvollen Atmosphäre in meinem eigenen Zuhause, an meinem Laptop, kreativ zu schreiben, anstatt an geräuschvollen Filmsets herumzusitzen, umgeben von den verbalisierten Gedanken anderer Menschen. Also brach ich mein experimentelles Projekt ab und schrieb einen Absatz darüber, welchen ich dir hier mitgeteilt habe.

Schockiert von einer Manifestation

Seit den Erfahrungen mit den blauhäutigen Wesen hatte ich immer den romantischen Wunsch nach einer hautnahen Begegnung mit einem Wesen, das nicht von dieser Welt und nicht von dieser Dimension ist. Ich wünschte mir auch ein UFO zu sehen. Diesen Wunsch trug ich schon lange mit mir herum. Mir wurde irgendwann klar „Hey, warte mal: Ich habe all diese RC-Methoden. Warum ziehe ich nicht einfach diese Erfahrung in mein Leben?" Einige Minuten später erkannte ich, dass ich mir diese Erfahrung fernhielt, weil ich auch Angst davor hatte. Ich fühlte einen Angstschauer, als ich erkannte, dass diese Erfahrung möglich für mich ist. Ich denke, ich habe einfach zu viele negative Szenen über Aliens gesehen (in Filmen oder Serien) oder in Büchern gelesen. Ich identifizierte mich also daraufhin mit der Version von mir, die Ufos als gutartig wahrnahm und ließ damit von dem negativen Standpunkt los. In dem Moment, in dem ich meine Übung beendete, passierte etwas Ungewöhnliches. Die Luft roch so, als ob etwas brennen würde. Ich konnte die Ursache dieses Geruchs nicht erkennen, weil es überall so roch. Ich schlussfolgerte, dass es etwas mit meinem Realitätswechsel zu tun haben wird. Die Tage nach diesem Wechsel erschienen ungewöhnlich. Ich fühlte mich unwohl. Ich verstand später, dass ich immer noch an böse Mächte glaubte, und dass sich meine gewünschte Realität auf einer höheren Schwingungsebene befand als die, auf der ich gerade weilte. In den Wochen nach dem Realitätswechsel passierte sonst nichts weiter und mein Unwohlgefühl verschwand. Ich vergaß die ganze Angelegenheit und ging meinem Tagesgeschäft nach.

Aber das war der Zeitpunkt, an dem die Dinge sich bewegten. Das ist ganz typisch für RC (nachdem man wirklich losgelassen hat). Eines Nachts lag ich im Bett und schlief schon fast, als ein heller Blitz in meinem Zimmer aufleuchtete und ich deshalb meine Augen öffnete. Ich schaute mich um, sah aber erst einmal nichts. Dann erschrak ich, denn ich sah etwas, das wie ein Stern am Himmel aussah, außer dass er pulsierte, als ob er meine Aufmerksamkeit wollte. Als es näher kam, konnte ich es von den Sternen unterscheiden. Auf einer Ebene verstand ich, dass es freundlichen Wesens war, aber auf meiner bewussten Ebene lag ich hier in meinem Bett unter Schock, ängstlich und unfähig mich zu bewegen. Ich bekam wieder diesen Angstschauer. Der Lichtball pulsierte langsam, darauf hinweisend, dass er tatsächlich da war. Aber ich dachte nur: „Uh, schaut mal Leute, das könnte zu früh für mich sein. Ich bin noch nicht bereit dafür. Bitte." In dem Moment, als ich diese Gedanken dachte, verschwand der Ball (oder flog davon – ich bin mir nicht sicher). Ich fühlte mich genug erleichtert, so dass ich wieder atmen konnte, aber ich war immer noch unter Spannung. Mein Herz klopfte schneller und das Haar stand mir im Nacken hoch. Nach zehn Minuten, die ich einfach nur in meinem Bett gesessen hatte, entspannte ich mich langsam. Was war das denn? Ich meinte damit nicht das Flugzeug, sondern meine Reaktion. Da kam etwas, dass ich mir mein Leben lang wünschte und ich wollte weglaufen? Meine Erleichterung verwandelte sich in Reue und mein schlechtes Gewissen in den Beschluss, es nächstes Mal besser zu machen. In einem anschließenden Traum erhielt ich die Anweisung, nach Königssee zu reisen (ein See an der Grenze zwischen Deutschland und Österreich). Mit meinen vielen Erfahrungen in RC, entschied ich mich am nächsten Morgen genau das zu tun. Ich sagte alle meine Meetings ab und fuhr die 180 Meilen zu diesem See. Als ich in die Region kam, fing es an zu regnen, was ganz typisch für dieses Gebiet ist. Während ich noch im Auto saß, wurde meine Aufmerksamkeit wieder von einem Licht am Himmel erfasst. Es schwebte da und schien auf mich. Dieses Mal konnte es keine Täuschung sein: Es war kein Stern. Obwohl ich vorhatte, mich diesmal anders zu verhalten, stieg wieder Angst in mir auf. Mein Herz raste und kalter Schweiß trat auf meine Stirn. Hier war ich nun, in einem der mystischen und schönsten Landschaften auf diesem Planeten, wurde Zeuge einer außerirdischen Flugmaschine – und konnte mich nicht daran erfreuen. „Bitte macht langsamer, Leute", flüsterte ich. Der Ball verschwand. Als ich am See ankam, gab es keine Zeichen mehr von dem Licht. Glücklicherweise waren kaum Touristen dort, da es regnete.

Der See liegt entlang der Berge. Die eine Seite ist deutsches Territorium, die andere Grenze gehört zu Österreich. Ich war schon einige Male vorher hier; ich habe eine besondere Verbindung zu diesem See. Manchmal komme ich hierher zum Meditieren. Ich stieg auf eines der Touristenboote, das mich auf einen etwas abgelegeneren Teil absetzen würde. Ich hatte zwar Angst davor (denn ich wusste, dass je abgelegener ein Ort ist, desto eher tauchen meine Besucher wieder auf), aber ich hatte mich entschieden. Ich wollte nicht, dass sie mir näher kommen. Der Gedanke daran erschreckte mich. Aber das stand natürlich im Gegensatz zu allen meinen vorherigen Wünschen. Das lehrte mich, dass wir manchmal genau das, was wir uns wünschen, auch fürchten. Ich stieg an einer Stelle aus, an der es nur eine einsame Kapelle und ein Restaurant gab und ging einen Weg entlang, den ich schon kannte. Ich war nervös. Alles in mir wusste, dass ich mich auf die Begegnung mit den Aliens zubewegte. Der Traum war eine Nachricht, die mich aufforderte, hierher zu kommen. Und tatsächlich: Als ich um eine Ecke bog, da war es – größer, näher, eindrucksvoller – eine leuchtende Kugel von der Größe eines Heißluftballons mit wechselnden Farben. Kein fliegender Teller, sondern eine leuchtende Kugel. Sie wirkte nicht technisch oder silbern, wie mein Verstand es erwartet hatte, sondern mehr wie eine lebende Energie oder eine Art Flüssigkeit. Ich nahm einige tiefe Atemzüge. Ich hatte immer noch Angst, aber es aus der Nähe zu sehen, vergrößerte meine Angst nicht, wie ich es vorher vermutet hatte. Die Kugel schien eine beruhigende Ausstrahlung auszusenden. „Wow. Okay“, flüsterte ich. „Danke dass ihr euch mir zeigt“, sagte ich schüchtern. Die folgende telepathische Kommunikation hatte ich nicht erwartet. „Du rufst uns ohne Ziel, außer für deine persönliche Unterhaltung und um deine eigenen Zweifel zu lösen. Komme nächstes Mal mit einem Ziel.“ Ich stand da, überrascht über die kurze, aber begründete Nachricht. Aber ich verstand. Was habe ich eigentlich erwartet? Einige Offenbarungen über das Schicksal der Menschheit? Ich dachte daran, zu fragen „wer seid ihr?“, aber ich tat es nicht. Irgendwie begriff ich, dass das, was sie sind, für mich keinen Sinn ergeben würde und dass der, der ich bin, viel wichtiger ist. Ich schaute mich um, um zu sehen, ob noch irgendein anderer Zuschauer Zeuge von diesem bemerkenswerten Ereignis wurde. Die Kugel schwebte über dem Boden. Ein Gefühl von Wohlbefinden floss durch mich – ein Wohlgefühl, das ich mich nicht erinnere, jemals zuvor gefühlt zu haben; ein flüssiges Wohlgefühl – und dann stieg die Kugel auf und verschwand. Ich war verändert. Ich lief herum, erstaunt. Ich fühlte die flüssige Energie durch meinen Körper fließen – wie eine Art Super-Benzin. Ich reiste zurück zum Ufer und nach Hause, in erstaunter Stille.

Der Perlenkette folgen

Es gab Zeiten, da folgte ich der „Perlenkette des Höheren Selbst“. Ich ließ von allen Plänen, Erwartungen und Zielen los und suchte nach den Möglichkeiten im Hier und Jetzt, die mich am meisten begeisterten. Ich folgte dann diesem scheinenden Licht, bis es nicht mehr schien. Dann zog ich im Hier und Jetzt Bilanz und guckte mich um, welche Optionen jetzt am hellsten schienen. Ich folgte dieser Option dann, bis ihre Energie verbraucht war. Dann zog ich wieder Bilanz und suchte nach neuen Möglichkeiten. Ich wählte wieder diejenige, die am interessantesten, freudvollsten oder aufregendsten schien und folgte ihr. In dieser Weise folgte ich der Perlenkette, die mein Höheres Selbst für mich auslegte, ich folgte dem Pfad, den meine Seele erfreuen würde. Die interessantesten oder spannendsten Optionen in jedem Moment stehen nicht immer in einer Ausrichtung mit dem Ego, deshalb braucht es manchmal Mut, dieser zu folgen. Aber wenn du dem intuitiven Weg des Höchsten Selbst folgst, bringt dir das immer die höchsten Formen der Freude, Überraschung und Abenteuer. Im Alter von achtundzwanzig Jahren hing ich zu Hause rum, war zu Tränen gelangweilt und desillusioniert über die Sicherheit und den Komfort, den ich angesammelt hatte. Ich wünschte mir ins Unbekannte zu gehen. Meine Seele fand diese Option wunderbar. Ohne weitere Verzögerung packte ich zwei Hosen und einige T-Shirts in einen Rucksack und fuhr zum Flughafen. Ich wusste noch nicht, wo es hingehen sollte. Ich würde mich erst am Flughafen für einen Flug entscheiden. Meine Stimmung stieg genau in dem Moment meiner Entscheidung an. Ich hatte die Routine durchbrochen und fuhr ins Unbekannte. Einige Abenteurer würden jetzt vielleicht sagen, dass ich ja die Sicherheit meiner Kreditkarte hatte. Aber ich hatte die Welt auch schon erfahren, als ich als Teenager noch ohne Geld gereist bin. Das war diesmal aber nicht mein Ziel. Ich wollte einfach der Perlenkette des Höheren Selbst folgen; ich wollte auf die Impulse, die mir meine Seele sendete, reagieren. Das Höhere Selbst (der höhere Aspekt von mir) wusste, dass ich mit ihm in Synchronizität war und begann mich zu führen. Als ich am Flughafen ankam, hatte ich hunderte von Optionen, wohin ich fliegen könnte. Aber nur, wenn ich auf „Oslo/Norwegen" schaute, begann meine Seele „Ja" zu singen. Ich spürte ein kribbelndes Gefühl oben auf meinem Kopf (Kronenchakra). Also buchte ich einen Flug nach Oslo. Ich war noch nie dort, kannte keinen Menschen da und hatte mir keinen Platz reserviert. Aber wenn man im Fluss mit seinem Höheren Selbst ist, wird alles, was man braucht, zur Verfügung gestellt. Manchmal macht es mich traurig, wenn ich sehe, wie weit weg sich die Menschen von ihrer eigenen Autorität und Macht und von ihrem inneren Coach (Höheres Selbst) entfernt haben – wie viel Angst ihnen das Unbekannte macht, wenn kein Plan und keine Strategie jeden ihrer Schritte vorgibt. Und, anstatt sich an etwas Unerwartetem zu erfreuen, bekommen sie fast einen Nervenzusammenbruch. Das Universum versorgt uns wirklich mühelos und effizient mit allem, was wir brauchen. Wenn du erst einmal im Flow des Höheren Selbst bist, tauchen eine Reihe von Optionen und Zufälle auf (Synchronizitäten). So wie auf meinem Flug nach Oslo: Ich saß neben einem Buchautor, den ich schon immer bewundert hatte. Ich erkannte ihn anfangs nicht, weil ich nur seine Bücher kannte und nie ein Bild von ihm gesehen hatte. Wir machten Smalltalk. Ich erzählte ihm, dass ich Bücher schreibe, und er sagte mir, dass auch er Autor ist. Ich schreibe metaphysische Bücher, er schreibt für Intellektuelle. Ich konnte nicht zufriedener mit meinem Flug sein. Nachdem wir in Oslo gelandet waren, nahm ich den Flughafenzug in das Zentrum der Stadt. Ich verbrachte den Tag, indem ich ziellos aber glückselig herum lief, mir dann zufällig ein Hotel aussuchte und mich dort schlafen legte. Mein Nachttraum gab mir klare Zeichen, wo ich als nächstes hingehen sollte. Ich reiste weiter durch Norwegen, indem ich die Fjorde erkundete. In ihrer Gegenwart wurde mein Geist noch stiller und die Verbindung zu meinem Höheren Selbst noch stärker. Dann flog ich von Oslo nach Kairo/Ägypten, da das Thema Ägypten mir dreimal an einem Tag begegnet ist. Jemand hatte ein Reisebuch über Ägypten auf einem Platz in einem Boot, mit dem ich fuhr, vergessen. Später an dem Tag hatte ich eine Unterhaltung mit einem amerikanischen Touristen, der Norwegen zwar bewunderte aber immer wieder (ohne ersichtlichen Grund) erwähnte, dass ich doch unbedingt mal nach Ägypten reisen müsse. Und schlussendlich, als ich an dem Abend meine E-Mails checkte, war die erste Mail, die ich öffnete, eine Werbemail mit Einladung nach Ägypten. Die Nachricht war klar: Geh nach Ägypten. Als ich in Hurghada/Ägypten (ein typischer Ferienort) mit meinem amerikanischen Pass ankam und kein spezifisches Ziel vorweisen konnte, hatte ich erst einmal Schwierigkeiten. Die Behördenmitarbeiter wollten wissen, wieso ich einreise. Aber das wusste ich ja selbst nicht. Sie wollten mich als Teil einer Touristengruppe, Taucher oder all-inklusive Feriengruppe sehen – aber das war ich nicht. Ich war ein Alleinreisender ohne Bestimmungsort. Sie entließen mich schlussendlich und ich lief den anderen Touristen hinterher – zu dem großen, schlossähnlichen Hotel in der Touristenstadt Hurghada. Dort ruhte ich mich einige Tage aus und sah zwei Optionen: Entweder ich mache einen Tauchurlaub oder ich reise zu den ägyptischen Pyramiden in Kairo, die ich noch nie gesehen habe. Der Drang, die Pyramiden zu sehen, gewann und ich ging auf Busfahrt nach Kairo – noch nicht wissend, dass die Fahrt dorthin acht Stunden dauert und durch leere sandige Wüste führt. Von den Beschreibungen aus meiner Kindheit wusste ich, dass das alte Ägypten mit Technologie und Aliens oder inter-dimensionalen Wesen in Verbindung stand. Ich verstand, dass die Pyramiden nicht auf normalem Weg gebaut wurden, wie es in der Geschichtsklasse unterrichtet wurde. Ich war mir peripher über Bücher, die das aussagten, bewusst – aber ich brauchte diese niemals zu lesen, um zu wissen, was mir schon gezeigt wurde. Ich wusste, dass ich Rückblenden haben werden, wenn ich die Pyramiden besuche.

Nach meinem Besuch in dem sauberen, strahlenden und modernen Norwegen mit seiner tollen Infrastruktur war ich von Kairo schwer geschockt. Die dort lebende Bevölkerung war nicht mit der hohen Zivilisation, die tausende von Jahren früher dort gelebt hatte, zu vergleichen. Die Stadt war schmutzig, laut und unüberschaubar. Aber ich sah die majestätischen Pyramiden in der Ferne über der Stadt herausragen. Trotz der Ablenkung durch hunderte von Bettlern, die mich um Geld baten, hatte ich diese Flashbacks. Als mir die Bettler irgendwann auf die Nerven gingen und ich kein Kleingeld mehr hatte, das ich ihnen geben konnte, rannte ich hinter ihnen her. Ich tat so, als ob ich von ihnen Geld erbetteln will. Dieses amüsante Manöver veränderte sehr schnell ihr Verhalten. Die Flashbacks zeigten sich als intensive Visionen, die anders als normale Gedanken oder Tagträume waren. Was sie zeigten, war ein bisschen unheimlich, weil sie so anders als das Menschsein waren. Die alte ägyptische Zivilisation hatte nicht viel mit der menschlichen Reise von heute zu tun. Ich machte mir Notizen in mein Tagebuch und eines Tages plante ich, meine spirituell empfangenen Einsichten in einem Buch zu verarbeiten. Ich wurde ruhelos. Mein Ego wollte mehr. Es verlangte nach Beweisen der Alien-Besuche. Aber egal, wie sehr ich mich auch anstrengte, mir wurde kein Beweis gegeben – jedenfalls noch nicht jetzt. Der Grund war einfach: Wir können nur das wahrnehmen, zu dem wir eine schwingungsmäßige Übereinstimmung haben. Es könnten Schwärme von Ufos über mir schweben, aber solange, wie ich nicht daran glaube sie sehen zu können, bleiben sie mir verborgen. Ich erkannte die auftauchenden Glaubenssätze: „Jeder will echte Beweise, aber keiner bekommt welche. Warum sollte ich derjenige sein, der sie bekommt? Echte Beweise zu wollen ist das Gleiche wie Unglauben.“ Und so weiter. Ich hatte sogar meine frühere Erfahrung mit der fliegenden Kugel an dem Bergsee vergessen. Aber vom ersten Tag an, als ich meinen Rucksack packte und zum Flughafen fuhr, hatte mein höheres Selbst schon ein Ziel für mich. Ich sollte meine erste physische Begegnung mit einer außerirdischen Lebensform haben. Ich hatte bereits eine Menge Treffen mit Aliens auf subtilen Ebenen und nun war mein Verstand für die Begegnung mit einem physischen Wesen bereit. Nach einer Weile war ich von der Touristenroute

Kairo-Luxor-Hurghada erschöpft. Ich bemerkte nicht, dass ich nicht länger der Perlenkette folgte. Mein Verstand dachte sich, „naja, ich bin schon mal hier, deshalb sollte ich auch bleiben“. Mein höheres Selbst jedoch schlug mir vor weiterzuziehen. Das ist ein verbreiteter Fehler, wenn man dem Pfad des höheren Selbst folgt: Eine Erfahrung, die vom höheren Selbst vorgesehen war, geht dem Ende zu, aber weil sie so toll war, wollen wir uns daran festhalten. Die Zeichen, dass ich weiterziehen soll, waren längst gekommen und wieder gegangen. Meine Stimmung erreichte nach zwei Wochen ihren Tiefpunkt. In dieser schlechten Stimmung bemerkte ich nun andere Dinge. Ich bekam von der dumpfen Animationsmusik vom Hotelpool Kopfschmerzen. Ärgerlich erinnerte ich mich wie Ägypter in Kairo ihren Müll in den Fluss warfen und wie andere darin badeten. Ich wurde reizbar und angriffslustig: gegenüber anderen Touristen, dem ägyptischen Hotelpersonal und mir selbst. Endlich begriff ich, dass ich die Verbindung zu meinem höheren Selbst abgeschnitten hatte. Daraufhin meditierte ich das erste Mal seit Wochen. Die Option, die mich am meisten begeisterte, war ein Treffen mit einem außerdimensionalen oder außerirdischen Wesen in physischer Form. Ich umarmte dieses Gefühl und ließ es los. Dann checkte ich aus dem Hotel aus und flog nach Hause. Das Erstaunliche daran war, dass ich tatsächlich das Ziel, nach dem ich anfangs Ausschau gehalten hatte, erreicht hatte. Aber wenn ich die Reise nicht angetreten hätte, wüsste ich das nicht. Ich hätte meinen geheimen Bestimmungsort nicht aufgedeckt. Am Abend meiner Ankunft zu Hause lag ich im Bett und starte an die Decke. Ich war noch nicht eingeschlafen, als mein Körper paralysiert wurde. Ich konnte mich nicht bewegen. Einige würden jetzt sagen, ich wäre im Schlaf paralysiert und träumte die Erfahrung nur. Aber ich war wach und bewusst. Ich drehte fast durch, weil ich mich nicht bewegen konnte, aber ich erinnerte mich immer wieder: „Es ist alles Teil der Reise.“ Ich fühlte eine Anwesenheit im Raum. Das könnte die (Schock-)Reaktion sein, mit welcher der Körper reagiert, wenn ein Außerirdischer den Raum betritt. Wenn etwas Höheres oder etwas das außerhalb des eigenen Glaubenssystems liegt, auftaucht, dann tendiert es dazu, das System zu überwältigen. Höhere Schwingungen tendieren dazu, die eigenen Ängste hochzubringen. Das Wesen trat um die Ecke in mein Zimmer. Es hatte die Erscheinung einer attraktiven Frau angenommen. Ich nehme an, dass es das tat, um meine Ängste zu lindern. Die Frau trug einen violetten Anzug mit einem nicht identifizierbaren Zeichen auf ihrer Brust. Er sah wie ein Raumanzug aus. Aber wie gesagt, ich nehme an, dass diese Erscheinung ausgewählt wurde, um in etwas mir Vertrautem aufzutauchen. „Hallo“, sagte die Frau wie beiläufig. Sie sah menschlich aus, außer dass ihre Augen und ihr Körper etwas größer als jeder Mensch waren. Sie sah majestätisch aus. „Hi“, murmelte ich. Ich wusste, was hier vor sich ging und plötzlich fühlte ich mich sehr demütig. „Du paralysierst deinen Körper, um ihn zu schützen. Dein Körper enthält Energietore, die noch nicht bereit dafür sind, geöffnet zu werden. Dein Körper wird steif, damit nicht geöffnet wird, was noch verschlossen bleiben soll. Entspanne dich und atme.“ „Okay.“ Ich versuchte, meine Fassung zu wahren, aber die Teile meines Körpers, die nicht eingefroren waren, zitterten unkontrollierbar. Ich war offensichtlich noch nicht für meinen Wunsch bereit. „Ich bin hier, weil du es so wolltest. Ich repräsentiere das, was du dir zu sehen erlaubst.“ „Siehst du wirklich so aus?“, fragte ich. „Es ist eine Form, die ich annehme“, antwortete sie. Telepathisch wurde mir übermittelt, dass diese Form für mich angenommen wurde, dass sie aber gleichzeitig auch eine Form aus ihrem „Kleiderschrank von Erscheinungen“ war. „In meiner weiblichen Version sehe ich so aus, ja“, fügte sie hinzu. Ich wollte fragen, woher sie kommt, aber ich erkannte dass die eigentliche Frage war: „Wo bin ich?“ Ich hatte mir erlaubt, in ein anderes Schwingungslevel einzutreten, um sie wahrzunehmen. Ich bin ihr auf halbem Weg entgegengekommen, so dass sie mir auf halbem Weg entgegenkommen konnte. So konnten wir uns beide sehen. Was sie jetzt sagte, überraschte mich: „Was du dir gewünscht hast, ist erfüllt. Aber es hat keinen großen Nutzen, uns physisch zu sehen, außer dass es deinen zweifelnden Verstand befriedigt.“ Das war dasselbe, was mir die Wesen aus der fliegenden Kugel am See gesagt hatten. Ich hatte das ignoriert und darauf bestanden, dass es doch von großem Nutzen für mich sei. „Aber als weiteres Bindeglied auf deiner Perlenkette ist es angemessen“, fügte sie lächelnd hinzu. In diesem Moment kam ein warmer Strahl von ihr. Das Zittern hörte auf, aber Teile meines Körpers blieben paralysiert – nur bestimmte Teile – z. B. war der rechte Oberschenkel fest, aber nicht der linke. Teile meines Rückens waren eingefroren, aber nicht der ganze Rücken. „Du weißt, dass ich nicht Teil deiner Leute bin, aber sie baten mich, die Aufgabe zu übernehmen, dich zu besuchen.“ Das gab sie mir telepathisch zu verstehen. „Danke, dass du gekommen bist.“ Mehr konnte ich nicht sagen. Ich hatte große Ehrfurcht. All meine Fragen, die ich vielleicht stellen wollte, waren verschwunden. Sie lächelte. „Einige Minuten nachdem ich gegangen bin, kannst du aus dem Fenster schauen und unser Raumschiff wegfliegen sehen. Mach ein Foto, wenn du willst. Das wird der Beweis sein, den du so dringend brauchst.“ Anstatt einfach zu verschwinden, ging sie um die Ecke von der sie gekommen war. Kurz danach fühlte ich, dass sie den Ort verlassen hatte. Die Paralyse ließ nach, aber mein Körper zitterte. Das machte es schwer, die Kamera hervorzuholen und zu bedienen. Ich sah das Objekt am Himmel, es war silbern und violett. Ich fotografierte es. Es entfernte sich mit überirdischer Geschwindigkeit. Einige Minuten später begann ich zu weinen. Ich zitterte immer noch. Ich fühlte mich desorientiert und entfremdet. Auf einer Ebene waren die Effekte des Treffens inspirierend. Auf der anderen Seite empfand ich es als sehr schwierig, mich wieder auf die täglichen Aufgaben zu konzentrieren. Sie hatte Recht. Wesen von höheren Dimensionen einzuladen stört die weltliche Erfahrung, welche die Seele beabsichtigte als sie sich inkarnierte. In den Wochen danach hatte ich einige kleine körperliche Störungen, z. B. Augenzucken, Kopfschmerzen und unbegründete Angstanfälle. Nach ungefähr einem Monat integrierte sich die Erfahrung und ich fühlte mich wieder normal (aber niemals wieder als dieselbe Person wie vor diesem Erlebnis). Die Lehre, zu welcher mich mein höheres Selbst mit dieser Erfahrung führte, war, dass ich mich von da an ganz der Schönheit der weltlichen Erfahrung widmete (anstatt aufzusteigen und mit etwas anderem Kontakt haben zu wollen). Über die Perlenkette wurde mir beigebracht, dass es immer etwas hinter dem gibt, was ich will. Zuerst sah es so aus, als ob ich nach Abenteuern und Reisen suchen würde. Aber der Wunsch dahinter war, dass ich Außerirdische sehen wollte. Und der Wunsch dahin war letztendlich, mehr Liebe für das irdische Leben zu entwickeln. Der Kreis schloss sich und die Kette konnte getragen werden.

Erforschung paralleler Universen

Ich hatte einen intensiven luziden Traum, in welchem alles sich so anfühlte, anhörte und aussah wie in meinem realen authentischen wachen Traum. In diesem luziden Traum lebte ich die Version von mir, der ein Songschreiber geworden war. Offenbar schrieb ich Lieder für bekannte Sänger. Das Erstaunliche daran war, dass dieses parallele Leben echte Informationen über das wache Leben offenbarte, deren ich mir noch nicht bewusst war. Ich interessierte mich nie für die Sängerin Whitney Houston. Ich wusste nicht, dass sie Drogenprobleme hatte. Aber in meinem Traum besuchte ich sie in einer Drogenklinik als jemand, der ihr zu einem Comeback verhelfen würde. Eine Plattenfirma hatte mich beauftragt, neue Lieder mit ihr zu schreiben. Das war eine tatsächliche parallele Welt. Ich hatte ein komplettes Set an Erinnerungen an das andere Leben und alle Details waren an ihrem Platz. Whitneys Aussehen schockierte mich. Mein träumendes Selbst wusste über ihren Zustand Bescheid. Mein waches Selbst dagegen erinnerte sich vage an Frau Houston als gut aussehend. Vor mir saß ein Wrack. Sie war kaum in der Lage zu sprechen, geschweige denn zu singen. Ich hatte Stift, Papier und einige schon geschriebene Songs mitgebracht. Wir setzten uns und sie sagte mir: „Ich bin nicht wirklich bereit dafür, weißt du.“ Ich hatte Mitgefühl und streichelte ihre Hand. „Dann lass uns einfach einige Songs schreiben oder aussuchen, die du gern singen möchtest, wenn du dich erholt hast.“ Sie krächzte einige Zeilen eines meiner Lieder, schaute durch die Texte und wählte aus, was sie mochte. „Wie soll die Melodie für dieses Lied sein?“ fragte sie. Das Treffen verlief auf eine realistische, manchmal langweilig realistische Weise, es kam mir wie Stunden vor. Whitney war wirklich nicht in Form. Ich suchte nach einer Kopiermaschine, um ihre ausgewählten Texte zu kopieren. Ich gab ihr die Texte und überließ sie ihrer dunklen Stimmung mit dem Versprechen, dass ich wieder komme, wenn sie sich besser fühlt.

Der Unterschied zwischen diesem und jeder anderen Art von Traum ist der Grad an ungestörtem Realismus, sowie der vollständigen Identität und Erinnerungen. Das war „ich“, aber ein anderes „ich“. Es war ein „ich“ das wenig über das „mich“ im wachen Leben wusste. Ich war nahtlos in ein anderes waches Leben eingetreten. Während meines Aufenthalts in der parallelen Welt hatte ich eine vage Erinnerung von meinem anderen Leben, da es das „ich“ aus dem ersten Leben war, welches jenes dort besuchte. Nachdem ich aufwachte, war mein Interesse für Whitney Houston geweckt. Ich konnte mich an einige Songs aus den 80er und einen Film mit ihr erinnern. Im Internet fand ich die Information, dass sie tatsächlich mit Drogen zu kämpfen hatte, sogar in dieser Realität. Jahre später kamen Drogenkliniken als Fakt in diese Realität.

Übernatürliche Fähigkeiten

Wir hören oft von Menschen, die unter großem Stress, Druck oder in Überlebenssituationen außergewöhnliche Fähigkeiten entwickeln. Z. B. erinnere ich mich da an die Geschichte einer Mutter, die plötzlich in der Lage war, mit einer Hand ein Auto anzuheben, um ihr Kind zu retten. Aber es ist nicht immer notwendig, in eine lebensbedrohliche Situation zu kommen, um höhere Fähigkeiten zu haben. Eines Tages schwelgte ich in Erinnerungen an meine Kindheit und plötzlich traf es mich wie ein Blitz. Als Kind bin ich von Gebäuden und Bäumen gesprungen, ohne mich zu verletzen. Bis zu diesem Tag hatte ich diese Aktivität von meiner Erinnerung ferngehalten, weil es nicht in die Gesetze passte, welche unsere physische Existenz anscheinend regieren. Ein weiterer Grund dafür, dass ich mich nicht daran erinnerte war, weil ich als Kind nicht bemerkte, dass es etwas Ungewöhnliches war. Ich rief mir Zeiten ins Gedächtnis, in denen ich Fähigkeiten gezeigt hatte, die jemand als unglaublich ansehen könnte. Wir spielten Zorro, verstecken, Star Wars. Ich erinnerte mich, dass ich vom Dach eines einstöckigen Hauses sprang. Ich erinnerte mich, dass ich von einem Baum sprang und unversehrt auf dem Boden landete. Meine Erinnerung ging weiter zu anderen ungewöhnlichen Ereignissen. Ich ertrank förmlich und lag eine ganze Weile unter Wasser, bevor mein Cousin bemerkte, dass ich weg war und einen Suchtrupp ins Wasser schickte. Ich war praktisch tot. Ich erinnerte mich auch, dass meine Eltern mit mir schimpften, weil ich von so hohen Plätzen sprang. Sie sagten mir immer wieder: „Du wirst dir den Arm brechen. Du wirst dir den Arm brechen. Du wirst dir den Arm brechen.“ Dieses Mantra sickerte irgendwann ein und ich brach mir tatsächlich den Arm. Danach gab es keine solchen Sprünge mehr. Es ist interessant, wie ich diese Erinnerungen blockierte. Ich wurde konditioniert zu glauben, dass es nicht möglich oder gesund war, bestimmte Dinge zu tun. Wir alle haben Fähigkeiten und Potentiale weit über das hinaus, was wir glauben, In dieser Realität ist die Selbstlimitierung ein Spiel.

Twin Peaks Synchronizität

Als ich jünger war, kaufte ich eine komplette Staffel der Fernsehserie Twin Peaks auf Video. Die gesamte Staffel schaute ich mir zwei Mal in einer Woche an. Ich verliebte mich in diese Serie und hatte den Wunsch, ganz dort einzutauchen. Ich machte das Telefon aus, versorgte mich mit Snacks, schloss mich ein und schaute ohne Unterbrechung tagelang diese Serie. Nachdem ich die ganze Serie gesehen hatte, fing ich von vorne an – und bemerkte subtile Aspekte darin. Diese totale Einstimmung muss eine schwingungsmäßige Identifikation mit der Serie hervorgerufen haben. In den Wochen danach passierten nämlich verschiedene eigenartige Synchronizitäten (Zufälle), welche direkt mit der Serie verbunden waren. Einiges, das ich gesehen hatte, fühlte ich so intensiv, dass es in mein Leben reflektiert wurde – auf seltsame und faszinierende Art. Ich bemerkte es das erste Mal, als ich zum Supermarkt ging, um meine Snacks wieder aufzufüllen. In der Schlange vor der Kasse stand eine Frau vor mir, die genauso wie eine Person aus der Serie aussah. Die Frau sah nicht nur ähnlich aus, sondern war eine Kopie dieser Filmfigur. Sie drehte sich um und lächelte mich an, als ob sie wusste, dass sie meine Aufmerksamkeit erregt hatte. Ich nahm meine Einkaufstüten und folgte ihr auf den Parkplatz, um mich zu vergewissern. Als sie davonfuhr, sah ich einen Aufkleber mit einer Kiefer auf ihrem Auto – das Symbol der Serie. Auf meinem Weg nach Hause dachte ich über dieses Ereignis nach. Da mir das Konzept von Fokus und Synchronizität vertraut ist, erklärte ich es mir so, dass sie entweder in mein Universum gezogen worden ist, oder dass ich sie durch meinen Fokus anders wahrnahm, als sie ist. Aber nur Menschen, die bereits Wellen von Synchronizität erfahren haben, können diese Geschichte richtig nachvollziehen. In meinem TV-Marathon gab es eine Unterbrechung. Ich hatte in einem Hotel mit jemandem einen Termin für ein Coaching. Wir saßen auf der Terrasse bei einer Tasse Kaffee, als wir eine Eule hörten. Die Eule ist (genau wie die Kiefer) ein Zeichen der Serie Twin Peaks. Mein Kunde wurde dadurch an die Serie erinnert und fragte mich, ob ich sie jemals gesehen hätte. Ob ich sie jemals gesehen habe?! Es war alles, womit ich mich die ganzen letzten Tage beschäftigt hatte! Niemand hat mich jemals vorher zu dieser Serie etwas gefragt oder sie erwähnt. Soweit ich mich erinnern kann, war es das erste Mal, dass ich mit jemand anderem als meiner Freundin darüber sprach. Aber damit nicht genug. Ich vermute, dass durch diese beiden Ereignisse mein Glauben und damit der Flow der Synchronizität stärker wurden. Ich hielt nun überall nach Korrespondenzen Ausschau, was schon fast zu einer Paranoia wurde. Nummern, Namen und Symbole, die zur Serie gehörig erschienen, tauchten auf. Das nächste, was passierte, traf wirklich ins Schwarze. Jemand, den ich nicht kannte, lud mich nach Seattle/Washington ein, um dort ein Unternehmen zu coachen. Ich informierte mich im Internet und sah, dass das Unternehmen nicht direkt in Seattle lag, sondern in einer kleinen Stadt namens North Bend. Ich lehnte das Angebot ab. Vielleicht hätte ich das nicht getan, wenn ich damals gewusst hätte, was ich später erfuhr. Ich war zwar ein großer Fan der Serie, aber nicht so weit, das ich Besonderheiten nachgelesen oder darüber geplaudert hätte. Einige Wochen nach dem Angebot aus North Bend, war ich neugierig, wo die Show gedreht wurde, also schaute ich nach. Es wurde in dem Gebiet um North Bend/Washington gedreht. Ich sage nur: Synchronizität. Der Anziehungsfaktor war so intensiv, dass ich sogar physisch eingeladen wurde. Ich erzähle diese Geschichte, um dich, lieber Leser, für die geheimnisvollen Freuden aus dem Zusammenhang aller Dinge zu erwecken. Damals war ich mir nicht bewusst, dass einer der Erschaffer der Serie David Lynch ist. Etwa fünf Jahre später wurde ich von anderen seiner Werke fasziniert. Sie korrespondierten mit meiner Interpretation der „viele Welten Theorie" und ich erfuhr, dass er auch Urheber dieser alten Lieblingsserie von mir war.

Durch Depression hindurchgehen

Als ich ungefähr dreißig Jahre alt war (nachdem ich viele Höhen, professionellen und persönlichen Erfolg, außergewöhnliche Zustände, Reisen, Erfahrungen, erfüllende Partnerschaften, gute Gesundheit und finanziellen Reichtum erlebt hatte), wurde ich depressiv – trotz all der Dinge, die ich schon erreicht hatte. Ich fühlte mich mit dem, was ich gelernt und gelehrt hatte, desillusioniert. Ich fühlte mich ausgebrannt, gelangweilt, leer. Tagelang lag ich zu Hause, ohne zu wissen, was ich tun oder wohin ich gehen sollte. Ich wollte mit niemandem sprechen. Ich verachtete die Bücher, die ich geschrieben hatte und ich verachtete RC. Ich sah es phasenweise als völligen Nonsens an (nachdem ich es mehr als acht Jahr unterrichtet hatte). Ich fühlte mich so deprimiert und verstimmt, dass ich nicht in der Lage war, meine eigenen Techniken anzuwenden. Und wenn ich es versuchte, haben sie mir nicht helfen können, aus diesem Zustand herauszukommen. Nichts brachte mich da raus. Ich war die ganze Zeit erschöpft, müde und lustlos. Kaffee, Zigarette und Süßigkeiten waren meine Freunde. Aber nicht einmal sie haben noch ihren Job erledigt. Ich weinte, saß gelangweilt herum, surfte sinnlos im Internet oder – wenn ich mehr Energie hatte – verfluchte ich irgendjemanden. Tief drinnen wusste ich, dass es da immer noch einen Teil in mir gab, der nicht aufgeben würde. Dieser Teil war sich jedenfalls bewusst, dass ich depressiv war – aber dieser Teil war sich auch nicht mehr sicher. Ich sagte diverse Coaching-Verabredungen ab, da ich vor niemandem in diesem Zustand stehen wollte. Aber ich sagte sie auch ab, weil ich nicht länger daran glaubte, anderen helfen zu können, oder dass das, was ich sagte, irgendwie wichtig war. Ich hatte in meinen Teenager-Jahren tiefe Phasen, aber dies war einer der tiefsten Zustände, den ich jemals erlebte. Nach einigen Wochen wirkte sich dieser Zustand auch auf meine Gesundheit aus. Meine Muskeln zuckten unkontrolliert. Was war los mit mir? Ich wachte morgens nach einem erniedrigenden, bösen Albtraum auf und fand alles öde, grau, bedeutungslos. Ich fühlte mich tagsüber extrem schwer. Seit Monaten hatte ich nicht gelächelt. Sogar meine Lust am Sex, die mich normalerweise aus einer schlechten Stimmung holen konnte, war gleich Null. Ich war zu dieser Zeit Single. Somit ging ich wenigstens niemandem auf die Nerven. Eines Morgens entschied ich mich, die Sache anzugehen. Ich war so schwach, dass meine Bemühungen anfangs keine Wirkung zeigten. Aber ich musste mich vorwärts bewegen. Ich begann damit, mich hinzulegen und atmete mich durch die entsetzlichsten Szenarien, die ich mir vorstellen konnte, hindurch. Ich lag stundenlang da, atmete alles ein, atmete alles aus. Tränen rannen über mein Gesicht. Einmal musste ich eine Pause machen, um mich zu übergeben. Nach einigen Stunden fühlte ich mich etwas leichter. Ich lenkte mich mit ein paar Filmen ab und schlief ein. Am nächsten Tag machte ich mit der Reinigung weiter. Ich begann wieder Bewusstseinspraktiken und Werkzeuge anzuwenden. Ich schrieb viel auf. Ich verwendete spezielle Affirmationen. Ich meditierte. Ich war immer noch deprimiert, aber ich war wenigstens willens, etwas zu tun. Die Tage vergingen. Ich war immer noch in einem schwermütigen Zustand und hatte ständig leichte Kopfschmerzen und Übelkeit. Ich hatte eine Sitzung, in der ich solange weinte wie ich konnte. Es brauchte fünfundvierzig Minuten, bis alle Tränen draußen waren und ich nicht mehr weinen konnte. Aber ich fühlte mich leichter, ohne dass ich es kreieren musste. Das Problem war, dass ich versuchte, über meine Depression hinweg zu kreieren. Ich versuchte glücklicher zu werden, anstatt es einfach geschehen zu lassen, anstatt mir eine langsame lineare Entwicklung zu erlauben. Als ich mich ein bisschen besser fühlte, verstand ich wieder einmal das Thema. Ich hatte geglaubt, ich hätte bereits alles erreicht. Das ist generell ein guter Glaubenssatz. Aber ich hatte in diesen Glaubenssatz eingefügt „und da gibt es nichts Interessantes mehr zu erreichen“. Es war im Grunde ganz einfach. Ich brachte mich in Übereinstimmung mit neuen und höheren Versionen von mir und diese Phase verschwand so schnell wie sie gekommen war. Nur ein paar Wochen später konnte ich mich nicht mehr an diese Tiefphase erinnern.

Floating

Zu einer Zeit, als ich Floating-Tanks benutzte und Sporttauchen betrieb, erlebte ich einige bemerkenswerte Bewusstseinsveränderungen. In einem Floating-Tank werden Reize für die Sinne weitestgehend abgestellt. Floating- Tanks wurden bereits von der NASA benutzt, um Schwerelosigkeit zu simulieren. John C. Lilly (Delphinforscher) experimentierte in diesen Tanks mit dem Bewusstsein. Heute werden sie meist für Meditation benutzt. Man liegt im Dunkeln und floatet auf Salzwasser. Es gibt kein Licht, kein Geräusch und man hat nichts zu tun. Die Sinne können sich ausruhen und das Nervensystem muss keine Reize aus der Umgebung verarbeiten. Man ist mit seinen Gedanken allein. Ich besuchte etwa sechs Mal pro Woche einen Floating-Tank. Zusätzlich betrieb ich Sporttauchen, was ähnliche Sensationen hervorrief. Diese Überdosis des Floatens führte eines Tages zu folgenden Erlebnissen: Als ich so in der Stadt herumlief, fühlte ich mich krank vom Leben und war überwältigt von den ganzen Terminen und den Dingen, die ich zu erledigen hatte. Ich schwitzte, hatte Kopfschmerzen, war generell krank und erschöpft. Ich suchte hoffnungslos und verzweifelt nach dem Frieden, den ich in den Tanks und beim Tauchen empfand. Ich versuchte Atemübungen, Kaffee, Meditation etc., um meine Stimmung zu verändern, aber an diesem Tag hat es nichts genützt. Mein trüber Schwingungszustand führte zu verschiedenen Missgeschicken. In einer Parkgarage z. B. wurde ich wütend über die kleinen Parkplätze und rammte an eine Wand. Ich hatte nun eine Beule und einen weißen Kratzer an meinem Auto. Als ich aus der Garage rausfuhr, nahm ich versehentlich den falschen Weg und fuhr in die Einbahnstraße. Dort wurde ich von der Polizei gestoppt und musste eine große Summe Strafgeld zahlen. Eine halbe Stunde später rief ein wichtiger Kunde an und sagte unseren Termin ab, also verlor ich noch mehr Geld. Meine Kopfschmerzen wurden stärker. Ich hielt an, um mir Aspirin zu holen, nahm die Pille, aber der Schmerz blieb. Ich sehnte mich nach einem Bett, wo ich mich einfach hinlegen und die Welt vergessen könnte, aber ich war in einer fremden Stadt. Alle Hotels waren ausgebucht. Ein Teil von mir bemerkte, dass ich negative Wellen aussendete und dass diese negativen Frequenzen alle möglichen unerwünschten Ereignisse anzogen. Ich wendete verschiedene Techniken an, um meinen Zustand zu verbessern, aber es half nichts. Ich war nicht willens, meinen Widerstand aufzugeben und mich zu entspannen. Ich begann damit, die Menschen um mich herum zu verfluchen. Ich hatte für jeden ein negatives Label. „Blöde Touristen", „verdammte Polizisten", „dumme Araber", „bescheuerte Amerikaner" und so weiter. Ich konnte den Hass, der aus mir kam, kaum glauben. Ich verfluchte all meine Anstrengungen, die ich in das Meditieren im Floating-Tank gesteckt hatte. Es schien, als ob alles umsonst gewesen sei. Alles und jeder war plötzlich ein Problem – weil ich das Problem war. Am Abend roch ich meinen kalten Schweiß. Ein Blick in den Spiegel zeigte tiefe Augenringe in meinem Gesicht – Ringe, die ich am Tag vorher noch nicht hatte. In meinem Kopf trommelte der Schmerz. Ich konnte nirgendwo hingehen. Ich war wütend auf die Welt. Ich hielt mein Auto an und brach weinend zusammen, meinen Kopf auf dem Lenkrad. Ich fühlte Reue über die Art, wie die Dinge verliefen; dieser Tag war nur eine Fortsetzung. Nach meinem Weinanfall saß ich einfach im

Auto und schaute auf den Fluss, vor dem ich geparkt hatte – für Stunden. Ich hörte auf, irgendetwas zu tun. Ich hatte aufgegeben. Langsam aber sicher kam tiefer Frieden über mich. Es war nicht die reguläre Entspannung und auch nicht das tiefe seidige Gefühl nach einer Floating-Session oder nach dem Tauchen. Es war mehr als das – und es kam ohne Vorzeichen, ohne eine Technik, ohne Wunsch. Es fühlte sich wie eine kraftvolle Droge an, die durch meine Venen schoss. Nicht dass ich jemals Erfahrungen mit harten Drogen hatte, aber jetzt konnte ich mir vorstellen, wie sich das vielleicht anfühlt. Ein Ansturm von Energie floss durch mein ganzes Wesen. Ich spürte ein Kribbeln am ganzen Körper. In mir fühlte ich, wie die Energie angehoben wurde. Ich fühlte, wie sich die Dinge neu ordneten, so, als ob mein Schädel sich dreht und meine Wirbelsäule neu aufgeladen würde. Was noch vor einer Weile so weit entfernt schien, war nun voll präsent. „Mein Gott fühlt sich das gut an!" Und ich musste dafür nirgendwo hingehen, nichts sehen, nichts tun und nichts nehmen. Ich weiß nicht einmal, wie es geschehen konnte. War es die Überladung durch die Floating-Sessions, mein Pech, der Zusammenbruch oder Durchbruch, was meine Katharsis auslöste? Vielleicht. Ich fühlte mich in den nächsten Wochen erneuert und energetisiert. Wenn ich morgens aufwachte, war das Kribbeln präsent. Es floss durch meinen Körper und pulsierte in einer natürlichen Euphorie. Dieses Gefühl war auch bei mir, wenn ich mich abends wieder ins Bett legte und es deckte mich mit Wellen von Liebe und Vorfreude zu. Das angekratzte Auto war plötzlich amüsant – nicht weil ich es mir einredete, sondern weil es das einfach war. Ich wurde daran erinnert, dass manchmal, bevor die Dinge besser werden, sie sich erst einmal verschlechtern.

Eine weitere Version von mir – gesehen von jemand anderem

Eine Zeit lang habe ich mit magischen Mitteln daran gearbeitet, einen schwarzen BMW Sportwagen zu besitzen. Ich lag stundenlang im Bett und stellte mir vor, wie ich diesen Wagen fuhr. Das Auto hat sich schließlich in der physischen Realität manifestiert (ich kaufte es, als mein Einkommen anstieg), aber was noch davor passierte, war wirklich verblüffend. Einer meiner Coaching-Studenten schrieb mir in einer Email, dass er mich auf einer bestimmten Autobahn in der Schweiz gesehen hätte. Er fragte mich, ob ich einen schwarzen BMW Sportwagen besitze, weil er mich diesen fahren gesehen hätte. Ich fragte ihn, wann er mich gesehen hätte. Er sagte mir, dass es an einem bestimmten Donnerstag war. Es war genau der Tag, als ich mich in meinem BMW visualisierte – und zwar in der Schweiz auf dieser Autobahn. Diese Person hatte eine Version von mir aus einer parallelen Welt gesehen.

Beidseitiges Träumen

Ich wachte neben meiner Freundin auf, wir hatten Stirn an Stirn gelegen. Als auch sie erwachte, erzählte ich ihr von meinem Traum: Ich bin an einem Ort mit einer Flamingo-Statue gewesen. Meine Freundin konnte die Geschichte weiter erzählen, weil sie den gleichen Traum hatte – nicht einen ähnlichen Traum, sondern genau den gleichen

Traum, nur aus einem anderen Blickwinkel. Wir wechselten uns wirklich beim Erzählen der Geschichte ab. Wir hatten im Traum eine gemeinsame Realität geteilt.

Ein weiteres paralleles Universum

Meinen Schülern lehre ich, dass die äußeren Umstände sich anfangs nicht zu ändern scheinen, wenn man die Shape-Shifting- oder Realität-Identifikations-Techniken anwendet. Aber manchmal, wenn jemand für radikale Veränderungen offen ist, können sich die Umstände dramatisch noch am selben Tag, an dem diese Person die PURE-Technik anwendet, verändern. An diesem Morgen hatte ich meditiert und mich in eine leicht versetzte andere Realität begeben. Um die Mittagszeit hatte ich einen Termin bei einem Friseur, bei dem ich schon oft war. Als ich ankam war ich überrascht, dass es neben dem Geschäft nun ein ganz neues Gebäude gab. „Wie konnten die das so schnell bauen?", fragte ich mich. Ich war vor vier Wochen das letzte Mal hier gewesen und da gab es an derselben Stelle einen Rasen mit einer Bank. Es gab damals kein Anzeichen von einem Gebäude oder der Planung dafür. Ich stand eine Weile erstaunt und verwirrt vor dem neuen Haus. Dann trat ich in den Friseursalon ein und fragte „Wann wurde dieses Haus gebaut?" Der Mitarbeiter schaute mich skeptisch an. „Oh, das gibt es schon einige Jahre. Ich erinnere mich, wann es gebaut wurde", sagte ein anderer. „Es war kurz vor Weihnachten, vor fünf Jahren." Ich starrte ungläubig. „Aber stand hier nicht eine Parkbank auf einem kleinen Grashügel?" Sie konnten mir das nicht sagen oder haben sich nicht erinnert. Ich wurde angeschaut, als ob ich durcheinander sei. Ich hätte schwören können, dass nur einige Wochen früher der Platz ganz anders ausgesehen hatte. Nachdem ich beim Friseur fertig war, ging ich nach draußen, um den Platz zu untersuchen. Alles hinter dem Gebäude sah genauso aus wie früher – nur das Gebäude selbst war für mich neu. Ich akzeptierte schlussendlich, dass ich mich in eine andere Realität versetzt hatte – das Gebäude war ein Beweis dafür. Es war der erste von vielen weiteren Realitätswechseln, die ich akzeptieren lernte, anstatt mich als verrückt zu erklären (wie es die allgemeine Masse tun würde).

Der unsichtbare Mann

Ich erinnere mich, wie ich als Kind verstecken spielte: Ich wusste, wie ich mich vor den anderen Kinder unsichtbar machen konnte. Ich entwickelte eine Technik, bei der ich nicht einmal nach einem Versteck Ausschau halten musste. Ich wurde einfach unsichtbar oder verschmolz mit der Umgebung (Shape Shifting). Meine Methode beinhaltete, dass ich nicht direkt auf die Person, die mich suchte, schaute und auch nicht an sie dachte und ich glaubte daran, dass ich mit den Büschen oder Gebäuden um mich herum eins war. Die Kinder, die mich suchten, gingen an mir vorbei, ohne mich zu sehen. Ich kann mich an mindestens ein halbes Dutzend Spiele erinnern, bei denen ich diese Technik anwandte.

Schmerzverschiebung innerhalb von Minuten

Ich lag in einem Hotel im Bett und konnte vor lauter Zahnschmerzen nicht schlafen. Das Hotel lag relativ weit draußen, so dass es keine Apotheke in der Nähe gab. Der Mitarbeiter an der Rezeption hatte nicht einmal Aspirin. Wenn ich ein Schmerzmittel gehabt hätte, hätte ich es ohne zu Zögern genommen. Ich versuchte, einige Techniken, die ich lehre, anzuwenden, wie z. B. in den Schmerz atmen – aber das hat nicht funktioniert. Die Motivation hinter der Technik war mein Widerstand und das machte den Schmerz nur noch schlimmer. Ich versuchte, mich auf etwas anderes zu konzentrieren, wie z. B. Fernsehen schauen, aber das ging nicht. Der Schmerz war so intensiv, dass ich nur verschwommen sehen konnte. Der Schmerz verlief von meinem Mund in den Kopf. Irgendwann konnte ich mich endlich an die Technik der Verschiebung in parallele Welten erinnern. Wenn diese Methode wirklich funktioniert, dann sollte es jetzt auch funktionieren, richtig? Ich stellte mir auf der anderen Seite des Bettes eine andere Version von mir vor. Diese Version war friedvoll und schmerzfrei. Diese Version von mir hatte niemals Zahnschmerzen gehabt, sie brauchte nichts zu heilen. Ich lag eine Weile neben dieser Version. Als ich soweit war, rollte ich mich einfach rüber in die andere Version hinein. Ich wurde zu dieser Version. Der Schmerz verschwand fast augenblicklich. Ich weiß nicht mehr, wie schnell er verschwand, weil ich keine Aufmerksamkeit darauf richtete (ich war doch die Version, die niemals Zahnschmerzen gehabt hatte). Das war das Ende der Zahnschmerz-Geschichte und ich fiel sofort in tiefen Schlaf.

14. Identität und Realität

Maskierung und Demaskierung des Selbst

Während viele spirituelle Traditionen danach streben, das Selbst von all den Masken zu befreien, um das reale Selbst hinter den vermuteten Schichten zu finden, strebt RC danach, das Selbst zu maskieren – nicht wahllos oder reaktiv, sondern bewusst und absichtlich. Spirituelle Erleuchtung bedeutet, alle Masken und Identitäten zu entfernen. Was bleibt übrig, wenn du alles entfernt hast? Was ist übrig, wenn du alles entfernst, was noch übrig ist?

Das wahre Selbst. Das unendliche Selbst. Reality Creation ist auf eine Art der andere Pol, die zweite Seite der Medaille. Es ist ähnlich, als wenn man sich zu Halloween ein Kostüm überzieht. Das ultimative Selbst ist unendlich. Während es alle Identitäten enthält und erlebt, hat es selbst keine Identität. Es ist unpersönlich und trägt keine Maske. Erleuchtung zu finden, kann so leicht (oder so schwer) sein, wie damit aufzuhören, irgendetwas zu erschaffen. Erkenne RC als eine Maske, die du aufsetzt, um mit einem bestimmten Teil, von allem was ist, in Resonanz zu treten. Wenn du wahrnimmst, dass du die Maske (eine positive) abgesetzt hast, kritisiere dich nicht dafür, sondern setze sie einfach wieder auf.

Warum schimpfen Menschen auf sich, wenn sie von ihrem gewünschten Weg abgekommen sind? Das ist mir unbegreiflich. Es ist einfach eine Gelegenheit, wieder auf den Weg zurückzukommen. Sich selbst zu verfluchen, ist ein Zeichen für den Glauben: „Ich habe es nicht kreiert. Da gibt es äußere Ursachen, die mich dazu zwingen, meine Maske (mein schönes Kostüm) abzulegen." Der Praktizierende von Reality Creation wird einfach seine Maske wieder aufsetzen. Nicht mehr und nicht weniger.

Wenn ich sage, dass RC ähnlich ist wie das Annehmen einer Rolle oder Identität, dann antworten manche Menschen mit: „Ich könnte das nicht tun. Ich kann nicht jemand sein, der ich nicht bin." Diese Aussage ist der Grund, warum jene Menschen nichts Neues erleben werden. Sie glauben so fest an den Gedanken „ich bin dies und das." Aber RC lehrt nicht, dass jemand etwas sein muss, was er nicht sein will. RC lehrt folgendes: Wenn es eine bestimmte Realität gibt, die du dir wünschst, dann bist das wirklich du. Du kannst eine tiefe Verbindung mit dem bereits existierenden Teil von dir haben.

Wer denkst du, dass du bist?

RC lehrt nur zwei Identitäten oder Identifikationen: Das weltliche (irdische) Selbst und das unendliche Selbst. Ich habe diese beiden Identitäten unterteilt, habe sie in Fragmente eingeteilt, so dass du sie theoretisch und praktisch erkennen und unterscheiden kannst. Diese Trennung ist nicht wirklich nötig, aber es enthält einige interessante Einsichten in ansonsten geheimnisvolle Bereiche. Es tut nicht weh, einige der weniger erfüllenden Aspekte loszulassen.

Mit anderen Worten: Es ist viel einfacher, wenn du nicht haufenweise Masken übereinander trägst. Vielmehr kreiert die De-Identifikation mit anschließender neuer Re-

Identifikation die größte Magie. Deshalb beginnt die PURE-Technik damit, sich bis zur Stille zu ent-identifizieren, um sich dann eine neue Identifikation zu erschaffen. Es folgt nun eine Skala von Identitäten, wobei die höheren sich mehr in Richtung unendliches Selbst bewegen und die niedrigeren mehr mit dem weltlichen Selbst verbunden sind.

Skala von Identitäten

0. Unendliches Selbst

Das ist der Aspekt des Selbst, der alles enthält, alles ist und nichts von allem – und das alles zur selben Zeit. Die Quelle.

1. Über-Seele

Das ist der Standpunkt, der sich in verschiedene Existenzen, Dimensionen, parallele Welten, Räume und Zeiten projiziert. Um dir ein Bild zu geben: Schaue auf deine Hand mit den fünf Fingern. Einer dieser Finger ist deine momentane Existenz in dieser Zeit und diesem Raum. Die anderen Finger sind andere Versionen von dir in anderen Bereichen. Die Hand selbst ist die Über-Seele.

2. Höheres Selbst

Dies ist der Standpunkt von „ich", ohne weitere Definition. Dies ist der Zeuge, nicht weit entfernt vom unendlichen Selbst und noch weniger entfernt von der Über-Seele. In unserer Analogie sind die Finger die Identitäten, die Hand ist die Über-Seele und das Höhere Selbst ist ein, oder mehrere, Fingerknöchel.

Das Höhere Selbst bleibt ohne Identifikation mit den Dingen und Ereignissen. Es kann wahrnehmen, beobachten und Zeuge sein. Es hat einen größeren Überblick und mehr Weisheit als das weltliche Selbst. Sobald es sich mit etwas identifiziert, wird es zu einer Kern-Identität

3. Kern-Identität

Das ist einer der „Finger" der Über-Seele – eine ihrer Existenzen. Die kleinste Definition einer Core Identität ist „ich bin". Das Kern-Selbst muss nicht erreicht oder erzielt werden – du bist es bereits. Die Formel: „Ich muss X tun, damit ich ‚ich selbst sein kann'", ist von diesem Standpunkt aus unsinnig.

Das Core-Selbst ist das spontane Selbst, das kindliche (nicht kindische) Selbst, das freie Selbst, welches sich leicht mit Dingen identifizieren und wieder aus der Identifikation herausgehen kann. Das bist du, wenn du eine nicht-inkarnierte Seele bist.

Die Core Identität ist sich aller Identitäten weiter unten auf der Skala, als auch des Höheren Selbst bewusst. Jedoch sind sich die Identitäten, die tiefer auf der Skala liegen, meistens der höheren Anteile nicht bewusst.

4. Identität

Eine Identität ist das „Ich bin“, dem ein weiteres Wort folgt. „Ich bin dies. Ich bin das.“ Identitäten bestehen aus Charaktereigenschaften, Persönlichkeiten, mentalen Bildern, Glaubenssätzen, Intentionen und Erscheinungen, womit sich das „Ich“ identifiziert. Eine Identität ist ein klar definierter Standpunkt. Hier identifiziert sich reines Bewusstsein mit physischer Substanz. Hier unterscheidet sich das weltliche Selbst vom unendlichen Selbst. Um das noch weiter zu erforschen, kann diese Identität in weitere Identitäten unterteilt werden.

4.1. In Anspruch genommene Identität

Das Selbst nimmt ein Set an Eigenschaften an, um eine spezifische Realität zu erfahren. Einige Lehrrichtungen würden das mit „Ego Selbst“ bezeichnen. Ein Beispiel: „Ich bin ein Doktor.“ Wenn das weltliche Selbst eine Identität einnimmt, korrespondiert es mit einer bestimmten Realität und zieht somit Situationen an, die damit übereinstimmen.

4.2. Ambivalente Identität

Dies ist ein Set von Eigenschaften, welches das weltliche Selbst manchmal sein möchte und manchmal nicht. Da die Eigenschaften gleichzeitig mit Wunsch und Widerstand bestehen, kann es schwer sein, diese loszulassen. Ein Beispiel: Am Morgen sagst du „ich habe wirklich Spaß daran, ein Doktor zu sein“, und am Abend sagst du „ich hasse es, ein Doktor zu sein.“ Wegen der Ambivalenz und Unentschiedenheit wird sich diese Realität nicht voll manifestieren können. Die empfohlene Technik, um die Ambivalenz loszulassen ist: Du wirst dir erst der Thesis-Antithesis des Themas bewusst und versetzt dich dann in einen Standpunkt über diese Ambivalenz (Core Identität) hinaus. Hier ist weder Wunsch noch Widerstand relevant und beide werden als das gleiche Thema angesehen. Von dem höheren Standpunkt aus kannst du dann eine neue Identität einnehmen.

4.3. Widerstand und projizierte Identität

Eine Identität mit Widerstand und die projizierte Identität gehören zusammen. Sie sind die zwei Seiten derselben Medaille. Wenn du sagst „ich bin ein guter Doktor und er ist ein schlechter Doktor“, dann ist „ich bin der gute“ die Identität mit Widerstand. Sie wurde angenommen, um sich zu schützen oder gegen etwas oder jemanden Widerstand zu leisten. „Er ist der schlechte“ ist die projizierte Realität, die automatisch der widerständigen Identität folgt. „Ich bin smart; er ist dumm.“ Eine Seite ist der Widerstand, die andere Seite die Projektion. Wenn reines Bewusstsein oder neutrale Wahrnehmung eine Maske aufsetzt, dann sieht es durch diese Maske Dinge, die ihm entgegenstehen und eine Opposition bilden. So werden widerständige und projizierte Identitäten erschaffen. Es wäre aber auch möglich, eine Identität (Maske) anzunehmen, ohne der Opposition entgegenzutreten. Das passiert, wenn du die Maske frei gewählt hast, anstatt einfach auf Umstände zu reagieren. Die Erkenntnis liegt darin, dass du beide Seiten bist. Auch wenn das schwer zu verstehen ist: Jemand anderen als grundsätzlich dumm zu bezeichnen, filtert nicht nur alle Beweise für das Gegenteil aus, sondern hat auch den Effekt, dich selbst als dumm zu bezeichnen. Das wird dann nicht nur unerwünschte Menschen in dein Leben ziehen, sondern auch das Gegenteil, z. B. jemanden, den du als smarter als dich ansiehst. Das wird dich im Vergleich dümmer aussehen lassen. Das ist die Umkehrung. Nun wird die projizierte Identität zur Identität mit dem Widerstand und vice versa. Dann heißt es „ich bin dumm, er ist smart.“

Unbeabsichtigte Identität

Dies ist ein Set von Eigenschaften, welches das Selbst angenommen hat und projiziert, ohne es zu bemerken. Du siehst diese Masken, ohne sie zu erkennen. Jede der vorher genannten Identitäten kann unbeabsichtigt (unbewusst) sein. Und oft sind sie es auch.

Gelobte Identität

Eine gelobte Identität ist ein Set von Eigenschaften, bei dem du so tust, als ob du es annimmst, weil diese Eigenschaften als nützlich angesehen werden. Dies ist eine unehrliche, vorgetäuschte Identität. Bei der gelobten Identität tust du nur so vor anderen, wobei du spürst, dass das nicht wirklich du bist. Es wird als „gelobte Identität“ bezeichnet, weil du diese Identität überziehst, um Missbilligung zu vermeiden und um von anderen Liebe und Anerkennung (oder was du denkst, was Anerkennung sein könnte) zu bekommen.

Das Thema Identität kann für detailliertes Studium noch weiter unterteilt und fragmentiert werden. Wir können bis zu Ebenen von Gott-Bewusstsein hoch gehen oder tief nach unten, bis zu stereotypischen Kostümen, parasitischen oder dämonischen Identitäten. Aber die bereits gezeigten Identitäten sind völlig ausreichend, um außergewöhnliche Erkenntnisse zu erlangen und die Ausdehnung des Selbst zu beschleunigen.

Anmerkung zu Identitäten

Eine Identität ist ein definierter Standpunkt, von welchem aus das Leben erfahren wird. Dieser Standpunkt macht es möglich, die Erfahrung eines parallelen Universums von einem anderen zu unterscheiden. Unendliches Bewusstsein (welches durch eine Identität fließt) wird zu Aufmerksamkeit. Die Eigenschaften der Identität bestimmen, welche Facetten einer Realität routinemäßig wahrgenommen werden. Diese Wahrnehmung führt zur Erschaffung bestimmter Realitäten in die physische Form.

Die angenommene Identität möchte bestimmte Standpunkte einnehmen und die Aufmerksamkeit auf Dinge steuern, die mit diesem Standpunkt und dieser Realität korrespondieren. Es möchte erfahren.

Eine ambivalente Identität ist ein Paket von angenommenen Identitäten zusammen mit Widerständen bzw. projizierten Identitäten. Es ist eine Identität, die so in Identifizierung eingetaucht ist, dass sie sich in einem Prozess von Zerfall befindet.

Eine Identität mit Widerstand hat nicht vor, eine bestimmte Realität zu erfahren (weshalb sie sie erfahren wird). Ihr Ziel ist es, gegen einen projizierten „Feind" zu kämpfen, ihn zu schlagen und zu überwältigen. Wenn sie das nicht schafft, wird sie sich unterwerfen und zu einem Opfer werden. Die Polarisierung kreiert ein Energiefeld von Spannung, an das sich leicht Traurigkeit, Angst und Wut heften. Die Identität mit Widerstand realisiert selten, dass sie selbst diese Projektion ist – sie ist meistens davon überzeugt, dass der andere der „bad boy" ist. Die Identität mit Widerstand ist (in den imaginierten Szenen mit dem Feind) gefangen. Die projizierte Identität wurde von der Identität mit Widerstand konstruiert, damit sie etwas hat, gegen das sie kämpfen kann.

Die leicht zu erkennenden Eigenschaften einer Identität sind: Meinungen, Glaubenssätze, Attitüden, moralische Vorstellungen, Erinnerungen, Präferenzen, Verhaltensweisen, Abhängigkeiten, Emotionen, Schmerzen, Körperhaltung, Präsenz, Originalität, Beziehungsstatus, Beziehungen/Partnerschaften, Verwendung der Sprache.

Anmerkung zur Beziehung zwischen individueller u. Gruppen-Identität

Eine starke Gruppen-Identität kommt nicht durch die Gleichmachung von Individuen. Das ist ein allgemeines Missverständnis. Eine kraftvolle und effektive Gruppen-Identität entsteht, wenn jedes Individuum in seiner Individualität und Unterschiedlichkeit unterstützt wird. Das heißt sozusagen „Vielfalt in Einheit" oder „Einheit in Vielfalt", anstatt nur eine dieser Seiten.

Einheit bedeutet nicht, dass die Vielfalt verlorengeht, sondern dass die Unterschiede, die jedes Individuum in das Ganze einbringt, wertgeschätzt werden. Wenn jedes Individuum seiner höchsten Freude und seiner Berufung folgen würde, würden die Teile des Puzzles perfekt ineinander passen, ohne in Konflikt zu kommen. Nur wenn ein Mensch nicht er selbst ist, passt er nicht in das Puzzle. Die künstliche Zweiteilung in „linker Flügel"- und „rechter Flügel"-Politik findet auf einer Ebene statt, auf welcher dieses Konzept noch nicht verstanden wurde.

Auf Menschen treffen, die du nicht magst

Zwei Dinge helfen dir, um deine Energie oben zu halten, wenn du auf Menschen triffst, die du nicht magst, und diese zwei Dinge sind: Liebe und „sein lassen". Wenn du bewusst genug bist, wirst du die unerwünschte Person als deine eigene projizierte Identität erkennen und auch sehen, welche Identität mit Widerstand du angenommen hast.

In diesem Sinne erlaubt dir ein Treffen mit einer Person die du nicht magst, mehr über dich zu erfahren. Wenn du die Identität mit Widerstand erkannt hast, beginnt sie automatisch, auseinanderzufallen. Wenn du noch nicht so bewusst bist, dass du die Reflektion erkennst und deine Reaktion daraufhin verändern kannst, hast du immer noch die Möglichkeit, die Situation sein zu lassen, wegzugehen und deine Aufmerksamkeit auf Dinge zu richten, die du bevorzugst. Schau nicht so sehr auf die Energie, die von anderen zu dir fließt, sondern auf die Energie, die von dir zu anderen fließt.

Meditationen über Identität

Wenn du noch mehr darüber lernen oder unerwünschte Aspekte von dir loslassen möchtest (um in eine bewusstere Verbindung mit dem unendlichen Selbst zu kommen), möchtest du vielleicht einige der folgenden Meditationen anwenden. Ich erinnere dich hier noch einmal, dass der schnellste Weg, um ein Thema zu lösen, die PURE-Technik ist.

Meditationen über ambivalente Identitäten

Zur Vorbereitung, um mit ambivalenten Identitäten und unterdrückten Aspekten von dir zu arbeiten, kannst du das folgende Experiment ausprobieren. Es hilft dir zu verstehen, wie es zu ambivalenten Identitäten kommen kann.

1. Schreibe Dinge auf, die du früher mochtest, aber jetzt nicht mehr.
2. Schreibe einige Dinge auf, die du früher nicht mochtest, aber dafür heute magst.

Der Prozess

Sitze in Stille und entspanne dich in den Standpunkt eines nicht-identifizierten Zeugen. Erkenne eine ambivalente Identität – z. B. jemand (eine Identität), die du manchmal gerne bist und manchmal nicht. Beispiel: „Ich will frei sein und ich will die Beziehung beenden“ und „ich will in Verbindung sein und in der Beziehung bleiben“. Nimm wahr, dass beide Identitäten in unterschiedlichen Universen (ohne offensichtlichen Zusammenhang) existieren. Wenn du dir über diese beiden Seiten von dir bewusst bist, beginne einen *Strahl von Widerstand* zu der Version von dir, die sich das eine wünscht, zu projizieren (kreieren). Danach projizierst (kreierst) du einen *Wunsch/Sehnsuchts-Strahl* zu der Version von dir, die sich das wünscht. Projiziere anschließend die Sehnsucht auf die Version, die Widerstand hat und dann projizierst du auf diese Version auch den Widerstand. Dann bringst du in deiner Vorstellung beide Seiten zusammen, verschmelze sie. Anschließend schaust du neutral von einem höheren Standpunkt aus, welche dieser Entscheidungen nicht wirklich deine und nicht relevant sind. Nachdem du deine Augen geöffnet hast, frage dich: „Wer möchte ich unabhängig von den Umständen sein?“ Identifiziere dich mit der neuen Version von dir, ruhe in ihr und entlasse sie dann in die Unendlichkeit. Erkenne, dass du dich nicht für einen der Standpunkte entscheiden musst. Du nimmst einen dritten Standpunkt ein und fühlst es. Von dort beobachtest du, wie sich das Ereignis von allein entfaltet. Projiziere also absichtlich Widerstand und Wunsch/Sehnsucht auf beide Versionen von dir (was sich anfangs komisch anfühlen wird). Diese Vorgehensweise neutralisiert beide Polaritäten. Du wirst die Auswirkungen fühlen, selbst wenn du es nicht vollständig verstehst. Die Meditation braucht ungefähr zehn Minuten für jedes Thema.

Meditation über Identitäten mit Widerstand und projizierten Identitäten

Meistens bist du dir einer Seite dieser Widerstand-Projektion-Identität bewusst, während du die andere Seite nicht bemerkst. Das Ziel dieses Prozesses ist, die Seite, die dir bewusst ist, dazu zu nutzen, die andere Seite der Medaille herauszufinden. Wenn du das tust, wird die Seite, der du dir nicht bewusst warst, ganz leicht und löst sich auf. Ein Spiel, das für dich limitierend oder dumm ist, ist es nicht länger wert, gespielt zu werden. Du kannst ganz natürlich damit aufhören. In dem du dir die Seite anschaust, der du dir bewusst bist, leitest du die unbewusste Seite ab. Wenn du dir der anderen Seite einer Identitätsmünze bewusst wirst, nimmst du sie ohne Widerstand und ohne sie abzuwerten für ein paar Momente wahr. Dann schaust du auf die Interaktionen zwischen diesen beiden Identitäten und erkennst, wie du sie beide kreierst. Das eine kann nicht ohne das andere existieren. Sage dir: „Das bin nicht länger ich" und erlaube dir, die Identität zu sein, die du sein möchtest, ohne die andere Seite abzuwerten. Die folgende Meditation bringt dir Erleichterung und du wirst aufhören damit, Spiele, die du nicht länger spielen möchtest, weiterzuführen.

Der Prozess geht wie folgt:

1. Nimm eine projizierte Identität oder eine Identität mit Widerstand wahr. Von dort leitest du die andere Seite ab.
2. Werde Zeuge beider Seiten.
3. Werde Zeuge der Interaktion zwischen diesen beiden.
4. Entscheide dich, das zu sein, was du sein möchtest, ohne das Gegenteil abzuwerten.

Menschen, mit denen du diesen Prozess durchführen kannst:

- Jemand, der dich dazu bringt, emotional zu reagieren.
- Sagen wir, du erkennst, dass die projizierte Identität eine wütende Person ist. Von dort leitest du ab, dass die Identität mit Widerstand ein „angstvolles Ich" oder ein „ebenfalls wütend werdendes Ich" ist.
- Dein Partner (während eines Streits).
- Sagen wir, dass die projizierte Identität ist „sie hört mir nicht zu." Von hier erkennst du vielleicht, dass die Identität mit Widerstand ist: „Ich kann mich nicht verständlich machen." oder „Was ich sage, ist nicht interessant genug."
- Etwas, das du an dir selbst gerne magst, das dich aber von anderen abtrennt.
- Sagen wir, du erkennst: „Ich sehe total gut aus." Die projizierte Identität kann z. B. sein: „Die anderen sich hässlich."

Und so weiter.

Die spirituelle Version, um mit Projektion-Widerstand-Identitäten umzugehen

1. Beobachte die Realität, so wie du sie wahrnimmst.
2. Erkenne deine Impressionen als projizierte Identität.
3. Entdecke oder stelle dir die passende Identität mit Widerstand vor.
4. Erkenne die Interaktionen und die Trennung zwischen diesen beiden.
5. Lege fest, dass du das nicht länger bist. Entscheide dich, wer du sein möchtest, ohne etwas anderes abzuwerten.

Um ein Spiel zu spielen, brauchst du mindestens zwei Parteien und die Interaktion dazwischen. Die Wahrnehmung der meisten Menschen ist begrenzt; sie sind sich dieser drei Komponenten nicht bewusst und glauben, dass sie unabhängig voneinander existieren. Aber nichts was passiert, existiert „da draußen" oder unabhängig von dir. Die eben erwähnte Meditation holt dich aus dem begrenzenden Standpunkt A heraus, indem es dir Standpunkt B und die Interaktion C zeigt. Und zum Schluss nimmst du den Standpunkt außerhalb von ABC ein und erkennst, dass ABC alles ein Thema ist:

Beobachte etwas. Erkenne jetzt, dass dieses Event aus drei Anteilen besteht: Der Beobachter, das Beobachtete und der Akt des Beobachtens selbst. Alle drei sind eins.

Meditationen zu Lob und Missfallen

Beim Thema Lob und der Angst vor Missfallen kommt folgendes Thema zum Vorschein: Man macht sich Druck, um gut auszusehen und vermeidet es, schlecht dazustehen – anstatt in der Ausrichtung mit den eigenen Wünschen zu ruhen. Sich nach Lob und Anerkennung zu sehnen und Missbilligung zu fürchten, ist eine Form von Abhängigkeit von anderen Menschen. Abhängigkeit basiert auf den Glaubenssätzen darüber, wie man sich verhalten oder nicht verhalten sollte. Diese wurden in das kindliche Selbst konditioniert, das verzweifelt die Aufmerksamkeit der Eltern suchte. „Wenn du ein guter Junge bist, bekommst du X. Wenn du ein schlechter Junge bist, bekommst du Y." Diese Sätze führen dazu, dass der Junge Masken aufsetzt, um Lob, Anerkennung, Aufmerksamkeit oder Liebe zu bekommen und Missbilligung, Kritik oder Liebesentzug zu vermeiden. Mit einer „ich muss gut aussehen"-Identität wirst du zu einer Schachfigur im Spiel der Gesellschaft. Die anderen müssen nur deine Knöpfe drücken und du wirst dich ihren Wünschen entsprechend verhalten.

Eine „ich muss gutaussehen"-Identität möchte die Wünsche eines anderen erfüllen (oder was sie fälschlicherweise für die Wünsche eines anderen hält), um Lob zu erhalten und Liebesverlust zu vermeiden. Je weniger Aufmerksamkeit, Lob oder Anerkennung du dir selbst gibst, desto abhängiger wirst du von der Aufmerksamkeit anderer oder „chemischer Aufmerksamkeit" (Alkohol, Essen, Nikotin, andere Drogen). Wenn die Wünsche anderer Menschen (oder was du dir als deren Wünsche vorstellst) nicht mit deinen Wünschen übereinstimmen, produziert dies einen Widerspruch. Jemand drückt den Knopf mit drohendem Liebesentzug oder Missbilligung und du vergisst die Wünsche oder Intentionen, die du hattest. Du verlierst dein Gleichgewicht und arbeitest daran, die Bedürfnisse der anderen zu erfüllen. Dieses Konzept berührt auch Gruppenzwang, sozialen Status und Erwartungen.

Die meisten Glaubenssätze, die ein Kind sich kreiert, basieren auf seiner Reaktion gegenüber Missbilligung/Bestrafung und Lob/Belohnung seitens der Eltern. So sehr, wie die Eltern versuchen, die Bedürfnisse ihrer Kinder zu erfüllen, so sehr versuchen auch die Kinder, die Bedürfnisse ihrer Eltern zu erfüllen, wenn auch auf eher zufällige Weise. Beide Seiten (Eltern und Kinder) bewerten ihren Erfolg anhand des Lobes, das sie bekommen.

Das ist eine Quelle von Stress. Wann immer du Druck verspürst, basiert dieser wahrscheinlich zum Teil auf einem Kern-Glaubenssatz darüber, was jemand anderes von dir erwartet. Auch wenn sich die Umstände seit deiner Kindheit verändert haben, agieren diese Glaubenssätze noch heute auf bestimmten Ebenen. Da dieses Thema dich aus der Ausrichtung mit deiner erwählten Realität rausziehen kann, ist es sinnvoll, sich damit auseinanderzusetzen.

In deiner auserwählten Realität zu ruhen bedeutet, darin zu bleiben, auch wenn andere etwas an dir auszusetzen haben. Du kannst „nein" sagen, auch ohne sie oder ihn zu attackieren oder abzuwerten. Du kannst es auf eine sanfte, respektvolle Art tun. Wenn du in rebellischer Weise „nein" sagst, zeigt das an, dass du einen Glaubenssatz über die Erwartungen anderer hast und diesen nach außen projizierst. Wenn du eine „ich-muss-gut-aussehen"-Identität hast, wird ein „nein" als emotionale Reaktion auftauchen und in einem Kampf oder Streit gipfeln. Ein liebendes und respektvolles „Nein" kann auf der anderen Seite Wunder hervorbringen. Sollten die Erwartungen der anderen zu stark werden, kann der Wechsel des Jobs oder des Ortes hilfreich sein.

Die Angst vor Kritik oder Missbilligung ist nachteilig, aber auch die Abhängigkeit von Lob und Anerkennung kann zur Manipulation durch andere führen. Wenn du unbedingt Lob brauchst, dann ist etwas verkehrt. Sich dieser Faktoren bewusst zu werden und loszulassen, wird den Stress und deine konditionierten Antworten verringern und gleichzeitig deine Ehrlichkeit, Authentizität und Selbstbestimmung steigern. Wenn du dich noch tiefer mit diesem Thema auseinandersetzen möchtest, kannst du das folgende Verfahren ausprobieren.

Für Abhängigkeit von Lob

1. Schreibe den Namen von jemandem auf, der dir Aufmerksamkeit und Lob schenkte, als du es wirklich gebraucht hast.
2. Schreibe auf, welche Identität du annehmen musstest, um das Lob und die Aufmerksamkeit zu erhalten.
3. Schreibe auf, welche Erwartungen die Person, die dich gelobt hat, (deiner Ansicht nach) hat die dazu führen, dass du dich so verhältst, wie du es tust.

Beispiel:
1. Mutter
2. Ein guter und anständiger Sohn
3. „Ich hoffe, meine Kinder sind verantwortungsbewusst. Mein Sohn scheint faul zu sein."

Wenn du das getan hast, meditiere. Dabei stellst du dir vor, wie die Person die Erwartung auf dich projiziert und wie du die Maske aufsetzt, um diese Erwartung zu erfüllen.

Nimm den Druck oder Stress zwischen diesen beiden Seiten wahr. Erkenne, dass das Ganze aus deinem Glauben entspringt. Dann lasse dieses Bild los. Identifiziere dich wieder mit deiner wahren Natur.

Für die Angst vor Missbilligung

1. Schreibe den Namen einer Person auf, die dir gegenüber Missfallen geäußert hat.
2. Schreibe die Identität auf, die du angenommen hast, um diese Missbilligung zu vermeiden.
3. Schreibe auf, welche Erwartungen die andere Person (deiner Meinung nach) hat, dass du dich so verhältst, wie du es tust.

Beispiel: 1. Vater
2. Gute Noten in der Schule bekommen. Schlechte Noten verstecken.
3. „Ich will auf mein Kind stolz sein können."

Wenn du das aufgeschrieben hast, meditiere. Stelle dir vor, wie die andere Person die Erwartung auf dich projiziert und wie du die Maske aufsetzt, um Widerstand zu leisten. Nimm den Druck zwischen beiden Parteien wahr. Erkenne das ganze Thema als einen deiner Glaubenssätze. Dann lasse das Bild los. Identifiziere dich wieder mit deiner wahren Natur.

Gewohnheiten und Identität

Gewohnheit ist etwas, das du automatisch, unbewusst oder halbbewusst tust. Im positiven Sinne ist es etwas, das mühelos geschieht, fast von alleine. In einem negativen Sinn ist es etwas, das außerhalb deiner Kontrolle zu liegen scheint. Ein Beispiel einer hilfreichen Gewohnheit ist das Autofahren (du denkst nicht jeden Moment bewusst darüber nach). Ein Beispiel für eine negative Gewohnheit ist: „zu viel essen, ohne darüber nachzudenken oder es stoppen zu können".

Ritual oder Routine: In einem hilfreichen Sinne ist das eine Sammlung von Handlungsweisen, die zuverlässig schöne Resultate produzieren. In einem nicht hilfreichen Sinne ist das eine Sammlung von Gewohnheiten (oder Mega-Gewohnheiten), die nur automatisch ablaufen.

Das Ziel dieses Abschnittes ist es, dir zu zeigen, wie viel in deinem Leben von Gewohnheiten bestimmt wird, wie diese Gewohnheiten von Identitäten und Entscheidungen getragen werden und wie einfach es ist, diese wieder zu entfernen.

Unerwünschte Gewohnheiten loslassen

Der Schlüssel, um Gewohnheiten loslassen zu können, ist Bewusstsein oder Wahrnehmung. Gewohnheiten erscheinen nur machtvoll, weil sie unwissentlich oder halbbewusst ablaufen. Wenn du dir einer Gewohnheit als Gewohnheit bewusst wirst, ist es keine Gewohnheit mehr, außer dein Glauben befiehlt, dass es so ist. In dem Moment, in dem du dir einer Gewohnheit als solche bewusst wirst, kannst du damit aufhören. Sich dessen bewusst zu werden, kann ausreichen, um die Gewohnheit aufzulösen. Ein Beispiel: Du wirst dir bewusst, dass du jeden Tag auf eine Weise die Treppe runter rennst, die deinen Knien und Beinen nicht guttut. Weil du dir dessen bewusst geworden bist, gehst du die Treppe aufmerksamer runter. Wenn das Bewusstwerden und die Ausführung des Gegenteils der Gewohnheit nicht ausreichen, um die Gewohnheit zu

brechen, versuchen viele Menschen, die Gewohnheit mit Willenskraft zu überwinden. Reine Willenskraft funktioniert aber nur, wenn unbeugsame Beharrlichkeit und harte Arbeit dahinter stehen. Andererseits wird es die Gewohnheit nur verstärken und in Resignation enden. Warum? Wenn du sagst: „Ich werde das ganze vergessen", impliziert das, dass du dich erinnerst. „Nicht über das Rauchen nachdenken" impliziert das Nachdenken darüber. Meistens versagt die Willenskraft und ist zusätzlich erschöpfend. Einige Schulen lehren, dass die Elemente oder Bausteine einer Gewohnheit umgedreht, verändert oder durcheinandergebracht werden müssten und dass diese Methode die Gewohnheit auflösen wird. Das bringt dich dazu, dir der Gewohnheit bewusst zu werden, aber ich empfehle hier eine andere Herangehensweise, die mehr im Einklang mit „Erlauben/Zulassen" ist.
Wenn du die PURE-Technik anwendest und dich mit der bevorzugten Version von dir ausrichtest, wirst du nichts in dieser Richtung tun. Die Ausrichtung löst alle unerwünschten Gewohnheiten automatisch auf. Aber nehmen wir für jetzt an, dass du aus irgendeinem Grund einen längeren Weg gewählt hast. In diesem Fall empfehle ich dir, die unerwünschte Gewohnheit bewusst zu reproduzieren. Du erlangst ein bestimmtes Maß an Kontrolle über das, was du bewusst kreierst. Wenn ich z. B. ständig an den Nägeln kaue und damit nicht aufhören kann, würde ich bewusst und willentlich anfangen, an meinen Nägeln zu kauen. Wenn ich zu der Quelle des „Nägelkauens" werde, impliziert das, dass ich es auch loslassen kann. Indem du etwas mit Absicht schlechter machst, wirst du dir dessen sehr bewusst, so dass du bald sagen wirst: „Was mache ich hier eigentlich? Ich könnte genauso gut damit aufhören." Indem du etwas mit Absicht kreierst, lernst du, dass du es selbst erschaffst. Du kannst auch erkennen, warum du es tust (welche Vorteile bringt dir die Gewohnheit?). Vielleicht ist ein Vorteil, dass du dich entspannen kannst. Diese Entspannung kannst du geschehen lassen, ohne an deinen Nägeln zu kauen. Es gibt nichts Rätselhaftes an dem, was du tust.
Eine weitere Methode: Du kannst das vorher unbewusste Verhalten kopieren, dann wechselst du zu dem Verhalten, das du bevorzugst und anschließend wechselst du zwischen diesen beiden hin und her. Du knabberst also mit Absicht an den Nägeln, legst die Hände entspannt auf den Tisch und knabberst wieder an den Nägeln. Du wechselst solange hin und her, bis sich die schlechte Gewohnheit auflöst und du deine Hand einfach auf dem Tisch entspannen kannst. Die ganze Gewohnheit wird bald verschwunden sein.

Eine neue Gewohnheit zu erschaffen ist einfach, wenn du viele positive Dinge mit der neuen Gewohnheit assoziierst. Wenn du dich nicht überwinden kannst, die positive Gewohnheit von „ich jogge jeden Morgen" zu kreieren, aber du möchtest das wirklich gerne tun, dann musst du so viele Vorteile wie möglich mit dem Joggen verbinden. Du kannst eine Liste erstellen. Dort schreibst du auf, wieso das Joggen toll ist, dir Spaß macht und welche Vorteile es für dich bringt. Dich dahin zu trainieren, wird dich schnell von dem abhängig machen, was du vorher vermieden hast. Und noch einmal: Wenn du die PURE-Technik anwendest, ist keine von diesen Techniken nötig. Aber da der einfachste Weg nicht immer der passendste ist, zeige ich dir noch einige zusätzliche Wege.

Spiegelwelt-Meditation

Nimm etwas wahr, das dich stört. Frage dich: „Welche Version von mir fühlt sich davon gestört? Welche Version von mir würde sich nicht davon gestört fühlen?" Identifiziere dich mit diesen beiden Versionen und schaue aus ihnen heraus.
Alles ist eine Reflektion von dir. Alles was passiert, ist Teil des Prozesses. Wenn du wissen möchtest, was du über dich denkst, erkenne, was du über andere denkst.

Die Autorität des Erschaffers

Wie gut eine Lehre oder Technik funktioniert, hängt von der Autorität ab, mit welcher du sie benutzt. Wenn du sie mit Autorität anwendest, wird sogar die unbedeutendste Technik effektive Veränderung bringen. Wenn die Autorität des Erschaffers (welche aus Selbstwert, Selbstvertrauen, Selbstliebe und persönlicher Verantwortlichkeit besteht) auf dem Tiefpunkt ist, werden die brillantesten Methoden wenig ausrichten können.

Meditationen über das Höhere Selbst

Auf einem relativ niedrigen Level von Bewusstheit, wird das Höhere Selbst als Gott oder Engel (etc.) erfahren bzw. angesehen.

Auf einem höheren Bewusstseinslevel, wird das Höhere Selbst als Intuition, innerer Coach, Seelenführung oder innerer Guru (etwas, mit dem man kommunizieren kann) angesehen oder erfahren.

Auf einem noch höheren Level von Bewusstheit kommuniziert derjenige nicht *mit* seinem Höheren Selbst, sondern *als* das eigene Höhere Selbst. Auf dieser Ebene erkennt derjenige das Höhere Selbst als Teil von sich selbst, als einen Aspekt von sich oder seines Selbst, ohne große Trennung.

Dieser Teil des Bewusstseins wird auf einem mittelmäßigen Bewusstseinslevel als etwas wahnsinnig Weites und Großes angesehen, etwas, vor dem man sich niederbeugen muss. Auf einer normalen Bewusstseinsebene ist es als höheres Wesen, als etwas Magisches zugänglich.

Mit diesem Teil zu kommunizieren ist genauso leicht, wie dir vorzustellen, dass es existiert. Du kannst ganz einfach damit in Dialog treten. Das Höhere Selbst reagiert auf Humor und Ehrlichkeit, also halte deine Konversation leicht und direkt. Du kannst diesen Gott in dir alles fragen. Die Fragen werden immer entsprechend dem, was du handhaben kannst, beantwortet. Die Antworten können in einem normalen Bewusstseinszustand als Symbole, Intuition, Hinweise, Träume oder Zufälle kommen. Wenn du sie direkt empfängst, so dass du sie nicht mehr entschlüsseln musst, befindest du dich in einem höheren Zustand.

Dein Höheres Selbst hat dein Leben entworfen und du kannst dich daran erfreuen. Bevor du auf diesen Planeten inkarniert bist, hast du selbst die Parameter für diese Existenz festgelegt – nicht die Details, aber die grobe Ausrichtung (z. B. wo du geboren wirst, wie du aussiehst, mit welcher Schwingung du dein Leben beginnst, einige deiner Interessen und einige Menschen, die du treffen wirst). Der vor-inkarnierte Standpunkt von dir ist dein Höheres Selbst. Dieses ist sich simultan der Inkarnation, als auch des Standpunktes vor der Inkarnation bewusst. Das weltliche Selbst nimmt nur die Inkarnation selbst wahr. Innerhalb des groben Lebensplans übt sich das weltliche Selbst im freien Willen. Es kann sich andere Wege als die geplanten aussuchen. Die vorgeplante Route deines Höheren Selbst (letztendlich du selbst) zu nehmen, macht am meisten Spaß und ist am einfachsten. Aber du kannst es dir immer schwerer machen. Die grobe Linie kann mit „Schicksal" bezeichnet werden, auch wenn dieses flexibel ist. Das Schicksal kann durch die Kraft des freien Willens in viele verschiedene Variationen abschweifen. Wenn du zu weit von deinem Pfad abkommst, wenn du die Grenzen deines vorher ausgewählten Lebenswegs zu weit überschreitest, verursacht das Schmerzen und Leiden. Wenn du die Szenerie, die du dir selbst ausgewählt hast, nicht magst, versuche nicht dagegen anzukämpfen.

Kehre einfach in den Standpunkt des Höheren Selbst zurück (in die Stille) und wähle dir aus diesem Standpunkt heraus einen neuen Weg. Das ist eine Möglichkeit, um den groben vorgegebenen Lebenspfad oder das Schicksal zu verändern, auch wenn du immer noch inkarniert bist.

Das Höhere Selbst ist immer präsent im Hintergrund, mit einem sanften Lächeln. Es lehnt niemals eine Frage ab, die ihm gestellt wird. Es lehnt niemals einen Wunsch ab, den du an es richtest. Der einzige Haken dabei ist, dass du seine Führung erkennen musst. Wenn du dir etwas wünschst, hat das Höhere Selbst (der kreative Aspekt der Unendlichkeit) seine eigenen Wege, die Erfüllung dafür zu liefern. Das passt nicht immer zu der begrenzten Sicht des weltlichen Selbst, das bestimmte Vorstellungen darüber hat, wie etwas geliefert werden sollte. Da das weltliche Selbst oft nicht willens ist, sich vorzustellen, dass Event X möglicherweise etwas mit Wunsch Y zu tun haben könnte, lehnt er oder sie dann vieles ab.

Du bist das Höhere Selbst – die Version von dir jenseits aller Bedenken des weltlichen Selbst. Das weltliche Selbst kann sich so tief in die physische Realität verwickeln, dass dieser andere Aspekt von sich nicht zu existieren scheint. Dein Höheres Selbst ist der beobachtende Zeuge, welcher sich nicht durch die immer wieder ändernden Wünsche und Widerstände ablenken lässt. Auch wenn es oft in dem Geschnatter des täglichen Lebens übersehen und überhört wird, so ist es doch immer anwesend – seine Präsenz geht nicht verloren. Einige Minuten in Stille verbinden dich sofort wieder mit dem Höheren Selbst. Da es einen weit ausgedehnten Standpunkt hat, drückt es natürlicherweise Liebe, Verständnis, Mitgefühl und Humor aus. Dein Höheres Selbst folgt dem Weg des geringsten Widerstandes, der Verspieltheit und der Freude.

Dein weltliches Selbst folgt dagegen einer kalkulierten Strategie, die zu seinem eigenen Vorteil ist; es verwickelt sich in eine Welt von Kampf, Trennung und Dualität. Es leistet Widerstand und hat Verlangen. Seine Aufmerksamkeit springt wie ein verrückt gewordenes Huhn hin und her. Es taucht in Angst und festen Meinungen unter und sucht „da draußen" immer nach Befriedigung. Dein Höheres Selbst dagegen beugt sich dem Fluss der Unendlichkeit, welcher die Entfaltung des Universums steuert. Es beobachtet die Erde mit leichter Berührung, Hingabe und Wertschätzung. Es verurteilt nicht und kennt keinen Mangel, Besitztum oder Bedürfnis. Dein Höheres Selbst hat die Fähigkeit, zu intervenieren, aber wenn es das tut, dann sind seine Handlungen im Sinne eines größeren Zusammenhangs.

Der Beobachter und das Höhere Selbst

Wenn das weltliche Selbst aufgeladene Aufmerksamkeit loslässt oder neutralisiert, in Stille geht, annimmt und einen wohlwollenden Flow zulässt, dann verbindet es sich wieder mit dem Höheren Selbst. Der Zustand des Beobachters erlaubt es uns, die Realität ohne all die Filter so wahrzunehmen, wie sie ist.

Die Meditation für dein Höheres Selbst beinhaltet, dass du die Welt aus einem höheren Standpunkt aus betrachtest. Das ist das Gleiche wie „in Stille gehen, ohne zu bewerten" aus der PURE-Technik, außer dass es nicht notwendigerweise mit geschlossenen Augen gemacht werden muss. In dieser Übung beobachtet man den ruhelosen Geist mit Mitgefühl oder neutraler Aufmerksamkeit. Es hat nichts mit Selbstanalyse oder Selbstprüfung zu tun. Das wäre es, wenn du den Verstand mit dem Verstand beobachtest, um etwas über dich herauszufinden oder etwas, das passiert ist, in Frage zu stellen. Stattdessen beobachtest du ohne Erwartung oder Bewertung. Du bist reines, kristall-klares Bewusstsein.

Du kannst den Verstand auch beobachten und seine Analyse steuern, aber du bist dabei nicht involviert. Du beobachtest, wie das weltliche Selbst durch Wünsche und Widerstände hin- und hergeworfen wird – wie es leidet und wie es zelebriert, wie es hierhin und dorthin geht, dies und jenes tut. Die ganze Zeit bleibt das Höhere Selbst sanft und still. Du bist mit dem immer anwesenden Ozean der Stille hinter den weltlichen Ereignissen identifiziert. Die Meditation muss nicht regelmäßig ausgeführt werden, sondern ist auch gelegentlich erlaubt.

Dein Höheres Selbst wird die Situationen nicht auf dieselbe Art bewerten, wie Menschen es tun. Es könnte so scheinen, dass der gegebene Hinweis für das weltliche Selbst gerade nicht von Nutzen ist. Wohlbefinden ist ein Indikator dafür, dass deine jetzige Lebenserfahrung mit dem Höheren Anteil von dir ausgerichtet ist. In dieser Meditation kannst du sitzen, spazieren gehen, arbeiten, schlafen, essen, reden, jemanden treffen, faul sein, spielen, denken, rumhängen – was immer das weltliche Selbst tut. Du beobachtest mit Liebe von einem höheren Standpunkt aus. Du musst dich nicht explizit mit diesem Standpunkt verbinden; du bist bereits identifiziert, wenn du ohne Bewertung beobachtest. Wenn du dein Gleichgewicht oder den Standpunkt des Beobachters verlierst, indem du in Wut und Widerstand oder in Verlangen und Bedürfnis gezogen wirst, verlierst du eventuell temporär den Kanal zu deinem Höheren Selbst. Aber wenn du die Stille erlaubst, dann ist die Verbindung sofort wieder da. Eine Alternative dazu: Mache einen Spaziergang in Stille – du gehst ohne ein Ziel oder Absicht und lässt dich von deiner Intuition leiten.

Wenn du in dem Standpunkt des weltlichen Selbst bleiben möchtest, kannst du einen Dialog mit dem Höheren Selbst haben, du erkennst deinen inneren Coach an. Du kannst mit ihm sprechen, deine Begrenzungen zugeben, Fragen stellen und für die

Antworten dankbar sein. Dann beachte deine Träume und deine Intuition und halte nach Zufällen Ausschau. Erkenne die Geschehnisse als zuverlässige Kommunikation deines Höheren Selbst an. Undankbar zu sein und diese unglaublichen Zufälle zu trivialisieren, ist nicht hilfreich. Zufälle können anzeigen, dass du auf dem richtigen Weg bist.

Im Verlaufe deines Lebens möchtest du vielleicht von der „Adressierung zu deinem Höheren Selbst“ in das „Höhere Selbst“ hinein wechseln. Du möchtest vielleicht die alten Definitionen über das, wer du bist, aufgeben. Als was definierst du dich? Als ein Abfallprodukt der Evolution? Diese Einstellung wäre weit entfernt von der wunderschönen Großartigkeit, die du bist. Die Definitionen, die du über dich hast, definieren das, was du in deinem Leben erfährst.

Du kannst dich auch fragen, was von dir übrig bleibt, wenn alles entfernt wurde. Du kannst das in der Meditation tun, auf ein Retreat gehen oder in den Urlaub fahren – dort lässt du alle gewohnheitsmäßigen Rollen und Routinen hinter dir. Was dann noch übrig ist, kommt einem höheren Aspekt von dir und deiner wahren Natur viel näher. Wirkungsvolle Meditation-Retreats bauen keine neuen Glaubenssysteme oder Lehren auf, sondern bieten einen geschützten Rahmen, in welchem es leicht ist, alte Glaubenssätze loszulassen.

So bekommst du verborgene Informationen von deinem Höheren Selbst

Schließe deine Augen. Kreiere/erlaube ein Gefühl von Freude oder Erregung allein durch deine Intention, ohne Hilfe von Bildern, Gedanken, Ankern, Gründen oder Vorstellungen. Wenn du dich in diesem Zustand befindest, schaue dir die Bilder an, die von allein auftauchen, ohne sie bewusst selbst zu kreieren. Schaue dir an, welche Bilder ganz natürlich angezogen werden. Das, was auftaucht, kann dich überraschen. Erforsche die auftauchenden Bilder.

Das Ziel dieser speziellen Meditation ist es, dass höhere Energie dafür genutzt wird, nach verborgenen Informationen angeln. Das sind Informationen, die das Höhere Selbst weiß, das weltliche Selbst aber nicht. Du kannst Informationen darüber bekommen, in welche Richtung du gehen sollst oder was als nächstes zu tun ist. Anstatt freudige Erregung durch Bilder zu erschaffen, erschaffst du Bilder durch die freudige Erregung.

Das Unbekannte erforschen

Dein Höheres Selbst ist nichts, was du erreichen musst. Es ist das, was du bereits hinter all den Masken, Glaubenssätzen und Identitäten bist. Die dünne Schicht der Erfahrung, welche du Realität nennst und die du mit deinen normalen Sinnen erfährst, ist genau das: Eine dünne Schicht. Dahinter liegen die Unendlichkeit und wahrere Versionen von dir. Zutritt dahin findest du nicht durch das, was du bereits kennst, sondern durch viele Kontakte mit dem Unbekannten. Auf deinem Lebensweg kann es manchmal nützlich sein, das Bekannte hinter dir zu lassen und in das Unbekannte einzutreten. Auf diese Weise wird Intuition (welche mit dem Höheren Selbst korrespondiert) aktiviert. Da dein weltliches Selbst meist nichts über eine Situation weiß, kannst du einen anderen Teil von dir (der alles weiß) kontakten.

Die dünne Schicht der Realität, wie sie dir bekannt ist (in welcher du Ähnliches sagst, tust und denkst wie am Tag davor), wird nicht zum Unbekannten führen. In dem du auf das Unbekannte in dir oder außerhalb von dir schaust (es gibt zwischen diesen beiden keinen Unterschied), erweiterst du deine Grenzen und findest Dinge über dich heraus, die über die dünne Schicht der gewöhnlichen Verhaltensmuster hinausreicht. Es wartet eine Menge Bewusstsein, Bewusstheit und Energie darauf, eingelassen zu werden. Wenn du das Unbekannte, Veränderungen oder Neues als „negativ" bewertest, dann wird die Ausweitung deines Bewusstseins dir Furcht einflössen. Du wirst dann Angst haben, deine Sicherheit, sozialen Status oder deine Komfortzone zu verlieren. Wenn du in das Unbekannte eintauchst, ist es ganz natürlich, ein bisschen Angst zu haben. Wenn Neues und Unbekanntes auftaucht, strukturiert sich dein Geist um und adaptiert den neuen Input. Dieser Prozess kann zeitweise Angst auslösen. Aber erinnere dich daran: Nichts muss unangenehm sein oder sich unangenehm anfühlen. Niemand zwingt dich dazu, ein Ereignis als „schlecht" zu bewerten. Du bist die Sicherheit, nach der du suchst. Sicherheit ist unabhängig von äußeren Umständen. Das Unbekannte zu erforschen, muss nicht Stress bedeuten. Stattdessen kann es faszinierend sein und dich mit neuer Energie versorgen. Wenn du deine Komfortzone verlässt, kannst du das von einer inneren und äußeren Plattform von Stabilität aus tun.

Veränderung der weltlichen Identität

Eine weltliche Identität zu verändern, ist der Weg eines Magiers. Ein wahrer Magier oder Schamane ist jemand mit außergewöhnlichen Fähigkeiten in Wahrnehmung, Kreation oder Aktion. Er hat diese Fähigkeiten, weil er nicht vom Standpunkt einer Persönlichkeit oder Identität aus, sondern vom Standpunkt des Höheren Selbst aus agiert. Indem er seine Identität verändert, erkennt der Magier zwei grundlegende Wahrheiten: Erstens, dass er keine dieser Identitäten oder korrespondierenden Realitäten ist. Und zweitens, dass Persönlichkeit ein Konstrukt des Bewusstseins ist. Der Magier erkennt, dass er viel größer und heller als eine Sammlung von Hobbys, Umgebungen oder Eigenschaften ist.

Extreme Identitätsveränderung

Das bedeutet, dass du das Leben, so wie du es kennst, aufgibst und ein ganz neues Leben aufbaust. Du kannst deinen Namen und deinen Beruf ändern. Du kannst deine Familie verlassen, woanders hinziehen, deine Vergangenheit aufgeben und alles, was dich daran erinnert, wegwerfen. In einer noch extremeren Variante einer Identitätsveränderung würdest du sogar das Land (und Sprachgebiet) verlassen. Du würdest eine neue Sprache lernen, einen neuen Job finden, dir einen neuen Kleidungsstil zulegen, einen neuen Freundeskreis finden, neue Verhaltensweisen entwickeln. Du kannst die Identitätsveränderung weiter auf die Spitze treiben, indem du nach nur einem halben Jahr in deiner neuen Identität diese loslässt und dir eine weitere neue Identität erschaffst. Auf diese Weise kannst du von Ort zu Ort und Realität zu Realität reisen, immer als eine neue Person mit einer anderen Vergangenheit, einer anderen Zukunft, einem anderen Namen. Diese extreme Identitätsveränderung und der super extreme Kurswechsel erfordern ein tiefes Selbstvertrauen, welches man in der modernen Gesellschaft gewöhnlich nicht findet. Es würde auch erfordern, dass du tiefes Vertrauen darin hast, dass du dir jede Realität, die du dir wünschst, erschaffen kannst. Wenn du nicht an diese Fähigkeit glaubst, wirst du nicht deine Sicherheit aufgeben wollen. Ein Identitätswechsel kann ein Weg sein, deine Fähigkeit, neue Realitäten (über deine wildesten Vorstellungen hinaus) zu erschaffen, zu entwickeln. Warum? Wegen all der Herausforderungen, auf die du bei einem Identitätswechsel treffen wirst. Vielleicht denkst du jetzt, dass ein Identitätswechsel sehr mutig ist. Aber wenn du die Lehren in diesem Buch verstanden hast, ist es nicht sonderlich außergewöhnlich. Das „Ich" ist ein künstliches Produkt, bedeckt von einer dünnen Schicht täglicher Gewohnheiten. Diese können leicht dekonstruiert werden, um etwas Neues und Erfrischendes zu erleben.

Identitätswechsel in der Light-Version

Ich bin mir des Widerstandes bewusst, den viele Menschen in Bezug auf Veränderung und magische Fähigkeiten haben und habe Verständnis dafür. Deshalb sage ich dir, dass eine extreme Veränderung des weltlichen Selbst nicht notwendig ist, um Spaß zu haben und Magie zu benutzen. Eine Light-Version von Identitätswechsel könnte sein, einfach ein einzelnes Element einer Identität zu verändern oder zu entfernen und es mit etwas anderem zu ersetzen. Das ist für zwei Menschentypen interessant: Für Kriminelle und für magische Menschen. Eine weltliche Identität besteht aus den folgenden Komponenten:

- Ein Name
- Ein Beruf oder reguläre Tätigkeit
- Familie, Freunde, Feinde
- Ein Wohnort
- Besitztümer (kleiner und/oder großer) materieller Dinge
- Dokumente, welche deine Identität beweisen (Pass, Geburtsurkunde, Lebenslauf, Bilder etc.)
- Dinge, welche deine Vergangenheit beweisen (Objekte, Bilder, Zertifikate, Lebenslauf, etc.)
- Sprache und Dialekt
- Vokabular, Phrasen, Intonation, Redensarten und die Art zu kommunizieren
- Körper und Gesichtsausdruck
- Gesten, Mimik, Bewegungen
- Hobbys, bevorzugte Plätze, reguläre Aktivitäten
- Charaktereigenschaften und Einstellungen
- Wünsche, Träume, Ziele
- Widerstände und Aversionen
- Stärken und Schwächen

Eines dieser Elemente zu verändern, zu entfernen oder zu ersetzen, kann Spaß machen und einen leichten Identitätswechsel verursachen und dir einen Energieschub geben. Du kannst den Namen ändern, mit dem dich deine Freunde ansprechen. Du kannst deine Freunde oder sogar deine Feinde austauschen. Du kannst deinen Beruf oder Wohnort wechseln. Du könntest die Art, wie du dich verhältst oder sprichst, verändern. Kulte oder Sekten verwenden oft Methoden zur Ent-Identifikation, und das nicht nur zum Ziel der Realitätserschaffung, sondern um ihr spezifisches Glaubenssystem zu indoktrinieren. Indem du Elemente des weltlichen Selbst veränderst, spielst du mit deiner Core-Identität, welche eine Maske ist, die deine Seele versteckt. Diese Identitätsveränderung ist eine Methode, um dich mit dem wahren Teil von dir zu verbinden.

In das Unbekannte schauen

Diese Übung hat mit Neugier zu tun. Wenn du aus einer Erfahrung herauskommst und mehr weißt, als davor, dann hast du in das Unbekannte geschaut und es wissend gemacht. Hier sind einige Variationen dazu:

Unbekannte Information: Benutze das Internet, um etwas herauszufinden, was du schon immer wissen wolltest oder um ausländische Informationen zu bekommen.

Gewöhne deine Augen an die Dunkelheit: Gehe in einen dunklen Raum, z. B. ein abgeschlossenes Zimmer oder nachts in den Wald. Bleibe dort, bis sich deine Augen an die Dunkelheit gewöhnt haben und deine Unsicherheit verschwunden ist – und du kannst Dinge sehen, die dir sonst verborgen bleiben. Frage dich im Nachhinein: „Was erzählt mir diese Übung über das Leben, über die Ausdehnung von Wahrnehmung, über das Lernen und über das Unbekannte?"

Schaue hinter die Gardinen: Wenn es irgendwo eine Wand oder Gardinen gibt, schaue dahinter. Wenn du meditierst und dort einen Nebel, Dunkelheit oder Blockade siehst, schaue dahinter.

Geheimnisse offenbaren: Erfreue dich daran, die Geheimnisse anderer Menschen, der Natur, Organisationen, deines Körpers, Unternehmen etc. ans Licht zu bringen. „Nichts kann sich vor meinen Augen verstecken." Geheimnisse wahrzunehmen ist einfacher, wenn du keine Geheimnisse vor dir selbst hast. Kenne dich selbst gut. Dich selbst zu kennen beinhaltet, die Unendlichkeit zu kennen, weil du die Unendlichkeit bist. Beende diese Übung nicht, bevor du wirklich ein Geheimnis herausgefunden hast.

Geheime Realitäten: Es gibt eine unendliche Zahl von Realitäten und Spielen. Solange wie du dir nicht vorstellen kannst, dass sie existieren, bleiben sie geheim. Einige Dinge passieren direkt vor deinen Augen, aber du kannst sie nicht sehen, da sie nicht in dein Glaubenssystem passen. Wenn jemand in dem Standpunkt eines Opfers oder Angst ist und in diesem Zustand eine geheime Realität entdeckt, dann wird das Wahrgenommene zu einer Verschwörung, in welcher jemand ein bedrohliches Geheimnis verstecken wollte. Aus dem Standpunkt von Selbstverantwortung und der Vibration der Liebe heraus gibt es keine Verschwörung gegen das „arme Ich", sondern es gibt einfach Geheimnisse. Würdest du deine Aufmerksamkeit nur ein bisschen ausweiten, könntest du sehen, dass die interessantesten Dinge passieren. Du würdest Menschen und Wesen finden, die unter der Erde leben, Wesen, die von anderen Planeten und Dimensionen zu Besuch kommen, Schamanen und Magier, interessante Organisationen, geheime Korridore, Türen innerhalb dieser Organisationen, und vieles mehr.

Beame dich in das Unbekannte: Wenn du möchtest, dass etwas Neues passiert, musst du dich auf eine neue Weise verhalten. Verrückte Unterbrechungen deiner Routine und die Aufmerksamkeit auf etwas Neues, wird das unterstützen.

Schreibe dich in das Unbekannte: Schreibe oben auf ein Blatt ein Thema. Ziehe in der Mitte des Blattes eine Linie nach unten, so dass du zwei Spalten bekommst. Die Überschrift der ersten Spalte ist „das Bekannte", die Überschrift der zweiten Spalte ist „Unbekanntes". Wechsle schriftlich zwischen dem, was du über das Thema weißt und dem, was du nicht weißt, hin und her. Nachdem du einen Überblick darüber gewonnen hast, was du weißt und was nicht, drehe das Papier um und betitele die Seite mit „Wissen über das Unbekannte". Schreibe hier auf, was du über die Dinge weißt, die du in die „Unbekanntes"-Spalte geschrieben hast. Wiederhole diese Übung mit verschiedenen Themen. Wenn du es richtig machst, wirst du neue Einsichten erlangen und einen Zuwachs an Intelligenz erfahren. Du wirst mehr und mehr über das erfahren, was du vorher nicht wusstest. Du hast Zutritt zur Unendlichkeit und dem darin enthaltenen Wissen. Es ist ein begrenzender Glaubenssatz, wenn du davon ausgehst, etwas nicht zu wissen. Wenn du versuchst, etwas zu verstehen, dann hast du die Vorannahme, dass du es nicht verstehst. Stattdessen könntest du deine Augen schließen und beabsichtigen, dass du es verstehst. Dann lasse es los und beobachte, was auftaucht.

Den Kreislauf der Reinkarnation verlassen

Populäre New-Age-Theorie und östliche Religion lehren, dass die Seele sich immer wieder reinkarniert. Sie stirbt und wird dann wiedergeboren. Viele weisen darauf hin, dass Reinkarnation obligatorisch ist – sie erwähnen nicht, dass es nur eine Option ist. Der Standpunkt von RC ist ein anderer. Reinkarnation ist nicht notwendig, noch ist sie auf einen einzigen Planeten oder eine Dimension begrenzt. Reinkarnation wird nur zu einer Option, wenn die Seele die Spiele und Lektionen, die sie erfahren wollte, noch nicht vollständig erlebt hat. Und das ist der Prozess: Eine Seele wählt sich ein Leben aus, um bestimmte Spiele zu spielen oder um durch bestimmte Trainingslektionen zu gehen. Die Seele inkarniert und wird mit einem Körper geboren – nicht *als* Körper, sondern *mit* einem Körper. Sie wird ohne das Wissen über andere Existenzformen geboren. Der Sinn dieses Vergessens ist es, dass die Seele sich ganz auf das weltliche Leben fokussieren kann – ohne Vorannahmen und ohne Ablenkungen. So können neue Fähigkeiten erlernt werden. Wenn du z. B. auf einer Insel ausgesetzt werden würdest – ohne Hilfe, Werkzeuge, Chauffeur, Bar, Hotel etc. – wärest du dazu gezwungen, bestimmte Fähigkeiten schneller und tiefer zu entwickeln oder zu lernen. Die Lektionen, die eine Seele zu lernen hat, sind meist verbunden mit Mut und Liebe. Wenn jemand nicht den Mut hat, dem Weg, der sich richtig anfühlt (und der vor der

Inkarnation ausgewählt worden ist) zu folgen, wird sich dieses Wesen vielleicht dazu entschließen, so lange zu inkarnieren, bis es den Mut findet. Das Selbst nimmt nach dem Tod die intensivsten Erfahrungen zur anderen Seite mit. Mittelmäßige Erfahrungen, Aktivitäten oder Emotionen klingen schnell im Jenseits ab. Du wirst dich an die Momente, in welchen du jemandem geholfen hast, der es wirklich dringend brauchte und Momente, in denen du dir einen persönlichen Herzenswunsch erfüllt hast – Momente mit sehr hohen oder tiefen Emotionen – erinnern. Diese Erfahrungen sind in dem Energiefeld deiner Seele gespeichert. Einige Seelen nehmen davon so wenige mit, dass sie sich wieder inkarnieren, um die Ausstrahlung in ihrem Energiefeld zu verstärken. Der wahre spirituelle Pfad ist nicht der, bei dem du aus dem Leben fliehen möchtest (indem du wegläufst, aufsteigen oder erleuchtet werden willst). Du wirst wahrscheinlich nach dieser tiefen Erfahrung von Liebe nicht noch einmal inkarnieren. Das ist eine Möglichkeit, wie du aus dem Kreislauf der Inkarnation aussteigst und woanders hingehst.

Mit der Unendlichkeit identifizieren

RC ist die Kunst, nicht an Mangel zu glauben. Das dunkle Imperium, welches diese Welt regiert, erinnert dich jeden Tag auf jede erdenkliche Weise an Mangel – in den Nachrichten, in Konversationen, in der Schule, in Events und in der Art und Weise, wie es versucht, nach deiner Aufmerksamkeit zu greifen. Du fällst nur darauf rein, wenn du in Übereinstimmung damit bist und wenn du dir nicht bewusst bist, dass das ein Glauben ist, der auf Mangel basiert.

Eine Möglichkeit, den Glauben an Mangel loszulassen, ist: Die Wege der Unendlichkeit zu sehen. Wenn du dir anschaust, wie sich die Natur verhält, dann wird es schwer sein, den Glauben an Mangel beizubehalten. Wenn du den blühenden Reichtum und den Überfluss der Ressourcen des Universums betrachtest, sieht es ziemlich töricht aus, an einen Mangel an Liebe, Reichtum, Gesundheit, Fähigkeit, Schönheit, Information, Wissen oder etwas anderes zu glauben.

Wenn du jemals an Wohlstand, deinem unglaublichen Reichtum und deiner Kraft zweifelst, musst du dir nur die Fakten über die Natur anschauen. Du musst sie dir nicht vorspielen oder sie dir vorstellen, denn die Reichtümer sind immer präsent. Um eine Mangeleinstellung beizubehalten, musst du dich ganz schön anstrengen, verbrauchst eine Menge Energie und musst dazu noch schielen (falsches Sehen). Die Unendlichkeit enthält alles. Das bedeutet, dass sie auch dich enthält. Sie beinhaltet gleichzeitig das, was du dir wünschst und auch die Lösung für jedes Problem. Da du mit der Unendlichkeit verbunden bist, bist du auch mit deinem Wunsch verbunden. Wann immer du also einen Mangel an etwas spürst, erinnere dich an deine vertrauliche Verbindung mit der Unendlichkeit und den Aspekt der Unendlichkeit, welcher die Erfüllung deines Wunsches oder die Lösung für dein Thema enthält. Die Formal dazu ist:

Unendlichkeit und „X“ (erwünschter Gegenstand oder Lösung) sind eins.

Unendlichkeit und „Ich“ sind eins. Deshalb sind „Ich“ und „X“ eins.

Diese logische Gleichung mag dich nicht sofort von der Realität, die du dir wünschst, überzeugen, aber sie kann zumindest deinen Unglauben daran etwas aufschmelzen. Vergleiche einen Mangelglauben mit allem, was existiert, und du bringst die Dingen zurück ins rechte Licht. Wie sieht ein Problem im Lichte von allem, was existiert, aus? Die Antwort darauf ist immer: „kleiner". Schaue einfach auf die Attribute des Lebens, des Universums und alles, was existiert und identifiziere dich damit. Erkenne „ich bin ein Teil all dessen", nicht nur mit deinen Worten, sondern mit dem Herzen. Das wird deinen limitierenden Glauben an einen Mangel erschüttern. Wenn du nicht mehr 100%ig an deinen unerwünschten Glaubenssatz glaubst, befindest du dich in einem Zustand des Ent-Identifizierens. Du glaubst vielleicht noch nicht vollständig an die Erfüllung deines Wunsches, aber du glaubst auch nicht mehr ganz an den begrenzenden Mangelsatz. Du stehst zwischen zwei Welten. Hier kannst du dich neu entscheiden und wählen.
Ein Beispiel für diese Form der Argumentation: „Ich fühle mich arm, aber wenn ich mir die Natur der Unendlichkeit anschaue, sehe ich sie mit üppiger Fülle erstrahlen – Sterne, Planeten, Menschen, Sand, Bäume, Gras, Autos und alle möglichen anderen Dinge. Dieses Überangebot ist einfach gegeben. Ich habe wohl einen Kreis um meine Füße gemalt, welcher mich zu einer Ausnahme von diesem Überfluss macht. Im Licht der Natur der Unendlichkeit und meiner mir innewohnenden Einheit mit ihr, kann ich nicht länger vollständig davon überzeugt sein, dass ich arm bin. Deshalb ist beides, ‚ich bin arm' und ‚ich bin reich', irgendwie wahr. Ich erkenne, in welchen Gebieten ich bereits reich bin. Ich bin reich an Wissen, Objekten, Ressourcen, Informationen und Freunden. Ich bin nicht vollständig vom Fluss abgeschnitten." Diese Art des Zuredens soll dich nicht etwas glauben machen, an das du nicht glauben kannst. Es wird nicht halbherzig gesagt. Schaue dir das ernsthaft an und es wird dich in eine Ungewissheit bezüglich deines Mangelglaubens bringen. Von hier wird es für dich leichter sein, einen neuen Glauben auszuwählen.

Ganzheit

Du bekommst nicht immer, was du willst; du bekommst das, wer du bist. Es wird oft nicht genügen, eine erwünschte Realität zu visualisieren. Du musst dich damit identifizieren und es mit deinem ganzen Wesen verkörpern, so als ob es schon präsent ist. Wenn du eine Situation auflösen möchtest, musst du sie erst in dir selbst auflösen. Wenn du eins werden möchtest, wenn du ein ganzes Wesen sein möchtest, dann lehnst du nichts ab und leistest auch keinen Widerstand. Manche Menschen missverstehen diese Aussage als „ich muss das Negative umarmen". Diese Miss-Interpretation wird dann zu etwas wie „ich muss selbst auch zu einem Mörder oder Kinderschänder werden, um mein ganzes Wesen anzunehmen". Das ist Quatsch. „Dein ganzes Wesen und damit auch alles, was ist, zu umarmen", damit meine ich die Gefühle, die mentalen Muster und Dinge, die bereits in dir präsent sind. Damit ist nicht gemeint, nach draußen zu gehen und aktiv nach Negativem zu suchen, mit dem man sich verbinden könnte. Wenn du alle Aspekte von dir annimmst, musst du sie nicht länger im Außen ausdrücken. Mit anderen Worten bedeutet das, dass ein Mörder zu dem geworden ist, weil bestimmte unterdrückte Aspekte von ihm so intensiv wurden, dass sie sich manifestierten. Die Gesellschaft (mit ihren definierten Gesetzen und Regularien gegen viele Dinge) trägt zu dieser Unterdrückung und dem Fokus auf bestimmte Dinge bei. In deinem natürlichsten, nichts-unterdrückenden Zustand würdest du nicht auf die Idee kommen, etwas Unmenschliches oder Gewalttätiges zu tun. Gewalt und Erniedrigung sind keine eingebauten Teile der menschlichen Natur. Dies sind Nebeneffekte einer jahrelangen Anhäufung und Unterdrückung von Scham, Depression und Angst. In einer spirituell gereiften Gesellschaft sind Gesetze nicht nötig. In seinem natürlichsten Zustand würde ein Mensch den Sinn von Kriminalität nicht verstehen.

Wenn jemand das Gesetz der Korrespondenz versteht, begreift er auch, dass das, was er nach außen strahlt, gibt oder was er für andere tut, zu ihm zurückkehrt. Dieser Mensch versteht auch, dass lügen, betrügen, stehlen und anderen wehzutun nicht nötig ist, denn er kann alles, was er sich wünscht, erschaffen, ohne anderen zu schaden oder ihnen etwas wegzunehmen. Kriminalität basiert auf der Unwissenheit über das Gesetz der Korrespondenz bzw. das Gesetz der Anziehung.

Wenn du Liebe willst, dann wähle die Liebe. Wenn du dir Geld wünschst, sei dankbar für das Geld, dass du bereits besitzt und sei großzügig zu der Welt, die dich umgibt. Wenn du gesund sein willst, musst du das, was Gesundheit für dich bedeutet repräsentieren – Stärke, Schönheit, Vitalität. Du beanspruchst eine Realität für dich und ruhst in dem korrespondierenden Standpunkt – mit deinem ganzen Wesen, deinem ganzen Körper. Wenn das nicht verstanden wird, dann verlässt die Fähigkeit der Realitätserschaffung niemals das Stadium von wunschvollem Denken. Wenn du um Manifestation bittest, ist das ein Hinweis darauf, dass du noch nicht ernsthaft mit dem, was du dir wünschst, identifiziert bist. Einen Raum einzunehmen, in welchem dein Wunsch bereits manifestiert ist, macht jede Frage dazu überflüssig. Glaube so fest an deine Herzensvision, dass jede Frage dazu lächerlich erscheint. Was ist der Unterschied zwischen Fanatismus und RC (Realitätserschaffung)? Fanatiker wollen andere von ihrer Realität überzeugen (was bedeutet, dass ihnen ihre eigene innere Autorität nicht genug ist – was wiederum bedeutet, dass sie selbst nicht vollständig davon überzeugt sind). Realitätserschaffer sind auch fanatisch, aber sie versuchen nicht, ihre Realität anderen aufzudrücken. RC ist kein mentales Ereignis, sondern eine Verkörperung. In der folgenden Übung bekommst du einen Eindruck davon, was das bedeutet:

Berühre ein Objekt in deiner Nähe oder nimm einen Schluck Kaffee. Nun mache das Gleiche in deiner Vorstellung in der Art, dass es keinen Unterschied zwischen diesen beiden Erfahrungen gibt, oder dass die vorgestellte Version sogar noch realer erscheint. Stelle dir nun vor, dass du die Hand von jemandem hältst. Stelle dir vor, dass du an einer Zitrone saugst. Nichts davon ist physisch real, doch während du dir die Zitrone vorgestellt hast, hat sich in deinem Mund wahrscheinlich Speichel gebildet. So kann eine innere Realität im Außen Effekte produzieren. Als du die Hand der imaginierten Person gehalten hast, hattest du wahrscheinlich auch dazugehörige Gefühle. Es gibt zu jeder äußeren Schöpfung eine entsprechende innere korrespondierende Kreation. Das funktioniert nicht nur mit dem Körper, sondern auch mit allem, was das Bewusstsein betrifft. Nichts, was du wahrnimmst, existiert ohnehin außerhalb von dir,

sonst würdest du es nicht wahrnehmen. Fühlst du den Unterschied zwischen dem Berühren von imaginiertem Wasser und imaginiertem Sand? Wenn ja, dann hast du die Fähigkeit, Realität zu erschaffen. Wenn du nicht nur Gedanken kreierst, sondern mit diesen Gedanken auch Gefühle erlebst, bist du auf dem Pfad der Realitätserschaffung. Definiere eine Realität, die du dir wünschst. Denke an einen Gegenstand, mit welchen die Person, die bereits in der gewünschten Realität lebt, umgeht. Beschäftige dich mit diesem Gegenstand in deiner Vorstellung solange, bis du ein Körpergefühl bekommst, welches sich nicht von einem realen Sinnesgefühl unterscheiden lässt. Dann lässt du diese Übung los, weil es selbstverständlich für dich ist, dass dieser Gegenstand dir jederzeit zur Verfügung steht (deshalb musst du nicht daran festhalten).
Wenn du die Übung von eben verstehst, wird die Erschaffung von Realität so einfach sein, wie eine Bestellung aufzugeben. Sagen wir, du kaufst etwas über das Internet. Du verschickst deine Bestellung mit einem Klick auf einer Website, du zahlst dafür und weißt, dass es auf dem Weg zu dir ist. Punkt. Auch wenn du das Objekt noch nicht physisch bei dir hast, weißt du, dass mit der Bestellung dieses Objekt dir gehört. UPS und FedEx werden es zu dir liefern. Dein Job ist getan. Du wirst wahrscheinlich schon jemandem erzählen, dass du dieses Objekt nun besitzt, auch wenn das Paket noch nicht angekommen ist. Du würdest nicht an dem Lieferservice zweifeln, nur weil es am nächsten Tag noch nicht da ist. Du würdest es nicht nach einigen Stunden ein weiteres Mal bestellen. Du würdest nicht nach Beweisen für seine Ankunft suchen. Du würdest einfach glücklich sein, dass es auf dem Weg zu dir ist, ohne dir Sorgen zu machen. Realitätserschaffung funktioniert ganz ähnlich.

Wenn du in dem Gefühl deiner Vollständigkeit lebst, verstehst du auch, dass weniger mehr ist und dass die größte Kraft die leichteste Berührung erfordert. Zwang und Anstrengung stehen der Leichtigkeit der RC-Methoden entgegen.

Wenn die Methoden von RC nicht funktionieren

Wenn die Methoden von RC funktionieren, sagen Menschen meistens so etwas wie: „Wow, das ist unglaublich“, „das ist wirklich merkwürdig“, und so weiter. Die erfolgreiche Anwendung der RC-Methoden so zu bezeichnen, sagt viel über die Glaubenssätze aus, die du über RC hast. Wenn es wirklich unglaublich für dich ist, dann glaubst du nicht, dass es ein ganz normaler, vertrauter und freudiger Teil deines Lebens ist. Wenn die Methoden von RC bei dir scheinbar nicht funktionieren, dann überprüf deine Glaubenssätze. Wenn du sagst „die Methoden von RC funktionieren nicht“, dann wendest du diese Methoden an, um eine Welt zu erschaffen, in welcher sie eben nicht funktionieren.

Wenn du einfach nur wahrnimmst, dass die Manifestation noch nicht aufgetaucht ist, ist das noch kein entgegenstehender Glaubenssatz. Ein entgegenstehender Glaube wäre es, wenn du die noch nicht im Außen aufgetauchte Manifestation dazu benutzt, nicht mehr an deine innere Manifestation zu glauben; du benutzt den äußeren Mangel sozusagen als Beweis, dass es nicht real ist. Wenn es so aussieht, als ob die äußere Manifestation sehr lange braucht, oder wenn du das Gefühl hast, dass du es noch nicht vollständig in dir manifestiert hast, dann kannst du das Folgende tun:

1. Nimm wahr, dass es sich noch nicht manifestiert hat und synchronisiere dich mit dem Gewünschten etwas mehr. Wiederhole dazu die PURE-Technik – dieses Mal aber mit ganzem Herzen.
2. Erschaffe etwas Einfacheres oder Kleineres und sieh, wie stark du bereits als Kreator bist. Nutze diese Einsicht, wenn du das größere Ding angehst.
3. Wähle etwas Ähnliches wie deinen ursprünglichen Wunsch aus oder eine Art „Stepping-Stone" zu deinem Wunsch, welcher bereits ganz natürlich in deine Richtung fließt.
4. Lasse das Ganze los, vergiss es einfach.
5. Tritt in eine Version von dir ein, die schnell und einfach physisch manifestieren kann.
6. Lebe die gewünschte Realität aus. Benutze Requisiten, Objekte, Umgebungen und Orte der Realität, die du manifestieren möchtest. Stimme dich physisch darauf ein und trainiere deinen Körper und Geist darauf, wie es sein wird, in dieser Realität zu leben.

Dies sind nur einige von vielen Vorschlägen, was du tun kannst, wenn es nach einer Weile so scheint, als ob sich das Gewünschte nicht manifestiert. Oder du könntest auch RC aufgeben und einfach so weitermachen und dein Leben leben, als ob es nichts mit dir zu tun hätte. Du hast die Wahl. Manchmal erleichtert es einen Menschen, wenn er einfach aufgibt. Wenn du Metaphysik und das Studium von RC aufgibst und du danach erleichtert bist, dann hast du die Methoden von RC nicht mühelos und natürlich angewendet.

Du hast die Methoden dann wahrscheinlich intellektualisiert und RC im Kopf praktiziert, anstatt es mit deinem ganzen Körper bewusst zu fühlen. Du hast wahrscheinlich Arbeit und Widerstand eingesetzt, anstatt es spielerisch mit Spaß und Entspannung anzugehen.

Das Unerwünschte in Frage stellen

Ist dir schon einmal aufgefallen, wie in den meisten Lehrmodellen Dinge wie Zweifel oder Unsicherheit negativ assoziiert sind, so als ob es dir nicht erlaubt sein soll, Zweifel zu haben.

Nicht so in RC. Zweifel haben ihre Ursache. Sie zeigen auf Glaubenssätze, die du hegst, und sie zeigen auf, wo du noch nicht bereit oder willens bist.

Weiterhin sind Zweifel in einer unerwünschten Realität ein Segen. Zweifele an einer unerwünschten Realität und du löst die Fixierung darauf auf. Wenn du gerade etwas erlebst, das du nicht willst, frage dich: „Bin ich mir da wirklich sicher? Ist das wirklich wahr?"

Solche Fragen zu stellen, wird dazu führen, dass Zweifel auftauchen. Das befreit dich vom sogenannten „Wissen", welches nicht länger das repräsentiert, was du lieber bevorzugst. Es führt dich zurück in die Unschuld, zu dem offenen Geist eines Anfängers. Von dieser Unsicherheit aus ist es einfacher, etwas Neues zu erschaffen.

Das Geheimnis von Erfolg

Was ist also das Geheimnis von Erfolg? Lass mal sehen, ob du aufgepasst hast. Ist das Geheimnis von Erfolg Stille, Aufmerksamkeit, Identifikation, Erfolg oder Schwingung? Die Antwort ist: „Das Geheimnis von Erfolg ist Erfolg.“ Gleiches zieht Gleiches an.

Nimm den Wechsel wahr

Verbringe etwas Zeit damit, den Wechsel in das Unerwünschte wahrzunehmen. Nimm wahr, wie schnell du in einen automatisierten Negativzustand wechseln kannst, wie einfach es geht. Wenn du den Umschlagpunkt bemerkst, hast du es bereits gestoppt und ein Verständnis dafür gewonnen, wie einfach es ist, in etwas Besseres zu wechseln. Es ist so einfach wie das Schließen und Öffnen der Augen. Schließe sie. Öffne sie. Du bist in einer neuen parallelen Realität. Das einfache Beobachten deiner täglichen Wechsel wird dir helfen, deine sich wiederholenden Glaubenssätze zu verstehen. Wenn du dich kontrollieren kannst, kannst du auch jede Situation kontrollieren. Wenn du fragst „warum falle ich immer wieder in alte Muster zurück?“, dann ist die Antwort dazu, „weil du den Fakten mehr glaubst als deinen Träumen und Visionen“. Wenn du fragst „was soll ich tun, wenn andere meine Realität stören?“, dann ist die Antwort „lasse sie in Ruhe“.

Gegenseitige Anziehung

Realitätserschaffung ist das Gleiche wie gegenseitige Anziehung. Wähle dir eine Realität, die du erleben möchtest, aus und sage:

„Ich liebe ______________________ und ________________________ liebt mich.“

Argumentation und Beweisführung

Schreibe auf, was du möchtest. Schreibe auf, warum du es willst. Dann schreibe auf, warum du glaubst, dass du es haben kannst.

Einen Wunsch in einen Glauben übersetzen – und den Glauben in ein Gefühl übersetzen

Mache eine Aussage über das, was du dir wünschst. Denke darüber nach, wie die Aussage wäre, wenn der Wunsch bereits real wäre. Sage diese Aussage laut und nimm dann einen langen, tiefen, langsamen Atemzug. Wiederhole diese Aussage mit dem tiefen Atem zehn Mal.

Aufmerksamkeitslaser

Sprich einen Wunsch von dir in der Form von „ich bin“ aus. Schreibe oder benenne den ersten Einwand oder Zweifel, der hochkommt. Wiederhole diese beiden Schritte kontinuierlich so lange, bis die Einwände langweilig werden und du deinen Fokus ganz leicht auf dem Erwünschten halten kannst. Beispiel:

„Ich bin glücklich.“

„Ja, ist klar."
„Ich bin glücklich."
„Wen täusche ich hier gerade?"
„Ich bin glücklich."
„Nicht wirklich. Ich fühle mich eigentlich etwas verloren."
„Ich bin glücklich."
„Warum sollte ich?"
„Ich bin glücklich."
„Nein, ich bin unglücklich."
„Ich bin glücklich."
„Nein, ich bin wirklich unglücklich."
„Ich bin glücklich."
„Ich werde langsam wütend."
„Ich bin glücklich."
„Ich bin wütend auf diese dumme Übung."
„Ich bin glücklich."
„Was für eine dumme Übung."
„Ich bin glücklich."
„Ist klar."
„Ich bin glücklich."
„Und warum fühle ich mich dann nicht glücklich?"
„Ich bin glücklich."
„Aber ich bin mit meinem Job gerade nicht zufrieden."
„Ich bin glücklich."
„Ich weiß nicht, worüber ich glücklich sein könnte."
„Ich bin glücklich."
„Naja, mir geht's ja gut, glaube ich."
„Ich bin glücklich."
„Es immer wieder zu wiederholen, wird mich nicht glücklich machen."
„Ich bin glücklich."
„Naja, vielleicht ein bisschen."
„Ich bin glücklich."
„Naja, ich fühle schon etwas."
„Ich bin glücklich."
„Ich kann meine Jobsituation nicht ausblenden."
„Ich bin glücklich."
„Ich wünschte, ich wäre wirklich glücklich."
„Ich bin glücklich."
„Ich glaube nicht an diesen Nonsens."
„Ich bin glücklich."

Wenn du diese Methoden anwendest, tue das nicht, um etwas geschehen zu machen, sondern lerne damit, deine Aufmerksamkeit zu fokussieren. Diese Übung ist eine der kraftvollsten Werkzeuge aus diesem Buch.

Begründungen

Sprich eine erwünschte Realität aus und sage anschließend „weil…“. Du erklärst, warum du das möchtest oder warum es passieren wird. Wiederhole dies einige Male mit jeweils neuen Gründen. Die Realität wird dadurch greifbarer und lebendiger.

Vier-Wege-Aussage

Sprich eine erwünschte Realität in verschiedenen Formen aus: als „ich“, als „er/sie“, als „du“, als „wir“.

Beispiel: „Ich bin ein erfolgreicher Mensch.“

„Er/sie ist ein erfolgreicher Mensch.“ Du nimmst dabei auf dich Bezug von einem Standpunkt außerhalb von dir. Du sprichst über dich in der dritten Form.

„Du bist ein erfolgreicher Mensch.“ Du nimmst wieder Bezug auf dich von einem Standpunkt von außen.

„Wir sind ein erfolgreicher Mensch.“ Du nimmst hier auf alle Teile von dir Bezug.

Diese Technik ist keine Affirmation aus einem Zustand von Mangel, sondern eine spielerische, schnelle Übung, um einen Wunsch aufzufrischen. Wiederhole die Vier-Wege-Aussage zwei bis drei Mal pro Thema, mehr brauchst du nicht.

Losgelöstes Interesse

„Muss ich wirklich von meiner Wunschrealität loslassen?“ fragen viele. Einige haben mit diesem Teil der Gleichung Schwierigkeiten. Sie denken dabei, dass das Loslassen das Gleiche wäre wie „kein Interesse mehr“ an der Manifestation zu haben.

Das ist ein Missverständnis. Es ist in Ordnung, interessiert zu sein; schließlich handelt das ganze Buch davon – Realitätserschaffung. Loszulassen und die Manifestation der Unendlichkeit zu überlassen, heißt nicht, dass es dich nicht interessiert. Interesse und Begehren sind die Energien, welche die Realitätserschaffung überhaupt erst entfachen.

Ein Problem gibt es dann, wenn Interesse und Wünsche so stark werden, dass sie sich in Bedürfnis, Drängelei, Sorgen oder „kontrollieren wollen“ verwandeln. Heftiges Verlangen nach etwas steht der freudvollen Erfüllung im Weg. Angemessen dagegen ist ein losgelöstes Interesse.

Veränderung für das, was du willst

Bevor du ein neues Selbst annimmst (RC), frage dich: „Bin ich bereit und willens, das zu sein, was meine neue Realität erfordert?“ Das, was du willst, will auch etwas von dir. Wir haben schon darüber gesprochen, wie jede anscheinend negative Realität irgendeinen Vorteil hat (ein versteckter, positiver Grund dafür, dass du sie noch bei behältst). Genauso hat jede erwünschte Realität ihren Preis. Der Preis ist, dass du dein altes Selbst abgibst. Du gibst damit auch all die Vorteile auf, die du dadurch hattest. Du möchtest einen guten Liebhaber (oder gute Liebhaberin) haben, aber bist du auch bereit, selber ein guter Liebhaber (oder gute Liebhaberin) zu sein? Du möchtest vielleicht mehr Geld haben, aber bist du auch willens, dich wie eine Person zu verhalten, welche Geld hat? In dem du etwas Bestimmtes bist, lässt du die entsprechende Realität dich finden.

Gestaltwandel (Shape Shifting)

Wie schon erwähnt, ist das, was wir die PURE-Technik nennen, eine Form von Gestaltwandel in verschiedenen schamanischen Traditionen. Auf dieser Ebene meisterst du die „Gestalt“, zu der du wirst. Das gilt für Dinge, die du willst (so wie wir es bereits aufgezeigt haben), aber es gilt auch für Dinge, vor denen du Angst hast. In dieser Übung kannst du die Technik des Shape Shifting (Gestaltwandel) einsetzen und versetzt dich direkt da hinein. Wenn du Angst vor Hunden hast, dann werde selbst zu einem Hund. Genau. Das bedeutet, dass du deine Augen schließt und dich mit einem Hund identifizierst. Du machst das so intensiv, dass du innerlich wirklich zu einem Hund wirst. Wenn das nächste Mal der Hund deines Nachbarn auf dich zuläuft, erinnerst du dich an die Identifikation – und beobachte was passiert. Es ist ganz offensichtlich, was passieren wird: Durch die auftauchende schwingungsmäßige Synchronie wird der Hund dich nicht länger attackieren wollen, sondern mit dir schmusen. Du wendest dabei PURE an – nicht mit der Intention, etwas zu manifestieren, sondern mit der Intention, dich mit etwas zu identifizieren, um ein besseres Verständnis dafür zu gewinnen. Mache dir das zu Beginn der Session klar und es werden sich unter keinen Umständen Charaktereigenschaften eines Hundes an dir manifestieren. Das zeigt einen weiteren wichtigen Aspekt von PURE auf – und zwar wie Imagination Realität erschafft. Wenn du einfach fantasierst oder dir etwas vorstellst, ohne das Ziel, dich damit emotional zu identifizieren oder es zu erschaffen, wird es sich nicht manifestieren. Das bedeutet, dass du dir keine Sorgen über deine Gedanken oder Fantasien machen musst. Es ist möglich, etwas zu fantasieren ohne es zu erschaffen, einfach indem du deiner Vorstellung keine Realität zuordnest (das denken die meisten Menschen sowieso über Imagination). Das ist der Grund, warum unsere Vorstellungskraft ihre Anfangsenergie verloren hatte; wir hatten vor unseren Gedanken und ihren Konsequenzen Angst.

Warum? Warum nur?

Wir wurden dazu konditioniert „warum?“ zu fragen, wenn etwas Unerwünschtes passiert. Diese Konditionierung kann man jeden Tag beobachten. „Warum gibt es dieses Problem?“ „Warum passiert das immer mir?“ „Wo kommt das her?“ „Wer hat das getan?“... Nach dem Grund eines Problems zu fragen, verstärkt es jedoch und intensiviert die Aufmerksamkeit auf das unerwünschte Thema, macht es noch wichtiger als es ist und erschafft daraufhin Antworten (Glaubenssätze), welche die Gültigkeit dieser Realität noch verfestigen. Die Frage impliziert außerdem, dass du nicht die Quelle und der Erschaffer bist und dass die Ursache irgendwo da draußen liegt, wo du sie nicht sehen kannst. Dass wir nach Ursachen für Probleme suchen, ist ein weiteres

Spiel auf diesem Planeten. Solange du nicht damit experimentieren möchtest, wie du ein bestimmtes Problem erschaffst, frage nicht nach dem „Warum" einer unerwünschten Realität. Nimm lieber Bezug auf ein positives Event und frage dich: „Warum möchte ich das?", „warum glaube ich daran, dass das geschehen kann?" Solche Fragen erschaffen unterstützende Glaubenssätze für das Erwünschte. Die Frage: „Wie kann ich abnehmen und Spaß an dem Prozess haben?" ist grundlegend förderlicher als „warum bin ich so fett?"

Es gibt keine Endstation

Die Wahrheit ist nicht da draußen. Deine Seele ist kein Sucher, sie ist ein Spieler. Du wirst niemals an einer Endstation ankommen, also erfreue dich an der Reise. Viele Menschen wünschen sich eine endgültige Lösung, einen idealen Zustand oder die Erleuchtung, aber das würde implizieren, dass unsere Existenz statisch ist, was sie nicht ist. Sie ist unendlich und ewig, immer wieder sich ausweitend, ewig und immer wieder sich neu definierend. So etwas wie „nun habe ich alles erreicht" gibt es nicht, denn wenn du etwas erreicht hast, siehst du schon den nächsten aufregenden Horizont auftauchen. Wenn das nicht so wäre, dann wäre die Unendlichkeit ziemlich langweilig.

Die Suche nach Glaubenssätzen

Sehr viele RC-Praktizierende haben es sich zum Hobby gemacht, nach limitierenden und versteckten Glaubenssätzen zu suchen. Sie verstehen, dass sie durch Glaubenssätze Realität erschaffen. Während das zwar ein berechtigter Weg ist, mag es nicht unbedingt der einfachste Weg sein, vor allem dann nicht, wenn sich „nach limitierenden Glaubenssätzen suchen" in „Suche nach Problemen" verwandelt.

Es kann leichter zu verstehen sein, wenn du erkennst, dass die versteckten Glaubenssätze sich in der Erfahrung des alltäglichen Lebens von ganz allein zeigen. Wenn du das, was dir täglich geschieht, beobachtest, kannst du leicht nachlesen, welche versteckten Glaubenssätze oder Intentionen du hegen magst. Nach tiefsitzenden und unterbewussten Glaubenssätzen zu suchen, so wie es viele Leute machen, setzt nicht nur voraus, dass du sie nicht kennst (weil sie ja so tief sitzen), sondern ignoriert auch die offensichtlichen Effekte deiner Core Beliefs, welche sich um dich herum manifestieren.

Die sogenannten versteckten Glaubenssätze sind überhaupt nicht versteckt, sondern liegen direkt vor deiner Nase. Und sie bleiben nur unerkannt, weil sie nicht in Frage gestellt (sondern als Fakten deklariert) werden.

Außerdem kommen deine versteckten Glaubenssätze (wenn es die geben sollte) sofort hoch, wenn du dir eine neue Realität auswählst. Wenn du in etwas Neues einwilligst, erkennst du auch, womit du vorher einverstanden warst und wie diese beiden Realitäten sich gegenüberstehen.

Glaubenssätze sind einfach Einwilligungen/Vereinbarungen darüber „wie die Dinge sind". Das gibt dir die Möglichkeit, das Alte zu überprüfen und loszulassen oder darüber hinauszugehen. Sagen wir mal, du trittst in eine neue Realität ein und später am Tag taucht ein emotional geladenes Ereignis auf. Dieses Ereignis ist die Antwort auf die Frage: „Welche versteckten entgegenstehenden Glaubenssätze gibt es bezüglich meiner neuen Realität?"

Es ist bereits offenbart. Du brauchst nicht danach suchen. Warum es kompliziert machen, wenn es doch so einfach ist? New-Age-Lehren haben ihre eigenen Konditionierungen – sie konditionieren die Menschen, dass sie daran glauben, sie müssten entgegenstehende Glaubenssätze loslassen, auflösen, damit arbeiten oder ent-kreieren.

Aber dieses Vorgehen verleiht der entgegenstehenden Realität oder Glaubenssätzen mehr Relevanz und Wichtigkeit, als du es von dem neuen Standpunkt aus tun würdest.

Von deinem neuen Standpunkt aus bist du einfach Zeuge, ohne groß darauf zu reagieren oder zu interagieren. Denn du bist die Version von dir, zu welcher dieses Ereignis oder Glaubenssatz (was beides dasselbe ist) nicht länger relevant ist. Du musst nicht an Glaubenssätzen wie, „ich weiß nicht" oder „unbewusste oder transparente Glaubenssätze begrenzen mich" festhalten. Die beste Übung hierfür ist, wenn du das Ereignis oder den Fakt als Glaubenssatz wahrnimmst und dann wieder in der idealen Version von dir ruhst.

Der Zyklus einer Kreation

Lass es uns noch einmal wiederholen: Es gibt eine Negativität (Widerstand). Von hier taucht ein Wunsch auf (deine Aufgabe). Der Wunsch wird geliefert (nicht deine Aufgabe, sondern die Aufgabe der Unendlichkeit). Die Erfüllung des Wunsches wird empfangen (deine Aufgabe).

Der Kreislauf ist kurz: Dein Wille, der Wille der Unendlichkeit, deine Empfänglichkeit. Der dritte Teil (deine Empfänglichkeit) ist der herausforderndste Teil für die Menschen in dieser Zeit. Du hast einen Willen, aber du musst diesen auch loslassen und für das, was du dir wünschst, empfänglich werden.

Alles oder Nichts-Meditation

1. Schaue in dich und sieh das Nichts, welches das ganze Potential enthält.
2. Schaue in dich und sieh die ganze Schöpfung (inklusive dem physischen Universum)
3. Wechsele zwischen diesen beiden hin und her – bleibe jeweils nicht länger als 30-80 Sekunden pro Seite.

Über Fragen und Antworten hinaus

1. Nimm den Standpunkt von jemandem ein, der keine Fragen hat.
2. Nimm den Standpunkt von jemandem ein, der keine Antworten hat.
3. Nimm den Standpunkt von einem Raum ein, in welchem es weder Fragen noch Antworten gibt.

Meditation

Es wurden viele limitierende Konzepte und Definitionen darüber, was Meditation ist und was nicht, in die Öffentlichkeit gestreut. Deshalb bezieht dieses Buch sich auf Meditation als „in die Stille gehen“.

Meditation basiert auf den folgenden Beobachtungen:

- Während der Meditation schwenkt deine Aufmerksamkeit nicht hin und her, sondern ist selbstbestimmt.
- Das innere Universum der Gedanken, Emotionen und Beobachtung bekommt mehr Aufmerksamkeit und Wichtigkeit, als das äußere Universum. Das ist besonders wichtig, da es so etwas wie äußeres Universum nicht gibt (außer als illusionäre Reflektion des inneren Universums). Meditation wird notwendig, da die Menschen so viel Betonung auf dieses illusionäre Rad legen. Nichts da draußen kann dich glücklich machen. Es ist alles in dir.
- Auf einer praktischen Ebene gehen Entspannung und Klarheit mit Konzentration, Lernen, Kreativität, Gesundheit und vielen anderen Formen von Erfolg Hand in Hand.
- Meditation erlaubt den Wechsel von „tun“ zu „sein“ und von „Ursache“ zu „Wirkung“.
- Meditation erlaubt die Beobachtung der Kreationen und es wird leichter in die eigenen Wünsche zu wechseln.

Der Hauptgrund, warum die ganze Welt nicht regelmäßig meditiert, ist, weil die Menschen darüber getäuscht worden sind, was Meditation wirklich ist und welche Bedeutung sie hat. Meditieren hat nichts mit „rumsitzen und gelangweilt sein“ zu tun. Es bedeutet auch nicht, dich in ungemütliche Positionen zu bringen und sinnlos zu versuchen, den Verstand anzuhalten. Meditation erlaubt die Ent-Identifikation, was dir wiederum erlaubt, dich neu zu identifizieren. Eine neue Identifikation ist nicht einfach eine neue Attitüde oder Wahrnehmung. Es ist ein kompletter Wechsel der Realität.

Die grundlegendste Form von Meditation ist das Zurückkehren zum Nichts, einfach durch Loslassen und Nichtstun. Du kannst dich dabei auf eine Sache konzentrieren oder den Atem beobachten. Wenn du Freude in dem Nichts gefunden hast, kannst du dir etwas Neues wählen – das ist die Essenz der PURE-Technik.

Wunschdenken und Ehrlichkeit

Der Unterschied zwischen Realitätserschaffung und Wunschdenken (oder Selbst-Täuschung) ist folgender: Das erste beinhaltet Wunsch + Glauben und das zweite beinhaltet Wunsch + Unglauben (manchmal wird der aber nicht wahrgenommen). Lügen sind eine Form von Unglauben.

Etwas auszusprechen, dass noch nicht faktisch manifestiert ist, ist keine Lüge, wenn du es wahrhaft fühlst und es glaubst – auch wenn andere es als Lüge wahrnehmen.

Das ist ein bisschen anders als die Definition der Gesellschaft darüber, was eine Lüge ist. Deshalb ist es manchmal besser, deine beabsichtigten Realitäten nicht unbedingt anderen zu erzählen, sondern sie für dich zu behalten.

Ehrlichkeit bedeutet, dass du das, was du fühlst oder glaubst, sagst. Je ehrlicher du bist, desto stärker wächst deine Kraft zur Realitätserschaffung. Warum?

Die Antwort: Wenn du weißt, was du wirklich glaubst (anstatt das, was du denkst zu glauben oder glauben zu müssen), verstehst du nicht nur, wie sich „glauben“ wirklich anfühlt, sondern du kannst auch zu einem besseren Glauben wechseln. Nicht zuzugeben, was du wahrhaft glaubst, ist das Höchste der Selbstverleugnung und macht RC unmöglich.

Du kannst nicht alles haben, was du willst

Lass von dieser billigen Verkäufermasche „Sie können alles haben, was Sie wollen“ los. Du kannst nicht alles haben, was du willst. *Du kannst alles haben, was du zu sein gewillt bist.* Du kannst nichts haben, bei dem du nicht bereit bist, das auch zu leben.

Wenn du denkst, dass sich dein Leben ändern wird, ohne dass du dich zuerst änderst, dann liegst du falsch. Das wäre, als würdest du versuchen, etwas für Nichts zu bekommen. So funktioniert das Gesetz der Korrespondenz aber nicht.

Verantwortung umdrehen

In RC wird alles aus einem anderen Blickwinkel betrachtet, als das, was dir gelehrt wurde. Die folgende Technik hilft dir dabei, jedes Thema in einem RC-Kontext zu bringen. Wenn du sie benutzen möchtest, wähle dir ein Problem aus und dazu den Grund, warum du denkst, dass es existiert. Dann drehe das Statement um, so dass das Problem zum Grund wird und der Grund zum Problem. Zum Grund addierst du noch „ich will“. Beispiele für diese Unterhaltung:

1. „Ich bin übergewichtig, weil ich so viel esse.“ Wird zu: „Ich esse zu viel, weil ich übergewichtig sein will.“
2. „Ich bin einsam, weil niemand mich will.“ Wird zu: „Niemand will mich, weil ich einsam sein will.“
3. „Ich habe keine Zeit für meine Kinder, weil ich so beschäftigt bin.“ Wird zu: „Ich bin so beschäftigt, weil ich keine Zeit für meine Kinder haben will.“
4. „Ich habe Angst vor meiner wirtschaftlichen Situation.“ Wird zu: „Ich bin in dieser wirtschaftlichen Situation, weil ich Angst haben will.“

Magisches Gebet

Bevor du dich schlafen legst, richte dich mit etwas, das dich beschäftigt oder wobei du eine Verbesserung wünschst, an eine höhere Quelle (Gott, Unendlichkeit, Höheres Selbst). Flüstere die folgenden Worte drei Mal:

„Danke, dass du mir zeigst, dass das Thema bereits gelöst ist.“

Dieses Gebet ist weder flehend noch bettelnd, sondern du dankst einfach.

Die „Alles was ist“-Meditation

Schließe deine Augen und erlaube, dass sich deine Aufmerksamkeit auf alles, was ist, richtet – dein Haus, Familie, Nachbarschaft, Stadt, Erde, Galaxie, Universum, Gedanken, Gefühle, Stimmungen, Pläne, Dinge etc. – alles, was dir in den Kopf kommt, wenn du deine Aufmerksamkeit auf „Alles was ist“ richtest. Tauche darin für einige Minuten ganz ein, experimentiere und beobachte. Erlaube, dass sich deine Aufmerksamkeit über die Grenzen von allem ausweitet, indem du deine Gefühle oder Vorstellungskraft benutzt. Beobachte so, als ob es eine definierte Grenze, in dem alles existiert, gibt. Innerhalb dieser Grenze befindet sich alles, was ist, außerhalb dieser Grenze ist das Undefinierte. Wenn du diese Wirkung erreicht hast, flüstere: „Das ist alles, was ist.“ Dann erlaube deiner Aufmerksamkeit, dass sie davon loslässt. Nimm einen tiefen Atemzug und lasse alles mit dem Ausatmen los. Nimm nach einigen Sekunden wahr, was noch übrig ist und wiederhole den Prozess der Ausdehnung und Einbeziehung mit jedweder Impression, die noch übrig ist. Dringe in alles ein, gehe über alles hinaus und lasse es dann los. Wiederhole das einige Male, bis du den Eindruck gewinnst, dass alles leer ist und dass dein Verstand relativ entspannt ist. Aber diese Entspannung und die Leere ist immer noch etwas, also wiederhole die Übung mit dem, was übrig ist. Gehe über die Dunkelheit und unendliche Stille hinaus, höher und höher. Höre mit der Übung auf, wenn du kurz davor bist, vor Glück zu explodieren.

15. Existenzbereiche

Kreise innerhalb von Kreisen

Alles ist eins. Um diese Aussage detaillierter zu erforschen, können wir Realität in verschiedene Domänen, Sphären, Existenzbereiche, Einflussfelder oder Mega-Räume unterteilen. Beginnend mit dem Raum des individuellen weltlichen Selbst können wir ausgedehnte Einflussbereiche definieren. Du kannst dir diese als konzentrische Kreise vorstellen. Jede größere Domäne enthält die kleineren Sphären. Jeder kleinere Kreis ist sich nicht des größeren Kreises außerhalb von ihm bewusst. Der größere Kreis ist sich jedoch gleichzeitig beider bewusst (sich selbst und der enthaltenen Kreise).

1. Persönlicher Bereich/Domäne

Die persönliche Domäne ist die individuelle Person, die Identität und alles, was mit ihrer Existenz zusammenhängt – Körper, Name, Besitztümer, Interessen, Wünsche, Widerstände. Das ist der Bereich des weltlichen Selbst. Wenn du dich ausschließlich über den Körper und Verstand definierst, bist du auf diese Domäne limitiert und hast 100 % kreative Kontrolle allein über diesen Bereich.

2. Bereich/Domäne von Beziehung

Dies ist der Bereich der Interaktionen zwischen Individuen, die sich nahe stehen – Freundschaften, Ehe, Familie, Liebesaffären. Wenn man dem linearen Weg der Einweihung folgen würde, würde man zuerst über seine persönliche Domäne Kontrolle gewinnen, bevor man die kreative Kontrolle über die Beziehungsdomäne gewinnen kann.

Kurz gesagt: Liebe dich selbst, bevor du andere liebst. Die Kontrolle über diesen Bereich zu erlangen hat nichts damit zu tun, andere Menschen zu kontrollieren. Du erlangst die Kontrolle über deine Reaktionen in Bezug auf andere.

3. Gruppen-Bereich/Domäne

Viele Individuen arbeiten oder verbinden sich miteinander für Gruppenaktivitäten, Gruppenziele und Gruppenmeinungen – Unternehmen, Clubs, Organisationen, religiöse Gruppen, etc. Diese sind temporär oder bestehen über lange Zeit. Eine Gruppe kann eine Dynamik entwickeln, die weit über das individuelle weltliche Selbst hinausgeht. Auf einem linearen Weg der Einweihung würde jemand erst dann über diese Gruppe Kontrolle gewinnen, wenn er seinen Beziehungsbereich kontrollieren kann. Dies passiert nicht, indem du dich einer Gruppe anpasst, sondern indem du durch deine Stärken zur Gruppe und dem gemeinsamen Ziel beiträgst. Du kannst die Gruppen-Domäne in der Rolle eines Mitglieds oder eines Führers meistern – beides ist effektiv.

Wähle dir Gruppen aus, die sich gut anfühlen (die mit dir in Resonanz stehen), wertschätze die Unterschiede, sei dir der Gruppenziele bewusst und unterstütze diese.

4. Bereich/Domäne der Gesellschaft

Große Gruppen von Menschen co-existieren an ähnlichen geographischen Plätzen und Gesellschaftsformen. Zusammen formen sie eine lockere nationale Identität. Ein Land oder Staat ist eine Gesellschaftsdomäne. Du meisterst die Gesellschaftsdomäne, indem du dir der Unterschiede andersartiger Gesellschaften und Kulturen bewusst bist und diese gleichzeitig wertschätzt (z. B. Reisen) oder indem du die Massen positiv beeinflusst (z. B. durch Massen-Medien).

5. Globale Domäne

Ein Planetensystem ist eine globale Domäne. Sie umfasst alles innerhalb der Sphäre des Planeten – Gesellschaften, Ökologie, Natur, Materie, Spezies, Tiere etc. Unsere globale Domäne wird „Erde" genannt. Auf dem linearen Pfad der Einweihung bedeutet die Meisterschaft dieser Domäne, diesen Planeten wertzuschätzen. Es bedeutet, die Identität des Planeten selbst als lebendes Wesen anzuerkennen und die Natur zu respektieren. Wenn du beginnst, dir anderer, höherer Domänen, fremder Welten und Wesen bewusst zu werden, zeigt das an, dass du entweder der globalen Domäne gegenüber Widerstand leistest oder dass du sie gemeistert hast. Wenn du sie gemeistert hast, wirst du in der Lage sein, mit Wesen außerhalb der globalen Domäne (Aliens) zu kommunizieren.

6. Stellare Domäne

Die stellare Domäne ist das Sonnensystem innerhalb derselben Raum-Zeit, in welchem sich das weltliche Selbst befindet. Das Zentrum dieser Domäne ist das, was wir „Sonne" nennen. Unsere spezielle stellare Domäne enthält Planeten wie Merkur, Mars, Venus, Uranus, Neptun, Jupiter, Saturn, Pluto und die dazugehörigen Monde. Diese Domäne zu meistern, beinhaltet eine sich ausdehnende Wahrnehmung zu den verschiedenen Planeten, das Wissen um die Interaktion zwischen diesen, Reisen zu den Planeten (mit oder ohne den physischen Körper), Bewusstsein für den Lebenszyklus eines Sterns und die Fähigkeit, die Qualitäten der Sterne zu identifizieren. Dieser Level kann gemeistert werden, wenn ein Lebewesen mit Wesen von anderen Planeten innerhalb unseres Sternensystems kommuniziert hat.

7. Galaktische Domäne

Viele Sonnensysteme zusammen formen eine Galaxie, welche ihre eigenen Lebenszyklen hat. Sterne werden geboren und sterben wieder. Zivilisationen steigen auf und fallen. Unser Sternensystem liegt am Rande einer Galaxie, die wir „Milchstraße" nennen. Diesen Bereich hat derjenige gemeistert, der über das eigene Sonnensystem hinaus wahrnehmen kann und andere Welten und deren Bewohner erfährt.

8. Universelle Domäne

Alles innerhalb desselben Raum-Zeit-Kontinuums funktioniert nach denselben Gesetzen und bildet zusammen ein Universum. Unser Universum enthält viele Galaxien. Sogar ein Universum hat Zyklen, in denen es sich ausdehnt oder zusammenzieht. Unser Universum ist in dem Prozess des Ausdehnens, genau wie unser Bewusstsein. Die universelle Domäne hat derjenige gemeistert, der seine Aufmerksamkeit auf verschiedene Galaxien ausdehnen kann, der die Fähigkeit der Levitation (Schweben) beherrscht, der physische Objekte aus dem Nichts erschaffen kann oder der in der Lage ist, die Gesetze von Zeit und Raum zu verändern.

9. Dimensionale Domäne

Es gibt viele verschiedene Universen, parallele Universen und Dimensionen mit verschiedenen schwingungsmäßigen Frequenzen. Man kann diese multidimensionalen Realitäten bereisen, sie erforschen und erfahren. Es gibt Universen, in denen die Gesetze, so wie wir sie kennen, keine Bedeutung haben. Zusammen formen sie das, was ich das „Omni-versum" nenne. Du hast diese Domäne gemeistert, wenn du die Fähigkeit besitzt, astral zu reisen, luzide Träume träumen kannst oder in der Lage bist, parallele Universen auf der physischen Ebene zu erschaffen.

10. Gesamtheit aller Domänen

Dies ist die Gesamtheit von allem, was ist – Unendlichkeit, kreatives Potential, die Ausdehnung, die Quelle. Während jede andere Domäne aufgeteilt und fragmentiert ist, ist diese Domäne ganz und vollständig. Diese Domäne zu meistern bedeutet wahre Erleuchtung. Diese Domäne kann nicht durch Werkzeuge, die vom Verstand erschaffen wurden, erfahrbar gemacht werden, aber sie kann mit nicht-konzeptueller Wahrnehmung berührt werden.

Normalerweise würde die menschliche Perspektive immer von unten nach oben auf die Domänen schauen und sich selbst als Individuum in einem riesigen Universum sehen. In RC sehen wir es anders herum. Wir akzeptieren uns als die größte Domäne – Unendlichkeit, Totalität, Gottheit, Bewusstsein – und wir fokussieren oder fragmentieren in immer kleinere Wesens-Domänen, ohne jemals die Verbindung zur Gesamtheit zu verlieren. Dich nur als das individuelle weltliche Selbst zu definieren, würde ein extrem detaillierter Fokus sein. Dich in dieser Weise zu begrenzen ist eine Form von Magie, die viele Wesen aus anderen Bereichen nicht verstehen würden. Ich habe einmal einem außer-dimensionalen Wesen beschrieben, wie das Leben auf dieser Erde ist. Er konnte es nicht verstehen und hat mir nicht geglaubt. Er konnte nicht glauben, dass Gott sich soweit limitieren würde, dass er sogar vergisst, wer er ist. Aber es ist möglich und wir als Menschen tun das. Natürlich verdirbt ein Buch wie dieses den ganzen Spaß. Aber die natürliche Perspektive ist immer die ungetrennte Ganzheit von allem. Diese Ganzheit erschafft verschiedene Dimensionen, in welchen das eine vom anderen unterschieden werden kann. Trennung oder Dualität ist der Beginn eines jeden Spiels, einer jeden Dimension. Wir können diese Dimension mit allen möglichen wundervollen Dingen vollstopfen, und innerhalb dieser Familie von Dingen können wir eine Galaxie erkennen oder erschaffen und innerhalb dieser entdecken wir dann Sonnensysteme. Und um uns noch mehr zu fokussieren, erkennen wir einen einzelnen Planeten. Einen Planeten wahrzunehmen, bedeutet, sehr zielgenau zu fokussieren – unfassbar für viele. Wenn wir auf diesem Planeten sind, können wir weitere Unterscheidungen und Trennungen kreieren, indem wir verschiedene Gruppen auf verschiedenen Ebenen mit ihren verschiedenen Beziehungen zueinander erschaffen. Und schlussendlich fokussieren wir uns auf das weltliche Selbst und identifizieren uns damit, um noch intensiver an dieser Welt teilzunehmen. Wir könnten damit weitermachen und uns immer weiter teilen – es gibt keine Grenzen. Wir könnten uns in Körper, Geist, Seele teilen oder wir könnten noch weiter gehen und den Verstand und die Seele in das Unterbewusste – Höheres Selbst, niederes Selbst – teilen. Aber diese Teilungen sind (außer für Forschung und Fokus-Ziele) unnötig und sogar limitierend.

Je mehr du die Dinge aufsplitterst, desto komplizierter werden sie und desto weiter entfernst du dich von der Wahrheit der Ganzheit. Um wenigstens ein bisschen weniger defragmentiert zu sein, sieh alle Teile von dir als Einheit ohne Trennung. Der Verstand ist nicht dein Feind, so wie es viele lehren. Das Unterbewusste ist kein abgetrennter unbegreiflicher Teil von dir, welcher dich kontrolliert. Du bist nicht in deinem Körper. Dein Körper ist in dir. Wenn du dich als Einheit anerkennst, wird es einfacher für dich sein, die Umgebung deiner Realität und andere Menschen als *dich* (bzw. als Reflektion von dir) zu sehen. Du kannst dich wieder damit identifizieren, ohne deine Identität zu verlieren. Der Mythos „seine Individualität zu verlieren“ ist ein Grund dafür, warum ein Mensch das Wissen über die Einheit von allem vergisst. Das Ganze enthält jeden Standpunkt, dein individueller Standpunkt geht dabei niemals verloren.

Die Domänen aufzuzeigen ist eine Möglichkeit, sich über die Bandbreite von Bewusstsein ein Bild zu machen, von der Unendlichkeit bis zu den sehr spezifischen Teilen namens „Menschen“. Je höher die Vibration eines Individuums ist, desto mehr Interesse zeigt es an höheren Domänen. Diese zu kennen und über sie Bescheid zu wissen, löst die Aufmerksamkeit etwas von ihrer Starrheit. Die täglichen Sorgen werden in die richtige Perspektive gerückt. Nimm einmal deine größte Angst oder größten Wunsch und betrachte diese von der Perspektive der nächst höheren Domäne aus. Nimm wahr, wie relativ unwichtig es nun erscheint. Ein Wunsch ist jedoch einfacher zu erschaffen, wenn er von einer Perspektive höher aus betrachtet wird.

„I can´t get no Satisfaction!” (Ich erlange keine Befriedigung)

Stelle dir ein Bündel Papier-Münzen vor, Bilder von Geldmünzen auf Papier – zweidimensionale Münzen. Stell dir nun vor, dass jemand versucht, diese aufzustapeln, um eine dreidimensionale Münze zu erhalten. Aber egal wie viele zweidimensionale Münzen er besitzt, er wird nie eine dreidimensionale Münze daraus erhalten. Was bedeutet das? Dieses Beispiel bezieht sich auf Menschen, die versuchen eine Erfahrung der vierten Dimension nachzuahmen (eine höhere Erfahrungsdomäne), indem sie Dinge in der dritten Dimension ansammeln. Während 3-D-Erfahrungen, wie z. B. Sex und materieller Besitz, angenehm und erfreulich sind für das, was sie sind, reichen sie doch niemals ganz an die Qualität der vierten Dimension heran (was wir innere oder spirituelle Erfahrungen nennen). Manche Menschen denken, dass sie einfach nur genug 3-D-Dinge anhäufen müssten, um ein 4-D-Gefühl zu bekommen. Also schnupfen sie Kokain, haben so viel Sex wie möglich, sammeln Autos und Gold – aber irgendwie finden sie keine Befriedigung. RC empfiehlt einen anderen Weg. Ich empfehle, einfach das vierdimensionale Gefühl durch dich hindurchfließen zu lassen. Du wirst erst weniger abhängig und bedürftig - und dann wird die vierte Dimension mehr zugänglich für dich.

Erweiterte Fähigkeiten

Wenn du deine Aufmerksamkeit auf Gebiete ausdehnst, die dir vorher nicht vertraut waren (du zielst höher), kannst du damit kleinere, dichtere und weniger bedeutende Dinge einfacher erreichen. Nach Level 5 zu greifen, wird Level 3 einfach aussehen lassen. Das folgende Kapitel will dich nicht unter Druck setzen oder deine Aufmerksamkeit auf Unnatürliches lenken. Die Übungen sollen spielerisch angewandt werden, ohne dabei hart zu arbeiten, andererseits wäre es nichts wert. Wenn nichts davon (noch nicht) funktioniert, ist das völlig in Ordnung. Ruhe in deiner natürlichen Freude. Wenn du bereit bist, deine Aufmerksamkeit auszudehnen, denke über die folgenden Fragen nach:

1. Bin ich in der Lage, mit Pflanzen zu kommunizieren?
2. Kann ich Elfen sehen?
3. Kann ich mit Aliens kommunizieren?
4. Kann ich Objekte allein durch meinen Geist bewegen?
5. Kann ich den Körper levitieren?
6. Kann ich Wunden und Verletzungen am selben Tag heilen?
7. Kann ich vergangene und zukünftige Leben sehen?
8. Kann ich außerhalb des Körpers reisen?
9. Kann ich Telepathie praktizieren?
10. Kann ich Wunder erleben?
11. Habe ich die Fähigkeit der außersinnlichen Fernwahrnehmung?
12. Kann ich auf jede Information, die ich mir wünsche, in der Matrix von Unendlichkeit zugreifen?
13. Kann ich Zeit stoppen, umkehren oder biegen?
14. Kann ich mehr spüren, als die fünf Sinne mir zeigen?
15. Kann ich jedes andere Spaß-Phänomen erleben?

Über diese Fragen ohne Erwartung oder Druck nachzudenken, erweitert die Bandbreite deiner Gedanken. Auch ohne sofortige Resultate, wirst du dich gut fühlen, wenn du darüber nachdenkst. Du könntest es zu einer Übung machen, jede Frage mit einem leidenschaftlichen „Ja, und zwar so…!“ zu beantworten oder du antwortest mit einem leidenschaftlichen „Nein!“ und beobachtest, welche Zweifel auftauchen.

Nun folgen einige Hinweise für jedes der eben genannten Themen. In deiner Imagination liegen bestimmt noch bessere Antworten, wie du die Dinge erreichen kannst. Für den Anfang kannst du aber auf meine Hinweise zurückgreifen.

1. Mit Pflanzen kommunizieren

Mit Pflanzen zu kommunizieren ist einfach. Da du mit der Unendlichkeit eins bist, hängst du mit allem innerhalb der Unendlichkeit zusammen. Fotografiere eine Pflanze, dann kümmere dich eine Woche lang besonders um sie, sprich zu ihr, streichele sie vielleicht – und nach einer Woche fotografierst du sie wieder. Vergleiche diese beiden Bilder und du wirst mit ziemlicher Sicherheit den Unterschied sehen.

2. Elfen sehen können

Dies bezieht auch ein, andere Wesen sehen zu können. Alien-Lebensformen gibt es nicht nur außerhalb der Erde, sondern auch auf und sogar in der Erde. Wir sehen sie nicht, weil wir nicht in die korrespondierende Schwingungsfrequenz eingestimmt sind. Delphine z. B. sind im Vergleich zu dem, was wir „tierisch" nennen, sehr fortgeschritten. Sie können uns außergewöhnliche Dinge lehren, wenn wir bereit sind zuzuhören. Elfen findet man auf grünen Flächen und wenig bewohnten Wäldern. Wenn du dich in der korrespondierenden Schwingungsfrequenz befindest, kannst du sie sehen. Du brauchst dafür keine Drogen zu nehmen. Drogen legen deine dir gegebene Fähigkeit, Schwingungsfrequenzen zu verschieben, sogar lahm. Wenn du dich mit der Realität, dass du Elfen sehen kannst, identifiziert hast, mache dich auf in den Wald und nimm wahr, was du in deinen Augenwinkeln siehst. Elfen sind gegenüber Menschen sehr schüchtern und zeigen sich selten vollständig. Der einzige Platz, an dem ich bisher Elfen gesehen habe, war in Island. Der Grund dafür ist wahrscheinlich, dass es in Island einen einvernehmlichen Glaubenssatz gibt, der die Realität von Elfen akzeptiert.

3. Mit Aliens kommunizieren

Es gibt viele verschiedene Wesen, mit denen du kommunizieren kannst. Du sollst dich deshalb weise entscheiden. Mit welcher Qualität möchtest du interagieren? Du wirst das bekommen, was du selbst am meisten repräsentierst. Nichtsdestotrotz zeigen sich außerirdische Formen nur selten, wenn du keinen guten Grund hast, sie zu kontakten. Sie werden sich nicht zeigen, um dir Ratschläge für Dinge zu geben, die du selbst lösen kannst. Sie werden sich auch nicht zeigen, wenn deine Angst zu groß ist. Wenn du aber große Angst hast und trotzdem nach außerweltlichen Wesen rufst, ziehst du vielleicht Situationen oder Wesen an, die dir nicht gefallen werden. Deshalb ist es sehr wichtig, reinen Herzens gute Intentionen zu haben, wenn du den Kontakt machen möchtest. Nachdem du dieses Buch gelesen hast, brauchst du keine weiteren Techniken, um diesen Kontakt herzustellen. Du brauchst einfach nur: 1. Die richtige Definition darüber, was du wirklich willst, 2. Aufmerksamkeit und 3. Identifikation.

4. Objekte allein mit dem Geist bewegen

Diese Fähigkeit ist nicht Teil der allgemeingültigen Realität, auf die sich Menschen geeinigt haben. Nichtsdestotrotz wurde es von einigen Menschen auf diesem Planeten demonstriert. Die Anwendung von RC ist sogar wie das Bewegen von Objekten allein durch den Geist, denn wenn du beginnst mit einer neuen Realität in Resonanz zu treten, bewegt sich das ganze Universum, um sich anzupassen. Einzelne Objekte aber sofort bewegen zu wollen, ist etwas problematisch und zwar aus den folgenden Gründen: a) Die Objekte könnten auch mit der Hand bewegt werden. Die Unendlichkeit wählt immer den Weg des geringsten Widerstandes, und wenn du den Lichtschalter auch mit der Hand betätigen kannst, warum sollte man dann stundenlang darauf starren? b) Die ausgewählten Objekte lösen meist keine große Begeisterung in der Person, die Psychokinese anwenden möchte, aus. Würdest du eher deine Energie darauf verwenden, einen Löffel zu biegen, als dich in jemanden, den du dir her wünschst, zu verlieben? c) Diese Übung wird oft mit dem Ziel ausgeführt, um das Gesetz „Mind over Matter“ („Geist über Materie“) zu beweisen. Das Misslingen wird dann häufig dafür missbraucht zu beweisen, dass es nicht funktioniert – obwohl es tatsächlich funktioniert. Sofortige Resultate zu verlangen, mindert jedoch die Effektivität der Unendlichkeit, das zu manifestieren, was du nach außen gesandt hast. Trotz dieser Probleme funktioniert Psychokinese tatsächlich, jedoch erfordert es eine Menge Konzentration und Übung. Es beinhaltet, dass du dich mit dem Objekt identifizierst und dich dann als das Objekt bewegst. Oder du identifizierst dich mit einem Menschen, der mit seinem Geist Dinge bewegen kann. Du kannst dich aber auch mit reiner Energie (du siehst Objekte und das Selbst als Energie) oder Energie-Händen, die das tun können, identifizieren. In jedem Fall ist es so, wie es einst in einem bekannten Spielfilm gesagt wurde: „Es ist nicht der Löffel der sich biegt, sondern du.“ Bevor du dich in dieses Abenteuer hineinstürzt, frage dich, ob es wirklich wert ist, Zeit und Aufmerksamkeit darein zu investieren. Würdest du lieber etwas manifestieren, an dem du dich erfreuen kannst oder möchtest du dir lieber etwas beweisen?

5. Levitation des Körpers

Ich bin nicht kompetent genug, um über dieses Thema zu sprechen, da ich mich in dieser Version meines Lebens noch nicht damit auseinandergesetzt habe. Aber von dem, was wir wissen, können wir davon ausgehen, dass es eher weit entfernt vom allgemeinen Konsens ist. Man bräuchte sicher eine Menge Übung, um sich von „ich bin ein Körper“ zu ent-identifizieren. Anschließend würde man sich wahrscheinlich mit einem extremen Leichtgewicht oder mit „ich bin Bewusstsein, das den Körper anhebt“ identifizieren.

6. Wunden oder Verletzungen am selben Tag heilen

Und noch einmal: RC praktiziert den Weg des geringsten Widerstandes und dieser Weg beinhaltet gewöhnlich auch, ins Krankenhaus oder zumindest zum Doktor zu gehen. Es gibt keinen Grund, die gegenwärtige Medizin oder Ärzte als „schlecht“ zu deklarieren, wie es die New-Age-Bewegung leider tut. Wenn die Menschen aufhören würden, die Magie und zeitgenössische Medizin zu trennen, und wenn sie aufhören würden, andere Ansichtsweisen schlecht zu machen, dann würde die gegenwärtige Medizin auch offener für Alternativen werden. So etwas wie „den falschen Heilungsweg“ gibt es nicht. Alles was funktioniert, ist berechtigt und wertvoll. Was dir nicht geholfen hat, mag vielleicht einem anderen helfen. Du möchtest das nächste Mal vielleicht die folgende Technik ausprobieren. Wenn du dich direkt nach der Verletzung daran erinnern kannst (was schon eine Herausforderung für sich ist), wiederhole dieselbe Bewegung, die zu der Verletzung geführt hat, aber tue das so, als ob die Verletzung niemals stattgefunden hat. Wenn du dich z. B. mit dem Messer geschnitten hast, dann bewege das Messer einige Male auf deine Hand zu, ohne dich zu schneiden, oder du bewegst es einige Male woanders hin, so als ob die Bewegung, die den Schnitt verursachte, niemals stattgefunden hat. Diese „Quasi-Wiederholung“ hat für einige Menschen Wunder kreiert und die Heilung von anderen beschleunigt.

7. Auf vergangene und zukünftige Leben schauen

Vor dem Hintergrund des viele-Welten-Models ist das ganz einfach. Da es keine feste Vergangenheit oder Zukunft gibt, schaust du auf die Vergangenheit oder Zukunft, die mit der Version von dir, die du jetzt bist, korrespondiert. Jemand, der zu einer Reinkarnationstherapie geht, erlebt nicht tatsächlich sein vergangenes Leben, sondern ein vergangenes Leben, welches mit der Person, die sie jetzt ist, korrespondiert. Jede andere Form von Leben ist eine Sache der Definition (was willst du sehen) und Aufmerksamkeit (neutrale Aufmerksamkeit bewahren, um zu sehen, was hochkommt). Du kannst das auch mit PURE machen, indem du dich mit einer zukünftigen oder vergangenen Version von dir identifizierst. Da du Bewusstsein bist, kannst du dich mit allem identifizieren und alles erfahren. In RC tust du das aber nicht, um herauszufinden, was heute dein Problem lösen könnte, sondern einfach für zur reinen Freude daran. So, wie steht es mit der Vergangenheit der Menschheit? Gibt es keine feste Vergangenheit der Menschheit? Es wird für einige eine Enttäuschung sein (besonders für die, welche viel Vergangenheitsforschung betrieben – aber nein. Es gibt viele Versionen der Vergangenheit, je nachdem wer schaut. Was jedoch existiert, das ist der vereinbarte Konsens, mit dem die meisten bzgl. der möglichen Vergangenheiten der Menschheit übereinstimmen. In unserem gegenwärtigen Konsens gibt es nicht viele verschiedenen Vergangenheiten und es gibt einige Ereignisse, über deren Geschehen sich die meisten einig sind. Jedoch würden die meisten Seelen (wir als diskarniertes Wesen) nicht mit dem, was uns in der Schule gelehrt wurde (über das, was in unserer gegenwärtigen Zeitlinie geschehen ist) übereinstimmen. Die Theorie der linearen Evolution und des technologischen Fortschritts über tausende von Jahren hinweg ist sozusagen noch fehlerhafter als andere Modelle. Die Evolution fand nicht in einer linearen Entwicklung von unten (Steinzeit) nach oben (Raumzeitalter) statt. Es wäre angemessener zu sagen, dass diese Entwicklung in Wellen oder Zyklen mit Hochs und Tiefs vonstattenging. Und ja, das bedeutet, dass wir natürlich Technologie sowie Kontakt mit außerirdischen und inter-dimensionalen Wesen in frühen Zeiten hatten. Jedes halbbewusste Wesen kann das erkennen.

8. Außerkörperliche Reisen

Ein Aspekt von dir reist bereits außerkörperlich und zwar dann, wenn der andere Teil schläft – jede Nacht. Das Ziel dieses Abschnittes ist nicht einfache astrale Projektion, sondern bewusstes Erinnern an deine außerkörperlichen Reisen. Das bedeutet, dass du bewusst genug bleibst, um daran teilnehmen zu können.

Das ist paradox, denn das Schlafen erfordert, dass das Bewusstsein schläft. Außerkörperliche Erfahrungen bedeuten, dass man einschläft ohne das Bewusstsein zu verlieren. Das erfordert immer eine tiefe Entspannung von Körper und Geist, ohne einzuschlafen bzw. während man einen Teil von sich wach und bewusst hält. Wenn du das tun kannst, ohne deinen Schlafzyklus zu stören, wirst du großartige Erfahrungen außerhalb deines Körpers machen.

Diese Erfahrungen sind anders als reine Vorstellungen oder Träume. Du bist während deiner Reisen bei klarem Bewusstsein und nimmst Dinge außerhalb deines Körpers wahr. Es kann mit Imagination beginnen. Projiziere dafür einen Doppelgänger von dir, der fliegt und herumläuft, welcher sich aber bald in etwas anderes als nur Imagination verwandelt.

9. Telepathie benutzen

Genauso wie einige andere hier erwähnte Fähigkeiten, muss Telepathie nicht wirklich praktiziert oder geübt werden, denn es ist ein natürlicher Nebeneffekt von Bewusstseinserweiterung. Telepathie beinhaltet Empathie. Wenn du dich mit etwas oder jemandem verbunden fühlst, weißt du alles darüber, ohne nachdenken zu müssen. Telepathie mit dem Ziel auszuführen, die Geheimnisse von jemandem rauszufinden, ist für diese Fähigkeit jedoch kontraproduktiv, denn sie setzt viele Vorannahmen voraus, z. B.: dass du getrennt bist, und dass die andere Person Geheimnisse hat (welche dir schaden könnten, wenn du sie nicht herausfindest).

Wenn du empathisch mit jemandem verbunden bist, empfängst du alle Signale dieser Person, manchmal sogar spezifische Gedankenteile, ohne den Prozess der Telepathie kontrollieren oder einer geheimen Agenda folgen zu müssen. Telepathie ist natürlich für dich. Telepathie kontrollieren oder in eine Strategie packen zu wollen, würde deinen Glauben zeigen, dass sie nicht natürlich ist. Wenn du etwas über die andere Person wissen möchtest, frage oder fühle sie – identifiziere dich emphatisch mit der Person. So einfach ist das.

10. Plötzlich Wunder erleben

Wenn du Wunder und Magie als fremd und unglaublich bezeichnest, trennst du dich selbst von diesen Erfahrungen. Wenn du jedoch akzeptierst, dass Wunder die Norm sind (anstatt nur eine Ausnahme), wird die Erfahrung von Wunder schneller zu dir kommen.

11. Außersinnliche Fernwahrnehmung

Ungeachtet der angebotenen Programme, Workshops und Trainings auf diesem Gebiet kannst du die übersinnliche Fernwahrnehmung leicht selbst lernen. Werde still. Entspanne dich in neutrale Aufmerksamkeit. Schaue nun auf eine Wand oder Barriere, durch die du nicht mit deinen Augen sehen kannst. Bewege nun deine Aufmerksamkeit durch diese Wand auf die andere Seite und bleibe dort ohne eine Erwartung oder absichtliche Vorstellung. Beobachte, welche Bilder auftauchen. Dann gehe tatsächlich hinter die Wand und vergleiche deine außersinnliche Wahrnehmung mit dem, was wirklich da ist. Das ist eine Möglichkeit, wie du die außersinnliche Wahrnehmung trainieren kannst. Eine weitere Möglichkeit: Definiere, was du lernen möchtest. Lenke nun deine Aufmerksamkeit dorthin (oder auf eine mentale Repräsentation des Ortes, über den du etwas herausfinden möchtest). Bleibe dabei neutral und ohne Erwartung oder eigene Vorstellung. Warte auf das, was sich zeigt. Wenn möglich, hole dir die Bestätigung für deine außersinnliche Wahrnehmung über das, was tatsächlich in diesem Zeit-Raum dort ist.

12. Zugang zu allen Informationen

Dies ist auch relativ einfach. Es gibt viele Möglichkeiten, um an Informationen zu kommen. Du kannst der Unendlichkeit oder einer imaginierten Repräsentation deines Höheren Selbst Fragen stellen und dann die Antworten empfangen. Du kannst dich selbst auch schriftlich fragen und dir die Antworten in Stille geben. Oder du könntest dich mit der Version von dir, die eine bestimmte Information bereits hat, identifizieren. Die Werkzeuge der Aufmerksamkeit und Identifikation können für alles eingesetzt werden. Wenn du denkst, dass es da etwas gibt, das du nicht weißt, dann gibt es da immer eine Version von dir, die weiß. Trete in diese Version ein, genieße es und dann lasse los. Die Antwort wird bald darauf auftauchen – nicht weil du darauf wartest, sondern weil du sie fühlen kannst.

13. Zeit stoppen, umkehren und biegen

Einiges zu diesem Thema wurde bereits in dem Kapitel über Zeit besprochen. Du wirst nicht in der Lage sein, etwas zu tun, das nicht mit deinen Glaubenssätzen konform geht. Wenn du aber deine Definitionen über Zeit, über Realität und darüber, wie die Dinge normalerweise sind, etwas lockerst, wirst du automatisch mehr außergewöhnliche/anomale Erfahrungen erleben.

14. Mehr wahrnehmen als die normalen fünf Sinne zeigen

Es gibt nicht nur einen sechsten Sinn, sondern noch einige andere Sinne, die das physische menschliche Wesen hat. Sogar innerhalb der physischen Grenzen gibt es einiges zu entdecken. Ein spezifischer Sinn, der noch nicht von der Wissenschaft der allgemeingültigen Realität entdeckt wurde, ist der Sinn der Raumorientierung („space orientation“). Dieser Sinn ist in der Sinus-Region des Körpers gelegen und hat auch eine Verbindung zu anderen Orten. Einige werden jetzt argumentieren, dass die

Raumorientierung durch die Sinne Sehen und Hören erschaffen wird, aber so ist es nicht. Wenn wir den Raumsinn nicht hätten, würden wir alles am selben Platz oder eindimensional sehen. Ein anderer Sinn ist das „Spüren". Dieser Sinn kann auch als das „Fühlen" bezeichnet werden, jedoch nicht im taktilen Sinn von „etwas berühren". Menschen als auch Tiere haben diesen Sinn. Beispiele: Menschen nehmen wahr, wenn jemand auf sie starrt, sogar aus weiter Entfernung. Menschen und auch Tiere können fühlen, wenn sich ein Desaster ankündigt. Manche Menschen wachen auf, bevor der Wecker klingelt, weil sie fühlen, dass er es gleich tun wird. Einige Menschen können die Intention von anderen spüren. Das wird dann Intuition genannt.

Oft liefert dieser Sinn genauere Informationen, als es die anderen fünf Sinne tun. Leider hat die Gesellschaft diesen Sinnen noch keine große Aufmerksamkeit geschenkt.

15. Andere Spaß-Phänomene erfahren

Dies ist keine vollständige Liste. Es gibt viele interessante Dinge, die man erforschen und praktizieren kann. Die Fähigkeit, die unter dem vorherigen Punkt beschrieben wurde, kann z. B. in so etwas wie „außersinnliches Fühlen" oder „Energie fühlen" transferiert werden. Der Körper eröffnet viele Wunder, die noch nicht entdeckt wurden, bzw. die nur von sehr speziellen Gruppen wahrgenommen werden (z. B. Martial-Arts-Spezialisten oder Langzeit-Heiler). Das Wissen und die Erfahrungen, die in luziden Träumen in der Nacht gewonnen werden, könnten viele Bücher füllen. Experimentiere mit der PURE-Technik der Stille, der nicht-reaktiven Unendlichkeit, Identifikation mit Freude und dann das Loslassen – dies bietet dir viele tausend Jahre an Reisen voller Spaß.

16. Filme des Lebens

Der Prozess des Filmemachens und Filme-Anschauens bietet eine nahezu perfekte Analogie dafür, wie Bewusstsein, Realität und das Leben funktionieren. Der einzige Unterschied ist, dass ein Film auf einem zweidimensionalen Flachbildschirm erfahren wird, während das Leben auf einem dreidimensionalen Bildschirm stattfindet. Alle anderen Aspekte sind fast identisch, so dass man spekulieren könnte, dass „Filme machen" und „Filme anschauen" eine physische Realitäts-Kopie darüber ist, was eine Seele tut bzw. wie Leben funktioniert.

Die Umstände des Lebens scheinen eine eingebaute Festigkeit zu haben, welche dich dazu bringt, diesen Umständen Kontinuität und Fortbestand zuzuschreiben. Die gleiche Illusion wird in einem fortlaufenden Film präsentiert. Die Filmcharaktere, die Handlung und die Szenerie scheint auf dem Bildschirm in einer linearen Kontinuität fortzulaufen, da das menschliche Auge nicht in der Lage ist, die einzelnen Bilder zu erkennen. Film, Projektor und Bildschirm sind dazu erschaffen, das Auge auszutricksen und es glauben zu machen, dass es sich um einen fortlaufenden Prozess handelt. Sie tun das, indem sie die einzelnen Bilder schneller bewegen, als es das Auge sehen kann. Diese Illusion erschafft emotionale Erfahrungen und Entertainment. Die Aufmerksamkeit verwickelt sich in der Illusion. Wenn man in einem nicht-identifizierten Zustand mit dem Gedanken „naja, das ist nicht real, es ist nur eine Illusion", im Kino sitzen würde, würde es keinen Spaß machen. Aber nur ein Blick hinter die Szenen oder der darunterliegenden Struktur – und die Illusion ist aufgedeckt. Dieses Aufdecken der Masken ist vielleicht nicht empfehlenswert für Szenen die du genießt, aber es ist vielleicht ganz sinnvoll für Szenen, an denen du keinen Spaß hast. Vielleicht hast du schon einmal bemerkt, wie du deine ganze Aufmerksamkeit auf eine Filmszene richtest, die dir sehr gefällt und im Gegensatz bei Filmszenen, die du nicht magst, dein Fokus ganz woanders hin tendiert – z. B. zum Raum, in dem du dich befindest, dem Kinokomplex, Freunden oder was auch immer. Wenn du das tust, dann verblassen die Gefühle, die du zu dem Film hattest. Physische Realität (oder das dreidimensionale Filmerlebnis) erzeugt eine Form von Kontinuität, welche sie real und echt erscheinen lässt. Während du dir den Film ansiehst, möchtest du nicht einmal hinter die Kulissen sehen, denn dann würde dir die Identifikation (mit der Geschichte im Film) nicht möglich sein und es würde den Spaß verderben.

Du möchtest gar nicht wissen, wie jede Szene separat (vielleicht sogar an verschiedenen Tagen) gedreht wurde und wie ein verantwortlicher Assistent sich darum gekümmert hat, dass alle Objekte wieder an denselben Ort wie den Tag zuvor platziert sind. Du willst nicht zum Bildschirm vorgehen und sagen „Hey guck mal – dieses Bild besteht aus einer Menge von Punkten, das sind keine realen Objekte." Nicht einmal das Bild ist wirklich ein richtiges Bild, sondern eher eine Ansammlung von Punkten, die als Bild interpretiert werden. Die Punkte selbst bestehen wiederum aus noch kleineren Punkten, welche wiederum aus Wellenformen bestehen. Von dem Standpunkt eines willentlichen Beobachters aus ist das Bild natürlich da, denn er möchte es auch sehen, weil es ihn unterhält. Er nimmt es ungefragt als real an. Das

Ganze in Frage zu stellen, würde den Genuss verderben und aufdecken, was sich hinter den Szenen verbirgt. Ein näherer Blick auf irgendetwas löst es auf und offenbart die tieferliegende Realität dahinter. Du kannst das mit jeder Realität tun – du kannst alles ran- oder wegzoomen.

Die Wörter „real" und „Illusion", wie sie hier benutzt werden, beziehen sich nicht wirklich auf ein metaphysisches Absolutes (wie manche es zu lehren versuchen), sondern auf Domänen oder Realitätsstufen. Die sich bewegenden Filme auf dem Bildschirm sind vom Standpunkt einer unmittelbaren, versunkenen Erfahrung aus real. Wenn wir hinter das Offensichtliche in eine tiefere Ordnung schauen, sehen wir, dass der Filmprojektor, der Kinobesitzer etc. den Film erschaffen haben. „Das Einzige, was sich wirklich bewegt, ist der Projektor", ist der Möchtegern-erleuchtete-Meister nun versucht zu sagen. Aber wenn wir auf eine noch tiefere Ebene schauen, finden wir heraus, dass es Filmdirektoren, Filmproduzenten und Schauspieler hinter all dem gibt. „Ein Film ist eine Lüge! Hinter all dem stehen Filmproduzenten!" mag der Möchtegern-Verschwörungstheoretiker nun sagen. Wir können noch näher ran zoomen und feststellen, dass auch die Projektion des Projektors eine Illusion ist, die aus verschiedenen Partikeln besteht. Also hängt das, was real ist, vom Standpunkt und von dem, was jemand erfahren möchte, ab. Wenn ich mir einen Film ansehe, möchte ich mich nicht auf den Projektor oder auf die innere Arbeitsweise eines Fernsehers fokussieren, sondern auf die farbenfrohen Kreationen, die projiziert werden. Wenn du verstehst, das alles real und gleichzeitig Illusion ist (je nachdem in welchem Standpunkt du bist), kannst du auch unerwünschte Illusionen mit bevorzugten Illusionen austauschen.

Die Analogie geht weiter: Genauso wie ein Image auf dem Bildschirm eine Projektion ist, genauso ist auch die physische Realität eine Projektion (auf einem dreidimensionalen Bildschirm). Objekte und Umstände mögen als konstant und fest erscheinen, wenn du darin verwickelt bist. Wenn du auf diese Weise identifiziert bist erscheinen sie sehr überzeugend und schwer zu ändern oder zu bewegen. Aber tatsächlich ist es nicht schwer, sie zu bewegen. Du möchtest einfach nicht, dass sie sich ändern, genau wie ein Film-Liebhaber, der sich in dem Moment nichts anderem, außer dem Film, bewusst sein will. Und was besonders signifikant ist: Die Umstände erscheinen unabhängig vom Strom des Bewusstseins (welcher sie erschaffen hat). Genauso wie der Film unabhängig von dem Lichtstrom, welcher vom Projektor kommt, erscheint. Du nimmst den Lichtstrom nicht wahr. Du siehst nur das Bild. Du würdest diesen Lichtstrahl nur sehen, wenn du hochschauen würdest. In dem dunklen Raum des Kinos (Unendlichkeit) wird ein Lichtstrom (Bewusstsein, Glaube, Intention) benutzt, um Bilder (Gedanken) mit hoher Geschwindigkeit auf einen Bildschirm (Raum-Zeit, physische Realität) zu schicken welches dann wiederum eine virtuelle Welt von Bewegungen, Drama und Stimmungen erschafft. Je mehr Tragödie involviert ist, desto mehr genießt du es. Die meiste Zeit nimmst du das aber nicht wahr, weil du Teil des Films bist. Wenn du eine Rolle spielst, vergisst du, dass der Film ursprünglich von dir geschrieben, dirigiert, produziert und projiziert wurde.

Die Film-Analogie ist dazu da, dir lieber Leser, zu helfen. Sie hilft dir dabei dich zu erinnern, dass Realität weniger beständig, fest und real ist, als sie erscheint. Das wird dich von Problemen fernhalten (außer natürlich, du möchtest gern Probleme). Das Problem mit diesem Wissen ist, dass es die Menschen von der Welt ein bisschen ent-identifiziert und gleichzeitig auch in Bezug auf ihre Wünsche ent-identifiziert. Deshalb lehrt RC beides, die Ent-Identifizierung als auch die neue Identifizierung – dass du dich wieder soweit fallenlassen kannst, dass du vieles wieder vergisst, wie z. B. die Film-Analogie. Indem du auf Ereignisse reagierst, machst du sie unabhängig vom Beobachter: Sie werden zum Effekt anstatt zur Ursache. Du möchtest, dass das nur mit erwünschten Realitäten passiert. Sogar Fragen wie „warum habe ich dieses Problem?“, stellt die Vorannahme auf, dass das Ereignis unabhängig vom Beobachter stattfindet, als ob der Film unabhängig vom Projektor wäre. Du genießt die Filme, aber nimmst du sie so wichtig, dass sie dich verärgern? Der Bildschirm reflektiert nur, was du projizierst, nichts weiter. Die Ereignisse sind viel elastischer, biegbarer und flüssiger, als gemeinhin angenommen wird. Wenn du an ihre Flüssigkeit glaubst, kannst du sie formen. Unter dem hypnotischen Einfluss eines Films denkst du, dass die Festigkeit und Beständigkeit eine dazugehörige Qualität ist und wirst süchtig danach. Das gibt dir die Illusion von Sicherheit, Komfort und Vertrautheit, aber lässt nur wenig Platz dafür, dass neue Dinge geschehen können. Wenn du wüsstest, wie schnell sich die Dinge wirklich ändern können, würdest du geschockt sein. Innerhalb weniger Tage – oder sogar Stunden oder Minuten – kann ein kompletter Wechsel von allem stattfinden.

Alles was du tun musst, ist deine Intention (Projektion, Glaube), die du Moment für Moment in die Welt beamst, zu verschieben – und als neues Selbst zu inkarnieren. Verändere nicht den Bildschirm. Verändere die Filmrolle. Der Glaube an die Autorität von Zeit, Raum und Ereignissen (egal wie überzeugend sie auch sein mögen) kann umgebaut und mit der Autorität der Imagination und Schwingungswellen des Glücks ausgetauscht werden. Das passiert ganz natürlich, wenn du die Bilder der Realität genug verlangsamst (du entspannst dich), so dass du sie und die Leere oder Ausdehnung zwischen ihnen erkennen kannst. Deshalb ist Meditation oder Stille auch eine Voraussetzung für RC.

Einige Meditationssysteme scheinen vergessen zu haben, worum es in der Meditation überhaupt geht, besonders wie es mit RC in Verbindung steht. Wir sehen viele Menschen, wie sie die östlichen Meditationspraktiken kopieren. Sie sitzen jahrelang in Stille, ohne diese wunderschöne Stille und Ausdehnung zur Realitätserschaffung zu nutzen. Es ist, als würde man eine Goldmine besitzen, ohne zu wissen, welchen Wert Gold hat. In der Meditation erlebst du, wie sich das offene Bewusstsein mit der Unendlichkeit (hinter allen erschaffenen Realitäten) identifiziert. Während dies auch die einfachste Möglichkeit ist, die unendliche Leichtigkeit zu erleben, ist es außerdem der beste Platz, von dem aus du dich mit einem neuen parallelen Selbst identifizieren kannst.

Ein Wechsel der Realität involviert immer auch einen Wechsel von dem, was real ist (bzw. „wie die Dinge eben sind“) in die Erkenntnis, dass diese Wahrheit nur ein

Glaubenssatz ist, den du dir gerade auswählst. Erinnere dich an einen Moment, in dem du erkannt hast, dass die Dinge nicht wirklich so waren, wie du gedacht hattest. Höre kurz auf mit dem Lesen, um dich an so einen Moment zu erinnern. In diesen Momenten wird die Macht des Bewusstseins erkannt, einen Glauben wahr erscheinen zu lassen. Der Glaubenssatz erschafft Realität und die Realität bestätigt den Glauben. Dies sind seltene aber wundervolle und magische Momente und ich wünsche mir, dass der Leser dieses Buches viele solcher Momente hat. „Du siehst...“, „Es ist wahr.“ „Ich erkenne es.“ „Ich habe es dir gesagt.“ „Es ist ein Fakt.“ „Deshalb ist es wahr.“ „Da haben wir es....“ – Aussagen wie diese sind ganz lustig, wenn du weißt, dass Glaubenssätze diese Realitäten projizieren. Niemand zweifelt an deinen Erfahrungen. Es gibt einen Grund dafür, warum du etwas erlebst. Du glaubst (beabsichtigst) etwas, und diese Intention wird in die Welt der Fakten projiziert. Du verlierst dich in der Projektion, du wirst zu der Projektion und bald darauf siehst du es als „Ursache“ oder „Quelle“.

Eines Tages erwachst du hoffentlich und nimmst deine Intention zurück, weil du bemerkst dass immer du es warst, der es ursprünglich nach außen projizierte. Dann wechselst du in eine neue Intention – ruhst in ihr und erlaubst sie – und so weiter. Der Film des Bewusstseins mit seiner Fülle an Schönheit hört niemals auf.

Beharrliche Realitäten loslassen

In seltenen Fällen wird es so scheinen, als ob eine Realität sich trotz deines bewussten Einsatzes der Realitätserschaffungstechniken nicht verändert. Die beste Übung ist nicht, sich auf das Lösen einer unerwünschten Realität zu fokussieren. Stattdessen identifizierst du dich mit der Version von dir, die bereits das, was du dir wünschst, erlebt. Den Rest überlässt du der Unendlichkeit. Diese Übung wird vor allen anderen empfohlen. In seltenen Fällen kann es so erscheinen, als ob diese Übung nicht die erwünschte Änderung kreiert. In diesem Ausnahmefall kannst du die folgende Prozedur anwenden. Wenn du ein medizinisches Thema loslassen möchtest (z. B. Alkoholismus), verwende dies nicht als Ersatz einer medizinischen Behandlung, sondern wie eine Ergänzung.

Du sitzt niemals wirklich in einer Realität fest. Sie könnte sich extrem schnell (innerhalb weniger Minuten), schnell (innerhalb von Stunden) oder eher langsam (innerhalb von Tagen) verändern. Aber für jetzt nehmen wir einmal an, dass es so etwas wie eine „beständige Realität“ gibt und wir nehmen weiterhin an, dass es etwas mehr braucht, um sie loszulassen. Wenn das der Glaube ist, auf dem du bestehst, werden wir diesen Glauben mit einem ausführlicheren Prozess anpassen. Wie wirst du wissen, dass du im Begriff bist, eine beharrliche Realität loszulassen? Dein Gefühl wird sich auf einer Skala zwischen eins (geheilt) bis zehn (chronisch) bewegen. Erleichterung ist ein Indikator, dass sich die Realität gelöst hat. Bestimmte Ereignisse tauchen nicht mehr so intensiv wie gewöhnlich auf.

Vier-Wege-Assoziation

Wähle dir eine beharrliche Realität aus, die sich nicht aufzulösen scheint. Beantworte einige Fragen zu dieser Realität, indem du die *beharrliche Realität* in den freien Raum einträgst.

1. Was gibt dir ____? Welche Vorteile bekommst du von ihr? Wie dient sie dir? Wovor beschützt sie dich?
2. Welche Nachteile würden sich ergeben, wenn du –______________________ loslässt, dich davon befreist oder ohne sie bist? Welche schlechten Dinge passieren, wenn du dich nicht mehr auf ____________________ fokussierst, darüber nachdenkst, es fühlst oder tust? Was würde schlechter werden?
3. Was würde dir das Loslassen von ___________________________ bringen? Welche Vorteile würdest du haben? Welche neue Lebensqualität und welches Gefühl würdest du haben? Was ist da für dich drin?
4. Welche Nachteile würde es haben wenn du ______________________ nicht loslässt? Wie würde das Nichtloslassen dich begrenzen? Wie würde sich deine Situation weiter verschlechtern, wenn du es nicht loslässt?

Auf jede dieser vier Fragen gibt es mindestens fünf Antworten. Für jedes Thema, das du hast, gibt es mindestens vier mögliche Assoziationen, diese sind:

1. Thema = Was hat es Gutes? (Vorteile)
2. Thema loslassen = Was ist schlecht, wenn du das Thema loslässt? (Nachteile)
3. Thema loslassen = Was hat es Gutes, wenn du es loslässt? (Vorteile)
4. Thema = Was wäre schlecht, wenn du es nicht loslässt? (Nachteile)

Ohne das RC-Wissen kommen Menschen über ein Thema hinweg, indem sie wissentlich oder unbewusst ihre Assoziationen von den Punkten 1 und 2 auf 3 und 4 verlagern. Sie finden mehr Gründe, warum 3 und 4 wahr sind. Die Vorteile des Loslassens bzw. das Leiden des Nicht-Loslassens werden so stark, dass sie sich dazu entschließen, etwas zu ändern. Und sobald das Loslassen angenehmer ist, als das Festhalten, geschieht die Veränderung. Deshalb finden es viele Menschen einfacher, mit dem Rauchen aufzuhören, weil der Körper ansonsten sterben würde.

Statistisch gesehen überwinden nicht viele Menschen jemals eine beständige Realität. Eine Menge Leute haben alles Mögliche ausprobiert, nur um sich dann noch mehr in dem unerwünschten Thema verwickelt zu finden. Diese Statistiken allein sind Grund genug, dass du deine Fähigkeit, eine beharrliche Realität loszulassen, einsetzt und trainierst. Das bringt dich sofort in die Gefilde eines Magiers, der das statistisch Unmögliche wahrgemacht hat – ein Magier, der außerdem überlebt hat, um es anderen mitzuteilen und so zu einer Inspiration für die Welt wurde. Würdest du dir nicht liebend gern beweisen, dass du dazu fähig bist, wenn es wirklich wichtig ist? Wenn du das loslassen kannst, welche anderen Dinge kannst du dann noch tun? Eine zähe, beständige Realität loszulassen, hat enorme Konsequenzen auf dein Bewusstsein und dein Leben und macht es viel einfacher an „ich bin der Schöpfer“ zu glauben.

Den Verstand durcheinanderbringen

Bevor du den nächsten Schritt in diesem Verfahren tust, ist folgendes noch wichtig: Dies ist das Stadium, in dem wir unsere gewohnheitsmäßigen Assoziationen mit dem Thema durcheinander rütteln. Es ist wichtig, dass du aufhörst, dich für deine Assoziationen niederzumachen oder zu kritisieren und stattdessen beginnst, dich einfach zu lieben und zu akzeptieren. Das Thema als „falsch" oder „beschämend" zu bezeichnen, ist die erste Blockade. Für den Prozess fülle bitte den leeren Teil mit deinem Thema aus und tue folgendes:

1. Kreiere ein intensives Verlangen für ______________________________.
   (durch denken/fühlen)
2. Kreiere ein intensives Verlangen für ______________________________.
   (durch reden)
3. Kreiere ein intensives Verlangen für ______________________________.
   (durch Aktionen)
4. Kreiere einen intensiven Widerstand gegen ______________________________.
   (denken/fühlen)
5. Kreiere einen intensiven Widerstand gegen ______________________________.
   (reden)
6. Kreiere einen intensiven Widerstand gegen ______________________________.
   (Aktionen)
7. Kreiere Neutralität für ______________________________.
   (denken/fühlen)
8. Kreiere Neutralität für ______________________________.
   (reden)
9. Kreiere Neutralität für ______________________________.
   (Aktionen)

Wiederhole die Schritte 1-9, bis dir jeder Schritt Spaß macht.

Beispiel: Alkoholismus

1-3: Ich kreiere ein intensives Verlangen nach Alkohol, indem ich daran denke wie erfrischend, beruhigend und köstlich es ist. Mit Hingabe und Leidenschaft habe ich Tagträume über Bier, Wein und Likör. Ich assoziiere wundervolle Erlebnisse damit – flirten, Sex, Entspannung, Lachen – Ich sage mir: „Ja, gib mir mehr und mehr. Bring es mir. Mach schon. Ich brauche es genau jetzt. Ich will damit überflutet werden. Ich bin glücklich betrunken. Wenn ich trinke, bin ich ein echter Mann. Ich muss ein Bier haben. Gib mir noch einen Martini. Los!" Ich agiere die Begierde nach Bier aus. Ich renne zum Kühlschrank und stürze eine Flasche Bier in einem Zug runter, schütte es über mich, sauge an der Flasche, lecke daran und übertreibe maßlos.

4-6: Ich kreiere einen intensiven Widerstand gegenüber Alkohol. Ich stelle mir eine Serie von abstoßenden Bildern vor, die mit Alkohol zu tun haben – Ekel, Widerstand, Angst, Wut. Ich stelle mir vor, wie ich obdachlos bin, so viel trinke, dass ich alles wieder (auf mich) auskotze, wie mir schwindelig wird und ich auf den Beton falle und mir den Kopf aufschlage. Bier und Traurigkeit, Bier und Angst, Wein und Dummheit,

Brandy und ein faltiges sabberndes Gesicht. Ich stelle mir vor, wie ich mit meinen Kumpels auf dem Bahnhof und auf stinkigen Toiletten rumhänge und wie eine Kakerlake aus der Flasche kriecht.

Fantasiere so lange, bis du das Bedürfnis hast, dich zu übergeben. Du kannst auch Dinge sagen wie „Bier macht mich krank und dumm. Es ist der Krebs meiner Seele. Ich habe durch Alkohol mein Leben verloren. Ich bin ein Loser und muss in der Bahnhofstoilette schlafen. Ich stinke nach Schnaps. Ich bin zu Frauen brutal und werde ins Gefängnis gehen." Nimm eine Weinflasche und stelle dir vor, dass der Wein verunreinigt ist. Trinke ihn trotzdem und versuche, dich dabei richtig krank zu fühlen.

7-9: Kreiere Neutralität zu dem Thema. Sieh Alkohol als Alkohol, Likör als Likör und so weiter. Alkohol ist einfach nur ein populärer Drink. Eine Flasche ist einfach nur eine Flasche, weder gut noch schlecht. Einige mögen Alkohol, andere nicht. Alkohol zu trinken ist ok. Ihn nicht zu trinken ist auch ok. Es ist nur was zu trinken. Nimm eine Flasche und beobachte sie ohne eine Meinung, Wertung, Leidenschaft, einen Widerstand, ein Bedürfnis oder irgendetwas anderes in Bezug darauf zu haben. Es ist einfach eine Flasche. Öffne sie. Rieche daran. Nimm einen Schluck, ohne die ganzen Assoziationen, die du normalerweise damit verbinden würdest. Stell die Flasche zurück. Vielleicht trinkst du später noch mehr davon. Vielleicht auch nicht. Es ist keine große Sache.

Dies war ein Beispiel, wie du die Übung benutzen kannst, um ein Verlangen nach Alkohol heilen zu können. Du kannst sie aber auf jede beharrliche Realität anwenden. Der Prozess wird solange wiederholt, bis du keinerlei Interesse mehr an dem Thema hast. Wenn du das Interesse verloren hast, wird dich das Thema auch nicht mehr kontrollieren. Du kannst es fallenlassen. Der Prozess neutralisiert fixierte Energie und Ambivalenz. Ambivalenz hält eine Realität häufig fest. Du gehst durch alle Variationen: Verlangen, Widerstand, Neutralität. Du hast immer drei Ströme zu dem Thema, ob du dir dessen bewusst bist oder nicht. Genieße alle drei Rollen. Wenn du sie nicht genießt, ist das ein Zeichen dafür, dass du um das Thema eine Wand gebaut hast. Als erstes erschaffst du also ein intensives Verlangen für das Thema, dann baust du intensiven Widerstand auf und anschließend beobachtest du es einfach neutral. Die ersten beiden Schritte werden dabei richtig übertrieben.

Hier noch einige hilfreiche Fragen für die Arbeit mit hartnäckigen Realitäten:

Wenn du diese Realität loslassen würdest, welches andere Konstrukt, an dem du festhältst, würde dadurch gestört werden?

Wovor musst du dich schützen?

Denkst du, du bräuchtest etwas anders? Wenn ja: Was?

Eine Filmszene beabsichtigen

Vielleicht magst du folgende Vorstellung: Dein ganzer Tag kann als eine bestehende Aneinanderreihung verschiedener Filmszenen gesehen werden. Was sind die Vorteile davon, deinen Tag auf diese Weise zu betrachten? Du könntest dir z. B. zwischen zwei Szenen eine Auszeit nehmen. In dieser Auszeit kannst du spezifische Intentionen für bestimmte Segmente festlegen, welche von der Kreation und Intention des ganzen Films abweichen. Ein Hauptgrund für Automatismen und hypnotischer Unbewusstheit im Alltag ist, dass du von Szene zu Szene und von Segment zu Segment lebst, ohne dir jemals eine Auszeit zu gönnen, ohne den Film einmal anzuhalten, ohne bewusst zu entscheiden, was in der nächsten Szene passieren soll. Vielen Menschen ist noch nicht einmal bewusst, dass sie tatsächlich beabsichtigen können, wie sie die morgendliche Dusche oder die Autofahrt zu Arbeit erleben wollen. Sie bewegen sich von einer Szene zur anderen ohne einen bewussten Gedanken. Sie nehmen die Themen von ihrer Arbeit mit nach Hause und die Themen von zu Hause bringen sie mit zur Arbeit. Die PURE-Technik ist die kraftvollste Übung in diesem Buch. Die Übung „eine Filmszene beabsichtigen" folgt gleich darauf. Sie beinhaltet, den ganzen Tag über viele kleine Auszeiten zu nehmen: um Luft zu holen, um Bestandsaufnahme zu machen, was gerade vor sich geht und um spezifische Intentionen für die nächste Szene festzulegen. Wenn das Telefon klingelt, handeln viele Menschen normalerweise reaktiv, ohne sich weitere Gedanken zu machen und heben so den Telefonhörer ab. In der Übung „eine Filmszene beabsichtigen" bzw. das nächste „Segment" beabsichtigen, würdest du kurz anhalten, eine Pause machen und nachdenken, wie das Gespräch verlaufen soll. Was ist die Intention für die Konversation? Auf diese Weise würdest du im Verlauf des Tages viele kleine Mini-Intentionen haben. Auch wenn sie sich nicht sofort erfüllen (und gemäß RC würdest du das auch nicht erwarten), so wird deine Erfahrung der einzelnen Segmente oder Szenen doch ganz anders sein, als wenn du nichts beabsichtigt hättest. Aber noch wichtiger als das bewusste Beabsichtigen ist es, zwischen den Szenen eine Auszeit zu nehmen, anstatt als reaktives unbewusstes Wesen durch den Film gezogen zu werden. Du hast bereits unterschiedliche Intentionen für das Autofahren oder ein Treffen mit deinem Partner. In der Übung, in der du deine Filmszenen bewusst beabsichtigst, wirst du dir dieser unterschwelligen Intentionen mehr bewusst. Wenn deine Intention für die Autofahrt ist: „Es wird heiß und stickig werden und da wird wahrscheinlich ein verdammter Verkehrsstau sein", dann kannst du sicher etwas Besseres denken. „Die Straßen werden frei sein und das Fahren wird mich entspannen." Mit ein wenig Praxis wird das Feld der Unendlichkeit auf deine Mini-Intentionen antworten. Du wirst nicht dazu gezwungen, jeden Tag alles auf dieselbe Weise zu erleben.

Räume

Die Unendlichkeit und das tägliche Leben bestehen aus Räumen, ein anderes Wort für das, was wir gerade „Filmszenen" genannt haben. Du gehst in sie rein und wieder raus und in das nächste rein und raus. Gerade jetzt bist du in einem Raum, einer Szene, einem Gebäude oder außerhalb eines Gebäudes. Denke einmal darüber nach. Was

sind die Räume, in denen du heute eingetreten bist? In wie viel Räumen warst du heute? Ich war heute bereits ein- oder mehrmals in den folgenden Räumen: Schlafzimmer, Badezimmer, Wohnzimmer, Straße vor dem Haus, Auto, Hotel, Seminarraum, Toilette, Terrasse des Seminarraumes, Straße vor dem Hotel, im Kellergeschoss des Hotels, Büro.
Die Räume, in die du eintrittst, sind die Filmsets. Diese Räume als Filmsets anzusehen und dich ihrer bewusst zu sein (besonders in den Zwischenzeiten, bevor du von einem Raum in den nächsten gehst), erlaubt dir, für jeden Raum eine bestimmte Realität zu beabsichtigen. Du kannst dir Auszeiten nehmen, um zu entscheiden, welcher Raum der nächste sein soll und welche Identität du kreieren möchtest. Jeder Raum korrespondiert zu einer beobachtenden Identität (eine Ansammlung von Glaubenssätzen, Emotionen und Verhaltensweisen). Du fühlst dich und bewegst dich z. B. in der Privatsphäre einer Toilette anders, als vor Kunden. Nimm den Identitätswechsel wahr, wenn du auf Toilette gehst. Menschen, die zu viele anerkannte/öffentliche Identitäten verkörpern, werden einen großen Gefühlswandel wahrnehmen, wenn sie in die Zurückgezogenheit einer Toilette treten. Frei von all den Masken, die sie vor anderen tragen, können sie sich entspannen. Wenn du dieses Prinzip kennst, wirst du in der Lage sein, dieselbe Entspannung auch vor anderen zu üben. Vergleiche einmal dein Sein, deinen Gefühlszustand im Schlafzimmer mit deiner Anwesenheit auf Arbeit im Büro. Du wirst eine Menge über dich selbst lernen. Du findest nicht nur heraus, wo du dich besser fühlst und wo nicht, sondern du lernst auch, wie du dich an jedem Ort gutfühlen kannst. Wenn du nach Synchronizitäten (die Botschaften und Hinweise) Ausschau hältst, schau dir deinen Raum näher an. Wenn die Räume, in denen du dich befindest immer wieder wechseln, reflektiert das ein Bewusstsein, das sich gern bewegt, fließt und verändert. Das Bewusstsein für Räume gibt dir eine größere Auswahlmöglichkeit für Räume und die Ästhetik, welche du in die Räume bringst, in denen du dich oft bewegst.

Das Konzept von Raum und Umgebung ist ein wesentlicher Bestandteil der Raum-Zeit-Dimension und dem Spiel, das du auf dieser Erde spielst. Dieser physische Raum-Zeit-Bereich ist ein riesiges Gefilde, in welchem viele kleinere Räume enthalten sind, in welchem noch kleinere Räume enthalten sind und welche noch kleinere Räume beherbergen – genauso wie diese russischen Puppen, die man ineinander stecken kann (Matroschkas). Diese Dimension enthält viele Universen. Innerhalb der Universen befinden sich Galaxien. Innerhalb der Galaxien gibt es Sternensysteme. Innerhalb der Sternensysteme gibt es Planeten. Auf den Planeten gibt es Kontinente. Innerhalb der Kontinente gibt es natürliche als auch künstlich erschaffene Räume (Länder). Innerhalb der Länder gibt es Städte. Innerhalb der Städte gibt es bestimmte Stadtteile, Gebäude, Räume. Jedes davon ist einfach ein Raum – Atmosphären oder Hintergründe für unsere Erfahrungen. Sie sind definiert, begrenzt, limitiert und irgendwo gelegen. Jeder Raum ist eine kleine Galaxie, eine Realität für sich. Alles – sogar Gedanken und Ereignisse – sind räumlich oder zeitlich begrenzt. Alles hat Grenzen/Limits. Nimm die Dinge wahr, die eine Grenze haben, denn dann kannst du auch das sehen, was keine Grenze hat – Bewusstsein, Gewahrsein, Aufmerksamkeit (alles drei sind tatsächlich dasselbe).

Was genaugenommen in RC passiert ist: Jemand erschafft einen Raum (z. B. einen dreidimensionalen Raum), projiziert diesen Raum und kreiert ein kleines Universum mit Grenzen und Inhalten, welches er von anderen Kreationen unterscheidbar macht. Dann tritt dieser jemand in den Raum ein und erlebt diesen. Wenn er damit fertig ist, verlässt er den Raum und ruht in der Unendlichkeit oder erschafft sich einen neuen Raum, den er erfahren kann. Leider treten manche in einen Raum ein und kleben daran fest. Sie verwickeln sich so sehr darin, dass sie die Inhalte oder Realitäten außerhalb dieses Raumes ganz vergessen. Einige vergessen sogar, dass sie diesen Raum selbst erschaffen haben und bleiben deshalb in dem Raum/der Realität stecken. Wenn sie nun Widerstand leisten oder dagegen ankämpfen, kleben sie noch mehr fest – sie sind von der Realität des Raumes überzeugt. Manche erinnern sich, dass sie die Fähigkeit der Schöpfung haben, aber sie kreieren dann nur innerhalb des limitierten Kontextes des Raumes, in dem sie sich befinden – was so ist, als würde man einen Raum in einem Raum erschaffen – der neue Raum wird nicht größer sein als der alte. (Das passiert, wenn jemand einen neuen Standpunkt/neue Realität erschafft, ohne die alten entgegenstehenden Standpunkte/Realitäten loszulassen.) Wenn du eine Realität loslassen möchtest, dann erkenne deren Grenze – wo ist sie und wo nicht, wann ist sie und wann nicht. Es ist schwierig, etwas loszulassen, von dem du sagst, dass es „immer", „überall", „niemals" etc. ist. Da es so etwas wie eine unendliche Kreation nicht gibt (denn nur die Unendlichkeit selbst, der Schöpfer ist unendlich), haben solche Verabsolutierungen keine echte Berechtigung. Das einzige, was unbegrenzt ist, ist das, welches alle limitierten Dinge wahrnimmt – Bewusstsein.

Um Realität zu erschaffen, musst du nur in einen Raum eintreten, dich damit identifizieren, in schwingungsmäßige Resonanz treten und dich synchronisieren. Mit anderen Worten: Wenn du eine Realität erschaffen möchtest, musst du dich auch begrenzen. Vielleicht hast du es noch nicht auf diese Weise gesehen, aber RC bedeutet, dass du dich auf das, was du möchtest, begrenzt. Du limitierst dich auf einen bestimmten Fokus, eine bestimmte Art, die Dinge zu sehen.

Um die Realität zu erleben, filterst du alles aus, was ihr nicht entspricht. Mit anderen Worten: Positive Realitäten werden auf demselben Weg wie negative Realitäten erschaffen. Du trittst in einen Raum ein, indem du einen anderen Raum verlässt. Es ist schwierig, in einen neuen Raum zu gehen, wenn du nicht willens bist, aus dem alten herauszutreten. Du kannst vielleicht einige der alten Möbel und auch ein paar Bilder von der Wand mitnehmen, aber du kannst nicht den ganzen Raum mitnehmen. Deshalb beginnt RC auch mit der Stille, Ruhe, Leere. Wenn man in keinem Raum ist, kann man sich leicht in einen neuen Raum begeben. Wenn du zu viele Räume (Identitäten) während deines Lebens angesammelt hast, musst du von einigen loslassen, bevor neue Dinge passieren können.

Versuche nicht, einen neuen Raum an demselben Platz, an dem noch der alte ist, zu erschaffen (zwischen altem und neuem Fokus hin- und herwechseln). Es ist zwar möglich, aber kreiert gleichzeitig viele kaputte Wände.

17. Lebensthemen

Der erste Entwurf für dieses Buch enthielt annähernd 1500 Seiten an Material aus meinem Reality Creation Coaching. Die Herausforderung war nicht, es aufzuschreiben, sondern es auf einen normalen Umfang für ein Buchformat zu kürzen. Dieses Kapitel enthält Kommentare und Hinweise zu Themen wie Geld, Beziehung, Gesundheit, Sex, Politik als auch einige gekürzte Versionen von Paragraphen aus dem ersten Manuskript.

Geld

Wenn du dich mit der Veredlung von Geld durch PURE vertraut gemacht hast, gibt es tatsächlich nichts mehr dazu zu sagen. Wenn du dich vollständig mit der existierenden Version von dir, die reich ist, identifiziert hast, denkst du auch nicht mehr jeden Tag über Geld nach – denn du hast es bereits. Du bekommst mehr aus dem, was du schon besitzt, heraus. Du bekommst mehr und mehr mit weniger Anstrengung. Du wirst dann freudig mehr tun, als das, wofür du bezahlt wirst. Das ist wiederum der Grund dafür, warum du bald darauf für mehr bezahlt wirst, als du getan hast. Du wirst Geld nicht länger brauchen, danach geifern oder gierig hecheln; es wird nicht länger dein Gott sein. Stattdessen wirst du glücklich mit Geld verheiratet sein und eine tolle Beziehung aufgebaut haben. Du wirst dich daran erfreuen, Geld zu geben und zu bekommen – keins von beiden wird dir widerstreben. Du wirst verstehen, dass wahre Dankbarkeit Geld anzieht, aber eben nur, wenn es nicht dafür benutzt wird, Geld anziehen zu wollen. Die Notwendigkeit zu lügen oder zu betrügen wird einfach verschwinden, genauso wie das Aufschieben der zu bezahlenden Rechnungen. Du wirst verstehen, dass die Einstellung: „Ich will etwas haben, aber nichts dafür geben", nicht die Haltung eines spirituellen oder magischen Wesens ist (wie manche es vielleicht glauben), sondern die Ansicht eines Kriminellen. Du wirst auch verstehen, dass Wohlstand und Reichtum nicht nur Geld bedeuten, sondern auch materielle Objekte, unterschriebene Papiere, Ressourcen und Verbindungen. Deshalb wirst du auch aufhören, Reichtum nur als Geldscheine oder Nummern auf dem Bankkonto zu akzeptieren.

Du wirst lernen, dass es viel klüger ist, deine Aufmerksamkeit und Wünsche auf das zu richten, was du mit dem Geld tun oder dir kaufen kannst. Du erkennst, dass Geld ganz natürlich als Nebeneffekt fließt, wenn du die Dinge tust, die dir am meisten Spaß machen. Geld ist nicht einmal mehr ein wichtiges Thema.

Du bist ein vollkommen reiches Wesen und du kannst alles anziehen, was du dir wünschst – warum solltest du dir also Sorgen um Geld machen?

Und schlussendlich wirst du verstehen, dass du im Grunde nicht unbedingt Geld willst, sondern Komfort und Sicherheit. Wenn du dieses Gefühl in das Jetzt bringst und es vor Geld setzt, wird Geld leicht in dein Leben fließen.

Beziehungen

Das wichtigste Wissen ist: Ja, du kannst dir den Partner, den du dir wünschst, manifestieren (vorausgesetzt, du bist auch willens, das zu tun, was diese Manifestation von dir erfordert). Jede Art von Voraussetzung dafür kann als „Fähigkeiten im Flirt, Aussehen, Vibrationen" und so weiter identifiziert werden. Die Art von Partner, die du anziehst, sagt viel darüber aus, wer du bist. Ein Partner ist die beste Möglichkeit, mehr über sich zu lernen. Während physische Realität ein Spiegel ist, ist dein Partner der tiefste Spiegel von allen. Sei dir gegenüber ehrlich, was du auf deinem momentanen Energielevel anziehen kannst: Fokussiere eine/n mögliche/n Partner/in, die/den du nicht magst und welche/r dich auch nicht mag. Fokussiere eine/n mögliche/n Partner/in, die/den du magst aber welche/r dich nicht mögen würde. Fokussiere eine/n mögliche/n Partner/in, die/den du nicht magst aber welche/r dich sehr mögen würde. Du kannst all diese Kategorien vergessen, wenn du deine vibrierende Energie veränderst. Nun fokussiere eine/n Frau/Mann, die/den du magst und welche/r dich auch mag. Das ist der richtige Weg.

Die beste Lösung zu jedem Partnerschaftsproblem ist die Annahme, dass alles, was dein Partner sagt, richtig ist. Punkt. Von dessen Perspektive aus hat dein Partner auch Recht! Du kannst jedes Partnerschaftsthema lösen, wenn du nicht auf die Energie schaust, die dein Partner dir gibt, sondern auf die Energie, welche von dir zu deinem Partner fließt. Du bist nicht für sie oder ihn verantwortlich, sondern für das, was du aussendest. Du musst nicht mit in das Leiden gehen, wenn dein Partner leidet, das wird keinem helfen. Wenn du nicht deine eigenen Ressourcen hast, hast du auch nichts zu geben. Du schaust nicht darauf, was dein Partner kreiert, sondern darauf, was du erschaffst. Es könnte noch viel mehr über dieses Thema gesagt werden, aber nimm dir bitte dieses eine Prinzip zu Herzen und du wirst kein Beziehungsproblem mehr haben.

Gesundheit

Bewusstsein ist die Ursache von Gesundheit und nicht anders herum. Wenn du sagst: „Ich fühle mich schlecht, weil ich übergewichtig bin", definierst du damit eine Ursache für das Gefühl. In Wirklichkeit ist das Gefühl die Ursache des Gewichts. Verändere einfach wer du bist und wie du dich fühlst und dein Körper wird sich verändern. Wie radikal ein Identitätswechsel die Realität verändern kann, das zeigen Studien über Menschen mit multiplen Persönlichkeitsstörungen. Wenn diese Menschen die Identität wechseln, verschwinden plötzlich Narben, amputierte Arme regenerieren sich und es werden zwanzig Pfund Gewichtsabnahme innerhalb von einer Woche berichtet. Diese Bereiche sind sehr gut recherchiert und dokumentiert, aber die Wissenschaft nennt sie ein Rätsel und Krankheit. Diese sogenannten Wunder geschehen auf Grund eines Identitätswechsels in eine parallele Realität.

Bewusstsein als die Ursache von Gesundheit kann eine der folgenden oder mehr Variationen annehmen:

Der Placebo-Effekt

Ein Placebo-Effekt ist der Glaube einer Person an eine Therapie, Medizin, einen Doktor oder was auch immer. Die durchgeführten Rituale, die verschriebenen Pillen oder die Autorität des Doktors agieren als Anker, die es leichter machen, an Heilung zu glauben. Keine Substanz oder Methode wirkt komplett unabhängig von dem eigenen Glauben daran. Unglücklicherweise haben Wissenschaftler die unendliche Kraft des Bewusstseins trivialisiert, indem sie diese Wirkweise „Placebo-Effekt" nennen – als ob es ein merkwürdiges neuartiges Ding wäre.

Der Rechtfertigungs-Effekt

Jemand der viel Zeit, Bemühungen, Aufmerksamkeit und Geld in seine Heilung investiert, wird diese Anstrengungen häufig unbewusst durch eine Heilung rechtfertigen. Das, was investiert wird, das bekommt man auch zurück. Es scheint so, als ob es nicht wichtig ist, worin jemand seine Zeit, Geld und Aufmerksamkeit investiert, solange man den Glauben hat, dass es funktioniert. Der Rechtfertigungs-Effekt ist eine Variation des Placebo-Effekts.

Die regenerierende Natur unseres Körpers

Der Körper hat die Tendenz, sich selbst zu heilen. Dieser Prozess wird häufig von allen möglichen Bemühungen gestört. In diesen Fällen tritt die Heilung trotz, und nicht aufgrund, dieser Bemühungen auf.

Quickies für schwingungsmäßige Höhenflüge

Es gibt viele Möglichkeiten, wie Menschen ihre Energie erhöhen oder ohne Drogen „high" werden können. Einige studieren metaphysische Kunst wie luzides Träumen, Atemtechniken, Obertonsingen, Schamanische Massage, Tanz, Floating Tanks. Andere machen Sport, lernen Sporttauchen oder flirten mit Menschen des präferierten Geschlechts. Diese und andere Praktiken helfen dabei, deinen allgemeinen Vibrationsklang zu erhöhen.

Aber was, wenn du dir nicht erst die Zeit, die nötig ist, um all diese Künste zu praktizieren, kreieren willst? Hier gebe ich dir ein paar Quickies für zwischendurch an die Hand (im Café, im Aufzug, im Auto, Arbeitspause etc.). Wähle dir die Technik aus, die dir gefällt. Alle diese Übungen werden deine Energie anheben:

- Nimm etwas Entferntes wahr und atme ein. Nimm etwas in deiner Nähe wahr und atme aus. Mache dies für eine Minute oder etwas länger, bis dein Geist ruhiger oder deine Orientierung solider geworden ist.
- Lokalisiere den Teil deines Gehirns, welcher „Mandelkern" (Corpus amygdaloideum) genannt wird (schaue im Internet nach, um diesen Teil zu finden). Wenn du deine Daumen in die Ohren und deine Mittelfinger an den Rand deiner Augen legst, dann liegt da, wo sich jetzt die Zeigefinger natürlich ablegen, der Mandelkern. Er erstreckt sich von der Kopfmitte auf beide Seiten. Stelle dir

vor, wie du den Mandelkern zart mit einer Feder streichelst, bis du einen offensichtlichen Wechsel in deiner Energie bemerkst.

- Atme tief in den Unterleib und den Bauch ein. Halte den Atem einige Sekunden lang. Atme sehr sanft und langsam aus. Wiederhole das solange, bis du eine erkennbare Veränderung in deiner Energie und deinem Bewusstsein bemerkst.
- Denke über das Gute, das Wundervolle und das Schöne nach. Beginne dafür jeden Satz mit: „Wäre es nicht wunderbar/toll, wenn…“. Sprich über viele Realitäten, an denen du dich erfreuen würdest (ohne Erwartungen).
- Kopiere Gedanken: Kopiere jeden Gedanken, der hochkommt (denke denselben Gedanken mit Intention noch einmal – egal was es ist). Mache damit solange weiter, bist du eine neue Bewusstheit oder Energie spürst.
- Schreibe ein Problem auf. Wandele nun die Problemaussage in eine Frage um (in eine Frage, auf welche eine Antwort die Lösung ist). Verwandele die Problemaussage in eine Frage, auf die du leicht antworten kannst. Dann antworte darauf.

Dies sind nur eine Handvoll Möglichkeiten von vielen tausenden, um deine Stimmung oder Aussicht schnell zu verändern. Du möchtest vielleicht auch deine eigenen Methoden entwickeln.

Politik

Die Realitäten, welche durch die Politik erschaffen werden, müssen nichts mit der Realität zu tun haben, die du dir kreierst. Du erschaffst und ziehst an, womit du in Resonanz stehst. Der Rest der Welt könnte Aufruhr und Unfrieden erfahren und du könntest immer noch ein Leben in Gesundheit, Glück, Verbundenheit, Liebe und Kreativität führen. Nur wenn du der Politik die Macht über dein Leben gibst (indem du z. B. Angst vor deren Entscheidungen hast oder an deren Einfluss glaubst), erschafft sie Realität für dich. Wenn plötzlich in deinem Land eine totalitäre Regierung an die Macht käme, würdest du längst in eine andere Region verschwunden sein. Deine schwingungsmäßige Ausrichtung hätte dich woanders hin befördert. Für deine persönliche Bestimmung ist es egal, wer an der Macht ist und wer nicht.

Es gibt große Unterschiede zwischen einer Regierung und einer Regierung – es gibt erleuchtete und nicht erleuchtete. Die meisten Regierungen (egal ob links- oder rechtsradikal) basieren auf extremen Polarisationen, auf Dingen die man fürchten sollte oder Feinden, deren Existenz man rechtfertigt. Sie spielen das Spiel von: „Wir haben Recht und die andern sind im Unrecht.“ Wann immer du siehst, dass dieses Spiel gespielt wird, weißt du, dass du es mit einer nicht erleuchteten Regierung zu tun hast.

Diese Regierungen sind eine Reflektion des Dummheitsgrades oder Idiotenlevels, welcher immer noch im Massenbewusstsein präsent ist. Sie sind eine Reflektion von uns. Wenn wir uns ändern, werden sich auch die Machthaber ändern. Wann immer du das Spiel: „Wir haben Recht und die anderen haben Unrecht“ siehst, dann falle selbst nicht darauf rein. Beide Seiten werden alles tun, um dich davon zu überzeugen, dass sie im Recht sind. Sie sind genaugenommen wie die zwei Seiten einer Münze, beide sind Teil des Problems. Wie Gandhi schon sagte: „Du musst selbst die Veränderung sein, die du in der Welt sehen möchtest.“ Wenn du ein Aktivist werden möchtest, dann bitte nicht gegen etwas, sondern für etwas. Das lenkt die Aufmerksamkeit und Energie in die richtige Richtung. Anstatt sich gegen den Krieg oder wahrgenommene Feinde zu versammeln, komme zusammen für Frieden und tue das mit Gruppen, die du magst. Der Kampf gegen etwas wird immer ablehnende Reaktionen im Feind auslösen. Mit Widerstand verstärkst du die Realität, dass es einen Feind gibt – du machst ihn sogar stärker. Menschen sagen immer wieder: „Schaue nicht weg von den Problemen! Stecke deinen Kopf nicht in den Sand!“, nicht wissend, dass die Aufmerksamkeit das Thema weiter am Leben erhält.

Es gibt nur eine seltene Ausnahme: Wenn ein sozialer Organismus einen extremen Tiefpunkt erreicht hat, an dem er nicht mehr die Fähigkeit hat, sich selbst zu reparieren (was sie aber tun würde, wenn man sie in Ruhe lässt, wenn du wegschaust), ist ein Angriff aus irdischer Sicht vielleicht angebracht. Das ist ähnlich, wie wenn man ein Kind aus der Apathie weckt. Aber noch einmal, das ist ein wirklich seltener Fall. Man kann sagen, dass 90 % aller Kriege unnötig und ungerechtfertigt sind. Erwähnenswert ist, dass dieser Planet bei weitem nicht so kriegsverliebt oder schlecht ist, wie er erscheint, weder spirituell, noch statistisch, noch faktisch gesehen. Es gab keine Zeit, in der mehr als 5 % (oder 10-15% in den Weltkriegen) der Erde in einen Krieg involviert war. Die Massenmedien fokussieren sich gern auf diese 5 %. Dabei ignorieren, trivialisieren oder filtern sie gern die restlichen 95 % der friedlichen Welt aus.

Wenn man sich die Nachrichten ansieht, könnte man denken, dass Krieg und Leiden ein großer Teil der menschlichen Existenz auf diesem Planeten sind. Tatsächlich aber ist der größte Teil dieses Planeten meistens friedlich und wunderschön. Interessanterweise wächst das, worauf man sich fokussiert. Aber egal wie intensiv die Medien sich auf das Leiden fokussieren, das Positive überwiegt doch immer das Negative. Das mag wie eine neue Information erscheinen, aber es sind die Tatsachen. Wenn du emotional auf diese Information reagierst oder wütend auf diese Fakten wirst, dann wurdest du zu einem Opfer konditioniert. Du hast eine Gehirnwäsche bekommen, die dich glauben lässt, dass die Erde ein schlechter Platz ist. So etwas wie eine Überbevölkerung gibt es nicht. Die meisten Teile der Erde sind immer noch nicht bewohnt, und zwar nicht nur die kargen Gebiete, wie es oft behauptet wird. Weiterhin gibt es keinen Ressourcenmangel. Das Einzige, was man tun muss ist: Sich mit der Fülle und Reichhaltigkeit schwingungsmäßig auszurichten – und die Ressourcen fließen zu einem. Und wenn eine Gruppe oder ein Land sich dazu entscheidet, sich nicht mit dem Reichtum auszurichten, dann ist das ihre freie Wahl – und tief drinnen wissen sie es. (Es ist nicht dein Job, ihnen etwas anderes beizubringen.) Das ist auch der Grund, warum manche Länder arm bleiben, egal wie viele Geldmittel ihnen von anderen zufließen. Wenn da etwas getan werden sollte, dann auf der Bildungsebene (da Bewusstsein die Quelle von Realität ist).

Noch ein kurzer Kommentar zu Verschwörungstheorien: Die Weltanschauung, die man als „Verschwörungstheorie“ kennt, in welcher geheime Machthaber mit versteckten Plänen die Massen hinters Licht führen, ist in einigen Fällen akkurat und in anderen Fällen nicht zutreffend. Gewöhnlich wird eine Verschwörungstheorie durch einen Mix aus höherem Bewusstsein (zwischen den Zeilen lesen können, sich mehr bewusst sein), kombiniert mit einer „Opfermentalität", erschaffen.

So ein Mensch nimmt mehr wahr, als offen gezeigt wird und ist gleichzeitig skeptisch gegenüber dem gefütterten Wissen und sozialen Konditionierungen. Der Verschwörungstheoretiker tendiert dazu, äußeren Quellen die Schuld für das Übel zu geben.

Selten berichten solche Menschen von positiven Verschwörungen für die Unterstützung der Menschheit, auch wenn sie die ganze Zeit stattfinden. Obwohl also sehr viel mehr los ist, als den meisten erzählt wird und was sie sehen können, ist doch nicht alles böse und schlecht. So lange, wie du keine Angst oder Hass hegst, kann es dir nicht schaden. Und noch einmal: Es gibt keinen Feind, es sei denn du glaubst daran.

Das bedeutet nicht, dass du aufhören sollst, nach Geheimnissen zu suchen. Wenn du dir nicht darüber bewusst bist, was hinter den Kulissen abläuft und auch nicht im Geringsten daran interessiert bist, ist das eine Möglichkeit, dass du manipuliert werden kannst. Aber wenn du erst einmal herausfindest, was vor sich geht, brauchst du es nicht als eine persönliche Bedrohung zu fürchten. Einfach die Vorhänge zu lüften, schwächt die Verschwörer bereits so weit, dass sie ihre Scharade nicht mehr aufrechterhalten können. Das größte Geheimnis ist: Sie können dir nicht schaden, wenn du keine Angst hast. Einige Organisationen schreiben Bücher gegen sich selbst. Sie zeigen sich dabei als böse und übermächtig. Das mag dich überraschen, aber der Nutzen, solch ein opponierendes Buch über sich selbst zu veröffentlichen, ist doppelt und hat folgende Vorteile: Erstens, die Organisation kontrolliert bis zu einem gewissen Ausmaße ihre Gegner und kann selbst manipulieren, wie weit die Opposition geht. Und zweitens wird die Angst vor dieser Organisation aufgebaut, was ihnen die Möglichkeit zu mehr Kontrolle gibt.

Religion

Wenn irgendetwas in der Geschichte der Menschheit als Verschwörung bezeichnet werden kann, dann ist es die Religion. Religion konditioniert Menschen auf extrem begrenzte Ansichtsweisen. Man stellt einige vergnügliche, praktikable und inspirierende Werkzeuge vor und sammelt damit Anhänger. Diese werden dazu verleitet, den Rest des Nonsens auch zu glauben. Religionen nutzen für sich den menschlichen Wunsch, sich wieder mit der Quelle verbinden zu wollen. Und da viele Menschen keinen besseren Weg zu dieser Verbindung kennen, stürzen sie sich auf eine Religion. Natürlich ist Religion nicht kategorisch schlecht. Die Frage ist: Wie ist die Person, welche die Religion übermittelt und interpretiert schwingungsmäßig ausgerichtet? Das kann auch positive Effekte haben. Aber jedes Glaubenssystem lenkt die Aufmerksamkeit von der Natur eines Glaubenssystems ab. Die meisten Religionen basieren auf Angst – was bedeutet, dass die, welche nicht glauben, bestraft werden. So ist es in allen großen Religionen. Religiöse Vertreter, die eine Religion als auf Liebe basierend interpretieren, werden einen positiven Effekt auf die Menschen haben. Der positive Effekt entsteht aber nicht auf Grund der Lehren, sondern trotz der Lehren.

Die meisten Religionen basieren ursprünglich auf einer Fehlinterpretation außerirdischer und außerdimensionaler Phänomene. Wenn man von einem sehr niedrigen Standpunkt aus (linear gesprochen), Zeuge seines eigenen Höheren Selbst oder eines herumfliegenden außerirdischen Wesens wird, bezeichnet man das als Gott, vor dem man sich beugen und den man fürchten muss.

Zukünftige Generationen werden Religionen, Philosophien und Lehren entwickeln, die auf Liebe basieren, anstatt auf Angst. Die folgende Frage ist eine Möglichkeit, um die spirituelle Integrität einer Religion oder einer Lehre zu bewerten. Diese Frage ist: „Lenkt die Lehre meine Aufmerksamkeit auf Probleme und Dinge, die ich vermeiden soll oder dirigiert sie meine Aufmerksamkeit auf meine Fähigkeiten und das, was schön und nützlich ist?"

Wissenschaft

Was von den meisten Menschen in dieser Version und Zeitlinie der Welt als „Wissenschaft" bezeichnet wird, ist, genauso wie die Religionen, ein limitierendes Glaubenssystem. Die Wissenschaft ist ein wenig progressiver als Religionen, da sie ehrlich versucht, die Realität der Natur zu untersuchen. Deshalb können einige Fortschritte gesehen werden. Nichtsdestotrotz ist die Wissenschaft immer noch gezeichnet vom Studium von dem, was bereits erschaffen wurde, anstatt zu untersuchen, wer oder was es erschafft und was noch kreiert werden könnte. Während diese Vorgehensweise auf der einen Seite unseren Fortschritt verlangsamt, hält es auf der anderen Seite das Spiel am Leben, in das sich zukünftige Seelen inkarnieren können, um extreme Begrenzungen zu erforschen. Dafür kann weder Religion noch Wissenschaft die Schuld gegeben werden. Beide Systeme sind unsere Kreationen – wir haben unsere Augen bedeckt, um die Unendlichkeit auszufiltern. Die Wissenschaft wird, wenn sie einen Mini-Schritt weiter/höher geht, die Erkenntnis über das Bewusstsein und dessen Einflussfähigkeit (und Ursächlichkeit) mit einbeziehen.

Sexualität

Für ein spirituell gereiftes Wesen gibt es keine emotional aufgeladenen Themen oder Tabus. Emotionale Aufladung in Bezug auf irgendein Thema in diesem Kapitel ist ein Indikator für Widerstand dem Leben und damit auch dem Selbst und der Unendlichkeit gegenüber. Sexualität wurde von zahlreichen absurden Einschränkungen und Tabus besetzt, welche nichts mit der menschlichen Natur zu tun haben. Sexuelle Energie ist dasselbe wie spirituelle Energie – etwas, an dem sich die Seele erfreut und was sie oft erfahren möchte, wenn sie sich auf der Erde inkarniert. Man könnte sagen: Je mehr die Sinne, Gefühle und Energien getrübt und unterdrückt sind, desto extremere Aktivitäten sind notwendig, um wieder ein Gefühl zu erregen und wachzurufen. Etwas zu fühlen, ist eine Form von Energielevel. Wenn dein schwingungsmäßiger Energielevel hoch ist, könnte dich eine leichte Berührung orgastisch machen. Wenn dein Energielevel niedrig ist, dann brauchst du Pornographie, Misshandlung oder zwanghafte Polygamie, um überhaupt irgendetwas zu fühlen. Ich möchte damit nicht sagen, dass eines dieser Dinge von sich aus negativ ist. Je weniger du aber in dir fühlen kannst, desto mehr Stimulation brauchst du von außen. Erinnere dich (als Mann) einmal an deine Teenager-Jahre, wenn das bloße Anschauen einer nackten Brust direkt sexuelle Energie in dein Zentrum schickte. Wenn du Jahre später Gewalt und Überladung brauchst, um etwas zu fühlen, müsstest du vielleicht darüber nachdenken, wohin deine Energie gegangen ist.

In jedem Fall sind die einzigen Begrenzungen dafür, wie du Sex erlebst, deine Glaubenssätze darüber. Du kannst diese Glaubenssätze auf dem Weg zu größerer Erfüllung loslassen. Dann wirst du Sex mehr genießen können. Später möchtest du vielleicht mit Zuständen experimentieren, die sogar noch energetischer und ekstatischer als Sex sind. Eine Abhängigkeit von Sex erinnert dich daran, dass du solche Zustände vergessen hast. Es scheint dann so, als ob Sex das Nonplusultra ist. Vertrau mir, es gibt da draußen noch mehr als das.

Hier sind einige Beispiele für begrenzende Glaubenssätze über Sex: „Wenn du Sex hast, dann verschwendest du Energie." (Dieser Glaubenssatz ist sehr populär.) „Ich muss es geheim halten, wenn ich Sex mit jemandem anderem als meinem Partner habe." (Wenn du dich auf eine monogame Beziehung geeinigt hast, dann habe keinen Sex mit anderen. Wenn du dich mit einer polygamen Beziehung einverstanden erklärt hast, dann habe Sex mit anderen. Es ist so einfach. Bleibe ehrlich und dann wird es kein Problem geben.) „Frauen haben eine komplett andere Herangehensweise und Bedürfnisse als Männer." (Auch das ist nur wahr, wenn du daran glaubst.) Ich empfehle dir, den Ballast, den du dir selbst aufgeladen hast, abzulegen. Schaue auf das Ganze von einer frischen, neuen Perspektive aus. Nichts ist, was du denkst das es ist, es sein denn, du glaubst, dass es so ist.

Kinder

Kinder entwickeln sich und gedeihen am besten, wenn die Eltern ihnen vertrauen, wenn sie ihre Führung und Schutz anbieten sowie Nahrung und Liebe bereitstellen. Alles andere sind die Glaubenssätze der Eltern, die den Kindern aufgedrängt werden. Aus der anderen Perspektive sind auch die Eltern nicht dafür verantwortlich, welche Realitäten du dir auswählst. Wenn du deine Kindheit überlebt hast, dann haben deine Eltern einen exzellenten Job gemacht. Und das war ihre Aufgabe – ihr Job ist dann beendet.

Kinder sind noch nicht so stark in die physische Raum-Zeit inkarniert wie Erwachsene. Deswegen können Erwachsene von Kindern mehr lernen als anders herum. Es ist eine allgemeine Fehlannahme, dass Kinder unwissend, dumm oder unreif sind. Kinder sind näher an der Quelle dran, bevor sie von den Glaubenssätzen dieser Welt konditioniert werden.

Tiere

Wenn Menschen mit Tieren interagieren, dann ist ein Gewinn daraus, dass die Menschen einen neuen Sinn für ihr Sein auf der Welt und wie sie mit der Welt in Beziehung stehen, gewinnen. Auch wenn Tiere nicht die intellektuellen Kapazitäten eines Menschen besitzen, so haben sie doch viele Fähigkeiten, die uns Menschen fehlen, z. B. die Fähigkeit, immer hier und jetzt zu sein, übersinnliche Wahrnehmung und verschiedene Formen von Empathie. Das negative Extrem ist eine Person, die sich übermäßig mit Tieren beschäftigt, die Jahre damit verbringt, mit Tieren zu leben – und das ohne einen menschlichen Kontakt. Das passiert mit denen, die denken, dass sie in Mensch-zu-Mensch-Beziehungen versagt haben bzw. die einen Antagonismus gegenüber anderen Menschen (und sich selbst) aufgebaut haben.

Delfine und Wale

Moderne Forschungsergebnisse haben bestätigt, dass Delfine und Wale keine Spezies mit niedrigerem Intelligenzniveau sind. Sie sind intelligenter und haben mehr Erfahrung als der Mensch. Das ist nicht besonders schmeichelhaft und viele Menschen werden diese Information leidenschaftlich ignorieren. Aber es kann von großem Nutzen sein, das zu wissen. Mit Delfinen Zeit zu verbringen, mit ihnen zu schwimmen und zu spielen, wird dein Schwingungssignal, deine Verspieltheit und Intelligenz erhöhen. Man muss nicht außerhalb der Erde suchen, um intelligentes Leben neben den Menschen zu finden. Die höhere Intelligenz der Delfine und Wale wird sich denen offenbaren, die mit ihnen interagieren.

Außerirdische und außerdimensionale Wesen

Es gibt mehr Spezies in diesem Universum, als jemand in einer menschlichen Lebensspanne zählen könnte. Die Vielfalt ist enorm. Ein Mensch mit einem niedrigen Wahrnehmungslevel mag vielleicht fragen „Gibt es noch anderes Leben im Universum?" Auf dem nächsthöherem Wahrnehmungslevel erkennt der Mensch vielleicht einige negative Aliens oder erschafft die Angst vor anderen Spezies. Auf einem noch höheren Wahrnehmungslevel erkennt jemand dann nicht nur eine große Vielfalt von Außerirdischen, sondern er lädt diese auch aktiv zur Kommunikation und zum Wissensaustausch ein.

Der schwingungsmäßige Unterschied dabei ist, dass diese Kommunikation nicht mehr auf bestimmten Zeitlinien und Realitäten stattfinden muss. „In der Mitte treffen", bedeutet, dass der Außerirdische einige Töne nach unten kommen muss und der Mensch muss einige Schwingungstöne hochwandern so erreichen beide einen Platz, in dem eine Interaktion möglich ist. Mit ihrem unreifen Verhalten jedoch sind viele Menschen weit davon entfernt, Außerirdische auf einer gleichwertigen Ebene zu treffen. Wenn du dich nicht auf gleicher Ebene mit ihnen fühlst, wirst du nicht in der Lage sein, sie zu treffen.

Außerirdische sind nicht die einzigen Wesen, mit denen du interagieren kannst. Es gibt noch viel mehr Wesen in anderen Realitäten, Dimensionen und Universen, mit denen du spielen kannst. Wer man ist und auf welcher Schwingungsebene man sich befindet, entscheidet darüber, zu welchen Wesen man Zugang bekommt.

Das Leben nach dem Leben

Für das Bewusstsein gibt es so etwas wie den Tod nicht. Den Tod des Körpers vielleicht, aber nicht einmal das wird als „unerwünscht" wahrgenommen, da das Bewusstsein den Körper als Fahrzeug für seine Erfahrung in der Raum-Zeit-Realität wahrnimmt. Ein Fahrzeug zu verlieren, lässt vielleicht ein Gefühl von Verlust aufkommen, aber es ist nicht so tragisch, wie die Menschheit den Tod behandelt. Tatsächlich ist der Tod nicht etwas, das man betrauern sollte, sondern etwas, das man zelebrieren kann. Es markiert die Rückkehr der individuellen Seele zu seinem ursprünglichen Zustand und dieser Zustand ist freudvoll und ekstatisch. Das Leben nach dem Leben ist so vergnüglich und energetisch, dass es nicht viel Zeit dafür gibt, dem Körper hinterherzutrauern. Von diesem Standpunkt aus ist Trauer fast komisch. Kein Bewusstsein geht jemals verloren. Wenn jemand, der dir nahe war, gestorben ist, kannst du dich ganz einfach wieder mit dieser Person verbinden, indem du ihr oder ihm positive Emotionen sendest. Bekümmertheit und Schmerz trennen dich von der schwingungsmäßigen Reichweite zu dieser Person. Ich möchte nicht sagen, dass Trauer von sich aus schlecht ist – es ist Teil des Raum-Zeit-Spiels hier. Aber es ist sehr schwierig, dich mit jemandem zu verbinden, wenn du denkst, dass du von dieser Person getrennt bist. Das Leben nach dem Tod zu beschreiben, braucht ein Buch für sich und ich will dieses Thema lieber anderen überlassen.

Älter werden

Das Älterwerden des Körpers ist ein natürlicher Aspekt der linearen Zeitlinie. Der Alterungsprozess kann erstens verlangsamt werden und zweitens bedeutet älter zu werden auch nicht, dass man gleichzeitig degeneriert oder krank und senil wird. Dies sind Phänomene, die durch begrenzende Glaubenssätze erschaffen werden. Um gesund und jugendlich zu altern, erlaube deiner Aufmerksamkeit, sich auf Zeiten auszurichten, in denen du dich, so wie du warst, gemocht hast. Erinnere dich daran und bleibe in dieser Schwingungsebene. In der Sekunde, in der du dich an ein jüngeres Alter erinnerst, verbindest du dich schwingungsmäßig damit. Behandele deinen Körper gut, bewege dich entsprechend und ernähre dich gesund.

Essen, Trinken und Drogen

Und noch einmal: Was du über deinen Körper und das Essen glaubst, hat mehr Einfluss, als das, was du isst oder was du nicht isst. Wenn du glaubst, dass Zigaretten gut für dich sind, dann werden sie auch gut für dich sein. Wenn du wegen deiner Glaubenssätze nicht wirklich deine Zigaretten genießen kannst, dann werden sie dich töten. Wenn du in der Lage bist, daran zu glauben, könntest du so viel essen wie du willst, ohne zuzunehmen. Jedoch ist der Fokus auf der physischen Realität meist sehr intensiv und auch die vorprogrammierten Glaubenssätze der Massen über Körpergewicht sehr präsent. Deshalb ist der einfachste Weg um abzunehmen, beides miteinander zu kombinieren – bewusst zu essen und limitierende Glaubenssätze über das Essen loszulassen. Höre nicht auf das, was andere dir aufdrängen wollen, was du essen solltest oder was gut oder schlecht für dich sei. Fühle deinen Körper und entscheide dann für dich, was gut ist und was nicht. Wenn du in einem entspannten Zustand in den Supermarkt gehst, wird das ganz natürlich für dich sein. Wenn du das Gefühl hast, dass dein Körper Salat möchte, dann wird dieser Salat gut für dich sein. Wenn du das Gefühl hast, dass du Fleisch brauchst, dann wird das Fleisch gut für dich sein (egal, was die Leute sagen). Wenn du jedoch völlig gestresst in den Supermarkt gehst und starkes Verlangen nach Fleisch oder Schokolade hast, ist das eine andere Sache. Das wird eher einen nachteiligen Effekt auf den Körper haben. Wenn du Nahrung auswählst, stelle sicher, dass du sie nicht aus einer Begierde (Mangel/Leere) heraus isst oder weil andere dir sagen, dass du es essen solltest (du übergehst dabei die Signale deines Körpers). Wähle dir deine Nahrung aus einem entspannten Zustand mit einer intakten Intuition heraus aus. Du wirst erkennen, dass einige Dinge, die für andere nicht gut sind, dir aber gut tun und umgekehrt. Wenn dir jemand seine Ansichten darüber mitteilt, wie schlecht das Nahrungsmittel ist, welches du gerade zu dir nimmst, dann gehört das zu seinem Glaubenssystem. Niemand zwingt dich, das auch zu glauben. Wenn du die Signale deines Körpers übergehst, dann wirst du dich im Nachhinein unwohl fühlen. Diese Hinweise wertzuschätzen und umzusetzen, wird zu deinem Wohlgefühl beitragen.

Was Drogen betrifft: Die Motivation, die hinter den Drogen steht, hat einen sehr nachteiligen Effekt auf Körper und Geist. Von bestimmten Substanzen abhängig zu werden, um bestimmte Zustände zu erfahren (welche schnell auch wieder verhallen), ist das Gegenteil von RC. Es ist zwar gut, nach höheren Energiezuständen zu streben, aber es ist eher schädlich zu glauben, dass du dafür irgendetwas außerhalb von dir brauchst. Das ist eine weitere Variation der Weltsicht: nicht „ich bin die Quelle“, sondern „die äußere Realität ist die Quelle“.

Eine Ausnahme zu dieser Regel ist die kontrollierte Einnahme einer Pille in einem ritualisierten oder wissenschaftlichen Setting, um gezielt einen Zustand zu erfahren, den man später ohne die Drogen hervorrufen möchte. Hier liegt eine andere Motivation dahinter, welche positive Resultate bringen wird. Die Drogenbekämpfung der Gesellschaft ist der Grund, warum Drogen so unverantwortlich verwendet werden. Eine erleuchtete Politik in Bezug auf Drogen wäre eine Politik, die Drogen legalisiert (gekoppelt mit der Schulung über erwünschte und unerwünschte Wirkungen, Entgiftungsmethoden und so weiter). Die Legalisierung würde anfangs eventuell eine temporäre Zunahme von Drogen verursachen - gefolgt jedoch von einem stark abnehmenden Interesse (auf der Grundlage der Bildung über Drogen und des Mangels an Widerstand durch Autoritäten).

Vorannahmen im Vergleich mit Reality Surfing

Vorannahmen der Psychotherapie im Vergleich mit Reality Surfing

Psychotherapie:	Die Vergangenheit ist die Ursache des Problems
Surfer der Realitäten:	Die Vergangenheit existiert nicht.
Psychotherapie:	Wenn man die Aufmerksamkeit auf Probleme richtet (darüber reden, erinnern), löst man das Problem.
Surfer der Realitäten:	Wenn man die Aufmerksamkeit auf Wünsche und Intentionen richtet, dann werden Probleme gelöst.
Psychotherapie:	Mit dem Klienten ist etwas nicht in Ordnung. Er ist krank.
Surfer der Realitäten:	Der Klient ist ein multidimensionales, unendliches, ewiges Wesen.
Psychotherapie:	Ich bin ein Experte und kann die Probleme des Klienten lösen.
Surfer der Realitäten:	Der Klient kann seine Themen selbst lösen.
Psychotherapie:	Heilung braucht eine lange Zeit.
Surfer der Realitäten:	Heilung kann hier und jetzt geschehen.

Vorannahmen von Motivations- und Erfolgspsychologie im Vergleich mit Reality Surfing

Coach:	Du kannst alles erreichen, wenn du dir Ziele setzt.
Surfer der Realitäten:	Du kannst für deine Wünsche empfänglich werden.
Coach:	Du musst mehr für deine Ziele tun.
Surfer der Realitäten:	Tue weniger; sei mehr!
Coach:	Du wirst es schaffen!
Surfer der Realitäten:	Ich kann dir nicht sagen, ob du es schaffst oder nicht. Die Entscheidung liegt bei dir.
Coach:	Ohne Fleiß kein Preis.
Surfer der Realitäten:	Gleiches zieht Gleiches an. Wenn es sich gut anfühlt, ist es auch gut für dich.
Coach:	Du musst deine Ängste besiegen.
Surfer der Realitäten:	Du besitzt ein emotionales Führungssystem, das dir sagt, welcher Weg richtig oder falsch für dich ist. Angst ist ein hilfreicher Indikator.
Coach:	Wenn du X tust, wirst du Y bekommen.
Surfer der Realitäten:	Wenn du X tust, wirst du X bekommen.
Coach:	Du brauchst einen Handlungsplan.
Surfer der Realitäten:	Tue, was du tun würdest, wenn deine Vision bereits erfüllt wäre.

Vorannahmen von New Age und Spiritualität im Vergleich mit Reality Surfing

New Age:	Wende dich an das Unterbewusste, das Höhere Selbst, Engel, Aliens oder an einen Guru, um eine Lösung zu finden.
Surfer der Realitäten:	Alles ist Eins und du bist Alles. Du bist die spirituelle Autorität.
New Age:	Aufmerksamkeit auf Magie erschafft Geld.
Surfer der Realitäten:	Aufmerksamkeit auf Reichtum erschafft Geld.
New Age:	Der Andere strahlt negative Energie aus.
Surfer der Realitäten:	Andere haben nichts damit zu tun, wie du dich fühlst.
New Age:	Ich erschaffe Realität.
Surfer der Realitäten:	Ich bin Realität.
New Age:	Die Welt muss besser werden.
Surfer der Realitäten:	Indem ich mich selbst verbessere, verbessere ich auch die Welt.
New Age:	Ich suche.
Surfer der Realitäten:	Ich spiele.
New Age:	Mit diesem magischen Ritual wird X funktionieren.
Surfer der Realitäten:	Dieses magische Ritual funktioniert durch mich.
New Age:	Ich brauche einen Heiler.
Surfer der Realitäten:	Ich kann mich selbst heilen.
New Age:	Ich bin ein Heiler.
Surfer der Realitäten:	Wir sind alle Heiler.
New Age:	Ich muss positiv denken.
Surfer der Realitäten:	Ich fühle positiv.
New Age:	Ich muss meine Gedanken kontrollieren.
Surfer der Realitäten:	Ich fühle positiv.
New Age:	Ich muss aufsteigen.
Surfer der Realitäten:	Ich wertschätze das Hier und Jetzt.
New Age:	Mit Affirmationen und Visualisationen wird X funktionieren.
Surfer der Realitäten:	Affirmationen und Visualisationen funktionieren durch mich.
New Age:	Nichts ist wichtig. Alles ist gut. Ich muss nichts tun.
Surfer der Realitäten:	Ich wähle aus, was gut oder schlecht ist. Ich bin verantwortlich und genieße Handlungen, die mit meinem wahren Selbst ausgerichtet sind.
New Age:	Wir sind alle gleich.
Surfer der Realitäten:	Wir sind alle verschieden, einzigartige Aspekte von dem Einen.
New Age:	Ich muss das mögen, was ich nicht mag.
Surfer der Realitäten:	Ich richte meine Aufmerksamkeit auf das, was ich bereits mag.
New Age:	Tue das, was du willst.
Surfer der Realitäten:	Tue das, was du willst mit Integrität.

New Age:	Tun – Haben – Sein
Surfer der Realitäten:	Sein – Tun – Haben
New Age:	Meine früheren Leben sagen aus, wer ich heute bin.
Surfer der Realitäten:	So wie ich mich heute fühle, sagt aus, wer ich bin.
Buddhismus:	Wünsche führen zu Leiden. Ich muss meine Wünsche aufgeben.
Surfer der Realitäten:	Wünsche sind der Motor der Ausdehnung des Bewusstseins und gleichzeitig die Sprache der Seele.
Buddhismus:	Das Leben ist eine Illusion. Erleuchtung ist real.
Surfer der Realitäten:	Alles ist real. Alles ist eine Illusion. Der Unterschied liegt in der schwingungsmäßigen Frequenz.
Buddhismus:	Ich möchte Erleuchtung erlangen.
Surfer der Realitäten:	Es gibt keinen finalen Zustand, nur viele Erleuchtungen und Trillionen von Variationen der Glücksgefühle.
Buddhismus:	Ich muss reinkarnieren.
Surfer der Realitäten:	Du kannst reinkarnieren, aber du musst das nicht. Du kannst auch ganz woanders inkarnieren oder auch ohne Form bleiben.
New Age:	Es gibt 7 Levels (oder 12 oder 18).
Surfer der Realitäten:	Es gibt eine unendliche Anzahl von Ebenen, Planeten, Dimensionen, Realitäten, Universen, Variationen.
New Age:	Du musst es oft genug wiederholen, damit es zur Realität wird.
Surfer der Realitäten:	Das ist eine Möglichkeit, aber die Abkürzung liegt darin, es jetzt einfach zu sein.
New Age:	Es gibt geheime Mächte, die diese Welt unterjochen.
Surfer der Realitäten:	Das, worauf du dich ausrichtest und was du fürchtest, kann dich unterjochen. Das, worauf du keine Angst fokussierst, kann dich nicht unterjochen.
Spiritualität:	Ich muss diszipliniert sein.
Surfer der Realitäten:	Das Leben ist Spaß.
Spiritualität:	Ich praktiziere es, mir selbst weltliche Genüsse zu untersagen.
Surfer der Realitäten:	Ich praktiziere es, mein Vergnügen auszudrücken.
Spiritualität:	Nichts ist wichtig. Wir geben dem Willen des Universums nach.
Surfer der Realitäten:	Ich bin vollständig verantwortlich.
Spiritualität:	Demut ist die höchste Tugend.
Surfer der Realitäten:	Humor ist die höchste Tugend.

18. Empfohlene Literatur

1. Frederick Dodson / Levels of Energy
2. Frederick Dodson / Lives of the Soul
3. Frederick Dodson / Prosperity Consciousness

Der Autor:

Frederick E. Dodson, 1974 in den USA geboren, lebt heute in London. Der Autor liebt es, alle Aspekte des Lebens von vielen verschiedenen Blickwinkeln aus zu betrachten. Bereits in seinen Zwanzigern veröffentlichte F. E. Dodson 15 Bücher, gab hunderte Workshops und Seminare zum Thema Reality Creation.

Seit einiger Zeit jedoch hat er sich davon etwas zurückgezogen und gibt jährlich nur noch ein Seminar. Er kam zu dem Schluss, dass „Freude zu erleben" momentan wichtiger ist, als „andere zu lehren". Warum? Weil jeder Mensch seine eigene Version von Wahrheit besitzt und das Ziel seines Lebens nicht hauptsächlich ist, andere von seiner zu überzeugen, sondern Spaß zu haben.

In der Zwischenzeit füllt F. E. Dodson seine Freizeit mit Lieblingsaktivitäten Sporttauchen, Surfen im Internet, Schreiben, Filme sammeln, reisen und luzides Träumen.

Wenn dir dieses Buch gefallen hat und du mehr lernen möchtest, dann kannst du gern eine der Webseiten des Autors besuchen:

www.realitycreation.org und www.realitycreation.net

Weitere Bücher von Frederick E. Dodson im Bohmeier Verlag:

Reality Creation
Die kontrollierte Erschaffung von Realität - Zauberei auf einem Sklavenplaneten

ISBN 978-3-89094-394-7, 192 Seiten, Softcover, Format DIN-A5

Reality Creation lehrt, dass du selbst tatsächlich und aus eigener Willenskraft jede Realität erschaffen kannst die du willst. In diesem Buch lernst du spezielle Techniken kennen, die so intensiv und wirksam sind, dass sie früher und teilweise heute immer noch, nur unter strengster Geheimhaltung und innerhalb erlesener Kreise weitergegeben werden. Der Zeitpunkt ist gekommen, einige dieser Fähigkeiten zu enthüllen.

Reality Creation ist für manche eine abgedroschene New-Age-Floskel. Für dich kann es zu deiner Wirklichkeit werden, in der all deine Träume Erfüllung finden. Ob es materielle Ziele wie finanzielle Freiheit, der Traumpartner, vitale Gesundheit, den für dich richtigen Job oder die höheren Ziele wie Bewusstseinserweiterung, Kontakt zum höheren Selbst oder die Navigation durch andere Realitätsebenen sind: Dir wird kein Wunsch gegeben ohne das Potential diesen zu erfüllen.

Die Werkzeuge dazu hast du bereits in dir: Die Kraft deines Wortes, deiner Imagination, deiner Aufmerksamkeit und deiner Emotion. Nichts kann deiner Kreationskraft widerstehen. Lerne die Ebene der Bewusstheit kennen bei der die Dinge genauso werden und sind wie du es willst und sagst. Willkommen Zuhause.

Reality Creation Coaching
Synchronisiere die Welt nach deinen Wünschen

ISBN 978-3-89094-506-4, 96 Seiten, Softcover, Format DIN-A5

Reality Creation ist die Synchronisation deiner Wünsche mit deinem Glauben, die Materialisierung feinstofflicher Gedanken zu grobstofflicher Form. Deine Werkzeuge hierfür sind Identität, Absicht, Glaube, Aufmerksamkeit, Wort und Emotion. Die Vorraussetzungen hierfür sind Spaß und Freude und die Resultate noch mehr Spaß und Freude. Dieses Buch durchbricht die dünne, oberflächliche Schicht des "Alltags" zu einer tieferen, magischeren und umfassenderen Erfahrung der Realität.

Reality Creation für Fortgeschrittene
ISBN 978-3-89094-598-9, 160 Seiten, Softcover, Format DIN-A5

Das Leben ist ein Strom, der immer fließt. Und es wird weiter fließen, ob es dir gefällt oder nicht. Widerstehe dem Fluss und er überwältigt dich. Schwimme mit dem Fluss und du kannst ihn zu deinem Vorteil nutzen. Der Strom floss bereits, bevor du zu ihm kamst, und wird noch lange fließen, nachdem du weg bist. Er erreicht immer genau das Ziel, das für ihn bestimmt ist. Er verzweigt sich zu vielen verschiedenen Strömen, die irgendwann auch wieder ineinander fließen. Jeder der Ströme stellt eine andere Realität dar...

Wenn du über die Analogie des Lebensstroms nachdenkst, gibt es Tausende von Dingen, die du daraus ableiten kannst. Die hier erwähnten sind nur ein paar.

Du kannst dich von Wind und Wasser führen lassen. Wenn du deine Realität ändern möchtest, dann ist nur ein klein wenig Steuerung nötig. Für diesen Minimalaufwand habe ich meine Reality Creation Übungen entwickelt.

Dies ist der Folgeband zu dem Buch "Reality Creation Coaching" von Frederick Dodson und so klar, eingängig und praxisnah geschrieben wie seine anderen Bücher!

Die Reality Creation Methode
ISBN 978-3-89094-701-3, 96 Seiten, Softcover, Format DIN-A5

Die Reality Creation Methode dient der Verwirklichung von Zielen, Wünschen und Erfolgen.

Dieses Praxisbuch lehrt das Fokussieren von Gedanken, Worten und Taten auf das von Dir ersehnte Ziel.

Die Methode hilft Dir schnell und effektiv mehr Geld, mehr Gesundheit, mehr Liebe, mehr Freude nicht nur zu wünschen, sondern auch zu erleben.

Dies ist der 4. Teil der Reality Creation Bücher, der sich ausschließlich mit der Praxis beschäftigt!

Astralreisen

Das ultimative Trainingshandbuch für alle die schon immer außerkörperliche Erfahrungen machen wollten

ISBN 978-3-89094-352-7, 96 Seiten, Softcover, Format DIN-A5

Die Fähigkeit, mit dem Astralleib bewusst aus dem engen Gefäß des materiellen Körpers heraus zu treten und an jeden beliebigen Ort, in jede beliebige Zeit und sogar an Orte jenseits unserer Vorstellungskraft zu reisen, ist für viele von uns eine tief liegende Sehnsucht, die uns wie ein unerreichbarer Traum erscheint.
Doch dieser Traum kann Wirklichkeit werden! Du kannst diese dir angeborene, natürliche Fähigkeit wieder erlangen! Die Außerkörperliche Erfahrung ist nicht mit Nachtträumen, Fantasiereisen oder Halluzination zu verwechseln. Sie ist absolut real und für jede/n erlebbar.
Dieses Buch bringt dich mit seinen einfachen und bisweilen auch überraschenden Übungsanweisungen Schritt für Schritt und mit verblüffender Sicherheit ans Ziel. Ja, wenn du die beschriebenen Übungen durchführst, ist es so gut wie unmöglich, keine Außerkörperlichen Erfahrungen zu machen!
Worauf wartest du also noch? Einen besseren Wegweiser, andere Welten zu erforschen, die Todeserfahrung zu transzendieren und tausende Versionen von Glückseligkeit zu erfahren, wirst du nicht finden!

Coach dich zum Superstar

Wege zum Superstar - Psychospirituelle und praktische Wege zum Ruhm

ISBN 978-3-89094-443-2, 104 Seiten, Softcover, Format DIN-A5

Du wolltest schon immer ein Filmstar werden? Oder ein weltbekannter und berühmter Musiker? Oder möchtest du gerne ein bekanntes Model, ein bedeutender Künstler oder ein beliebter Fernsehmoderator sein?
Vielleicht möchtest du auch ein Starautor werden, dessen Bücher überall auf der ganzen Welt gelesen werden? Du hast den Wunsch, prominent zu werden? Dann sollte dieses Buch dein persönlicher Begleiter werden!
Ein Star zu sein, verlangt von dir ein bestimmtes Aussehen, Talent, Disziplin und Kontakte. Aber es erfordert auch eine subtile, emotionale, spirituelle Komponente! Begeisterung, Euphorie, Wohlbefinden, Liebe und Entspanntheit sind die emotionalen Kraftquellen, die dich zu deinem Ziel führen. Diese Emotionen sind nicht der Schluss deiner Reise, sondern die Voraussetzung. Mit diesem Buch lernst du, diese Emotionen in dir selbst zu produzieren und sie wie einen Laserstrahl auf deine Absichten, Kontakte und Etappenziele zum Star-Dasein zu projizieren. Aber natürlich kannst du viele der hier beschriebenen Techniken auch nur dazu benutzen, um in deinem "normalen Job" erfolgreicher zu werden!

Das ultimative Flirttraining - Ein Kurs im Flirten

Ein Trainingshandbuch (nicht nur!) für Männer

ISBN 978-3-89094-356-5, 182 Seiten, Softcover, Format DIN-A5,
vollständig überarbeitete und erweiterte Neuauflage!

Energie-Level

Eine spektrale Reise durch die Bewusstseinsebenen

ISBN 978-3-89094-694-8, 272 Seiten, Softcover, Format DIN-A5

High werden ohne Drogen

Ein bewusstseinserweiterndes Handbuch

ISBN 978-3-89094-363-3, 168 Seiten, Softcover, Format DIN-A5

Illumination des Träumens

ISBN 978-3-89094-426-5, 152 Seiten, Softcover, Format DIN-A5

Und viele mehr finden Sie unter: www.magick-pur.de

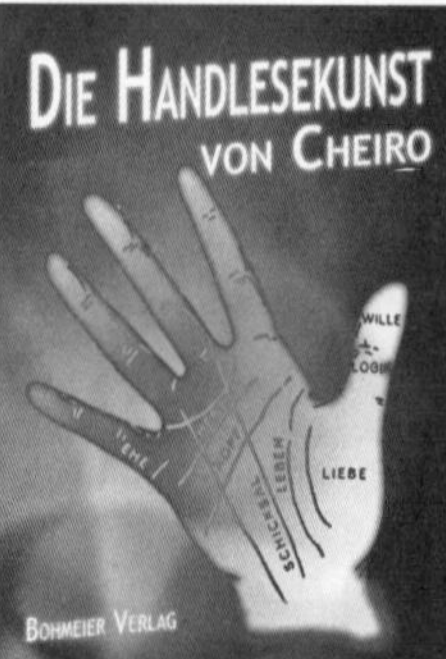
Die Handlesekunst
von Cheiro
Bohmeier Verlag

High werden ohne Drogen
Ein Bewusstseinserweiterndes Handbuch
von Frederick E. Dodson
Bohmeier Verlag

KRAFTTIERE
Die unsichtbaren Begleiter
von Tanja Schröder
Bohmeier Verlag

Das Geheimnis der Dualseelen,
Seelengefährten und Seelengeschwister
von Sandra Ruzischka
Bohmeier Verlag

Des Teufels Apokryphen
Zu jeder Geschichte gibt es zwei Seiten
von John A. De Vito
Bohmeier Verlag

Sternentore
Die rätselhafte sechste Dimension

Die Entsäuerung des Körpers
in 10 Schritten
Der ultimative Jungbrunnen und Schlankmacher!
Das Säure-Basen-Gleichgewicht
Anleitung zur Ausschwemmung krankmachender Säure
Bohmeier Verlag
von Patrizia Pfister
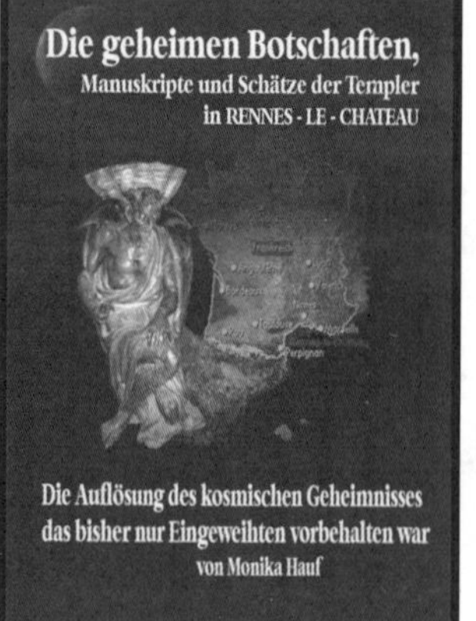
Die geheimen Botschaften,
Manuskripte und Schätze der Templer
in RENNES - LE - CHATEAU
Die Auflösung des kosmischen Geheimnisses
das bisher nur Eingeweihten vorbehalten war
von Monika Hauf

Das Buch der
Werwölfe
von Sabine Baring-Gould
Bohmeier Verlag

Küchenmagie
von Sor. Conata
Bohmeier Verlag